| 세미오시스 학술총서 07 |

세미오시스의 매체성과 물질성

이 저서는 2010년도 대한민국 교육부와 한국연구재단의
인문한국(HK)지원사업의 지원을 받아 수행된 연구임(NRF-2010-361-A00013).

| 세미오시스 학술총서 07 |

세미오시스의 매체성과 물질성

세미오시스 연구센터

HU:iNE

목차

세미오시스의 매체성과 물질성

머리말

"세계, 언어, 삶의 세미오시스"를 인문한국(HK) 아젠다로 삼고 있는 한국외국어대학교 세미오시스연구센터에서는 제3단계 아젠다를 "변용과 유희의 미디올로지"로 설정하고 이에 관한 여러 사업을 추진하고 있다. 그 일환으로 <세미오시스 학술총서>를 간행하고 있는데, 지금까지 모두 여섯 권을 출판하였고 이제 여기에 두 권을 더 보태려고 한다. 그 일곱 번째 책이 될 『세미오시스의 매체성과 물질성』은 여덟 번째 책 『매체와 장르』와 함께 '미디어 세미오시스' 연구의 연장선 위에 자리매김하고자 한다. '미디어 세미오시스' 연구는 매체 일반 또는 미디어 장르를 둘러싼 여러 문제를 기호 및 기호작용의 관점에서 근본적으로 다시 성찰해 보려는 기획이라고 할 수 있다. 알다시피 뉴미디어 시대, 디지털 미디어 시대로 불리고 있는 21세기의 커뮤니케이션 환경은 조망하기 힘들 정도로 급변하고 있고, 이러한 변화에 인문학적인 이해와 성찰의 필요성도 커지고 있다. 매체는 역사와 문화를 이끌어가는 동력이 되어 왔고 이로써 인간의 사유 및 존재 방식을 바꾸어 온 만큼 이에 대한 근원적인 성찰이 어느 때보다 절실한 것으로 보인다.

『세미오시스의 매체성과 물질성』에서는 최근 들어 매체에 관한 문화학적 담론과 매체이론에서 중요한 기본개념으로 부상한 '매체성(mediality)'과 '물질성(materiality)'을 둘러싼 문제를 문화적 세미오시스(기호작용)의 관점에서 논의해 보려고 한다. '매체' 또는 '미디어'라는 이름으로 포괄되는 현상(제도, 기관, 기술 등)이 매우 다양하고 복잡하게 되었고, 이에 따라 무엇을 매체로 볼 것인지에 대한 문제가 심각하게 대두될 수 밖에 없다. 매체성 이론은 그러한 매체들의 '매체성'에 관한 성찰이라고 할 수 있다. 예컨대 '자연 매체', '비자연 매체'라든지 '1차, 2차, 3차, 4차 매체'라든지 '지각 매체', '소통 매체', '전파(傳播) 매체'라든지 하는 다양한 분류는 정당한 것인지, 이러한 유형화 작업에서 포함이나 배제의 기준은 무엇인지, 인간의 몸(목소리, 손, 얼굴)과 (문자화되지 않은) 말도 매체인지 여전히 논란이 많다. 이러한 문제는 매체성에 대한 성찰이 선행되어야 해결될 수 있을 것이다. 또한 매체의 역사는 흔히 문자와 더불어 시작된다고 하는데, 그것을 매체성 이론의 관점에서 다시 본다면, 기술매체 이전의 역사도 다시 써야 할 것이다. 기술매체의 역사를 부분집합으로 하는 '매체성의 역사'는 인간이 기호작용을 통해 자아와 세계를 구성하는 조건 및 양식이 문화사적으로 어떻게 변화해 왔는지에 대한 추적으로 이해할 수 있을 것이다. 즉, 매체성은 기술매체가 나오기 훨씬 이전부터 있어 온 기호체계들의 속성인 것이다. 이로써 매체성 개념은 매체의 본질적 특성과 작용 방식을 새로운 관점에서 성찰하게 해 주며, 기호현상이 매체현상과 분리되지 않음을 인식하게 하는 도구가 되어 준다. 그래서 매체성 문제는 단순히 매체 이전에 존재하는 정보/의미의 '전달'의 문제가 아니라, 정보/의미 자체가 매체에 의해 구성되는 측면에 관한 인식론적인 문제까지 내포하게 된다. 각 기호체계의 매체성이 다르다는 것은 그로써 의미구성과 기호작용에도 변화가 생긴다는 것이다. 오늘날 매체성 이론에서는 종래의 기술매체 이론에서 흔히 받아들인 관점, 곧 언어를 비롯한 기호와 그 기호작용은 매체에 의해 전달되는 내용일 뿐 매체작용의 고유영역에서 분리되는 것으로 간주해 온 입장을 넘어서 기호의 매체성과 의미구성 사이의 상호의존성을 부각시키고 있다. 다시 말해 매체성이 달라짐에 따라 기호의 대상 재현과 해석, 기호의 생산과 수용에 있어서 기존의 일반화된 세미오시스 모델에서와는 다른 다양한 양상이 초래된다고 보는 것이다.

이러한 관점의 매체성은 필연적으로 매체의 '물질성'에 주목하게 한다. 물질성은 매체성의 근본적인 측면 가운데 하나로서 기호작용에서 중요한 역할을 한다. 기호매체의 물질성 개념은 기호, 기호작용, 인지, 소통은 과연 그것의 물질적 출현형식에서 분리시켜 관찰할 수 있느냐는 근본적인 문제를 제기하게 만든다. 매체는 기호 '운반체'이기도 하지만 기호 자체이기도 하다—이미 퍼스(Charles S. Peirce: 1839-1914)는 기호를 그 물질성과 관련하여 세 유형, 즉 '톤(tone/tuone)', '토큰(token)', '타입(type)'으로 구분한 바 있다. 기호나 기호 운반자로서의 매체는 필연적으로 물질성을 띨 수 밖에 없고, 이러한 기호의 물질성은 기호작용의 양상(구조, 생산, 수용)에 따라 다양한 방식으로 발현될 수 있다. 물질적인 것, 물질성은 기호의 추상적, 형식적인 코드 차원에도 관여할 수 있고, 그러한 코드를 운반하는 물리적, 감각적 실체의 차원에도 관여할 수 있다. 즉, 물질성은 매체에 속하면서도 기호적이지 않은 경우도 있을 수 있다. 예컨대 문서라는 매체에서 문자, 잉크, 종이의 관계는 그러한 양상을 보여주는 대표적인 예가 될 것입니다. 물론 이때 기호 운반체로서 종이, 양피지, 컴퓨터 화면 같은 물질적인 것의 차이가 부차적으로는 상이한 의미작용과 결부될 수 있다는 점도 주목해 볼 부분이다. 또한 기호가 구조적으로 갖는 물질성은 기호의 수용 과정이 있을 때 기호에 대한 감각적 지각 및 수용의 방식에도 영향을 준다. 여기서는 특히 시각적/청각적 수용의 시간적 (비)선형성의 문제와 생산과 수용의 (비)동시성의 문제가 논의될 수 있을 것이다. 세미오시스의 물질성은 기호의 생산 과정과 관련해서도 다양한 양상을 보인다. 예컨대, 기호 생산은 아리아의 경우처럼 인간 몸만으로도 이루어질 수 있고, 글, 그림의 경우처럼 기술의 도움을 보조적으로 받기도 하며, 라디오, TV의 예처럼 코드 해독 과정에서도 기계가 필요하기도 하다.

이처럼 『세미오시스의 매체성과 물질성』에서는 그 동안 기술매체에 관한 논의에 밀려 별로 주목하지 못한 기호와 매체의 관계, 매체적 매개, 기호작용 등을 둘러싼 문제를 논의해 볼 수 있는 자리를 만들고자 한다.

제1장 「매체성 관점에서 세미오시스 다시보기 - '글그림'의 매체성을 중심으로」(강병창)에서는 매체와 매체성의 관점에서 기호와 기호작용을 다시 살펴보려고 한다. 이를 위해 먼저 '매체' 개념의 다양성과 이에 따른 혼란을 의식하여 매체를 매체답게 하는 것이 무엇인지, 곧 '매체성'에 대한 논의를 진지하고 끌어들인다. 그리고 '기호'의 경우에도 정적인 상태가 아니라 기호의 동적인 활동을 강조하는 '세미오시스'(기호작용/기호과정)에 주목한다. 전통적인 세미오시스 모델에서는 기호가 중심이지만, 여기서 주목하는 매체는 기호와 하나이면서도 기호를 넘어서 더 많은 것을 함의하기도 한다. 이러한 매체는 인간 세미오시스(문화 세미오시스) 과정의 일부를 구성한다. 기호과정은 결국 매체과정으로 볼 수 있다는 것을 살펴보며, 어떤 과정을 매체과정으로 이해할 수 있는지, 이로써 어떤 개념적 결과가 초래되는지를 언어적 글/문자를 포함한 '표기' 체계, 더 나아가 이것들을 모두 포함하는 '글그림'의 세미오시스를 중심으로 논의하고 있다. 여기서 말하는 '글그림'은 언어성(글)과 도상성(그림)의 혼종적 성격을 띠는 기호/매체를 총괄하는 명칭이다. 글그림은 문화 세미오시스에서 핵심적인 영역을 차지하는 기호/매체이다. 이러한 글그림 매체의 '매개' 작용 양상

을 개관해 봄으로써 세미오시스 매체성에 대한 논의의 단초를 마련하려는 것이 필자의 의도이다.

제2장 「매체의 물질성과 키틀러의 매체이론」(유봉근)은 독일의 매체이론가 프리드리히 키틀러(1943-2011)에 주목한다. 그는 독특한 매체연구의 길을 닦아놓았으며, 영어권에서 독일산 매체이론의 대표주자로 이름을 알리고 있다. 키틀러는 의미를 중시하고 의미를 담는 매체의 물질성을 경시하는 구조를 심각하게 받아들이고, 전통적인 인문학이 수행해온 연구의 관점을 거스르는 이론을 제안하며, 의미탐구의 해석학적 전통을 극복하고 물질적 토대와 기원을 추구하는 매체연구의 이론을 제시한다. 키틀러의 도전은 기존 인문학에 매체의 문제를 학문적 탐구의 대상으로 도입하고 매체의 역사를 새로 쓰는 일이었다. 키틀러의 학문적 삶과 평생 연구한 결과물이 어떤 가치를 남겼는가의 문제는 앞으로 더 많은 논쟁이 필요한 영역이다. 매체학이라는 테제는 일단은 독일의 인문학계에 파장과 울림을 남겼다. 제2장은 키틀러가 집착했던 학문적 기반과 그 윤곽을 소개하는 일로 제한한다. 키틀러의 매체이론의 면모를 깊이 있게 밝히는 대신, 키틀러의 새로운 사유와 그 기원으로 거슬러 올라간다. 키틀러가 생각하고 수행했던 연구들은 결국 매체와 매체의 물질성을 드러내려는 목표 아래 연구의 과정과 전략이 구축되어 있음을 드러낸다.

제3장 「니클라스 루만의 대중매체 이론 - 사회와 커뮤니케이션 그리고 진화」(김형래)는 일반적인 논문 형식을 떠나 가상의 인터뷰 형식으로 집필된 특별 기고이다. 이 글의 소개에는 독자의 이해를 돕기 위해 예외적이지만 다소 긴 지면이 필요할 것 같다. 니클라스 루만은 독일의 사회학자로서 체계이론가로 잘 알려져 있다. 그는 세계는 기능적으

로 독립 분화된 여러 체계들로 구성되어 있다고 본다. 상위 체계는 크게 세 가지로 나뉜다. 생물학적 체계, 심리적 체계, 사회적 체계가 그것이다. 특히 여기서 사회적 체계는 그 하위 체계들 간의 커뮤니케이션을 통해 작동한다. 사회적 체계의 하위 체계들에는 예컨대 법체계, 경제체계, 정치체계, 교육체계, 예술체계, 매스미디어 체계 등이 있다. 여기에서 다루는 것은 무엇보다 매스미디어 체계이다.

루만의 전체 이론을 구성하는 세 가지 요소는 사회와 커뮤니케이션 그리고 진화이다. 다시 말해 체계이론으로서의 사회이론과 커뮤니케이션 이론 그리고 진화이론인 것이다. 루만은 커뮤니케이션의 진화와 사회의 진화가 상호 밀접하게 관계가 있다고 본다. 그래서 그는 사회를 언어가 만들어지기 전의 '언어 없는 선사시대', 언어가 생성된 후의 '구술 중심의 고대 사회', 문자가 사용된 이후의 '문자에 정통한 중앙집권 사회', 인쇄술과 무선전신이 발명된 이후의 '전지구적 커뮤니케이션을 가진 세계사회'로 구분한다. 이렇게 그는 커뮤니케이션과 사회의 공진화를 주장한다. 그러면 어떻게 커뮤니케이션이 사회의 진화에 기여하는 것일까?

루만에 의하면 각각의 체계들은 폐쇄적면서 개방적이다. 다시 말해 체계와 체계, 체계와 환경은 독립되어 있으면서 서로 구조적으로 연동되어 있다는 것이다. 그런데 바로 그 구조적 연동을 가능하게 하는 것이 커뮤니케이션이다. 그리고 이 커뮤니케이션에는 매체가 필요하다. 이 매체에는 크게 보편 매체, 일반 매체, 그리고 확산 매체가 있다. 보편 매체는 '의미'이며, 심리적 체계와 사회적 체계는 이 의미를 통해 커뮤니케이션한다. 그리고 일반 매체인 '언어'는 특히 사회적 체계의 근본적인 커뮤니케이션 매체이다. 그는 언어의 탄생 순간을 사회의 탄생 순간으로 이해한다. 그리고 확산 매체는 문자, 인쇄술, 전자 매체, 매스미디어(대중매체)가 있다. 그리고 성공 매체라는 것이 있는데, 그것은 진리, 사랑, 돈과 같은 것이다.

이렇게 사회적 체계들 간의 구조적 연동은 이러한 매체들에 의한 커뮤니케이션으로 이루어진다. 그러나 루만에 의하면 커뮤니케이션은 우리가 알고 있는 것처럼 '의사소통'을 의미하지 않는다. 그에게 커뮤니케이션은 '의사소통의 불가능'을 의미한다. 보통 커뮤니케이션은 정보-통보-이해의 과정을 거쳐 이루어지는데, 이 과정들이 모두 우연성의 지배를 받기 때문에 완벽한 의사소통은 불가능한 것이다. 그런데 루만에게는 이것이 바로 성공적인 커뮤니케이션이다. 커뮤니케이션이 성공적이라는 것은 커뮤니케이션이 계속되는 것을 말하는데, 의사소통이 불가능하기 때문에 역설적으로 커뮤니케이션이 계속된다는 것이다. 이것이 하버마스와 다른 점이다. 그리고 바로 이때 사회의 진화도 가능한 것이다. 왜냐하면 체계들 간에 계속되는 커뮤니케이션을 통해 사회는 조금씩 진화하기 때문이다. 의사소통이 완결되면 커뮤니케이션이 중단되고 그러면 더 이상 진화도 이루어지지 않는다는 것이다.

이 글은 이러한 커무니케이션 매체 중에 고도로 발달하여 하나의 체계로 독립 분화한 매스미디어 체계에 대해 구체적으로 다루고 있다. 사회적 체계를 이해하는 데 있어 매스미디어 체계에 대한 이해는 매우 중요하다. 왜냐하면 현대 사회는 '자기 관찰'과 '자기 기술'을 거의 완전히 매스미디어 체계에 넘겨주었기 때문이다. 그리고 매스미디어에 대한 이론은 일반 체계 이론의 본보기로 사용되기 때문이다.

제4장 「테크노 코드와 몸 그리고 바이오 미디어」(전혜현)에서는 인간의 몸이 테크노 코드로 변환되어 바이오 미디어로서 작동하게 되는 현 상황을 주시한다. 바이오 미디어는 데이터를 살로, 살을 데이터로 전환하는 것이기에, 신체의 정보화와 정보의 생물학적 물질성이 동시

에 중요할 수 밖에 없다. 생물학적인 몸을 정보체로 전환하는 과정에서는 탈물질화와 더불어 정보의 재물질화가 중단되지 않는다. 바이오 미디어의 이런 양상은 특히 융합 기술 기반의 바이오 및 나노 아트나 사이보그 아트 등을 통해 확인할 수 있는데, 필자는 이 사례들로부터 다음의 문제를 제기한다. 바이오 미디어의 매개된 지각은 과연 인간의 지각인가? 이는 궁극에 인간의 지각을 확장시키는가, 아니면 축소시키는가? 바이오 미디어적 존재인 사이보그나 포스트휴먼은 인간의 몸에 보조 장치를 이식하는 것 이상의 의미, 즉 인간을 컴퓨터와 유사한 정보 처리 장치로 간주하고 또 그렇게 다룬다는 의미를 갖는다. 바이오 미디어의 조건들이 증폭되고 있는 시점에서 이 문제는 분명 재고의 여지가 있다.

제5장 「언어화와 미디어화 - 색채 브랜딩 사례를 중심으로」(고경난)에서는 근래 언어인류학과 기호인류학 연구에서 사용되는 "미디어화(mediatization)"라는 개념을 소개하고 인류학적 사례분석을 통해 이 개념의 인류학적 유용성과 확장성을 검토한다. 커뮤니케이션학, 사회언어학, 그리고 인류학 등 여러 인문사회과학 연구가 대중매체의 사회적 기능과 함의를 검토하고 있으나 각 학문분야가 미디어화에 대한 공통된 정의를 따르지는 않고 그것에 접근하는 방법도 서로 다르다. 이 연구는 인류학, 더 정확하게는 언어인류학 및 기호인류학에서 미디어화 개념이 퍼스 기호학적 관점과 인류학적 관점의 결합으로 사용되고 있음을 설명하고, 더 나아가 사례분석을 통해 이 개념이 어떻게 대중매체를 중심으로 한 기호와 사회 간 세미오시스의 분석에 유용한지를 살펴본다. 또 색(色)이라는 특정한 비언어적 기호의 기호화가 관찰되는 한 국내 화장품 기업의 색채 브랜딩 사례를 분석함으로써 미디어화에 또 다른 하나의 기호과정, 즉 언어화가 내포돼 있을 수 있음을

제안한다.

제6장 「물질적, 비물질적 매체로서의 문학작품 - 작가-독자(들)의 이상적 공동체를 위하여」(변광배)는 사르트르에게서 문학이 차지하고 있는 위치가 이중적이라는 데서 출발한다. 작가 자신의 구원을 위한 문학과 이웃의 구원을 위한 문학이라는 의미에서 그러하다. 이와 같은 이중적 위치는 『문학이란 무엇인가』에서 타자(곧, 독자)를 위한 문학과 타자(곧, 독자)에 의한 문학만이 존재할 뿐이라는 주장으로 이어진다. 또한 이 이중적 위치는 문학작품이 물질성과 비물질성을 동시에 갖춘 일종의 '매체'라는 사르트르의 시각과 무관하지 않다. 작가는 문학작품을 창작하면서 그 자신의 우연적 존재에서 벗어나고자 한다. 하지만 이는 독자의 협력 없이는 불가능하다. 독자의 협력을 구하는 일은 간단하지 않다. 작가와 마찬가지로 독자 역시 자유이기 때문이다. 이런 상황에서 작가는 독자를 위해 쓴다는 명분을 내세우고 이를 실천하고자 한다. 이렇게 해서 작가와 독자 사이의 협력이 원만하게 이루어지는 경우, 이들 사이의 관계는 윤리적 성격을 띠게 되고, 그런 만큼 갈등과 폭력이 배제된 이상적인 인간관계 정립을 위한 하나의 모델로 여겨질 수 있다.

제7장 「매체로서의 음식 - '먹는 인간'에 대한 시론」(서종석·엄소연)은 음식이라는 물질을 '사이 존재'로 규정하고 매체의 관점에서 논하고 있다. 음식은 무엇보다 '먹는 인간'의 생물학적 욕구와 관련된 가장 중요한 물질이다. 그러나 음식은 식탁을 중심으로 낯선 타자와의 소통의 장을 마련해 주거나 사회적 관계와 연대를 강화해 주는 데 활용된다. 이 논문은 아울러 음식이 인간 사회의 장벽과 계층 혹은 단절을 표지하는 장치로 빈번하게 작동되기도 한다는 점을 보여준다. 여기서

도 음식은 중립적인 존재로 사회문화적인 규범과 코드를 품고 차별과 구분을 드러내는 인자로 작동된다. 음식은 사회의 변화와 맞물려 그 소비양식의 변동을 겪게 되는데, 저자들은 매체로서의 음식의 역할은 이러한 시대적인 변화 속에서도 근본적인 변화를 겪지 않았다고 주장한다. 이를 위해 폴크(Pasi Falk)의 소비사회 이론을 중심으로 전근대 사회에서 근대 사회로 전환되며 관찰되는 '입'의 변화, 즉 '공동체의 입'에서 '개인의 입'으로의 변천을 매체의 관점에서 풀어 설명해 준다. 이 논문에서 저자들은 음식을 매체로서 간주할 수 있는 근거를 '먹는 인간'으로서, 그리고 '먹는 입'을 가진 실체로서, 동일한 조건을 지닌 인간의 존재론적 이해에서 찾고 있다.

제8장 「연향의 정치학」(엄소연·서종석)은 '경사가 있을 때 음식을 차려놓고 여러 사람을 청해 즐김 또는 그 일'을 뜻하는 잔치에 주목한다. 잔치와 관련한 주요 논점들로는 '체화된 물질문화'인 음식을 매체로 한 공동체의 보편적인 교환의례로, 집단적 질서를 도모하는 사회적 관계의 상징행위라는 것, 이러한 맥락에 따라 '함께먹기(commensality)'라는 의례적·비일상적 행위로 형성되며, 음식의 소비방식은 특수성을 갖는다는 것, 의례적 잔치는 고도로 응축된 상징적 재현인 동시에 사회적 관계의 적극적 조정 및 질서의 재편을 위한 정치적 측면이 내재하는, '식사정치(commensal politics)'의 한 형식이라는 것 등이다. '조선왕실의 잔치'인 궁중연향(宮中宴享) 중에서 조선후기 이후 연향의 프로토콜이었던 영조대(英祖代) '숭정전갑자진연(崇政殿甲子進宴)'을 매체의 관점에서 논의한 이 글은, '의례적 함께먹기'의 상징적 소비방식과 연결된 먹는 이유, 날짜, 장소, 초대자, 참석자, 자리배치, 상차림 등의 분석을 통해 그 '상징적 힘'의 속성과 의미를 밝히고 있다.

제1장

매체성 관점에서 세미오시스 다시보기

– '글그림'의 매체성을 중심으로

제1장 매체성 관점에서 세미오시스 다시보기
– '글그림'의 매체성을 중심으로

강병창

1. 들어가기

지금 우리 시대는 컴퓨터가 문화의 주도매체가 되면서 그 동안 문화기술로 일컬어져 왔던 기존 매체들이 소멸, 변용, 융합의 진화를 겪고 있는 시대이기도 하다. 소리와 그림, 말과 글이 서로 경계를 허물면서 이진법의 디지털 신호로 표시되고, 과거에 책과 텍스트가 문화적 집단기억을 위해 수행했던 중요한 역할이 이제 컴퓨터에 맡겨지고 있다. 인류 문화는 이렇게 '구텐베르크 은하계'에서 '튜링 은하계'로 넘어가면서 의미와 가치를 창출하고 표현하고 이해하는 방식에서도 큰 변모를 겪고 있다. 오늘날 인간의 삶에서 다양하게 일어나는 의미의 생성, 소통 현상은 기호적이면서 매체적인 사건으로 볼 수 있다. 인간은 기본적으로 기호를 생산하고 이용하여 의미소통을 한다. 하지만 이러한 기호과정과 의미소통은 매체를 떠나서는 그 모습을 구체적으로 상상하기 어렵다. '기호', '의미소통', '매체'는 말하자면 같은 현상을 놓고 관점과 초점을 달리하여 일컫는 이름이라고 할 수 있다. 그래서 기호

이론, 의미소통이론, 매체이론은 서로 떼려야 뗄 수 없는 관계에 있게 되고, 매체이론을 제대로 세우기 위해서는 의미소통이론과 기호이론을 토대로 삼을 수 밖에 없다.

이 글의 목적은 매체(성)의 관점에서 기호와 기호작용을 다시 살펴보는 데 있다. 이를 위해 먼저 '매체' 개념의 다양성과 이에 따른 혼란을 의식하여 매체를 매체답게 하는 것이 무엇인지, 곧 '매체성'에 대한 논의를 진지하고 끌어들이려 하며, '기호'의 경우에도 정적인 상태가 아니라 기호의 동적인 활동을 강조하는 '세미오시스'(기호작용/기호과정)에 주목하려고 한다. 전통적인 세미오시스 모델에서는 기호가 중심이지만, 여기서 주목하는 매체는 기호와 하나이면서도 기호를 넘어서 더 많은 것을 함의하기도 한다. 이러한 매체가 인간 세미오시스(문화 세미오시스) 과정의 일부를 구성한다는 것이 본 논의의 핵심이다. 기호과정은 결국 매체과정으로 볼 수 있다는 것을 살펴볼 것이고, 어떤 과정을 매체과정으로 이해할 수 있는지, 이로써 어떤 개념적 결과가 초래되는지를 언어적 글/문자를 포함한 '표기' 체계, 더 나아가 이것들을 모두 포함하는 '글그림'의 세미오시스를 중심으로 논의해 볼 것이다. 여기서 말하는 '글그림'은, 후술하겠지만, 언어성(글)과 도상성(그림)의 혼종적 성격을 띠는 기호/매체를 총괄하는 명칭으로 사용할 것이다. 글그림은 문화 세미오시스에서 핵심적인 영역을 차지하는 기호/매체이다. 이러한 글그림 매체의 '매개' 작용 양상을 개관해 봄으로써 세미오시스 매체성에 대한 논의의 단초를 마련해 보고자 한다.

2. 세미오시스와 매체성

2.1. 세미오시스와 문화 세미오시스

기호학(semiotics)은 엄밀하게 말하면 '기호(sign)'에 관한 학문이라기보다는 '세미오시스(semiosis)'에 관한 학문이다. '세미오시스'는 정적인 느낌을 주는 대상/산물/작품으로서의 '기호'와 구분하여 동적인 '과정'의 개념으로 이해해야 할 것이다. 그래서 세미오시스는 다른 말로 '기호작용/기호과정(sign process)' 또는 '기호활동(sign activity)'으로 지칭되기도 하는 것이다. '세미오시스'라는 용어는 퍼스(Charles S. Peirce: 1839-1914)를 통해 유명해졌지만 그 표현 자체는 이미 고대 그리스 때부터 사용된 말로서 "기호의 출현 또는 그 기호의 해석 행위"(Krampen 1997, 247)를 뜻한다. 퍼스에 의해 강조된 세미오시스는 기호(sign), 대상(object), 해석체(interpretant)라는 세 관계항 사이에 성립하는 3자관계(triadic relation)로 이해된다. 지각할 수 있는 어떤 물질적인 것('기호')이 있고 이것에 어떤 의미('대상')가 있는 것으로 해석됨('해석체')이 그 3자관계의 골자라고 할 수 있겠다. "그 어떤 것도 기호로 해석되지 않으면 기호가 아니"(Peirce CP 2.308)듯이, 이 3자관계에서 해석체가 무엇보다 중요한 역할을 하고, 이 해석체의 성격에 따라 세미오시스 개념의 적용영역도 확대된다.

오늘날 기호학에서 해석체는 인간 '해석자(interpreter)'만을 의미하는 것이 아니라, 인간을 포함한 모든 동물, 더 나아가 식물까지 포괄하는 생명체가 된다. 이로써 기호학은 '생물기호학(biosemiotics)'이 된다. 시비억(Thomas A. Sebeok)은 '인간 세미오시스(anthroposemiosis)'를 포함한 '동물 세미오시스(zoösemiosis)'에 대한 연구를 주창했고, 크람펜(Martin Krampen)은 이 연구에

'식물 세미오시스(phytosemiosis)'까지 포함시킨다. 더 나아가 딜리(John Deely)는 생명 출현 이전의 물리적 우주('물질 세미오시스[physiosemiosis]')까지 세미오시스의 영역으로 끌어들인다. 그래서 이러한 세미오시스의 편재성(ubiquity)은 불가피하게도 인간 해석체에 의한 세미오시스를 부각시킬 때 '세미오시스'가 아닌 다른 용어를 쓰게 하거나 '세미오시스'에 세부 규정어를 첨가하도록 만든다. 예컨대 시비억과 다네시(Sebeok & Danesi 2000, 5이하)는 '세미오시스'를 "형태(form)를 생산하고 이해하는 생물학적 능력"으로 넓게 이해하고, 인간이라는 종만이 유일하게 갖는 능력, 곧 단순 기호, 복합 텍스트, 코드, 은유 등의 다양한 형태들을 이용하여 세계를 지시하는 능력을 '재현(representation)'으로 칭한다. 한편 '세미오시스'에 세부 규정어가 부가된 것으로는 '문화 세미오시스(cultural semiosis)'를 들 수 있다. '식물 세미오시스(vegetative semiosis)', '동물 세미오시스(animal semiosis)' 외에 설정되는 인간 세미오시스는 '문화 세미오시스'로 규정되는 것이다(Kull 2009). 그도 그럴 것이 문화는 인간을 규정하는 고유 자질이다. 즉, 문화는 인간이 생성해 내는 관념, 사고방식, 감각양식, 가치, 의미의 총체로서, 기호체계, 상징체계를 통해 물화되는 것이라고 할 수 있기 때문이다. '문화 세미오시스'는 간단히 말해 "의미소통에 의해 구성되고 삶이 이루어지는 모든 사회영역들에서 기호와 기호체계를 생산하고 전파하는 형식의 일체"(Hülst 2016, 179)를 일컫는 것으로 이해할 수 있다. 이제 앞으로 언급되는 '세미오시스'는 특별한 경우가 아니라면 문화 세미오시스를 일컫는 것이다.

세미오시스는 기호에 의한 인지와 의미소통을 포괄하는데, 이 기호과정은 또한 매체적인 과정이기도 하다. 그래서 세미오시스 연구는 기호만을 대상으로 하는 것이 아니라, 기호를 넘어서 다양한 매체에도 주목할 수 밖에 없다. 알다시피 기본적으로 세미오시스 과정은 '뭔가'

가 '다른 뭔가'를 대신/재현/의미하는 과정(*aliquid stat pro aliquo*)이다. 이때 앞의 '뭔가'는 '재현체(재현하는 것)', 그 '다른 뭔가'는 '피재현체(재현되는 것)'로 지칭할 수 있는데, 매체적인 것(매체성)은 바로 재현체의 어떤 고유한 자질로 볼 수 있겠다. 이러한 매체성에 따라 재현의 방식도 달라질 수 있다. 이러한 관점을 이하에서 좀 더 자세히 논의해 보겠다.

2.2. 기호와 매체

세미오시스를 다루는 기호학에서 매체에 대한 관심이 없었던 것은 아니다. 주지하다시피 1950년대 후반부터 이른바 '매체기호학(media semiotics)'이라는 이름으로 기호와 매체를 다루는 영역이 있어 왔다.[1] 매체기호학은 대체로 대중 매체에 의한 의미소통을 기호학적으로 주목한다고 할 수 있다. 즉, 기호가 매스 미디어에 의해 넓은 의미의 텍스트 형태로 이용되는 양상이 사회적 과정을 어떻게 형성하거나 반영하는지를 탐구하는 영역이다(Danesi 2015, 485). 이 응용기호학 분야는 대체로 기술매체 또는 개별매체(텍스트, 그림, 사진, 지도, 만화, 영화, 광고 등) 속의 기호현상을 탐구하는데, 여기서 이해되는 '매체'는 기호 자체라기보다는 기호를 운반하는 기호 운반체가 된다고 할 수 있다. 전통적으로 매체기호학은 매체학(media studies)과 궤를 같이 해 오면서[2] 이 학문이 안고 있는 문제도 거의 그대로 보이고 있다. 예컨대 매체학에서는 매체 개념이 매우 다의적이고 이렇게 규정된

---

1) 매체기호학에 대한 전반적인 개관은 뇌트(Nöth 1997; 2000), 빅넬(Bignell 2002), 다네시(Danesi 2002), 겐스(Gaines 2010) 등에서 얻을 수 있다.

2) 뇌트(Nöth 1998, 54)에 따르면, 이탈리아, 프랑스, 스페인, 브라질 등의 나라에서는 '매체학'과 '매체기호학'이 거의 동의어로 보이는 데 반해, 독일과 영어권에서는 매체학을 위해 기호학이 갖는 위상이 그리 크지는 않다고 한다.

매체들이 서로 이질성을 보이며, 기술매체가 인간 행위자와 무관하게 독립적으로 의미를 생산, 운반하는 점을 부각시키고 있다. 그렇다면 이러한 상황에서 매체기호학은 기호와 매체 사이에 어떤 연관성이 있다고 보는가? 대체로 매체기호학에서 기호는 매체에 의해 운반되는 의미와 이러저러한 방식으로 연결된다는 식으로 기호-매체 관련성이 상정되고 있을 뿐이다. 그렇다면 기호와 매체는 별개의 것인가? 아니면 그것을 넘어서는 새로운 관계 규정은 없는 것인가?

이 문제에 접근하기 위해서는 우선 기호학의 원류에서 실마리를 찾아볼 수 있겠다. 이 시도는 먼저 퍼스가 '기호'를 '매체'로 규정하려고 한 데서부터 출발해 볼 수 있을 것이다. 퍼스는 자신의 연구 생애 내내 철학 중에서도 특히 논리학에 천착했는데, 그의 논리학은 기호학과 다르지 않았다. 용어 윤리를 강조하는 퍼스는 자신의 기호학 연구 말기에 해당하는 1906년에 수고(그림 1 참조)를 통해 다음과 같이 토로했다.

> 나의 개념들은 모두 너무 좁다. "기호(sign)" 대신에 *매체*(medium)라고 해야 하지 않을까?(Peirce MS 339: 283r, 1906) [3][4]

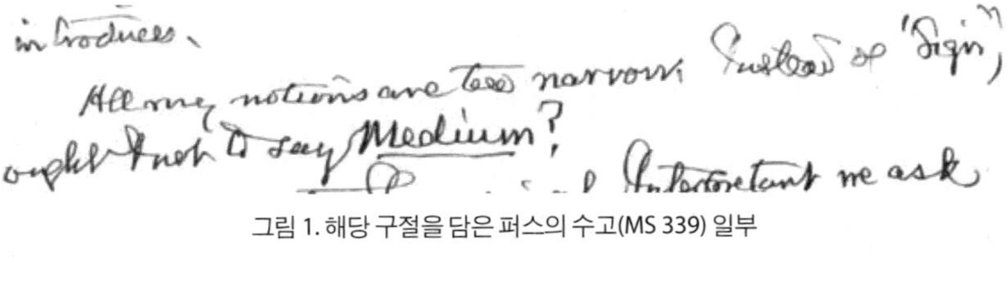

그림 1. 해당 구절을 담은 퍼스의 수고(MS 339) 일부

3) "All my notions are too narrow. Instead of 'Sign', ought I not to say *Medium*?"

4) 이 구절은 파멘티어(Parmentier 1985, 23)의 소개 이후 자주 인용되고 있다(예컨대 Walther 1997, 79; Nöth 2007, 12; 2011, 467; Withalm 2010, 133; Ipsen 2010, 176; Sonesson 2013, 297; 2016, 284; Jappy 2016, 56).

퍼스 사후 출판된 선집들에서도 위와 같은 변화를 암시하는 유사한 구절들이 발견된다.

나는 '기호'라는 말을 넓은 의미로 사용하여 소통을 위한 매체[...]이면 어떤 것이든 그것을 가리키려고 한다(Peirce EP 2: 477, 1906).[5]

기호는 솔직히 말해 소통 매체의 일종이며, 소통 매체는 매체의 일종이며, 매체는 제3자(third)의 일종이다. 순수한 제3자는 제1자와 어느 한 측면에서 다르고 제2자와 다른 한 측면에서 다른 것이다. 이 다른 측면이 상반된 측면이라면 그 제3자는 매체가 된다(Peirce EP 2: 390-391, 1906).[6]

소통의 매체는 어떤 무엇인 *A*인데, 이 *A*는 다른 무엇인 *N*의 작용을 받는 것이지만 스스로 다시 어떤 무엇인 *I*에 작용을 가한다. 그런데 이 작용 가하기는 *N*이 *I*를 한정하는 식으로 이루어진다. 그래서 *I*는 *A*를 통해서 그리고 오로지 *A*를 통해서만 N에 의한 작용을 받게 되는 것이다(EP 2: 391, 1906).[7]

퍼스 관련 문헌(Bergman 2009, 92이하; Nöth 2011 등)에서도 자세히 논의된 바와 같이, 퍼스 기호학에서 기호는 처음부터 'sign'으로 지

---

5) "I use the word 'Sign' in the widest sense for any medium for the communication [...]."

6) "A sign is plainly a species of medium of communication, and medium of communication is a species of medium, and a medium is a species of third. A genuine third is something which differs from a first in one respect and from a second in another respect. If this other respect is a contrary respect, the third is a medium."

7) "A medium of communication is something, *A*, which being acted upon by something else, *N*, in its turn acts upon something, *I*, in a manner involving its determination by *N*, so that I shall thereby, through *A* and only through *A*, be acted upon by *N*."

칭된 것이 아니라 여러 용어변천 단계를 거쳐 왔다. 즉, 기호는 초기에 '재현(representation)'으로 불렸는데, 이 용어는 이후 도입된 'sign'과 함께 같은 의미로 쓰였고, 나중에 '재현체(representamen)'로 대체되었다. 이 전문적인 용어도 'sign'과 함께 계속 쓰이다가 폐기되었고, 이로써 일상적인 'sign'이 기호를 나타내는 용어로 정착된다.[8] 이 용어 변천이 시사하듯이 퍼스의 기호작용은 재현(대신)을 주된 특징으로 삼았다. 그러나 이러한 재현체로서의 기호, 곧 대상을 재현/대신하는 기호는 모든 기호 유형을 다 포괄하기에는 좁다. 물론 재현체('기호')와 피재현체('대상') 사이의 관계를 어떻게 해석하느냐에 따라 다를 수 있겠지만, 퍼스(Peirce EP 2: 389, 1906)가 직접 드는 예와 같이, 어떤 행동을 요청하는 명령문과 같은 신호(signal)나 멜로디와 같이 감정을 유발하는 것(excitant)은 재현하는 기호의 범위를 벗어나는 것들이다. 그래서 언급한 예들까지 포괄하는 기호를 퍼스는 '소통의 매체(medium of communication)'로 부른다.

여기서 퍼스가 말하는 '매체'는 제3자(third)로서 제1자(first)와 제2자(second)를 "연결하는 끈"이 된다. 이 매체는 현상의 요소로서는 제1성(firstness)인 자질(quality)과 제2성(secondness)인 반응(reaction)이 아닌 제3성(thirdness)인 재현(representation)에 해당하는 것이다. 그러나 이 경우에서도 퍼스는 나중에 '재현'보다는 '매개(mediation)'라는 용어를 선호한다(Peirce CP 4.3; CP 1.337; CP 5.66 참조). 어쨌거나 퍼스에게서 기호작용은 대상의 재현보다는 대상과 해석체 사이의 매개로서 더 잘 특징화되며, 이로써 기호는 대상과 해석체 사이를 매개하는 매(개)체가 된다(Colapietro 1989, 18-19도 참

8) 기호의 의미로 'representation'이 쓰이던 때도 'sign'이 쓰였는데, 이때의 'sign'은 지표(index)의 의미로 사용되었다. 'index'는 'sign'이 기호 전반을 가리키게 되었을 때 도입된 것이다.

조).

그러나 오늘날 매체 개념은 매체이론가에 따라 매우 상이하게 구축되고 적용되고 있는 것이 사실이다. '매체'로 지칭되는 것들이 아래 예가 보이듯이 넘치게 되었고 이것들이 서로 이질적인 모습으로 나타나고 이로써 매체 개념도 매우 모호해지게 된 것도 사실이다.[9)]

> 가수, 공간, 공기, 광고, 광대, 교사, 권력, 그림, 기도자, 도로, 돈, 동굴, 라디오, 마술사, 만화, 망치, 멀티미디어, 목사, 목소리, 몸, 무기, 무선전신, 문자, 물, 미각, 미술, 박물관, 비디오, 비행기, 사랑, 사진, 상점, 손, 쇼윈도, 숫자, 스포츠, 시간, 시계, 신문, 언어, 역사가, 연극, 영화, 영화관, 옷, 음반, 음악, 음유시인, 의자, 이메일, 인쇄물, 인터넷, 인트라넷, 여자, 자동차, 잡지, 전기, 전기수, 전보, 전자기기, 전화, 제례, 종이, 진리, 집, 채팅, 책, 청각, 축음기, 축제, 춤, 침대, 컴퓨터, 탁발승, 탁자, 텔레비전, 팩스, 편지, 포스터, 포장, 풍습, 후각, 휴대폰, 흙, CD, DVD, VR, WWW, ...

이렇게 매체로 일컬어지는 것들이 범람하게 되면서 매체란 무엇인가에 대한 논의, 곧 매체를 매체답게 하는 것, 매체적인 것이란 무엇인가에 대한 논의도 심각하게 대두되게 한다. 매체의 매체성에 대한 철학적 질문은 오늘날 매체 논의에서 피할 수 없는 부분이 되고 있다. 그래서 최근에 와서 '매체성'은 매체와 관한 문학학적 담론에서 주도개념 가운데 하나로 부각되고 있다(Jäger 2015, 106).

서양에서 '매체'는 대체로 '수단(means)', '가운데(middle)', '매개자(mediator)'의 의미로 이해되고 있다. 매체에 관한 종래의 논의는 대체

---

9) 이와 관련하여 뮝커와 뢰슬러(Münker & Roesler 2008, 11)는 "대체 매체로 지칭되지 않을 게 어디 있을까?"라고 묻는다. 즉, "의자, 바퀴, 거울(맥루언), 교실, 축구, 대기실(플루서), 선거제도, 총파업, 도로(보드리야르), 말, 단봉낙타, 코끼리(비릴리오), 축음기, 영화, 타자기(키틀러), 돈, 권력, 영향(파슨스), 예술, 신앙, 사랑(루만)"도 매체로 거론되어 왔던 것이다.

로 수단/도구로서의 매체에 주목했는데, 이 글에서는 좀 더 근원적인 차원('가운데', '매개자')의 매체에 초점을 맞추고자 한다. 매체(라틴어 *medium*)의 어원적 의미는 '가운데/사이에 있는 것'인데, 이를 바탕으로 하여 일단 매체를 '중간에서 매개/중개를 하며 의미소통/전달을 가능하게 하는 것'으로 이해할 수 있겠다(Mersch 2006, 18-19). 메르쉬(Mersch 2006, 19)에 따르면, 매체(Medium)는 단순히 "목적을 위한 수단(Mittel)"이 아니라, 어느 쪽에 가담하지 않고 "가운데(Mitte) 자리를 지키"면서 "매개/중개/전달(Vermittlung)"을 하는 것이 된다. 일반적으로 매체는 크게 보아 감각적 지각 매체(매질), 기호적 소통 매체, 기술적 전파 매체의 세 갈래(예컨대 Sandbothe & Nagl 2005)로 이해할 수 있겠으나, 의미소통을 핵심적인 조건으로 본다면, 매체를 기호적 소통매체(기호매체)와 기술적 소통매체(기술매체)로 좁혀 볼 수 있을 것이다. 즉, 의미소통 수단으로서의 매체는 언어적 및 비언어적 기호체계뿐만 아니라, 실용적 및 예술적-미학적 의미소통과 통신기술(기기, 콘텐트, 기관 등)까지 포괄하게 된다. 이때 '매체'는 사용 맥락에 따라 구체적인 의미가 규정될 것이다.

2.3. 세미오시스, 의미소통, 매체

지금까지 한 논의의 관점에서 볼 때 매체, 매체성, 매체적 사건은 실질적으로는 거의 동의어로 사용되어도 무방할 것 같다. 또한 이 관점에서 매체는 실체적인 것으로서 확정된 것이라기보다는 기능적, 관계적인 것으로서 상황, 조건에 따라 매체가 될 수도 그렇지 않을 수도 있는 것이다. 그렇다면 세미오시스, 의미소통, 매체(성) 사이의 관계는 어떻게 포착될 수 있을까? 이 세 영역은 말하자면 동일 현상을 놓고 주목하는 측면에 따라 서로 다른 명칭이 부여된 것으로 볼 수 있을 만큼 서로 밀접한 상관관계를 보인다. 즉, 관계적, 기능적 차원에서 매체 현상이 있다면 의미소통 현상이 있다는 뜻이고, 매체 현상, 의미소통 현상은 기호 현상과 다르지 않다. 이러한 관점에서 매체성은 기호(재현체) 자체의 어떤 특별한 성격(예컨대 물질성, 규약성)으로도 간주할 수 있을 것이다. 물론 세미오시스는 의미소통뿐만 아니라 감각적 지각과 인지를 포함하는 현상으로 간주되기도 하는데, 이 관점에서는 세미오시스의 영역이 의미소통의 영역보다 더 넓다고 할 수 있겠다. 어쨌거나 기호작용과 의미소통이 있으려면 매체가 있어야 한다는 점이 강조된다.

이런 점에서 기호와 매체의 관계는 단순히 매체를 기호를 실어 나르는 운반체로만 규정할 수 없는 복합성을 보이며, 사실상 기호와 매체는 서로 분리할 수 없는 개념이 된다. 기호를 (매개자로서의) 매체로 규정한 퍼스 이래로 기호-매체 관계를 언급하는 학자들도 드물지 않게 발견된다. 예컨대 포스너(Posner 1986, 293이하)는 '기호체계'를 생리, 물리, 기술, 사회, 문화, 코드의 측면에서 보면서 다양한 '매체'로 규정한다. 슈나이더(Schneider 2006, 83)도 기호체계는 매체이기도 하다는 점에 주목하지만 모든 매체가 기호체계이지는 않다는 점도 강조한다. 기술적 전파 매체는 기호체계가 아니기 때문이다. 즉, 기호체계와 매체는 등가관계에 있는 것이 아니라, 기호체계가 매체에 속하는 포함관계에 있는 것으로 파악한다. 기호와 매체의 관계에 대한 좀 더 포괄적이고 상세한 논의는 최근에 겐츠와 제보당(Genz & Gévaudan 2016, 64이하)이 하고 있다. 이들에 따르면 기호, 기호 운반체, 그리고 매체 사이의 관계는 다음 그림과 같이 나타낼 수 있다.

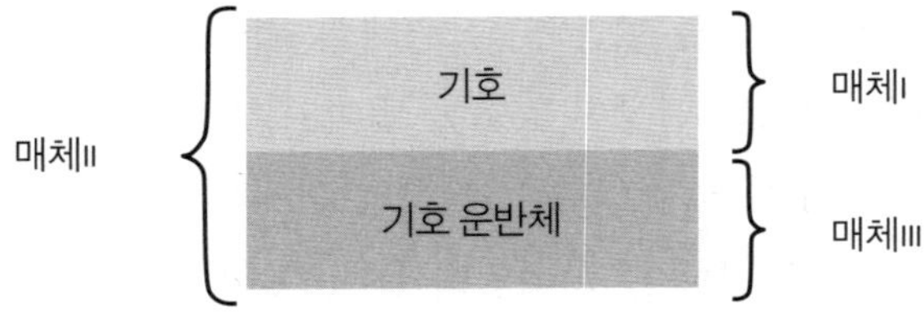

그림 2. 매체, 기호, 기호 운반체 간의 관계(Genz & Gévaudan 2016, 66)

기호는 감각적으로 지각될 수 있고 생산, 전달될 수 있는 물질적인 차원을 갖게 마련이고, 이러한 물질성은 매체성의 근간이 된다. 또한 매체성은 단순히 물질성만 갖는 것이 아니라 규약성을 가짐으로써 의미소통을 가능하게 한다. 이런 점들이 작용하여 우리가 '매체'라고 지칭하는 현상들이 다양해 질 수 밖에 없다. 그래서 순순하게 기호 자체만을 매체라 할 수도 있고('매체I'), 기호와 기호 운반체를 모두 합쳐서 매체라 할 수도 있다('매체II'). 또한 순전히 기호 운반체만을 매체로 부를 수도 있다('매체III'). 예컨대 책을 매체로 칭할 때, 먼저 기호 운반체, 즉 종이를 묶어 놓은 것 자체가 책 매체가 될 수 있다('매체III'). 그리고 이 종이 묶음 말고도 텍스트(언어/문자) 부분까지 포함시켜 기호와 기호 운반체가 하나를 이루는 것을 책 매체로 볼 수 있다('매체II'). 끝으로 텍스트 부분만을, 곧 순수한 기호 부분만을 책 매체라고 할 수 있는 것이다('매체I').

물론 여기서 기호 운반체만 물질성을 갖는 것은 아니다. 기호 자체도 물질성을 갖는다. 즉, 책의 텍스트를 기호로 볼 때, 잉크와 같이 색을 갖는 물질을 통해 지각되는 글자가 텍스트 기호의 물질적 출현형태가 되는 것이다. 이때 종이 자체는 기호 운반체가 된다고 할 수 있다. 또한 기호와 기호 운반체의 구분이 늘 명확한 것도 아니다. 예컨대 음악은 소리로 이루어지는데, 이 소리는 주파수가 상이하게 진동하는 공기와 별도로 존재하는 것이 아니다. 즉, 공기는 음악 기호의 물질성

부분이면서 또한 음악 기호를 우리의 귀로 운반해 주는 기호 운반체이기도 한 것이다. 물론 음악의 경우 소리의 원천이 되는 성대라든지 악기 같은 것은 비교적 분명한 기호 운반체로 봐야 할 것이다.

그림 2에 보인 세 가지 범위의 매체는 실제로 나타나는 매체적 사건의 성격에 따라 상이하게 적용될 것이다. 예컨대 언어를 매체로 이해하는 경우, 감각적으로 지각되는 기호로서의 언어 차원에 주목한다면, 그 매체적 출현형태(입말, 글말)를 포괄하는 기호현상으로서의 '매체I'의 차원이 중요할 것이다. 반면에 기호 운반체가 기호 해석에 중요한 영향을 미치는 경우(예컨대 편지에서 편지지가 되는 종이, 양피지, 화면에 따른 효과)라면, 기호 운반체까지 포함하는 매체('매체II')를 논하는 것이 적합할 것이다. 한편 기호 운반체에 특별히 주목하는 경우의 매체('매체III')는 라디오, TV, 컴퓨터, 스마트폰과 같은 기술적 도구에 해당하는 경우인데, 이 도구적 매체는 콘텐트(음성언어, 문자언어, 음악, 영상 등)를 재생하기 위해 구축된 것이다. 이때 콘텐트(기호)와 기기(기호 운반체)가 일회적으로 긴밀하게 연결되는 것이 아니라 동일 기기에서 콘텐트가 계속해서 바뀌며, 콘텐트를 이용하지 않는 상태의 기기 자체, 곧 기호 운반체만으로도 의미를 가질 수 있다.

이러한 매체에 대한 논의는 대체로 체계나 유형과 결부되는 일반성, 관습성에 기반하는 매체를 상정한다. 그러나 그러한 유형(타입[type])의 구체적 실현형(토큰[token])도 매체로 간주할 수 있을 것이다. 그래서 다시 책을 예로 들면, 유형으로서의 일반적인 책뿐 아니라 그 유형을 가능하게 하는 일반적인 언어도 매체가 된다. 나아가 구체적인 개별언어(한국어, 영어, 독일어 등)도 매체가 된다. 또한 소설과 같은 특정 장르도 매체가 된다. 이 장르를 구현하는 특정 소설책(예컨대 토마스 만의 『마의 산』)도 매체이며, 내 책장에 꽂혀 있는, 특정한 물리적 속성을 갖는 그 책의 한 표본도 매체가 된다. 나아가 그 책의 텍스트 자체도 매체가 된다고 할 수 있다.

3. 언어의 매체성에서 '글그림'의 매체성으로

지금까지의 논의를 배경으로 하여 이제 이 글에서 핵심적으로 살펴볼 내용은 '언어'의 매체(상호)성에서 출발하여 언어와 연결되지만 그것을 넘어서는 다른 매체('글그림')의 매체성이다. 언어는 일반적으로 '입말', '글말', '손말(수화)'이라는 매체적 출현형태로 나타나 사용된다. 전통적인 체계언어학에서는 언어를 추상적인, 비감각적인 순일(純一)한 체계로 가정해 왔지만, 실제 언어적 수행은 물질적으로 실현될 수 밖에 없는 매체적 측면을 보인다. 이제 여기서 인류 문화 최초의 기술적 매체로서 매체연구사에서 큰 관심의 대상이 되어 온 글/문자에 초점을 맞추어 보자. 언어학에서 일반적으로 글에 대해 가져온 견해는 사라지고 마는 덧없는 입말을 시각적으로 고정시키는 것, 그래서 입말에 종속된 것으로 보는 것이다. 그러나 글을 이러한 '소리 적기'로만 보는 것은 글에 대한 시각을 좁혀 입말과 관계되는 부분만 보게 하고 그것을 넘어서는 영역을 도외시하게 만드는 문제가 있다. 여기서는 글/문자의 내재적 매체상호성을 논의하고, 글/문자, 이것을 포함한 표기체계, 그리고 이 표기체계를 포괄하는 다이어그램적인 것('글그림')의 매체성에도 주목해 보고자 한다.

3.1. 언어의 매체성

언어라는 매체는 의미소통과 관련지어 볼 때 '기호적' 성격과 '기술(技術)적' 성격을 취한다고 할 수 있다. 이 성격들은 언어의 매체성을 규정하는 데 중요하게 고려될 자질로 볼 수 있다. 언어 매체의 '기호성'은 재현과 의미소통을 가능하게 하는 데 있어서 무엇보다 규약성(관습적 규칙체계)이 핵심 특성이 될 것이다. 언어 매체의 '기술성'은 매체가 매체로서 작동하는 데 요구되는 감각적 물질성을 인위적 기술을 통해 효과적으로 확보하고 확장해 나가는 측면이라고 할 수 있다. 언어 매체의 물질성은 먼저 인간이라는 자연의 몸에서 나오는 목소리, 몸짓, 표정 같은 것을 통해 확보되어 왔다. 그런데 여기서 주목하는 부분은 문자와 같은 기술적 고안을 통해서 확보된 물질성이다. 알다시피 문자/글이라는 기술적 매체의 사용은 인류 역사에 큰 변혁을 가져다 주었다.

언어학에서는 사실 전통적으로 언어라는 대상을 물질적인 매체성에 앞서 존재하는 추상적인 체계로 파악해 왔다. 소쉬르 이후의 체계언어학(구조주의 언어학, 생성문법, 인지언어학 등)에서는 '랑그 대 파롤' 또는 '능력 대 수행'을 구분하고 랑그 또는 능력('외재언어[E-language]'가 아닌 '내재언어[I-language]'[10])을 연구대상으로 삼아 왔다. 이 추상적인 대상으로서의 '언어'는 매체성/물질성과는 독립적인 것으로서 파롤 또는 수행 단계에서 입말이나 글말로 실현될 뿐이다. 물론 언어학에서는 랑그/구조/체계의 측면으로 향해 있던 시각을 반대로 돌려서 파롤/행위/사용의 측면에 집중하게 된 이른바 화용적 전환도 있었다. 하지만 여기서도 사정은 비슷하다. 즉, 화용언어학은 구체적인 소통행위에서 출발하지만 궁극적으로는 그것을 가능하게 하는 보편적인 화용 규칙체계를 세우는 데 주력하는 것이다(Krämer 2002, 326이하). 이렇게 해서 언어학의 역사는 "언어라는 인식대상이 침식되어 온 역사"(Jäger 1993)가 된다. 이는 곧 "언어이론의

---

10) 이 개념 쌍의 구분에 대해서는 촘스키(Chomsky 1986, 21이하) 참조.

매체성 망각"(Jäger 2000, 26이하; Jäger 2015, 111)으로 이어져 언어가 물질적-매체적으로 출현하는 현실을 도외시하는 결과를 초래한다.

반면에 최근의 문화학 및 매체이론 기반의 언어학(Jäger et al. 2016)[11]에서는 '매체성'이란 개념으로 포착할 수 있는 언어의 매체적/물질적/감각적/수행적 측면을 언어의 본성을 이해하는 데 주변적이거나 부수적인 현상으로만 보지 않는다. 언어의 매체성은 언어의 본질적인 특성을 보이는 연구대상으로 간주되는 것이다. 크래머(Krämer 2002, 331)의 표현을 빌면, '능력' 중심 언어관에서 나온 '가상 언어(virtuelle Sprache)' 대신에 오히려 '수행'에서 드러나는 '체화된 언어(verkörperte Sprache)'가 강조되는 것이다. 체화된 언어의 의미는 "시공간적 상황 속에서 목소리나 문자, 몸짓에 의해 이루어지는 분절의 수행을 넘어서는 언어는 존재하지 않는다"(Krämer 2002, 331)는 말이 대변해 준다. 그리고 언어의 다양한 매체적 출현형식(특히 구어성[Mündlichkeit]과 문어성[Schriftlichkeit])이 중요한 의미를 갖는 것은 언어가 단순히 언어와 독립해서 존재하는 사고/의미를 전달하는 '수단'이 아니라 사고/의미를 함께 구성하는 '매(개)체'라는 점이 부각되기 때문이다. 언어의 매체적 출현형식이 달라지면 구성되는 의미의 성격에도 영향을 미친다는 것이다. 문화-매체이론적 언어학은 대체로 언어기호가 정신/사고를 구성한다는 훔볼트(Wilhelm von Humboldt: 1767-1835)의 언어관을 따르며, 기호/매체는 단순히 의미의 운반수단이 아니라 의미를 가능하게 하는 조건이라는 가정에 기초하고 있다. 그래서 "인지에서 기호행위를 빼놓고 생각하기란 불가능하다. 매체성은 정신성의 가능조건이다"(Jäger 2000, 30).

11) 이러한 '문화학적 언어학' 또는 '매체성 언어학'이 태동하는 데 이론적-철학적 기반을 제공해 준 대표적인 학자로는 언급한 루트비히 예거(Ludwig Jäger) 외에도 지빌레 크래머(Sybille Krämer)를 꼽을 수 있다(참고문헌 참조).

이렇게 해서 언어의 매체성 개념은 본질, 실체에 대한 사고를 떠나서 인지 및 소통에서 매체/기호의 물질성과 더불어 의미가 처리되는 수행적 방식에 관심을 둔다고 할 수 있다(Linz 2016, 106). 이러한 매체성 관점에서 언어를 고찰하게 되면, 실제 의미소통에서의 언어현상은 매체와 관련하여 단일한 것으로 분해하거나 추상화/이상화할 수 없는 복잡한 현상이라는 것을 알게 되고, 언어와 그와 관련되는 다양한 매체들이 공생관계나 상호관련성을 보이는 복합적인 매체 현상을 주목할 수 밖에 없음을 인식하게 된다. 이러한 현상을 이제 이 글에서는 언어 매체성 가운데 글말을 중심으로 살펴보고(3.2절), 이어서 이것이 확장되는 측면을 논의해 본다(3.3절).

3.2. 글의 내재적 매체상호성

언어의 매체적/물질적 출현형태의 하나로서 글/문자가 있다. 전통적으로 문자, 특히 표음문자는 언어를 글로 적은 것으로 간주되어 왔다. 그러나 여기서 주목하는 점은 글/문자가 단순히 입말 종속적인 이차적인 것이 아니라, 고유한 기호매체(상징매체)로서의 독자적인 역할을 갖는다는 것이다. 이 점은 1980년대 후반부터 꾸준히 인식, 강조되어 왔다. 이와 관련한 자세한 문헌 목록은 크래머(Krämer 2005, 23)에서 얻을 수 있으며, 이 새로운 인식 전환과 관련하여 비교적 자주 거론되고 있는 학자로는 예컨대 영어권에서는 로이 해리스(Roy Harris: 1986; 1996; 2000 등), 독일어권에서는 볼프강 라이블레(Wolfgang Raible: 1991; 1999 등)와 크리스티안 슈테터(Christian Stetter: 1997 등)가 있다.[12] 나아가 최근 독일어권 연구(예컨대 Grube et al. 2005;

12) 글말에 대한 포괄적인 논의로는 권터와 루트비히(Günther & Ludwig 1994; 1996)를 들 수 있다.

Krämer 2005; Krämer et al. 2012)에서는 그 동안 '글/문자'로 번역되어 온 '슈리프트(Schrift)'의 개념을 언어성에만 한정하지 않고 언어 영역을 넘어서는 다른 기호/매체로 확장하려는 움직임도 있다. 독일어 낱말 'Schrift'('글을 쓰다'의 의미를 갖는 동사 'schreiben'의 명사형[13])는 일상적으로도 '글', '문자'를 가리키는 것을 넘어서 음악의 기보법('Notenschrift')이나 무용표기법('Tanzschrift')을 지칭할 때도 쓰이는 점에서 이미 확장 가능성을 내포하고 있다고 말할 수 있다.[14] 이제 '슈리프트'는 음악, 무용, 수학, 논리, 컴퓨터, 자연과학 등 광범위한 영역에서 사용되는 다양한 '표기(notation)' 체계까지 포괄하는 용어로 대두되고 있는 것이다. 이러한 광의 슈리프트와 관련한 문제는 3.3절에서 논의하고, 여기서는 그러한 매체다중적, 매체상호적 맥락 속에서 글/문자의 내재적 매체상호성의 문제를 다루고자 한다. 문자/글을 단지 '입말을 적는 것(또는 적어 놓은 것)'으로만 이해하게 되면, 문자/글의 매체성이 갖는 폭넓은 다양성을 제대로 살펴보지 못하게 된다. 글은 언어성 외에도 다양한 매체적 특성들이 서로 관련을 맺고 상호작용을 하는 영역이 된다. 글이 갖는 내재적 매체상호성은 바로 이러한 관점에서 출발하여 고찰할 수 있다.

'매체상호성(intermediality)'[15]은 오늘날 매체 문제를 진지하게 고려하는 문예학, 예술학, 문화학, 매체학 등에서 활발하게 논의되고 있는 중심 개념이다(예컨대 Rajewsky 2002; Robert 2014; Rippl 2015 참조). 매체상호성은 "매체들 사이의 경계를 넘나드는 현상의 총체"

---

13) 이 단어들은 라틴어 'scribere', 'scriptum'의 영향을 받아 형성되었다.

14) 물론 한국어 동사 '쓰다/적다'는 언어적 영역을 넘어서는 곳에서 사용되기도 한다(예컨대 '곡을 쓰다/악보를 적다').

15) 이 용어는 일반적으로 '상호매체성'으로 번역되고 있다. 그러나 여기서 제안하는 '매체상호성'은 매체 사이의 상호관계성을 좀 더 명시적으로 드러내고 한국어 조어방식에도 좀 더 잘 부합할 것으로 생각된다.

(Rajewsky 2002, 12), 곧 둘 이상의 매체가 관련되는 현상으로 이해할 수 있겠다. 예컨대 영화, 오페라의 경우에서처럼 둘 이상의 매체가 한 작품 안에서 함께 동존하면서 상호작용하는 현상을 들 수 있으며, 소설의 영화화, 연극의 오페라화의 경우에서처럼 한 매체 속의 작품이 다른 매체로 옮겨지는 현상도 있으며, 또한 한 매체의 작품이 다른 매체 유형(또는 그 다른 매체로 된 장르나 작품)을 다루거나 흉내 내는 경우도 들 수 있다. 디지털 매체 시대라 할 수 있는 오늘날 문학텍스트, 예술작품, 그 밖의 문화생산물에서는 매체간의 결합, 융합, 대체, 지시 등 다양한 방식이 구현됨으로써 매체상호성 현상이 거의 일상이 되고 있고 이에 대한 연구의 비중도 점점 커지고 있다. 그러나 여기서 살펴볼 매체상호성은 작품 활동과 관계되는 인위적, 작위적인 것인 아니라, 한 매체(우리의 경우에는 글)가 매체로서 기능하는 데 필연적으로 내재해 있는 속성, 그래서 자연스럽게 드러날 수 밖에 없는 매체적인 동반 현상들과 관련 있다.

글의 매체상호성은 이미 글을 시각화된 입말로만 보는 경우에도 – 당연한 현상이지만 – 확인해 볼 수 있다. 즉, 이 경우에는 일종의 매체 전환을 말할 수 있는 것이다. 다시 말해, 글은 입말이라는 매체가 글말이라는 매체로 옮겨간 것이 되기 때문이다. 이 경우 글말의 배후에 입말이 있는 셈이고, 글은 언제든지 – 예컨대 낭독을 통해서 - 입말로 재현될 수도 있다. 이렇게 해서 이 두 매체는 매체횡단적(transmedial) 관계를 이루는 것이다. 이렇게 매체횡단적 성격을 띠는 글의 매체상호성은 한 매체의 제약과 한계를 다른 매체를 통해 극복하는 것으로도 이해할 수 있을 것이다. 또한 이러한 매체적 전환은 출발 매체가 갖는 풍부한 자질의 일부를 삭제하는 것이 되기도 한다. 구체적으로 말하자면, 입말은 선형적인 시간을 따라 흘러가는 것이어서 – 녹음되지 않는 한 - 고정되지도 못하고 일회성을 띤다. 이러한 제약을 보이는 입말과 달리 글은 시각적으로 고정된 형태로 있게 되고, 반복될 수 있으며, 거의 항구적으로 보존될 수 있는 형태로 존재할 수 있다. 또한 입말은 의미소통(예컨대 면대면 소통)이 시공간적 상황의 제약을 받는 데 반해, 글말은 공통의 소통 상황이 전제될 필요는 없다. 글말은 입말의 경우 제한되었던 의미소통 공간을 확장시킬 수 있는 장점이 있는 것이다. 전통적인 방식의 입말 소통은 발화와 청취가 동시에 이루어져야 하지만, 글말 소통은 생산과 수용(해석)이 시간적으로 분리되어 비동시적으로 이루어질 수 있다. 그러나 입말-글말 매체전환은 입말의 고유 특성을 글말에서 모두 재현시키는 것은 아니다. 예컨대 입말의 경우 담화 상황을 직접 지시하는 직시적 표현이 풍부하게 쓰이는 데 반해, 글말에서는 생산자과 해석자의 지각 공간이 서로 다르기 때문에 명시적인 표현이 쓰여야 한다. 또한 입말에는 음악성(억양, 속도, 리듬, 강도 등)이 수반되는데, 글말에서는 이러한 속성이 대체로 여과된다. 따라서 얼핏 볼 때는 입말에 내재된 (언어와 음악 사이의) 매체상호성이 분해됨으로써 글말이 매체적으로 빈약한 것으로 여겨질 수도 있다. 물론 글말이 음악성의 측면에서 갖는 한계는 어느 정도 극복될 수도 있다. 예컨대 글에서 구두점이나 부호를 효과적으로 사용한다든지(!!; ???; -, ~), 알파벳 언어의 경우 글자를 반복하거나 대문자를 사용한다든지(He was cooool!; It IS true) 해서 입말의 특성을 재현할 수 있다.

그러나 글을 이렇게 단순히 선형적인 청각성(음성성)에서 선형적인 시각성(그래피즘)으로 물리적-감각적인 변환이 일어난 것으로만 파악하게 되면, 글말 차원에서 고유하게 발생하게 되는 특성 가운데 상당 부분을 도외시하게 될 수 있다. 글이라는 매체는 선형적인 입말 매체가 전제됨으로써 발생하는 매체상호성의 측면도 보이지만, 공간적인 그림 매체와 겹침으로써 유발되는 매체상호적인 측면도 갖는다. 즉,

글에도 그림의 측면이 있어서, 그림이 갖는 특성인 도상성, 재현적 유사성, (디지털성이 아닌) 아날로그성, ('말하기[diegesis]가 아닌) '보이기(mimesis)' 등으로 특징화될 수 있는 차원을 글이 갖는다. 당연한 현상이지만, 글은 언어성 이외에도 다양한 물질성을 보인다. 글은 글씨(필체, 타이포그래피)와 분리하기 어렵고, 글의 글자에는 검정이나 청색 같은 색깔이 있으며, 글을 쓰는 도구와 글이 쓰인 평면(예컨대 양피지, 종이, 스마트폰 화면)도 다양할 수 있다. 이러한 것들의 성격과 구조가 언어적 의미 이외의 매체적 의미구성에 작용할 수 있다. 어떤 메시지를 종이 쪽지에 연필로 적은 것과 고급 양피지에 청색 만년필로 적은 것이 주는 효과는 분명 다를 것이다.

그러나 이보다 더 중요한 글의 매체적 본질이 있다. 글은 입말의 일차원성을 극복하고 그림의 이차원성을 상보적으로 이용하는 융합의 특성을 보인다는 것이다. 언급했듯이 입말은 일차원에 있어서 선형적으로 산출되면서 사라지는 한계가 있다. 그런데 글은 이차원 평면에 구현되므로 일차원의 입말이 나타낼 수 없는 공간 배열 상의 질서를 표현할 수 있게 된다. 즉, 글은 입말이 나타내 보일 수 없는 다양한 표시와 구분을 할 수 있는 것이다. 입말은 거의 한 가닥으로 죽 이어져 실현되는 연속체이다(입말에서 나타나는 휴지는 단어와 단어 사이의 공백과 일치하지 않는다). 이것을 그대로 글로 재현하면 서양 문화에서 8세기까지 통용되었던 스크립티오 콘티누아(scriptio continua)(그림 3[16])처럼 띄어 쓰지 않고 붙여 쓴 글이 될 것이다. 그러나 오늘날 글은 입말에는 없는, 곧 물리적으로 '발음'되지 않는 부분들을 포함하고 있다. 즉, 띄어쓰기, 문장부호 쓰기, 대문자와 소문자 쓰기 등이 그러한 것이다. 띄어쓰기는 낱말과 낱말을 구분하게 해주는 것으로서

16) 이미지 출처: Public Domain, https://commons.wikimedia.org/wiki/File:Vergilius_Augusteus,_Georgica_141.jpg

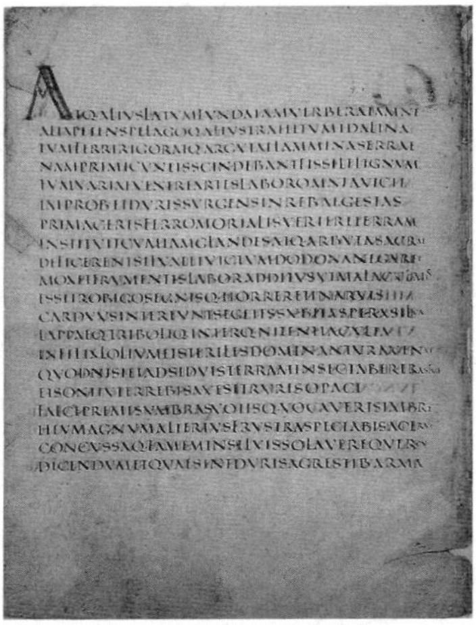

그림 3. 스크립티오 콘티누아

낱말 사이에 공백을 두는 것이다. 문장부호는 문장 경계나 문장 종류를 표시하며 통사적 단위를 구획하거나 문법적 관계를 나타낼 수 있다. 삽입, 인용, 강조 등을 위해서 다양한 보조부호를 사용하며, 대소문자 구분을 통해 문법적 차이를 시각화하기도 한다. 또한 문단 나누기(들여쓰기 등), 각주/미주 두기, 목차 등의 다양한 장치들이 있어서 '발음되지 않는' 관념의 구조적, 관계적 측면을 시각화해 준다. 이것을 보면 글/텍스트는 입말의 선형성을 단순히 문자열로 재현한 것이 아니다. 글에서는 평면의 이차원성이 이용됨으로써 입말에 없던 가능성들이 마련되는 것이다. 그래서 입말은, 녹음을 하지 않은 한, 한번 일어난 것은 다시 되돌릴 수 없는 반면에, 글은 시간 축을 거슬러 가며 검색도 가능하게 된다. 일반적으로 상정되어 왔던 언어의 '선형성'은 글이라는 매체에서 보면 더 이상 옹호할 수 없게 되는 것이다. 글은 이차원의 평면에 구현되지만 글을 해석하는 과정(읽기)에서는 언어의 선형성이 완전히 배제되는 것은 아니다. 그렇지만 글을 읽는 눈의 움직임은 우리가 경험적으로 알고 있듯이 완전히 선형적으로 이어지는 것이 아니라 앞뒤 이동과 단절을 보이기도 한다. 이런 점에서 볼 때 글은 마찬가지로 이차원적인 그림이 보이는 것과 같은 동시성도 갖게 된다고 할 수 있다. 말하자면 입말이 시간의 언어라면 글말은 공간의 언어인 것이다.

그런데 글의 이러한 공간성(Räumlichkeit)은, 엄밀하게 말하자면, 크래머(Krämer 1996, 101이하; 2003, 162이하)의 표현을 빌어 '사이공간성(Zwischenräumlichkeit)'[17]으로 규정할 수 있겠다. 즉, 글은 그림의 경우와 달리 '사이 공간'(공백/여백)이 중요하다. 서양 그림은 공백 없이 연속체로 조밀하게 구성되는 공간을 보이는 반면에, 글은 사이 공백이 관건이 된다. 이것은 단순히 단어와 단어 사이의 공백, 글자와 글자 사이의 공백, 문자의 점, 선이 만드는 여백만을 가리키는 것이 아니다. 이것은 인접한 어떤 것과 다른 것 사이에 중간을 허용하지 않는 공백을 말한다. 다시 말해, 어떤 기호들이 각각 어떤 추상 집합에 속하도록 서로 겹치지 않게 구분시키는 분리성(disjointness)이 중요하며(예컨대 a와 ɑ는 같은 집합에 속하는 동일 기호이지만, a와 d는 각자 다른 집합에 속한다), 또한 인접한 두 기호 사이에 공백을 둘 뿐 제3의 기호는 허용하지 않는 유한 차별화(finite differentiation)가 중요하다(Goodman 1976 참조). 이러한 사이공간성을 통해 '보이게' 되는 것은 그림의 경우에서와 같은 단순한 도상성(iconicity)이 아니라, 단위, 통사적 관계, 구조의 시각화 같은 것이다. 이 경우의 도상성은 형상(이미지) 도상성이 아니라 '관계 도상성'(또는 '다이어그램 도상성'[18])이라고 할 수 있을 것이다. 글의 사이공간성, 관계 도상성에서는 외형, 생김새, 형상 자체가 중요한 것이 아니라, 어떤 형상이 어떤 구도 내에서 어떤 위상(가치)을 갖느냐가 관건이 되는 것이다.

나아가 관계 도상성을 갖는 글을 기호체계/매체로 볼 때, 이것이 재현하는 대상은 과연 무엇인지가 문제가 될 수 있다. 글을 단순히 입말(음성언어)을 시각화한 것으로 볼 때는 글의 피재현체(대상)은 음성언어가 될 수 밖에 없다. 글이 갖는 도상성은 일반적인 그림의 도상성(형상 도상성)이 아니라, 다이어그램과 같은 관계를 보이는 도상성이라고

---

17) 독일어 'Zwischenraum'은 무엇과 무엇 '사이(zwischen)'의 '공간(Raum)', 곧 '간격'을 뜻한다.

18) 3.3절 참조.

했는데, 일반적인 그림은 그 그림이 재현하는 대상과 형상적으로 유사하지만 다이어그램적/관계적 도상성은 재현 대상을 형상적으로 모사하는 것이 아니라 대상 요소들 사이의 관계적 유사성을 보여주는 것이다. 그래서 글말이 입말을 재현한다고 할 때는 우선 이 관계를 상정해 볼 수 있다. 이때 소리와 그림은 서로 물리적-감각적으로 유사하지 않고 관계적-인식론적으로 유사할 뿐이다. 그러나 글은 단순히 입말을 재현하는 차원을 넘어서 또 다른 뭔가를 재현한다. 말하자면, 매체의 속성이 그렇듯이, 이미 존재하는 대상만을 재현하는 것이 아니라, 재현 과정에서 재현대상을 함께 생성해 내는 측면도 있는 것이다. 즉, 글이 재현하는 것은 음성언어뿐만 아니라, 그것이 보여주지 못하는 것까지 포함한다. 그래서 입말 매체에서는 보이지 않았던 것이 글말 매체로 오면서 보이게 되는 것이다. 입말(언어)이라는 소리 연속체로 진행되는 복잡한 현상에 접근하기 위해서는 추상화, 체계화, 이론화가 필요한데, 이렇게 추상적이고 이론적인 것은 생각만 할 수 있지 눈으로 볼 수 있는 것은 아니다. 그런데 글은 기본 요소문자로 분해될 수 있는 것이고 이들이 규칙에 따라 낱말, 문장, 문단, 텍스트로 배치 가능한 형태로 되어 있다. 즉, 글은 대상 요소들과 이들의 배열 관계성을 평면 공간에서 시각적으로 보이는 시도이므로 연속적인/비가시적인/일차원적인 입말(언어)에 대한 일종의 인식론적 분석으로도 해석할 수 있다. 그래서 음소(phoneme)라는 이론적 구성체가 나올 수 있었던 것은 글, 곧 경험적인 자소(grapheme)가 먼저 있었기 때문이라는 주장도 나온다. 이 주장에 따르면 "음소는 문자의 부수현상"이다 (Krämer 2003, 165). 이렇게 해서 글/문자의 관계적 도상성은 글이 없었더라면 감각될 수 없을 것을 시각화 및 공간화를 통해 가시화할 수 있게 하여 인지(추론과 문제해결)에도 기여한다고 볼 수 있는 것이다. 이처럼 글은 문자로서의 언어성 외에도 그림으로서의 '그림성'도 가진다고 할 수 있다. 글은 '말의 그림'이라고도 할 수 있지만, 말과 그림이 하나로 융합됨으로써 말이면서 말을 넘어서는 특성을, 그림이면서 그림을 넘어서는 특성을 보인다. 그래서 크래머(예컨대 Krämer 2003; 2010; Krämer et al. 2012; Grube et al. 2005)는 이러한 글의 매체적 특성을 '글그림성(Schriftbildlichkeit)'으로 지칭한다. 이것은 단순히 '글의 그림성'으로만 볼 것이 아니라 '글(의 언어)성'과 '그림성'의 혼성으로 볼 것을 시사한다. 우리는 여기서 크래머의 '글그림성'보다는 좀 더 분명한 '말그림성'을 한국어 대응용어로 제안한다.

글의 내재적 매체상호성을 다시 정리해 보면 이렇게 말할 수 있겠다. 글은 입말과 매체상호적으로 관련되어 있는 것은 분명하다. 그러나 글은 그림의 어떤 특정 자질(관계적 도상성, 동시적 평면성)을 공유함으로써 그림과 상호매체적으로 연관되기도 한다. 그래서 글은 입말 매체와 그림 매체가 하나로 융합된 것으로 볼 수 있다. 이러한 글의 융합적 매체상호성은 입말과 그림 각각의 한계를 극복함으로써 입말로써도 그림으로써도 할 수 없는 능력을 발휘하게 되는 것이다.

3.3. '글그림': 다이어그램적인 것의 '말그림성'

앞의 3.2절에서 이미 언급했듯이, 독일어의 '슈리프트' 개념은 글이 갖는 언어성(표음성)을 넘어서 그림(도상)의 특성도 공유하는, 그래서 악보, 무용 기보법, 논리식, 수식, 프로그래밍 언어 등과 같은 다양한 표기법들까지 포괄하게 되는 넓은 의미로 사용되는 경향도 보이고 있다. 글에 대한 이러한 관점은 입말 중심주의에서 벗어난 것이고 글에서 언어성과 도상성이 융합된 특성('말그림성')을 보고자 하는 것이다. 그런데 이러한 관점과 관련되는 또 하나의 경향에 주목할 필요가 있다. 그것은 최근 들어 '다이어그램학(diagrammatology;

Diagrammatik/Diagrammatologie)'으로 지칭되고 있는 분야로서 근래 들어 특히 지식의 획득, 전달, 근거와 관련하여 추상적인 것의 구체화, 체화된 인지, 빅 데이터의 시각화 등의 문제와 맞물려 점차 활발히 논의되고 있다(예컨대 Gehring et al. 1992; Stjernfelt 2007; Posner 2009; Bender & Marrinan 2010; Bauer & Ernst 2010; Schmidt-Burkhardt 2012; Krämer 2016; Krämer & Ljungberg 2016; Wöpking 2016). 여기서 '다이어그램(diagram; Diagramm)'의 범주에 포함되는 것은 전형적으로는 도표, 도식, 그래프, (좁은 의미의) 다이어그램, 설계도, 지도 등이 있다. 물론 좀 더 구체적으로는 스케치, 디자인, 인포그래픽, 네비게이션 지도 등도 여기에 포함될 수 있을 것이다. 이 '다이어그램'의 범위는 매우 넓고 연구자의 이론적 구상에 따라서 다양한 확장이나 새로운 영역 설정이 이루어지고 있어서 그 상황을 여기서 일일이 조망하기는 어렵다. 여기서 주목하는 부분은 좀 더 일반적인 관점을 취하여 글과 그림 사이에 다이어그램이 있다고 볼 때 이들 사이에 유지되고 있는 연속성이다. 즉, '글 따로', '다이어그램 따로', '그림 따로'의 관점이 아니라, 언어성과 그림성을 양극으로 하는 스펙트럼에서 글과 다이어그램을 관통하는 관점이다. 이러한 관점은 특히 크래머(Krämer 2009; 2016)가 취하고 있는 것으로 그녀의 논의를 배경으로 하여 글과 (기존의) 다이어그램을 연결시키는 공유점을 매체성 관점에서 살펴보고자 한다.

크래머(Krämer 2016)는 기존의 '디아그라마틱(Diagrammatik)'에서 좀 더 포괄적이고 철학적인 '디아그라마톨로기(Diagrammatologie)'를 기획한다. 크래머의 디아그라마톨로기는 또한 데리다(Derrida 1974)의 '그라마톨로지(grammatologie)'의 한계를 넘어서려는 시도이기도 하다(Krämer 2009). 데리다는 철학에서 글/문자(écriture)에 대해 획기적인 성찰을 하게 되는데, 전통적인 음성중심주의, 곧 문자

언어를 음성언어에 종속된 것으로 보는 견해를 전복시켜 문자가 언어를 구성하는 근원 관계를 부각시켰다. 그러나 크래머는 여전히 언어중심주의에 묶여 있는 그라마톨로지를 해체하고 확장시켜 디아그라마톨로기로 나아가는 것이다. 이 디아그마톨로기는 서로 구분되는 세 영역인 슈리프트(에크리튀르), 다이어그램 종류, 지도 종류를 모두 포괄하는 것이 된다. 여기서 결정적인 관점은 크래머가 말하는 '글그림성(Schriftbildlichkeit)' 또는 '조작적 도상성(operative Bildlichkeit)'이다. 우리는 앞서 언급했듯이 이 용어 대신에 '말그림성'을 사용한다. 이 관점에서 슈리프트는 단순히 언어성만을 가진 것이 아니라, 그것을 넘어서는 '그림'과 관계되는 다양한 특성을 드러내게 된다. 이렇게 해서 슈리프트는 우리가 일반적으로 이해하는 글/문자뿐만 아니라, 기보법, 무용표기법, 수식, 논리식, 프로그래밍언어 등까지 포함하게 된다. 이러한 광의의 '슈리프트'는 협의의 '슈립프트'(글/문자)와 혼동될 수 있다. 그래서 크래머(예컨대 Krämer et al. 2012)는 광의의 슈리프트에 속하는 것들을 굿맨(Goodman 1976)에 기대어 '표기(Notation)'로 지칭하기도 한다. 이제 더 나아가 크래머(Krämer 2009, 105; 2016, 18)는 슈리프트, 다이어그램, 지도를 모두 통틀어 '다이어그램적인 것(das Diagrammatische)' 또는 '기입(Inskription)'으로 부른다.

여기서 잠시 본 주제와 연결되는 보충 논의로서 번역용어에 내포되어 있는 문제를 짚고 넘어가 보자. 대상은 언급한 '표기(表記: notation)', '기입(記入: inscription)', 그리고 더 나아가 '기호(記號: sign)'이다. 이 말들에는 공통적으로 글/문자/기록과 관계있는 '記'가 들어 있다. 그래서 이 번역어들은 우리가 통상적으로 이해하는 좁은 의미의 글/문자를 포함하되 그것을 넘어서는 다양한 영역들을 포괄하는 개념으로 의도된 것임에도 불구하고 여전히 '문자성' 또는 '언어성'에 한정되어 있는 듯한 느낌을 준다('기호'의 경우를 어원적으로 보면 '記'와 '號'는 거의 글말과 입말을 가리키는 것으로 보인다). 물론 이 용어들은 기호현상, 의미소통이 주로 음성언어와 문자언어에 의해 이루어지고 있는 것을 반영한 것이고, 언어성을 넘어 확장시킨 의미로 사용될 수도 있는 것이다. 하지만 이 용어들이 오해 없이 사용되기 위해서는 학문 영역의 틀 안에서 적절하게 규정되어야 할 것이다. 그래서 기존에 일상적으로 사용되어 온 말을 학문적으로 재규정하여 사용하는 것은 불가피해 보인다. 크래머의 경우에도 용어 선택에서 고민한 흔적이 엿보인다. 글/문자의 의미를 갖는 '슈리프트'의 의미를 확장시킨다든지, 악보와 같은 것도 포괄하는 굿맨의 용어('Notation')를 도입한다든지, 문자나 도상의 각인에서 출발하는 용어('Inskription')를 도입하는 것 등이 그것을 말해 준다. 한국어로 돌아와 보면, 글을 포함하되 그림에 가까운 특성까지 보이는 기호현상(크래머가 말하는 '다이어그램적인 것')을 통칭하는 말을 찾는 것은 거의 무망해 보인다. 결국은 새로운 말을 만들어내야 하는데, 이 역시 쉽지 않은 일이다. '글'과 '그림'(그리고 '쓰다/적다'와 '그리다')은 서로 대척점에 있어서, '글을 그리다'나 '그림을 적다'는 어법에 맞는 말이 아니다. '끄적임/끄적이다'는 글이나 그림을 쓰거나 그리는 행위를 통칭해서 나타내는 말이기는 하다. 그러나 '대충' 하는 행위를 뜻하는, 부정적인 어감의 말이어서 학술어로서는 적절해 보이지 않는다. 조심스러운 제안이지만 한 가지 떠오르는 대안은 '적다'와 '그리다'의 인위적인 합성어 '그리-적다'이다(당분간 구성요소의 경계를 보이기 위해 하이픈을 넣었다). 이를 바탕으로 '그리-적기', '그리-적음', '그리-적은 것' 같은 말을 필요에 따라 사용할 수 있을 것 같다. 또 다른 대안은 글(언어)과 그림의 혼성적인 성격, 곧 '글과 같은 것이면서도 그림과 같은 것'의 특성을 좀 더 직접적으로 나타내기 위해 '글'과 '그림'의 혼성어를 생각해 볼 수 있겠지만 중간에 겹치는 언어 요소가 없기 때문에 구현하기 어렵다. 그래서 혼성어와 다소 근접한 합성어인 '글그림'을 사용할 수도 있을 것 같다. 물론 이 경우 합성 의미는 '글과 그림' 또는 '글로 그린 그림'과 같은 것이 아니라 '글 같은 그림', '그림 같은 글'을 연상하는 의미로 이해되어야 할 것이다. 이 글에서는 잠정적으로 '글그림'을 사용하고자 한다.

다시 본 논의로 되돌아가면, 글/문자 부류, 다이어그램 부류, 지도 부류로 대별되는 글그림 또는 다이어그램적인 것은 '말그림성'을 공통적으로 갖는다고 할 수 있다. 이 특성은 (입)말이 대변하는 '언어성'과 그림이 대변하는 '도상성'이 혼종된, 융합된 것으로 이해할 수 있다. 말그림성의 특성은 크래머(Krämer 2009, 98이하)에 따라 여섯 가지 속성(평면성, 방향성, 그래피즘, 통사성, 지시성, 조작성)[19]을 통해 구체화해 볼 수 있다. 글그림에 속하는 개별 유형들의 차이는 이 속성들의 혼합 비율의 차이라고도 할 수 있다.

먼저, 글그림의 유형들이 공통으로 취하는 '평면성(Flächigkeit)'에 대해 살펴보자. 글, 다이어그램, 지도는 모두 이차원 평면에서 구현된다. 이는 다른 차원에 있던 것이 이차원에서 제시됨으로써 차원 전환에 따른 효과가 발휘된다는 것을 의미한다. 이러한 차원 전환은 감각적 지각과도 연결되어 있는데, 예컨대 입말의 청각적 인상은 일차원적인 시간적 선형성을 통해 지각되는 반면에, 이차원의 글은 눈으로 보는 것이어서 동시적 제시와 지각이 어느 정도 가능하다. 시각적 동시성은 그림성이 더 커지는 다이어그램과 지도에서 더욱 크게 부각된다.

---

19) 크래머(Krämer 2016, 59-86)는 이것을 – 다이어그램 부류를 중심에 놓고 보면서 - 좀 더 세분하고 확장한 버전(12가지 속성)을 제시하고 있다. 하지만 여기서는 개괄적인 방향성 제시가 목적이므로 그 이전 버전 단계를 중심으로 논의를 진행하겠다.

이러한 동시적 평면 출현은 삼차원 현실에서는 불가능한 조망, 비교, 관계 인식을 할 수 있게 해 준다. 일반적인 그림도 평면적인 것이지만 투시 원근법을 통해 삼차원을 흉내 내려고 하는 점에서는 글그림과는 성격이 다르다. 글그림, 특히 다이어그램과 지도는 삼차원 대상을 부피가 없는 인위적인 이차원 특수공간으로 추상화하고, 이 평면공간에서 공존적으로 제시된 것 가운데서 원근관계가 재현되는 것이다.

둘째, 글그림의 평면은 '방향성(Gerichtetheit)'을 갖는다. 이 평면은 확장되는 것이면서도 경계를 갖는 것이므로 위-아래, 왼쪽-오른쪽, 중심부-주변부를 갖는다. 예컨대 지도에서 위-아래는 북쪽-남쪽과 결부되므로 중요하며, 수형도 같은 다이어그램에서도 갈라짐의 방향성이 결정적인 역할을 한다. 글에서도 좌우, 상하 방향성은 쓰기와 읽기에서 중요한 역할을 한다.

셋째, 글그림은 '그래피즘(Graphismus)'을 특징으로 한다. 여기서 말하는 그래피즘은 어원적 의미를 제공하는 그리스어 '그라페인(gráphein)'의 본래 뜻('새겨넣다/적다/쓰다')에 따라 채색하여 그리는 그림의 성격보다는 점과 선에 의한 표현이 중요한 그래픽성을 뜻한다. 평면에서 선은 구획하기, 구별 짓기, 형식 부여에 적합하다. 선은 글의 불연속적 자획뿐만 아니라, 다이어그램의 연속선과 곡선, 지도의 구획면, 등고선 등으로 실현된다.

넷째, 글그림은 언어성과 직결되는 '통사성(Syntaktizität)'을 갖는다. 글/문자, 표기들은 앞(3.2절)에서 언급한 분리성과 유한 차별화를 특징으로 하는 그래픽 요소들의 규칙적인 배열관계를 보이는데, 이것이 전형적인 통사성을 보이는 경우라고 할 수 있다. 이러한 엄격한 성격을 좀 더 일반화시켜 다이어그램과 지도에서도 '통사성'을 언급할 수 있을 것이다. 글그림은 단순히 '보는' 것만 아니라, '읽는' 것이기도 하기 때문이다. 이러한 읽기에서 특히 중요한 것은 타입-토큰 구분 능력,

개별적인 것에서 일반적인 것을 보는 능력이다.

다섯째, 글그림에는 '지시성(Referenzialität)'이 있다. 지시성은 다른 말로 표현하면 '재현성'이라고 할 수 있는데, 글그림은 일반적인 그림과 달리 자족적이지 않고 자신의 바깥에 있는 뭔가를 지시한다. 글이 단순히 장식으로 간주되지 않기 위해서는 외부 지시를 해야 하고 해석되어야 한다. 다이어그램도 어떤 사태들 사이의 경험적 혹은 이론적 관계를 재현한다. 지도는 실제 또는 가상의 영토를 지시한다. 글그림은 이렇게 지시성을 띰으로써 일종의 명제적 내용도 가지게 되고 이로써 참, 거짓의 진리값을 가질 수 있게 된다. 다이어그램은 말하자면 '시각적인 주장'을 하는 것이 되는 것이다.

끝으로, 글그림은 '조작성(Operativität)'을 갖는다. 글, 다이어그램, 지도는 단순히 재현만 하는 것이 아니라, 재현되는 것을 조작하고, 관찰하고, 탐구하는 공간을 열어주기도 한다. 이것은 말소리나 음악처럼 덧없이 사라지는 것을 글그림을 통해 고정시킴으로써, 그리고 그동안 '볼' 수 없었던 것을 글그림을 통해 '보게' 됨으로써 이루어지는 일이다. 이렇게 해서 글그림은 직관의 매체가 될 뿐만 아니라 성찰의 도구가 된다. 글/문자는 앞(3.2절)에서 논의했듯이 입말 언어를 문법적으로 그려 보여줌으로써 언어를 관찰 가능하고 분석 가능한 대상이 되게 해 준다. 기보법에 의한 악보도 작곡과 연주의 가능성을 제공해 줄 뿐만 아니라, 음악적 관계를 새롭게 관찰하고 분석하고 성찰할 수 있게 해 준다. 지도도 사용자가 눈과 손을 이용하여 지표적으로 위치를 탐구하는 작업 공간이 되어 준다. 글그림의 이러한 조작성은 더 나아가 재현되는 것 자체를 구성하는 기능도 포함하게 된다. 눈에 보이지 않는 추상적인 인식 대상은 글그림의 물질적 매체성, 공간적 관계에 힘입어 생성되는 것이다. 이 과정은 과학과 철학에서 필수적인 단계가 된다.

4. 마무리

지금까지 기호(과정)와 매체(성)을 놓고 이 둘을 의미소통 및 인지의 관점에서 연결시킬 수 있는 공간을 마련해 보려는 시도를 해 보았다. 여기서 결론적으로 암시된 것은 기호와 매체는 서로 분리시켜야 할 영역이 아니라, 좀 더 일반적인 시각에서 보면 동전의 양면 또는 상호침투 관계의 양상을 보이는 불가분의 현상들이라는 것이다. 그래서 기호학과 매체연구(매체학, 매체이론, 매체철학 등)는 별개의 영역이나 단지 이웃한 영역이 아니라, 서로 통합적으로 제휴해야 할 분과횡단적인 영역으로 자리매김해야 하지 않을까 한다. 물론 오늘날 매체연구 진영에서 매체이론이 기호학을 여러 면에서 앞지르고 있다는 진단하는 것도 이해하지 못할 것은 아니다. 예컨대 메르쉬(Mersch 2006, 11-12)는 이렇게 진단한 바 있다.

> 매체 개념은 역사적으로 살펴보면 '기호', '의미', '상호작용'과 같은 인접개념들 사이에 자리하고 있음을 보게 된다. 이 인접개념들이 논의되면서 다시 상이한 학문전통들이 호출되고 있는데, 이렇게 해서 매체 개념도 넓게 분포된 의미영역들을 가로지르게 된다. [...] 매체는 인식, 감각적 지각, 의미소통, 기억을 이해하고 사회적 질서를 수립하는 데 중심적인 역할을 하고 있다. 이 결과로 매체 개념은 몇십 년도 안 되어 인식론적 핵심범주로 발전할 수 있었고, 이 범주는 이제 모든 학문 분야로 파고들어가 예전에 기호학, 해석학, 구조주의에서 중심적인 역할을 했던 개념들을 능가하기 시작했다.

이러한 사정에도 불구하고 세미오시스를 탐구하는 기호학은, 포스너(Posner 1986)가 요청한 대로, "매체분석 입문"이 될 것이다. 그리고 기호학의 선구자 퍼스가 말년에 '재현'을 하는 '기호'를 '매개'를 하는

'매체'로 대신하고 싶어 한 점도 시사하는 바가 크다. 우리는 지금 시대적으로 그리고 학문적으로 기호학과 매체학이 겹치는 지점에 서 있다고 할 수 있을 것이다. 이 양자는 상보적인 관점에서 그리고 융합적인 관점에서 공생할 수 있을 것으로 본다.

'기호'가 다소 추상적인 차원에서 재현, 의미에 주로 초점을 맞추게 하는 것이라면, '매체'는 그것을 가능하게 하는 물질성에 더욱 주목하게 한다. 이 글에서는 세미오시스의 매체성 관점에서 볼 때 언어의 문제를 새로운 시각에서 재검토하게 만드는 것을 예로 들어 논의를 전개해 보았다. 언어기호의 매체성은 글말이라는 구체적인 매체에도 주목하게 하는데, 글/문자 매체는 추상적인 언어성의 체화 또는 입말의 시각화라는 차원에만 머물지 않고 그림 매체의 고유한 성격(도상성)도 공유함을 강조하였다. 글/문자에 대한 이러한 시각은 말에서 그림으로 이어지는 내재적 매체상호성('말그림성')도 부각시킨다. 그리고 말과 그림 사이에는 글/문자만 있는 것이 아니라, 수많은 '글-그림' 혼종 형태의 매체들로 존재하며, 이들은 구조적으로, 기능적으로 연속체를 이룬다. 세미오시스의 매체성 관점에서 보게 되는 이러한 차원들은 오늘날 매체 연구에서 붐을 이루고 있는 '매체상호성', '매체복합성', '매체횡단성' 논의에서 함께 고려되어야 할 중요한 토대가 될 것으로 생각된다.

참고문헌

Bauer, Matthias, and Christoph Ernst. 2010. *Diagrammatik: Einführung in ein kultur- und medienwissenschaftliches Forschungsfeld.* Bielefeld: transcript Verlag.

Bender, John and Michael Marrinan. 2010. *The Culture of Diagram.* Stanford: Stanford University Press.

Bignell, Jonathan. 2002. *Media Semiotics: An Introduction.* 2nd ed. Manchester: Manchester University Press.

Bergman, Mats. 2009. *Peirce's Philosophy of Communication.* London: Continuum.

Chomsky, Noam. 1986. *Knowledge of Language: Its Nature, Origin, and Use.* New York: Praeger.

Colapietro, Vincent Michael. 1989. *Peirce's Approach to the Self: A Semiotic Perspective on Human Subjectivity.* Albany: State University of New York Press.

Danesi, Marcel. 2002. *Understanding Media Semiotics.* London: Arnold.

Danesi, Marcel. 2015. "The Semiotics of the Mass Media." In *International Handbook of Semiotics,* ed. Peter Pericles Trifonas, 485-502. Dordrecht: Springer.

Derrida, Jacques. 1975. *Grammatologie.* Frankfurt a. M.: Suhrkamp. (Original: *De la grammatologie.* Paris 1967. / 『그라마톨로지』. 김성도 옮김. 서울: 민음사, 2010.)

Gaines, Elliot. 2010. *Media Literacy and Semiotics.* New York: Palgrave Macmillan.

Gehring, Petra, Thomas Keutner, Jörg F. Maas, and Wolfgang Maria Ueding. eds. 1992. *Diagrammatik und Philosophie: Akten des 1. Interdisziplinären Kolloquiums der Forschungsgruppe Philosophische Diagrammatik, 15.-16.12.1988 an der FernUniversität/ Gesamthochschule Hagen.* Amsterdam: Rodopi.

Genz, Julia and Paul Gévaudan. 2016. *Medialität, Materialität, Kodierung: Grundzüge einer allgemeinen Theorie der Medien.* Bielefeld: transcript Verlag.

Goodman, Nelson. 1976. *Languages of Art: An Approach to a Theory of Symbols.* 2nd ed. Indianapolis: Hackett. (『예술의 언어들』. 김혜숙, 김혜련 옮김. 서울: 이화여자대학교 출판부, 2002.)

Grube, Gernot, Werner Kogge, and Sybille Krämer. eds. 2005. *Schrift: Kulturtechnik zwischen Auge, Hand und Maschine.* München: Wilhelm Fink.

Günther, Hartmut and Otto Ludwig. eds. 1994. *Schrift und Schriftlichkeit: Ein interdisziplinäres Handbuch internationaler Forschung. Bd. 1.* Berlin: de Gruyter.

Günther, Hartmut and Otto Ludwig. eds. 1996. *Schrift und Schriftlichkeit. Ein interdisziplinäres Handbuch internationaler Forschung. Bd. 2.* Berlin: de Gruyter.

Harris, Roy. 1986. *The Origin of Writing.* London: Duckworth.

Harris, Roy. 1996. *Signs of Writing.* London: Routledge. (『문자의 기호들』. 로이 해리스 지음/김남시 옮김. 서울: 연세대학교 대학출판문화원, 2013.)

Harris, Roy. 2000. *Rethinking Writing.* London: Athlone. (『문자를 다시 생각하다』. 로이 해리스 지음/윤주옥 옮김. 서울: 연세대학

교 대학출판문화원, 2013.)

Hülst, Dirk. 2016. "Einführung: Kulturelle Semiosis." In Jäger et al. (eds.), 179-190.

Ipsen, Guido. 2010. "Communication, Cognition and Usage: Epistemological Considerations of Media Practices and Processes." In *Theorizing Media and Practice,* eds. Birgit Bräuchler and John Postill, 171-189. New York: Berghahn Books.

Jäger, Ludwig. 1993. " 'Language, what ever that may be': Die Geschichte der Sprachwissenschaft als Erosionsgeschichte ihres Gegenstandes." *Zeitschrift für Sprachwissenschaft* 12 (1): 77-106.

Jäger, Ludwig. 2000. "Die Sprachvergessenheit der Medientheorie: Ein Plädoyer für das Medium Sprache." In *Sprache und neue Medien,* ed. Werner Kallmeyer, 9-31. Berlin: De Gruyter.

Jäger, Ludwig. 2015. "Medialität." In *Handbuch Sprache und Wissen,* eds. Ekkehard Felder and Andreas Gardt, 106-122. Berlin: De Gruyter.

Jäger, Ludwig, Werner Holly, Peter Krapp, Samuel Weber and Simone Heekeren. eds. 2016. *Sprache - Kultur - Kommunikation: Ein internationales Handbuch zu Linguistik als Kulturwissenschaft.* Berlin: De Gruyter Mouton.

Jappy, Tony. 2016. *Peirce's Twenty-Eight Classes of Signs and the Philosophy of Representation: Rhetoric, Interpretation and Hexadic Semiosis.* London: Bloomsbury.

Kull, Kalevi. 2009. "Vegetative, Animal, and Cultural Semiosis: The Semiotic Threshold Zones." *Cognitive Semiotics* 4: 8-27.

Krämer, Sybille. 1996. "Sprache und Schrift oder: Ist Schrift verschriftete Sprache?" *Zeitschrift für Sprachwissenschaft* 15 (1): 92-112.

Krämer, Sybille. 2002. "Sprache - Stimme – Schrift: Sieben Gedanken über Performativität als Medialität." In *Performanz: Zwischen Sprachphilosophie und Kulturwissenschaft,* ed. Uwe Wirth, 323-346. Frankfurt a. M.: Suhrkamp.

Krämer, Sybille. 2003. " 'Schriftbildlichkeit' oder: Über eine (fast) vergessene Dimension der Schrift." In *Bild – Schrift – Zahl,* ed. Sybille Krämer and Horst Bredekamp, 157-176. München: Wilhelm Fink.

Krämer, Sybille. 2005. " 'Operationsraum Schrift': Über einen Perspektiven-wechsel in der Betrachtung der Schrift." In Grube et al. (ed.), 23-57.

Krämer, Sybille. 2009. "Operative Bildlichkeit: Von der 'Grammatologie' zu einer 'Diagrammatologie'? Reflexionen über erkennendes 'Sehen'." In *Logik des Bildlichen: Zur Kritik der ikonischen Vernunft,* eds. Martina Heßler and Dieter Mersch, 94-122.

Krämer, Sybille. 2010. "Sprache, Stimme, Schrift: Zur impliziten Bildlichkeit sprachlicher Medien." In *Sprache intermedial: Stimme und Schrift, Bild und Ton,* eds. Arnulf Deppermann and Angelika Linke, 11-28. Berlin: De Gruyter.

Krämer, Sybille. 2016. *Figuration, Anschauung, Erkenntnis: Grundlinien einer Diagrammatologie.* Frankfurt a. M.: Suhrkamp.

Krämer, Sybille, Eva Cancik-Kirschbaum, and Rainer Totzke. eds. 2012. *Schriftbild-lichkeit: Wahrnehmbarkeit, Materialität und Operativität von Notationen*. Berlin: Akademie Verlag.

Krämer, Sybille and Christina Ljungberg. eds. 2016. *Thinking with Diagrams: The Semiotic Basis of Human Cognition*. Berlin: De Gruyter Mouton.

Krampen, Martin. 1997. "Models of Semiosis." In *Semiotik: Ein Handbuch zu den zeichentheoretischen Grundlagen von Natur und Kultur,* eds. Roland Posner, Klaus Robering, and Thomas A. Sebeok. 1. Teilband, 247-287. Berlin: de Gruyter.

Linz, Erika. 2016. "Sprache, Materialität, Medialität." In Jäger et al. (eds.), 100-111.

Mersch, Dieter. 2006. *Medientheorien zur Einführung*. Hamburg: Junius. (『매체이론』. 디터 메르쉬 지음/문화학연구회 옮김. 서울: 연세대학교출판부, 2009.)

Münker, Stefan and Alexander Roesler. 2008. "Vorwort." In *Was ist ein Medium?*, eds. Stefan Münker and Alexander Roesler, 7-12. Frakfurt am Main: Suhrkamp.

Nöth, Winfried. ed. 1997. *Semiotics of the Media: State of the Art, Projects, and Perspectives*. Berlin: Mouton de Gruyter.

Nöth, Winfried. 1998. Die Semiotik als Medienwissenschaft. In *Medientheorie und die digitalen Medien,* eds. Winfried Nöth and Karin Wenz, 47-60. Kassel: Kassel University Press.

Nöth, Winfried. 2000. *Handbuch der Semiotik*. Stuttgart: Metzler.

Nöth, Winfried. 2007. "Self-Reference in the Media: The Semiotic Framework." In

Nöth, Winfried. 2011. "From Representation to Thirdness and Representamen to Medium: Evolution of Peircean Key Terms and Topics." *Transactions of the Charles S. Peirce Society* 47 (4): 445-481.

Peirce, Charles Sanders. 1931–58. *Collected Papers.* 8 Vols. Vols. 1–6, eds. Charles Hartshorne and Paul Weiss, vols. 7–8, ed. Arthur W. Burks. Cambridge: Harvard Univ. Press (quoted as CP).

Peirce, Charles Sanders. 1998. *The Essential Peirce.* Vol. 2, ed. Peirce Edition Project. Bloomington: Indiana University Press (quoted as EP 2).

Posner, Roland. 1986. "Zur Systematik der Beschreibung verbaler und nonverbaler Kommunikation: Semiotik als Propädeutik der Medienanalyse." In *Perspektiven Auf Sprache: Interdisziplinäre Beiträge zum Gedenken an Hans Hörmann,* ed. Hans-Georg Bosshardt, 267-314. Berlin: De Gruyter.

Posner, Roland. ed. 2009. *Diagrammatische Zeichen.* Tübingen: Stauffenburg Verlag. (= *Zeitschrift für Semiotik 31* (3-4).)

Raible, Wolfgang. 1991. *Die Semiotik der Textgestalt: Erscheinungsformen und Folgen eines kulturellen Evolutionsprozesses.* Heidelberg: Universitätsverlag Winter.

Raible, Wolfgang. 1999. *Kognitive Aspekte des Schreibens.* Heidelberg: Universitätsverlag Winter.

Rajewsky, Irina O. 2002. *Intermedialität.* Tübingen: Francke.

Rippl, Gabriele. ed. 2015. *Handbook of Intermediality: Literature – Image – Sound – Music.* Berlin: De Gruyter.

Robert, Jörg. 2014. *Einführung in die Intermedialität.* Darmstadt:

WBG.

Sandbothe, Mike and Ludwig Nagl. eds. 2005. *Systematische Medienphilosophie.* Berlin: Akademie Verlag.

Schmidt-Burkhardt, Astrit. 2012. *Die Kunst der Diagrammatik: Perspektiven eines neuen bildwissenschaftlichen Paradigmas.* Bielefeld: transcript Verlag.

Schneider, Jan Georg. 2006. Gibt es nichtmediale Kommunikation? *Zeitschrift für angewandte Linguistik* 44: 71-90.

Sebeok, Thomas A. and Marcel Danesi. 2000. *The Forms of Meaning: Modeling Systems Theory and Semiotic Analysis.* Berlin: Mouton de Gruyter.

Sonesson, Göran. 2013. "The Natural History of Branching: Approaches to the Phenomenology of Firstness, Secondness, and Thirdness." *Signs and Society* 1 (2): 297-325.

Sonesson, Göran. 2016. "Thirdness as the Observer Observed: From Habit to Law by Way of *Habitus.*" In *Consensus on Peirce's Concept of Habit: Before and Beyond Consciousness,* eds. Donna E. West and Myrdene Anderson, 283-295. Cham: Springer.

Stjernfelt, Frederik. 2007. *Diagrammatology: An Investigation on the Borderlines of Phenomenology, Ontology, and Semiotics.* Dordrecht: Springer.

Stetter, Christian. 1997. *Schrift und Sprache.* Frankfurt a. M.: Suhrkamp.

Walther, Elisabeth. 1997. "The Sign as Medium, the Medium Relation as the Foundation of the Sign." In Nöth (ed.), 79-85.

Withalm, Gloria. 2010. "Zeichentheorien der Medien." In *Theorien der Medien: Von der Kulturkritik bis zum Konstruktivismus*. 2. Aufl., ed. Stefan Weber, 124-144. Konstanz: UVK.

Wöpking, Jan. 2016. *Raum und Wissen: Elemente einer Theorie epistemischen Diagrammgebrauchs*. Berlin: De Gruyter.

제2장

매체의 물질성과 키틀러의 매체이론

제2장 매체의 물질성과 키틀러의 매체이론*

유봉근

1. 들어가며

매체의 물질성은 키틀러(Friedrich Kittler)가 제시하는 매체이론의 기반이자 출발점을 이룬다.[1] 학문의 역사에서 물질성은 언제나 뒷

* 이 글은 프리드리히 키틀러의 강의와 존 아미티지의 인터뷰를 바탕으로 작성되었다. 강의 자료에 의존하는 경우 정확한 인용이 결여되어 있으며, 아미티지와의 인터뷰에서 인용한 경우에도 많은 부분이 생략되어 있다. 아미티지의 인터뷰는 키틀러가 강의 중에 밝힌 내용과 대부분 겹치거나 일치한다. John Armitage. 2006. From Discourse Networks to Cultural Mathematics: An Interview with Friedrich A. Kittler. in: Theory Culture Society 2006. 23; 17. 여기서는 아미티지 인터뷰의 온라인 버전을 참조했다. http://tcs.sagepub.com/cgi/content/abstract/23/7-8/17.

1) 프리드리히 키틀러는 1943년 구 동독의 로흐리츠(Rochlitz)에서 태어나 1958년 서독으로 이주하여 김나지움을 다녔다. 프라이부르크 대학에서 독문학, 역사학, 로만어문학을 전공하고 콘라드 마이어(Conrad F. Meyer)에 대한 연구로 박사학위를 받았으며, 교수자격논문으로 『기록체계들 1800/1900』을 제출했다. 1987년에 보훔대학교 독문학 교수(낭만주의 II)가 되었고, 1993년부터 베를린 홈볼트대학교 문화학과에서 매체사와 매체미학을 가르쳤다. 2008년에 퇴임했고 2011년에 사망했다.

전으로 밀렸으며, 물질이 품고 있다고 여겨지는 의미의 중요성이 지나치게 강조되어 왔다는 자각이 생겨난 것이다. 의미를 품고 있는 물질은 의미를 위해 존재하며, 의미는 추앙받을 수 있지만 물질은 결코 중요성을 인정받을 수 없다는 반성과 함께 이런 관계를 역전시키려는 생각에 이르게 된 것이다. 매체, 매체성 그리고 매체의 물질성은 키틀러의 학문적 삶에서 핵심이 되는 개념군을 이룬다. 예컨대, 필사본 성경과 인쇄본 성경의 경우를 보면 성경의 내용에는 아무런 차이가 나지 않는다. 그런 이유로 전통적인 인문학에서는 손으로 필사한 성경과 활판으로 인쇄한 성경의 차이를 중요하게 받아들이지 않는다. 동일한 것과 차이의 철학적 성찰에서 키틀러가 독자적인 매체론의 단초를 발견하게 되었다는 것은 많은 것을 암시한다. 키틀러의 학문적 출발점은 일단 내용의 문제를 괄호 안에 넣고, 필사본과 인쇄본의 물질적인 차이에 주목하는 일이었다. 그렇게 함으로써 인문학의 역사에서 오랫동안 경시되어 왔던 편파적 관계를 극복하려는 노력을 하게 된다. 의미의 탈락이나 변동이 발생하지 않는다는 관점에서 필사본과 인쇄본은 동일한 책이지만, 키틀러는 매체기술의 전환을 통하여 발생하는 차이는 왜 인문학적 연구의 대상에서 경시되어 왔는가에 대한 의문을 갖게 된 것이다.

의미는 어떻게 생성되는가. 물질적 토대가 없다면 의미의 구성이 어떻게 가능하겠는가. 의미란 사실은 물질적 조작을 통하여 생성되거나 물질적 토대의 적절한 배치를 통하여 변화가 발생하는 것은 아닐까. 키틀러는 의미를 담고 있는 그릇에 시선을 쏟는다. 사실은 의미중심주의와 로고스 중심주의는 어제오늘의 일이 아니며 철학의 오랜 역사 동안 생명력을 유지해 왔다. 중요한 것은 학문뿐만이 아니라 국가와 사회의 권력, 인간의 사유와 행위 전반에 의미중심주의와 물질성 비하주의가 굳건하게 자리하고 있다는 사실이다. 키틀러는 의미를 중시하고 의미를 담는 매체의 물질성을 경시하는 구조를 심각하게 받아들인다. 요약하자면, 키틀러가 평생 수행한 도전이란 바로 이런 매체의 문제를 학문적 탐구의 대상으로 삼고 이를 실천하는 일이었다.

키틀러의 학문적 삶과 평생 연구한 결과물이 어떤 가치를 남겼는가의 문제는 앞으로 더 많은 논쟁이 필요한 영역이다. 매체학이라는 테제는 일단은 독일의 인문학계에 파장과 울림을 남겼으며, 이제는 독일 매체이론(German Media Theory)이라는 개념으로 영어권으로 확산되고 있다. 본고는 키틀러가 집착했던 학문적 입지와 그 윤곽을 제한적으로 서술하게 될 것이다. 키틀러의 매체이론의 면모를 깊이 있게 밝히는 일을 유보하고, 우선은 매체와 같은 물질과 물질성 탐구를 평생의 소명으로 삼았던 키틀러의 사유와 그 배경을 탐색하는 작업에 집중하고자 한다.

2. 물질성/비물질성 담론

디지털 기술이 일상적 삶의 공간 안으로 들어오면서 발생한 문화적 충격은 지난 세기의 90년대부터 구체적인 모습으로 다가오기 시작했다. 물질적 현상이나 대상이 물질성을 상실하는 사건이 급속도로 도처에서 진행되었기 때문이다. 존재 망각을 문제 삼고 존재사의 복원과 현존재의 의미에 주목했던 하이데거(M. Heidegger)의 예시적 진술이 현실에서 사건으로 가시화되기 시작한 것이다. 아날로그 존재가 디지털 데이터로 전환되는 사태를 두고 인문학 위기의 근원으로 진단하는 입장이 성급하게 제기되었다. 그러나 위기를 진단하고 대처하는 방법론에 대한 논쟁은 아직도 정리된 결과를 도출하지 못하고 있다. 아직 본격적으로 시작하지도 못한 문제일 수도 있다.

물질과 비물질, 물질성과 비물질성의 구별과 가치부여의 문제는 인간 사회에서 이미 오랜 역사를 갖고 있었다. 게오르그 짐멜(G. Simmel)은 인간이 화폐라는 매체를 도입하여 사용하면서 비극의 씨앗이 뿌려진 것으로 보았다. 그는 화폐가 행사하는 비물질화의 효과 가운데 인간에게 추상(abstraction)하는 능력을 강화하는 기능이 급속도로 진척되었음을 지적한다. 매클루언(M. McLuhan)의 방식으로 이해하자면 인간의 감각능력이 균형을 잃기 시작한 것이다. 화폐를 사용하면서 키워온 추상 능력은 지난 세기말 온라인 계좌 이체 시스템이 정착하게 되면서 정신적 허탈함으로 극단화된다.(빌 브라운 2015, 82 참조). 디지털기술과 가상화폐와 같은 비물질화의 예에서 아무런 감동이나 충격을 느끼지 못하는 부류가 생겨났다. 젊은 세대들은 비물질화 현상에 무감각하고 가상화폐에 쉽게 익숙해진다. 그들은 가상화된 사람들과 대화하며 비물질화가 제공하는 디지털 신세계에 적응하는 일에 적극적이며 활동적이다. 이를 두고 새로운 종(種)의 신인류 탄생이라는 진단이 나오기도 했다.

> 인간의 상징적 행위가 발전할수록 물리적 현실은 소멸하는 듯하다. 이제 인간은 물리적 사물을 스스로 상대하는 대신 계속적으로 자기 자신과 대화를 나눈다. 인간은 언어 형식과 예술적 이미지 속에, 그리고 신화적 상징이나 종교적 의식 속에 스스로를 가둔 것이다. 따라서 인간은 그런 인공적 미디어의 개입을 통하지 않고서는 아무것도 볼 수 없고 알 수 없다.[2]

매체적 효과에 대한 논쟁은 물질성의 문제를 넘어선다. 인간은 물질

---

2) Ernst Cassirer, An Essay on Man (New Haven : Yale University Press, 1944), 26. 여기서는 미첼/핸슨: 비디어 비평이론 21. 정연심 외 옮김. 2015. 81에서 재인용.

성을 받아들이는 자세에 따라 물리적 현상과 대상을 인지하는 방식을 달리해왔으며, 이에 따라 사회적 삶을 구성하는 방법에도 변화를 가져왔다. 카시러의 지적처럼 인간은 '사물'을 언어, 예술, 상징, 이미지 속에 기술적으로 감추어 왔다. 이들은 인공적 미디어로 기능하며, 그런 기능은 물질적 속성에 기반하고 있다. 예컨대, 예술은 인간의 사유를 비물질적 이미지를 통하여 형성하고 조작할 수 있다. 예술가는 비물질적 사유능력을 일상적 삶의 관습으로 만들어준다. 삼차원 공간 안의 대상을 이차원 평면으로 비물질화하여 인지하는 것은 호모 사피언스에게 주어진 특별한 능력이다. 키틀러는 일찍이 물질성/비물질성 담론에 깊숙이 개입한다. 인문학이 갈고 닦아온 추상적 능력과 반대되는 감각적 능력에 관심을 기울인다. 키틀러는 이를 매체의 현상적이고 피상적인 효과로 인식한다. 컴퓨터의 막강한 능력을 인지하면서 키틀러는 비물질화의 과정과 결과를 상상하며 깊은 충격에 빠져든다. 이런 경험 속에서 물질성 개념은 키틀러의 텍스트에서 가장 중요한 요소로 텍스트의 외면성, 즉 텍스트 '바깥에 대한 사유'로 이동한다. 텍스트가 무엇을 의미 하는가를 연구의 대상으로 삼는 것이 아니라, 무엇에 의해 텍스트가 새겨져 의미를 발하는가에 대한 사유로 넘어가게 된 것이다. 이런 관점에서 키틀러의 연구는 일종의 비문 분석(inscription analysis), 즉 비석에 새겨진 글자들의 물질적 조건들의 분석에 집중하게 된다. 이것은 텍스트의 재료 및 표기, 메커니즘 및 기술 매체, 매체의 물질적 특성을 분석하려는 것이다.

많은 키틀러의 논문들은 기술적 선험성에 지나치게 밀착되어 추종한다는 이유로 거부되었지만, 전통적으로 비평적 및 문화적 연구가 간과했던 영역에 대한 탐구의 길을 열었다는 이유로 긍정적인 평가를 받기도 한다. 문학, 문학 이론, 기계, 커뮤니케이션의 역사, 문화의 역사, 광학 미디어, 전쟁, 핑크 플로이드, 축음기, 정신 물리학, 교육사, 드라큘라, 디스코, 모성과 알파벳 화 등이 키틀러가 관심을 갖고 수행한 매체학의 학문적 관심 범위로 꼽힌다. 키틀러의 저술이 학계의 여러 분과학문에서 파격적으로 보인다면 그것은 이전에는 접점이 없던 영역을 개척하여 역사화하고 진지한 인문학의 영역으로 편입시켰기 때문일 것이다.

3. 정신과학에서 정신의 추방

청년 키틀러는 정신(Geist)을 중요하게 생각하고 정신을 담는 육체를 경시하는 역사를 바로잡겠다는 오만한 결심을 하게 된 것 같다. 정신과학에서 정신을 추방하는 일이 형이상학자들의 이데아에 집중하는 행태를 바로잡는 일이라고 믿었는지도 모른다. 건강한 육체에 건강한 정신이 깃든다는 주장은 널리 알려져 있지만 아카데미의 오랜 역사 안에서 이를 철학적 기반으로 받아들이는 인문학자는 많지 않았다. 키틀러의 초기 편저서는 『정신과학에서 정신의 추방』(1980)이라는 전략적 제목이 붙어있는데, 이것은 인문정신으로 정향된 인문학의 대상과 목표를 혁신하려는 키틀러의 의도를 내포하고 있는 것으로 평가된다.[3] 나아가 비물질적 이데아 세계에 집중하는 내면의 인문학에서 사물과 물질성을 중시하는 표면의 과학으로 돌려놓으려는 계획적 의도를 담고 있는 것처럼 보인다. 굼브레히트는 키틀러의 초기 저술에 나타난 학문적 성향을 다음과 같이 요약한다.

3) Friedrich Kittler(Hg.). 1980. Austreibung des Geistes aus den Geisteswissenschaften. Programme des Poststrukturalismus. Paderborn, München, Wien, Zürich.

"니체, 라캉과 푸코를 수렴하면서 고전적인 정신의 개념에 반대하고 정신과학의 핵심으로서의 해석학에 반대하도록 정향된, 그의 편저서의 제목에서 상징화된, 『정신과학으로부터 정신의 추방』이 프리드리히 키틀러 저작의 기본 성향을 설명하고 있다."[4]

키틀러의 이 저술은 1978년에서 1979년까지 프라이부르크대학교에서 진행된 강연회 시리즈에서 발표된 논문들을 묶은 것이다. 키틀러의 서문과 함께 데리다의 「Titel(noch zu bestimmen)」으로 시작하여 여덟 편의 글을 싣고 있는데, 정신을 담고 있는 제도, 체계 또는 물질성을 겨냥하려는 키틀러의 학문적 지향과 포부를 기획하는 저술로 평가할 수 있을 것이다.

키틀러가 지향하는 인문학이란 정신을 발견하고 해석하는 과업에서 해방되어, 정신을 구성하는 바깥 요소들을 탐구하고 그들의 구조를 찾아내어 더욱 엄밀한 해석이 가능한 지식과 정보들을 발굴해내는 일을 지향하고 있다고 할 수 있다. 키틀러는 문학연구를 강화하거나 대체할 수 있는 학문을 '매체학'으로 생각했으며, 새로운 학문의 방법을 체계화하기 위한 이론으로 '매체이론'을 구상한 것으로 볼 수 있다. 정신과학에서 정신을 추방하면 무엇이 남는가.[5] 키틀러가 지향하

---

4) Friedrich Kittler, Friedrich A. Kittler Die Wahrheit der technischen Welt, Hg. u. mit einem Nachwort v. H.U. Gumbrecht, Frankfurt/M, 2013, S. 401. "Aus dieser Konvergenz von Nietzsche, Lacan und Foucault erklärt sich der gegen den klassischen Begriff des 'Geistes' und gegen die Hermeneutik als Kern der Geisteswissenschaften gerichtete Grund-Affekt von Friedrich Kittlers Werk, der im Titel eines von ihm damals herausgegebenen Sammelbandes emblematisch wurde: die *Austreibung des Geistes aus den Geisteswissenschaften*."

5) 키틀러의 저술을 통하여 다양한 형상들이 악령으로 지목된다. 때로는 정신, 의식, 감각 또는 소통으로 나타나며, 자율적인 주체, 영혼 혹은 집합 단수 "인간"을 지칭하기도 한다.

는 탐구의 대상은 정신이 추방되고 남은 물질과 물질성을 탐색하는 일이었다.

4. 기록체계들 1800/1900

독일의 인문학자들에게 충격과 혼란을 제공한 『기록체계들 1800/1900』(1985)에 대하여 지금까지 다양한 분석과 해석이 시도되었지만 아직도 명쾌하게 해명되지 않았으며 앞으로 더 많은 논쟁을 예고하고 있다. 이 저술은 저자가 자신의 독자적인 이론 체계를 완성하고자 혼신의 힘을 기울여 축조한 건축물과도 같다. 키틀러가 구상하는 매체성의 이념은 여러 요소들이 혼합된 브리콜라주 개념과 유사하다. 여기서 여러 요소란 섀논, 푸코, 라캉, 데리다, 하이데거, 튜링 등의 사유체계들을 말한다. 본고에서는 키틀러의 『기록체계들 1800/1900』이 매체의 물질성을 연구의 대상으로 삼으려는 이론적 모델로 보고 그의 저술에 기록된 이론의 배경과 기원의 흔적들을 조명하고자 한다.

4.1. 키틀러는 섀논(C. Shannon)의 커뮤니케이션 모델이 『기록체계들 1800/1900』의 배후에 있음을 여러 번 밝히고 있다.[6] 섀논의 커뮤니케이션 모델은 발신자와 수신자를 좌우로 배치한 상태에서 중간에 위치한 정보 채널을 매체로 규정한다. 채널의 양 옆으로는 코딩과 디코

6) "The concept of discourse networks is essentially a free application of Claude E. Shannon's (Weaver and Shannon, 1949) information theory. Hence Shannon's theory, founded on information source, information channel and information receiver, that is, on informational inputs, transmission and outputs, is the engineering or technical model behind my literary experiment."(An Interview with Friedrich A. Kittler by John Armitage, 2006, 19)

딩의 과정을 거치게 되어 디지털 기술의 개입을 허용한다. 키틀러는 정보 소스, 정보 채널 및 정보 수신, 즉 정보 입력, 전송 및 산출물을 표시하는 커뮤니케이션 모형을 자신의 문학적 정보의 흐름을 설명하는 모델로 대체한다. 공학적 또는 기술적 개념들이 인문학 안에서 정보 기록 체계를 설명하는 개념들로 번역되면서 전통의 인문학을 대체하는 매체학을 설계한다. 키틀러의 설명대로 섀논의 모형을 자유롭게 적용하여 기록시스템이라는 주형틀을 구축한 것이다. 키틀러는 두 개의 봉우리(1800/1900)를 그려놓고 1800년 이전, 1800년과 1900년 사이, 그리고 1900년 이후로 나누어 세 가지 상이한 시대별 시스템을 구별하고 각각 담론 체계의 차이를 밝혀내는 작업을 선보인다. 역사적으로 어떤 특정한 담론의 네트워크가 어떻게 작동했는가를 사유하며 정보원에서 발원하는 정보의 흐름과 이동 과정을 추적하고자 했다. 키틀러는 1800년경에 어머니라는 담론의 송신기능을 분석하면서 정보원과 목적지 사이의 중간 과정을 분석해 나간다. 키틀러는 어머니 입(Muttermund)의 기능을 "남성들을 말하게 하는 여성의 명령"(키틀러 2015, 49)으로 규정한다. "이상적 '어머니'는 담론의 원천인 동시에 글로 적힌 것을 집어삼키는 심연"(키틀러 2015, 95)으로 "글을 순수정신과 순수 목소리"로 변화시킨다고 보았다. 담론의 원천에 기입된 어머니의 입은 아이들이 말하고 고전적인 시 창작을 위한 전제조건으로 규정되어 서술된다. 어머니의 입은 권력 담론의 결과물이지만 아이에게는 또다른 담론의 원천으로 기능하며, 말하고 글쓰는 정신의 작용은 담론 네트워크의 기원으로 환원된다. 키틀러는 언어의 물질적 기원을 추구하며 담론 네트워크의 순환을 서술하고 있는 것이다.

4.2. 섀논의 커뮤니케이션 모델에 이어 푸코의 영향력이 키틀러의 기록시스템에 투영된다. 키틀러는 평소 자신을 푸코의 제자라고 소개하는데 주저함이 없었으며 그의 "정신적 아버지"에게 자주 감사를 표했

다. 키틀러는 역사적 사실에 접근하여 "현실에 대한 이해"[7] 를 획득하는 방법을 푸코로부터 물려받았으며, 자신의 저술은 푸코 저술이 멈춘 시대적 지점에서의 후속작업이라는 점을 강조한다. 『기록체계들 1800/1900』과 관련하여 구체적으로 『사물의 질서』를 언급한다.

> 푸코의 『사물의 질서』(1970)의 잘못된 점은 단순히 담론의 생산을 설명한다는 것이다. 예를 들어, 푸코의 책에는 이러한 담론의 출처, 담론의 채널이나 담론의 수신자, 즉 독자 또는 소비자의 형태에 대한 설명이 없다.[8]

키틀러가 푸코로부터 물려받은 것은 사실은 푸코에서 미흡하거나 결핍된 것에 대한 발견에서 나온다. 구체적으로 말하자면 대상과 사태에 접근하는 시선과 방법을 취할 뿐으며, 푸코가 발굴하여 해석하는 내용과의 관련성은 희박하다. 섀논이 제시한 커뮤니케이션 모델로 푸코의 연구를 독서한 결과 담론의 수신자와 독자에 대한 결핍이 드러났던 것이다.[9] 키틀러의 기록시스템 체계는 섀논과 푸코의 모형을 응용하여 종합한 결과물이다. 푸코의 연구는 해석에 효과적인 미완의 모델이기에 키틀러는 기원과 출처의 추구가 가능한 섀논의 커뮤니케이션 모델과 결합하여 자신의 체계를 구축한다. 발신자, 채널, 수신자

---

7) Moreover, Foucault had read all kinds of interesting people on the Sanskrit language, on psychiatry and technology. And this was so important for my work because it helped me to obtain an understanding of reality. (John Armitage 2006, 22)

8) It occurred to me that what is wrong with Foucault's The Order of Things (1970) is that it merely describes the production of discourses. There are, for example, no descriptions in Foucault's book of the source of these discourses, of the channels or the receivers of discourse in the form of, let's say, readers or consumers. (John Armitage 2006, 22)

9) Friedrich Kittler. 1980. Austreibung des Geistes aus den Geisteswissenschaften. A.a.O. Vgl. 11.

또는 독자와 소비자를 포함시킨 키틀러의 도식은 정보화된 사회에 인문학을 위한 새로운 모델로 모습을 드러낸다. 데리다와 푸코의 유명한 데카르트 논쟁에서 키틀러가 푸코의 입장을 두둔한 것도 푸코는 역사가였던 데 반해 데리다는 해석가였다는 판단에서였다. 데리다의 경우 시간과 공간에 대한 지식이 부족했다는 비판과 함께 키틀러는 자신이 대상과 사태를 이해하기 위해 그것을 독립된 사건으로 보는 대신에 하나의 역사적 사건으로 보려는 취향을 밝힌 것이다. 키틀러는 기원을 탐구하거나 하나의 시스템에 의한 생산품 또는 결과물이 나오는 과정에 대한 탐구를 매체학의 핵심 방법론으로 제안한다. 키틀러는 서로 상이한 사람들이 어떻게 역사와 시간, 공간의 깊이에서 살아갈 수 있는지 궁금해 하고, 역사와 시간에 따르는 장소와 공간의 문제를 결합하여 입체적인 도면을 그리고자 했다.

4.3. 키틀러는 자신의 글쓰기 방식을 탑 다운(top down)이 아니라 바텀 업(bottom up)방식이라고 소개한다.[10] 이것은 저자가 인용할 자료들을 타이핑하고 나서 인용문에 대한 주석을 달아나가는 방식이다. 이를 통하여 키틀러는 이미 존재하는 의미에 부합하는 글을 전개하는 것이 아니라, 기본적으로 인용한 자료들을 바탕으로 미상의 의미가 생성되게 하는 방식을 취한 것이다. 키틀러는 자신의 저술과 관련하여 기록체계들의 신비한 아이디어를 다음과 같이 소개한다. 즉 "모든 것을 문자 그대로 취한 저술의 첫 번째 독자"였으며, "말하거나 글

10) But when I wrote Discourse Networks, 1800/1900, I didn't even recognize that it was an aggressive book. I learnt that afterwards when people told me. My explicit intention was to write a book bottom up rather than top down. For example, I began with a series of quotations that I had typed out. Then I commented on the quotations before bringing both the quotations and my comments together in order to produce a running story out of the whole, using Shannon's model. (John Armitage 2006, 21)

쓰는 것은 저자가 아니라 텍스트 자신"이라고 밝히고 있다. 키틀러의 연구 『기록체계들』은 독일 시인들에 대한 비판이나 찬양을 위한 이념을 찾아내려는 것이 아니라 텍스트가 의미를 형성하고 발언하는 시스템에 대한 성찰과 분석인 것이다.

4.4. 키틀러가 개념화한 기록시스템이란 "특정 문화가 관련 데이터를 선택, 저장 및 처리 할 수 있게 해주는 기술 및 기관 네트워크"로 정의한다. 원래의 독일어는 표기법, 필기, 기록 시스템이라는 뜻이지만 사실은 슈레버가 그의 신경 질환의 회고록에서 사용한 개념을 차용한 것이다. 신경질환으로 입원했던 슈레버의 저술에 "이상한 천상의 힘이 자신의 모든 행동을 추적하고 기록"하는 비전이 서술되어 있는데, 키틀러는 자신의 이론의 탑을 건축하기 위해 자신의 용어로 전용한다. 키틀러는 슈레버의 용어를 "새로운 미디어 기술의 출현"과 관련시켜 발전적으로 전용한 것이다.

4.5. 키틀러는 초기에 푸코를 독서하고 담론분석을 광산에서 광석을 채굴하여 분석하는 방식으로 이해했다. 푸코의 담론분석이 정치권력의 배후를 설명하는 모델로 작용했듯이 키틀러의 담론 네트워크 개념은 이후 대학 시스템 또는 전쟁과 관련된 산업 체계를 분석하는 유용한 틀로 진화한다. 키틀러의 담론 네트워크 개념은 그의 저술이 영어권에 소개되면서 도입되었지만, 키틀러의 사유 체계를 함축하여 대변하는 키워드로 역수입되어 독일어권에서도 사용되고 있다.

5. 축음기, 영화, 타자기

『축음기, 영화, 타자기』는 키틀러의 기록체계를 기반으로 어떤 매체 연구가 가능한가에 대한 예증이 되었다. 1980년대까지도 축음기나 타자기는 정통 독문학자의 연구 주제와는 거리가 있었다. 키틀러의 저술은 오늘날 기록시스템 2000 전후 매체연구의 한 모델이 되고 있다. 키틀러는 자신이 축음기와 슈퍼 8mm 카메라를 좋아했으며, 타자기의 도움이 없었다면 박사학위논문을 쓸 수 없었다고 고백한 적이 있다(John Armitage 2006, 21이하 참조). 청년 키틀러의 호기심과 일상적인 경험은 그의 가까이에 있는 테크놀로지 장치와 그들 기능에 대한 매혹에서 기원한다. 그로부터 키틀러는 20세기 인문학 연구의 한 방향을 제시하기에 이른 것이다. 청년 키틀러는 핑크 플로이드(Pink Floyd)의 음악에 심취했으며, 축음기가 정확하게 자신에게 무엇을 변화시켰는지를 진지하게 질문했다. 누구를 위해 그리고 무엇을 위한 미디어인가? 음향, 이미지, 문자 등의 기본 요소들은 키틀러의 호기심을 일깨웠으며, 그것은 제2차 세계대전과 컴퓨터 발명의 기초, 튜링과 새논의 후속 개발과 기술적 기원에 대한 관심으로 이어졌던 것이다.

매클루언의 『미디어의 이해』(1964)는 키워드 중심의 서술였다면, 키틀러의 저술은 행위의 기원 기술과의 관계에 대한 탐색이었다. 이런 기술적 발전에 대한 사유는 정보의 입력과 출력, 발송과 도착, 이동과 보관 채널에 대한 관심으로 이끌었다. 키틀러는 컴퓨터의 이용과 활용 가능성에 대한 관심보다는 입력장치, 디스플레이어, 중앙연산장치로 분리할 때 부문과 영역별 기능을 분석한다. 이들은 인간의 손, 눈, 두뇌와 연결할 수 있지만, 키틀러의 사유 시스템에서는 타자기, 영화스크린, 두뇌의 기능으로 분석된다. 여기서 축음기가 음성을 저장하는 기술은 두뇌가 기억하는 기능의 기술적 분화와 연결된다.

특정 기술의 특수성과 관련하여, 타자기의 경우를 들어보자. 타자기에 대해 키틀러를 사로잡은 것은, 타자기 기술의 역사에 남아있는 물질적 흔적에 주목한다는 것이다. 키틀러는 누구도 주장한 적이 없던, 젊은 미혼 여성의 담론의 생산에 이른다. 19세기 말의 타자기 발명이 가져온 즉각적인 결과로 젊은 미혼 여성의 담론 생산 과정과 연결시킨 것이다. 하루 종일 자신의 발언을 할 수 없었던 여성 타자수들은 영화관으로 향하던 행위의 연결망을 그려나간 것이다.

6. 군수산업과 매체 기술[11]

키틀러는 캘리포니아에서 방문교수를 지내는 동안 현대사회의 현실을 이해하기 위해 컴퓨터의 막강한 힘을 분석해야 할 주제로 이해하게 되었다고 고백한 적이 있다.[12] 미국이 구축한 컴퓨터의 네트워크는 군사전문가의 영역에서 기술매체 이론가의 탐구 대상으로 옮겨온 것이다. 역사적 기원과 시공간에 위치하는 발전과정과 결합하여 탐구하기를 즐기는 키틀러에게 전쟁과 군수산업이라는 기원으로 거슬러 올라가는 탐색으로 자연스럽게 이어지게 된다. 미국의 남북전쟁과 동원 시스템, 양차 세계대전의 통신과 정보 시스템이 가시권 안으로 들어왔다. 폰 노이만, 튜링, 섀논의 아이디어가 결합한 컴퓨터 아키텍쳐에 이르러 키틀러는 두 권의 편저서를 출간하게 된다. 튜링의 『인텔리전스 서비스』와 섀논의 『 Ein/Aus』가 그것이다.[13]

---

11) 이 장은 John Armitage의 인터뷰 25이하의 내용을 참조하고 부분적으로 요약하거나 번역하여 서술하고 있다.

12) 키틀러는 방문교수 자격으로 미국의 버클리, 캘리포니아, 산타 바바라, 스탠포드 등에 여러번 체류했었다. 1996년에 예일대학교의 석좌교수로 있었으며, 1997년에 뉴욕의 콜럼비아대학교 방문교수를 지냈다. 키틀러의 매체이론은 남북전쟁에서 제2차 세계대전까지의 전쟁과 군수산업과의 긴밀한 관계에 대한 고려를 포함하고 있다.

13) 『인텔리전스 서비스』는 도츨러와 키틀러가 튜링의 주요 논문들을 독일어로 번역하여 1987년에 Brinkmann & Bose 출판사를 통하여 출간했으며, Intelligente Maschinen, eine häretische Theorie와 Rechenmaschinen und Intelligenz 논문이 포함되어 있다. 『Ein/Aus: Schriften zur

키틀러는 전쟁이 모든 고속 정보 통신 기술과 커뮤니케이션의 어머니라고 믿는다. 핀천처럼 키틀러는 기술의 이동에 관한 주제에 매우 관심이 있다. 키틀러에게 핵심적인 질문은 어떤 기술 또는 어떤 종류의 기술 이전이 오늘날의 미국을 부강한 제국으로 만들었느냐의 질문도 포함한다. 분명히, 미국 제국의 첫 번째 기원은 대영제국이다. 영국은 원래 석탄 기반의 함대 시스템에 의한 것이지만, 제 2차 세계대전 이후, 공군력에 기반을 둔 석유 기반 시스템으로 변모했다. 키틀러는 직접적으로 정치 시스템을 분석하고 비판하는 작업을 대신하여 정치 시스템에 입력되는 정보의 원천과 네트워크에 더 많은 관심을 기울인다. 입력한 정보가 생산물로 결과를 남기게 되는 시스템적 사유, 섀논의 커뮤니케이션 모델을 기술이 작동하는 원리를 밝히는 일에 더한 관심을 보인다. 군수산업 체계를 분석하고 군수산업은 군사전략을 세우는 배후로 설명한다면 외적으로 드러나는 정치적 사건과 현상들에 대한 의문은 풀리게 된다. 결국 군사전략은 테크놀로지에 기반하고 있으며, 미국의 독립전쟁, 제1, 2차 세계대전과 이라크 전쟁에 이르기까지 전쟁 현상을 분석하는 토대에는 매체기술이 자리하고 있다. 이는 미국이 노리는 것이 결국은 세계 석유시장의 지배권을 확보하려는 전략으로 분석해낸다. 전쟁을 수행하기 위해서는 석유산업을 지배할 수 있어야 하며, 전쟁을 예방하는 조치로는 석유의 공급을 차단하는 것이 효과를 발휘할 수 있다는 것이다.

군수산업 단지에 대한 키틀러는 자신의 속내를 드러낸다. 한 가지는 독일의 군대와 군사작전을 경멸하는 이론가 중 한 명은 아니다. 예를 들어, 제 2차 세계 대전 중 러시아 캠페인에서 독일군의 야만성에 대하여 많은 이야기가 있다. 비릴리오 뿐만 아니라 제 2차 세계대전의 진

Kommunikations- und Nachrichtentheorie』 (2000)는 P. Berz와 키틀러 제자들이 섀논의 주요 논문들을 선별하여 독일어권에 소개한 번역서이다.

정한 수수께끼는 히틀러의 기습 공격으로 핀란드를 제외한 유럽 전체를 2년 동안 정복하는 것이 가능하다는 것이다. 이것은 놀라운 사건이지만 아직도 흥미로운 점은 히틀러의 '전격전'(Blitzkrieg)전략이 오늘날에도 여전히 사용되고 있다는 것이다. 예컨데, 이스라엘이 주변 아랍국가들에 대한 승리는 분명히 독일군이 제2차 세계대전에서 실행했던 전격전의 모델에 근거한 것이다. 더욱 놀라운 것은 미국의 경우에도 2003년 이라크와의 전쟁에서 바그다드에 진격한 전쟁의 모델 역시 독일의 전격전 모델을 이용한 것이다.

키틀러가 군수산업에 관심을 갖는 근원적 이유에 대하여 또 다른 설명이 가능하다. 키틀러는 어린 시절 어머니를 따라 제 2차 세계대전에서 동안 히틀러가 독일전쟁을 위해 V2 로켓을 개발한 동쪽의 사이트를 데려갔던 일을 기억하고 있다.(John Armitage 2006, 25 이하 참조) 그러나 그 누구도 키틀러에게 로켓 실험 사이트와 로켓에 관하여 물질적 근거를 갖춘 설명을 하지 않았다. 이 사이트는 독일 군사 산업 단지의 흔적을 특정 측면에서 보이지 않게 하기 위해 매우 낭만적이고 목가적인 섬에 위치해있었다. 키틀러를 매료시킨 현장이었지만 아무도 현장의 진실에 대해 말하지 않았기에 후일 키틀러는 혼자서 역사를 복원하고 설명을 찾아내야 했다는 것이다. 동독의 군수산업 단지와 로켓 실험장에 대한 질문은 금지되어 있었고, 그 누구도 설명하는 것이 불가능했다. 심지어 더 일반적으로 전쟁을 위한 독일측의 군사전략과 시설, 군수산업, 전쟁을 준비하는 전략이나 전쟁 기술적은 측면을 말하거나 밝히는 것은 금기시되어 있기 때문이다. 결과적으로, 키틀러의 첫 번째 동기는 그가 지나온 시간에 관한 무언가를 발견하려는 노력이었다고 할 수 있다. 키틀러는 근본적으로 자신이 실제로 수행한 것들, 그리하여 확실한 물질적 근거를 확보한 사태에 대한 글을 쓰고자 소망했다.

7. 테크놀로지 단상들[14]

키틀러의 저술에서 계속되는 요소는 축음기, 영화, 및 타자기뿐만 아니라 포스트모던 정보 및 통신과 같은 현대 문화 기술과 관련되는 장치들이 자주 등장한다. 키틀러가 어떻게 기술철학을 넘어 매체철학의 기반을 어떻게 다지게 되었을까에 대한 질문에는 먼저 테크놀로지에 대한 키틀러의 개인적인 취향과 호기심으로 소급하여 설명할 수 있다. 키틀러는 매체학 강의에서 자주 자신의 어린 시절과 청소년기의 에피소드를 소개하면서, 당시 독일에서 공적인 정보를 신문보다 빠르게 전하는 라디오 매체의 중요성과 효과에 대하여 강조하곤 했다. 라디오 기술은 군사적으로는 즉각적인 쌍방향 소통을 가능케 하는 효과적인 전쟁 기계였지만, 일반에게는 쌍방향 기능을 절반으로 축소하여 오직 수신 기능만을 허용하는 라디오로 상품화되었다는 것이다. 키틀러는 이것을 전쟁기계의 오용 또는 남용으로 규정짓는다.

전쟁이 끝난 후 독일에서는 중고 전자제품 시장이 인기였으며, 전쟁 중에 군에서 사용되었던 장파, 중파, 고주파 송수신이 가능한 무선통신 장비들이 저렴하게 거래되었다고 했다. 키틀러는 중고품 무전기에서 부품을 떼어내고 독자적으로 설계도를 고쳐 수신 가능한 라디오를 조립했던 일을 자랑스러워했다. 훗날 키틀러는 실제로 pc를 조립하여 사용했고, 수많은 프로그래밍 작업을 수행했으며, 자신이 설계한 음악적 장치와 영상합성기를 독자적으로 제조했다. 특히 키틀러가 제작한 신디사이저는 오늘날 마르바흐에 위치한 독일문학박물관(Deutsche Literatur Museum)에 상설 전시되고 있다. 기술제품을 마주하면 키틀러는 그것을 효과적으로 이용하는 것에서 나아가 기술적

14) 이 장은 John Armitage의 인터뷰 31 이하 의 내용을 참조하고 부분적으로 요약하거나 번역하여 서술하고 있다.

인 작동원리를 추적하는 취미를 갖고 있었다. 역사적인 기원을 탐구하면서 새논의 용어로 발신자에 대한 호기심을 갖고서 이를 수학적으로 설명하고자 시도한 것이다.

키틀러의 매체이론을 연구하면서 동시에 키틀러가 어떻게 테크놀로지에 대한 극단적인 이론을 표출할 수 있었는가에 대한 분석이 동시에 이루어지는 것은 흥미로운 일이다. 키틀러 저술이 담고 있는 내용을 분석하는 동시에, 키틀러가 어떻게 이런 진술에 이르렀는가를 탐구하는 연구로 이어지는 것이다. 이것은 기록시스템에서 어린이가 어머니의 입을 통하여 최초로 말하는 능력을 습득하게 되는 과정에 대한 서술에서 알 수 있다.

현대 테크놀로지는 어떻게 학문적 탐구의 대상으로 오르게 되었을까와 같은 질문에서 보통은 다른 사람의 저술을 독서한 결과 혹은 선구적인 엔지니어의 창조적 활동과 결과물에 대한 존경심으로 거슬러 올라갈 수 있다. 키틀러의 경우에는 그것이 개인의 호기심 또는 평범한 일상 속에서 우연한 계기와 연결되어 설명되는 경우가 있다. 키틀러는 보들리야르를 저술을 먼저 읽었고 직접적으로는 매우 늦게 만났지만 보들리야르의 중심 테제에 대하여 긍정과 호감을 표했다. 키틀러는 보들리야르를 만나기 전부터 기술과 유혹에 관하여 성찰했으며, 같은 관심을 가진 동료 연구자를 만나면서 동일성과 차이에 대한 구분을 분명하게 한다. 기술과 광산을 주제로 한 연구에서 키틀러 자신은 심층적인 역사적 접근에 기반하고 있지만, 보들리야르의 경우에는 그렇지 않다는 것을 지적하고 있다.

타자기와 같은 테크놀로지의 경우를 들어보자. 키틀러의 타자기에 관한 관심을 고조시킨 것은 타자기의 기술적 설계도가 탁월하거나 사용자 친화적인 기술의 발명이 적용된 상품에 있지 않았다. 타자기와 관련하여 키틀러를 매료시킨 것은 젊은 미혼 여성 타자수들와 담론

생산에 관한 서술에서였다. 타자기가 사무공간과 개인의 서재에 들어오게 되면서 여성 타자수와 같은 새로운 직업이 생겨났다. 역사적으로 보면 직조기의 발명과 함께 방직공장의 근로자 그리고 전화기의 발명과 보급으로 생겨난 교환수의 경우와 같다. 문화 사학자들을 포함하여 소수의 사람들이 이것을 간파했지만, 새로운 테크놀로지의 탄생은 초기에 여성에게 전문직 일자리를 제공하는 역사적인 사건으로 기록되어 있다. 키틀러에게 타자기의 발명은 여성이 직업인이 되었을 때, 그녀는 이전에 하지 않았던, 타이핑을 배우는 것 외에 다른 선택권이 없었다. 전문 직업인이 되려면 타자기 치는 방법을 배워야 한다. 여성들도 배워야 한다는 사실을 깨닫기 시작했으며, 이것은 젊은 여성이 대학에서 공부해야 한다는 의식을 일깨워준 사건과 연결시킨다. 기술매체(타자기)은 여성에게 무언가를 배워야 한다는 상황을 깨우쳤다는 것이다. 키틀러는 『축음기, 영화, 타자기』를 쓰던 시기에 문학을 사회사적인 관점에서 연구하는 문학사회학에 관심을 가졌던 반면, 키틀러는 타자기의 사회사에 관심을 갖고 테크놀로지의 역사적 전개를 연구하게 되었다고 밝힌다. 실제로 독일에서 여성이 대학 진학을 고려하기 시작한 역사는 그리 오래된 것은 아니다.

기술 매체의 사회사에 대한 연구는 볼프강 에른스트(Wolfgang Ernst)가 제안한 '매체 고고학(media archeology)'의 관점이 제시되었다.(John Armitage 2006, 33 참조) 기술매체의 사회사적 접근은 내러티브 접근법을 벗어나 테크놀로지 자체에 대한 탐구를 지향하고 있다. 역사 속에 감추어진 내러티브를 발굴하는 연구에서 글쓰기, 계산, 수학 또는 음악 등 진정한 소통 매체의 역사를 서술할 것을 주문한다. 결과적으로 선형적인 역사와 내러티브에 초점을 맞추기보다는, '반복되는 역사 (recursive history)'라고 부르는 것에 대하여 생각할 것을 권고한다. 같은 이슈가 반복적으로 반복되며, 이것은 일정한 간격을 두고 있지만 시간과 공간에 따라 다른 의미를 지닌다. 그리스 신화에서 사이렌의 경우, 고대 그리스의 바다 위에서의 매혹적인 노래는 선원을 유인하는 것으로 이해되었다. 사이렌은 역사 속에서 반복적으로 나타난다. 초기 기독교에서 사이렌은 끔찍한 괴물로 돌아왔다. 중세 시대에는 원래 그리스 신화에서 존재하지 않았던 모습으로, 물 속과 물 밖에서 살아갈 수 있는 수륙 양생의 인어가 되었다. 키틀러는 테크놀로지와 관련하여 사이렌의 소재를 음악 또는 음향학 역사의 관점에서 탐구할 수 없을까 질문한다. 1819년 젊은 프랑스 엔지니어는 시끄러운 울음소리를 내는 현대 기술 '사이렌'을 발명했다. 프랑스의 기술자는 그것이 물 안과 밖 모두에서 기능하기 때문에 사이렌이라는 이름을 붙였다. 또한 기술 사이렌은 현대의 소리 이론의 중요한 구성 요소였습니다. 19세기 후반, 주로 인간의 청력 및 기타 발명품 및 라디오 개발과 관련된 실험에 사용되었다. 사이렌은 반복적인 역사의 좋은 예가 된다. 그것이 우리에게 몇 번이고 다시 돌아오기 때문이다.

특정한 매체기술은 나타났다가 언젠가는 다시 사라진다. 그렇다면 인터넷의 출현을 어떻게 이해해야 하는가. 키틀러는 인터넷과 같은 테크놀로지의 존재에 대한 희망이나 환상에서 깨어나야 한다고 조언한다. 종이가 중요한 매체로 등장했지만 디지털 테크놀로지의 효과와 영향으로 서서히 퇴출의 수순을 밟고 있는지도 모른다. 그러나 종이는 정보와 데이터를 기록하여 보관하거나 전달하는 기능을 버리고 다른 용도로 전용되어 생존할 가능성 또한 새로운 테크놀로지에 의존할 것이다. 스크롤 종이와 코덱스 신매체에 대하여 생각해보자. 유대교는 유대교 율법을 코덱스로 옮겨 적는 것을 허용하지 않으며 새로운 테크놀로지에 보수적인 입장을 취했다. 그러나 기독교는 경쟁매체에서 새로운 매체 사용을 허용하면서 현대화의 길을 걷게 된다. 기술매체는 계속하여 새로 나타나고, 구식이 되고 쓸모가 없어지면 사라진다.

포스트모던 기술과 인터넷과 같은 기술은 현대인들에게 정보를 얻고 취하기에 유용하지만,불필요한 오해를 낳게 하여 부정적인 측면이 있다. 키틀러는 인터넷 사용자들이 다른 세계의 사람들과 연결되어 있다고 이해하지만 그것이 오해일 수 있다는 점을 지적한다. 실제로는 사람들의 연결이 아니라 각자가 사용하는 컴퓨터와 다른 컴퓨터와 연결되어 있다는 것이 중요하다.

키틀러는 인터넷 운영을 위해 개발된 리눅스에 대하여 소스코드를 공개하고 누구나 보완할 수 있는 열린 시스템을 지지하며, 마이크로소프트의 폐쇄적인 운영방식과 패권적 독점체제에 반대한다. 또한 키틀러는 컴퓨터가 자기반영 시스템으로 작동하게 되면 기술의 진화가 최고의 상태에 오른다고 생각한다.

사이보그 논쟁에 관하여 키틀러는 인간이 사이보그가 되어가는 것에 동의하지 않는다. 사실, 인터넷의 발전은 인간이 자신의 기술을 반영하게 된 것, 반응하거나 기계의 요구에 응답하는 것과 더 관련이 있으며, 결국 인간은 기계에 적응하는 것이며, 기계가 인간에게 적응할 수 없다고 본다. 따라서 키틀러는 컴퓨터 산업의 최고 디자인 프로젝트가 인간의 몸을 인간이 만든 기계에, 정확하게 인간과 구별되는 기계에 연결시키는 것이라고 믿지 않는다. 인체와 연결하고자 컴퓨터 기술을 발전시켜 왔다면, 지난 50년 동안의 컴퓨터 개발은 분명히 역방향으로 발전해온 것이다. 키틀러의 관점에서 컴퓨팅 산업은 사이보그 개발보다는 소프트웨어 개발에 더 큰 관심을 갖고 있다는 것이다.

8. 음악과 수학[15)]

매클루언이 『미디어의 이해』를 저술하여 당시의 인문학에 파문을 일으켰다면 키틀러는 컴퓨터, 축음기와 타자기에 대한 저술을 발표하여 독문학자들에게 불편함을 주었다. 문화학과로 진로를 바꾼 이후 키틀러는 통섭적 연구를 통하여 인문학의 영역을 재편하고자 시도했다. 학제적 연구를 제도화하고 확산하려는 키틀러의 노력은 문화기술을 위한 헬름홀츠 센터(Hermann von Helmholtz-Zentrum für Kulturtechnik, HZK)의 설립으로 이어졌다. 키틀러가 설립에 기여한 헬름홀츠 연구센터는 첫 번째 연구 사업으로 "이미지, 문자, 숫자(Bild Schrift Zahl)" 프로젝트를 구축하고 컴퓨터 과학자, 수학자, 미술사학자, 음악학자 그리고 인문학자들이 동참하는 연구단을 발족시켰다.[16)] 문화의 기반이 되는 물질적 기원을 탐구하려는 의지를 담고 있는 연구센터는 현재 "이미지, 지식, 형상(Bild Wissen Gestaltung)" 연구 프로젝트를 수행하고 있다. 헬름홀츠 연구센터의 발족과 함께 키틀러는 음악과 수학에 관한 저술을 준비하기 시작한다. 그의 작업은 문자, 영상, 숫자의 문화적이며 사회적인 영향, 특히 기술과의 연관관계 속에서 파악하려는 인문학적 탐색이라고 할 수 있다. 키틀러는 자신의 매체와 물질성에 관한 연구가 일관적으로 그림, 문자, 숫자와의 긴밀한 연관성을 파악하려는 노력임을 입증하고자 했다.

키틀러의 음악과 수학에 관한 저술은 조화와 색조, 음악 이론에 기반을 두고 있다. 이런 연구 주제들은 18세기에 이미 있었던 사건의 모

15) 이 장은 John Armitage의 인터뷰 35이하의 내용을 참조하고 부분적으로 요약하거나 번역하여 서술하고 있다.

16) 키틀러가 참여한 헬름홀츠 센터의 첫 번째 연구프로젝트에 관하여 Sybille Krämer/Horst Bredekamp(Hg.).Bild - Schrift - Zahl. München. 2003 참조.

든 구성 요소였다. 음악, 조화 및 음조가 모두 수학에 기반한다는 발견이었다. 키틀러는 역사적 맥락에서 음악과 수학의 연구가 일관적이라고 보았다. 물리학자 헬름홀츠의 연구 정신을 계승하기 위해 신설된 헬름홀츠 센타의 회장은 수학자가 되었고, 음악에 본질적인 관심을 보이는 키틀러가 부회장이 된 것을 키틀러는 자랑스럽게 생각한다고 했다.

매체와 매체성에 대한 관심은 문화에 권력을 행사하는 수학이다. 예컨대 영국인 뉴턴(Isaac Newton)과 독일인 라이프니츠(Gottfried Wilhelm von Leibniz)에 의해 발견된 미적분 계산의 발견에서 매체적 탐구를 중요하게 여긴다. 미분 방정식을 배우고 익히는 것에 만족하는 것이 아니라, 그런 사유의 탄생과 그 기원을 밝히는 연구가 중요한 것이다. 이런 연구를 수행하는 것이 키틀러에게는 언제나 자극적으로 다가왔다. 미분 방정식의 발견 없이 현대의 우주선이나 라디오 수신기 또는 송신기를 생각하거나 구성 할 수 없다는 믿음 때문이다. 그러나 문제는 수학적으로 설명하기가 어렵다는 것이며, 장기적으로 볼 때 사람들에게 가치가 있는 것은 아니라는 것이다. 이런 이유로 음악의 경우를 일종의 문화수학으로 환원하고자 한다.

하프와 같은 악기의 경우, 이 악기는 음악적 도구일 뿐만 아니라 수학적으로 디자인 된 기술 도구인 것이다. 하프는 모든 인간의 귀에 조화를 이루도록 매우 정확하게 설계되었다는 것이다. 키틀러는 연습과 훈련으로 악기를 익숙하게 다루게 되는 것에서 만족하지 않으며, 설계자의 콘셉트와 기술을 역사적으로 복구하려는 의지를 숨기지 않는다. 음악 악기의 탄생에 관한 수학적 해명이 필요하다고 본 것이다. 피타고라스의 왕국에서 세계는 수학적으로 구조화되어 있다. 모든 옥타브는 순결하거나 불순하거나 수학적으로 구조화되었지만 음악을 온전하게 수학적으로 해명하는 것은 컴퓨터가 보편화된 세상에서도 힘겨운 도전으로 남아있다.

키틀러는 자신의 음악과 수학에 대한 저술이 오늘날의 문화적 또는 사회적 이론과 관련하여 어떻게 답할 수 있을지 확신하지 못한다. 그것은 추상적인 작업과 관련이 있다. 에디슨이 발명한 축음기를 수학적으로 해명하는 것은 슈퍼컴퓨터를 이용해도 가벼운 작업이 아니다. 축음기의 수학적 모델인 사인파와 음악적 톤을 분석하는 일에 문화기술자에게 아직도 도전이다.

키틀러는 브리콜라주에서 출발하여 에디슨(Edison)과 같은 영웅적인 발명가에 대한 생각을 버리고, 그 대신에 사인파와 고주파 하모닉스에 대해 생각하기 시작한다. 이러한 개념들이 존재하지 않는다면, 수학자들이 만들어내는 개념은 축음기의 개념을 생각조차 할 수 없다고 믿었다. 이 시점에서도 키틀러는 하이데거에게 작은 실망을 드러내야만 했다. 존재의 역사에서 파르메니데스(Parmenides)와 플라톤(Plato), 아리스토텔레스 (Aristotle) 토마스 아퀴나스 같은 사상가처럼 하이데거의 고향 시골 마을에서도 어떤 사건이든지 자연스럽게 일어난다고 키틀러는 확신했다.

그러나 하이데거 (Heidegger)의 경우, 우리가 살고 있는 세계의 역사에 대한 토론은 수학자가 아니라 다른 철학자들과의 일이었다. 키틀러가 헤겔에 대해 논평하는 일에 관심을 보이지 않는 이유는 단순하지 않다. 푸코가 역사상 상대적으로 알려지지 않은 인물의 작품들을 흥미롭게 고려했다면, 키틀러는 음악과 수학적 사고에 더 헌신적으로 집중한다. 키틀러는 그리스 수학이 개발된 광범위한 신화를 추적한다. 그리스의 수학은 음악을 위한 발명이었으며, 그리스 알파벳은 음악과 수학을 동시에 표기할 수 있는 시스템으로 발명되었다는 생각에서였다.

9. 에른스트 융어와 칼 슈미트[17)]

키틀러의 청년기에 독일의 많은 청년들은 프랑크푸르트학파의 아도르노와 호르크하이머의 비판이론을 수용하는 것이 당시의 시류였다. 그러나 키틀러는 보수주의 철학자 하이데거를 이해하기 위해 프라이부르크 대학으로 갔다. 키틀러는 또한 68혁명의 주류에 휩쓸리지 않고 프랑스 구조주의와 포스트구조주의 철학에 빠져 들었다. 바이마르 시대의 혁명적인 작가 에른스트 융어(Ernst Jünger)를 형편없는 작가로 이해했지만, 최고와 최악을 알고 있던 사람으로 모호하게 평가하기도 했다.(John Armitage 2006, 14 이하 참조) 그러나 이것은 키틀러가 군대, 기술 및 산업 분야에 관한 융어의 저술을 정독했기에 생긴 오해라고 볼 수도 있으며, 이에 대한 평가를 위해 좀 더 정교한 작업이 요구된다. 키틀러가 융어를 포함하여 그런 주제들에 대한 거의 모든 저술을 좋아한다고 말한 것은 사실이다. 예를 들어 키틀러는 융어의 총동원 전쟁 콘셉트에 대하여 열광했다고 고백한다. 게다가 융어가 하이데거의 이념과 연결되어 있다는 점에서 키틀러가 융어와 결별하지 못한 이유도 있을 것이다. 그러나 기술에 관한 논쟁에서 하이데거와 비교할 때 키틀러는 융어가 가볍고 피상적이었으며 철학사에 있어서 거의 무지한 작가였다고 평가한다. 키틀러는 융어가 독일의 보수주의자였지만 나치즘과 연결시키는 것에 동의하지 않으며, 융어의 저술을 면밀하게 독서한 독자들을 히틀러의 친구라고 판단하는 것에 반대한다. 두 번의 세계대전에 참여한 용감한 융어에 이르지 못하는 자신을 소심한 사람이라고 고백하기도 했다. 그러나 키틀러가 살았던 시대의 보수주의자였던 사담 후세인과 조지 부시 그리고 아리엘 샤론에게는 단호

---

17) 이 장은 John Armitage의 인터뷰 29-31의 내용을 참조하고 부분적으로 요약하거나 번역하여 서술하고 있다.

하게 비판적인 입장을 보였다. 보수주의적 입장에 예민하게 반응할 수 있지만, 본질적으로는 과거 군사주의적 입장에 대한 기원과 기반에 대한 이해를 위한 면밀한 독서까지 의심의 눈초리로 바라보는 자세에 대하여 단호한 입장이다. 더구나 참호전쟁에 참여한 융어의 담대함에 대하여 관심을 보인 것은 시대를 지배하는 정신과 전쟁기술의 관계를 파악하려는 키틀러의 노력의 일부로 평가할 수 있을 것이다. 키틀러는 한 가지는 절대로 옳고, 나머지는 그렇지 않다는 일신교적 교리에 단호하게 반대한다는 입장을 밝히고 있다. 독일 보수주의와 파시즘 사이의 이러한 무분별한 동일시에 대하여 키틀러는 근본적으로 변명한다. 개인적인 삶에 보수주의자들이 깊은 영향을 준 것은 사실이라 해도, 더구나 가족이 보수주의자였다고 해도, 보수주의자라는 이유를 구실로 삼아 히틀러와 그의 정치적인 동지들과의 직접적인 관계로 유추하는 것에 동의하지 않는다.

칼 슈미트(Carl Schmitt)의 부흥 운동에 관해서도 비슷한 입장을 보인다. 키틀러는 정치적 이념의 관점에서 친구와 적을 구분하는 흑백논리의 부당함을 강조한다. 그는 슈미트가 영어와 프랑스어를 사용하는 세계에서 인기가 급상승하는 이유는 데리다 때문인 것으로 평가한다.(John Armitage 2006, 15이하 참조) 키틀러는 그러나 유럽의 보수주의에 대한 미국 제국주의의 일관된 이데올로기 중심의 시각에 반대한다. 미국식 민주주의의 미덕을 드높이기 위해 극단적으로 적대시해야 하는 하나의 해독제가 나치 이데올로기라는 지적이다. 키틀러는 오히려 장차 미국이 주도하게 될 전쟁기계에 대한 우려를 숨기지 않는다. 미국은 주로 석유를 필요로 하는 항공기를 기반으로 전쟁을 준비하며, 원자력을 동력으로 하는 항공모함과 잠수함이 주도하는 전략을 구사할 가능성이 큰 것으로 진단한다. 그리하여 유럽인들은 전쟁을 준비하는 미국의 전략에 대하여 무엇에 동의하고 어디까지 수용할 것인가에 대하여 분명한 입장을 표명할 것을 주문한다. 2002년 미국의 부시가 연두교서에서 미국의 3대 핵심 가치로 자유, 민주주의 및 기업가의 자유를 선언한 것에 주목한다. 미국의 자유와 민주주의에 반대할 이유는 없지만 미국 기업가의 자유를 확대하고 보호하려는 기본 입장에 대하여 유럽이 어떤 준비를 할 것인가를 요구한 것이다. 키틀러는 미국이 내세우는 미국 기업가의 자유가 담고 있는 가치에 단호한 입장을 표명한다. 부시가 말하는 기업가의 자유란 예컨대 록히드 마틴, 보잉 또는 마이크로소프트가 추구하는 가치가 글로벌화된 세계 시민의 가치와 어떻게 부합하는가 면밀하게 검토해야 한다는 것이다. 키틀러의 비판처럼 미국이 추구하고 보호하려는 기업가의 자유는 유럽인들에게 과도한 것인지도 모른다.

10. 결론을 대신하여

키틀러의 테제는 우리가 진실이라고 믿는 지식이란 결정적으로 우리가 사용하는 문화기술에 의존하고 있다는 것이다. 그가 지향하는 학문적 과제는 문화기술을 선도하는 기술 미디어가 선험적으로 작동하고 있음을 증명하는 것이었다. 이를 입증하기 위해 키틀러는 정신과학에서 정신의 추방을 내걸었고, 이를 실천하는 과정은 물질과 물질성을 드러내는 연구들로 이어지게 되었다. 『정신과학에서 정신의 추방』, 『기록체계들 1800/1900』, 『축음기, 영화, 타자기』, 『드라큘라의 유산』, 『수학과 음악』은 키틀러의 학문적 프로그램을 대변하는 저술들로 그가 연구했던 주제들의 네트워크를 이루고 있다.

키틀러는 역사적으로 효과를 발휘하는 시대적 담론들을 체계적으로 분류해 내는 일에 집착을 보였다. 섀논의 커뮤니케이션 모델과 푸코의 사물을 이해하고 연구하기 위한 접근법이 출발점이 되었으며, 데이터와 정보의 생성과 전달, 확산, 효과에 관한 흔적들을 드러내는 탐구, 그리고 축음기, 영화, 타자기의 예를 통한 기술미디어 연구에 대한 모델을 제시하기에 이른다.

독문학 연구의 범주를 넘어 문화의 기원과 추동 과정에 관한 본격적인 연구를 위하여 훔볼트대학교 문화학과로 자리를 옮겨 매체사와 매체미학이라는 키워드로 기술매체 시대를 규정하는 작업에 전념하게 되었다. 키틀러가 수행하던 훔볼트대학교 정교수 직함은 2009년부터 "문화사와 지식사"(Kultur- und Wissensgeschichte)로 변경되었다. 이런 변화는 키틀러의 학문적인 지향에 대한 개념적 일반화 과정으로 볼 수 있으며, 대학의 존재 이유인 지식을 추구하는 일이 문화연구와 필연적으로 연관되어 있다는 인식을 드러내고 있다. 키틀러의 물질성에 대한 호기심은 테크놀로지 시대의 인문학이라는 정보의 흐름과 과정, 역사와 공간이 얽힌 연구로 제도화되어 지식 탐구의 최전선에 배치되었다. 키틀러의 학문적 유산은 아카데미 안에서 문화를 구축하고 지탱하는 매체와 매체의 물질성 연구를 강화하는 효과를 발산하고 있다.

참고문헌

도기숙. 2008. 「기술매체의 변화와 새로운 인간학」. 『독일문학』. 제108집 49권 4호. 191-211.

세미오시스 연구센터. 2015. 『내러티브와 자아』. 세미오시스 학술총서 06. 한국외국어대학교 출판부.

세미오시스 연구센터. 2015. 『인지와 감정의 내러톨로지』. 세미오시스 학술총서 05. 한국외국어대학교 출판부.

세미오시스 연구센터. 2014. 『내러티브와 리얼리티』. 세미오시스 학술총서 04. 한국외국여대학교 출판부.

세미오시스 연구센터. 2014. 『내러티브와 매체』. 세미오시스 학술총서 03. 한국외국어대학교 출판부.

세미오시스 연구센터. 2013. 『이미지, 문자, 해석』. 세미오시스 학술총서 02. 한국외국어대학교 출판부.

신승철. 2015. 「기록과 흔적: 문화적 기술로서의 EEG」. 한국미학예술학회. 『미학 예술학 연구』. 44권0호. pp.3-46.

신승환. 2016. 『해석학. 새로운 사유를 위한 이해의 철학』. 아카넷.

유현주. 2016. 「영화라는 상상계, 그리고 실재의 귀환 - 키틀러의 이론을 통한 <마리아 브라운의 결혼> 분석」. 『뷔히너와 현대문학』. 47권0호. pp.81-101.

유현주. 2015. 축음기와 실재의 소리 -프리드리히 A. 키틀러의 이론을 중심으로- 한국미학예술학회. 『미학 예술학 연구』. 44권0호. pp.111-132.

유현주. 2013. 「현대 매체이론에서 문자의 개념과 역할 -캐나다 학파, 플루서, 키틀러의 이론을 중심으로」. 연세대학교 인문학연구원. 『인문과학』. 97권0호. pp.319-343.

유현주. 2010.「현대예술 및 문화. 두려움과 낯설음 - 프로이트, 호프만, 키틀러 그리고 언캐니 밸리」.『브레히트와 현대연극』. 23권0호. pp.203-221.
윤미애. 2016.「프리드리히 키틀러의 고전 읽기와 '기록시스템 1800' - E.T.A. 호프만의 '황금단지' 해설을 중심으로」.『뷔히너와 현대문학』. 제46호. 55-78.
임석원. 2015.「프리드리히 키틀러의 매체이론과 문학적 글쓰기 -19세기 타자기의 등장과 프란츠 카프카의 '유형지에서'를 중심으로」. 한국독어독문학회.『독일문학』. 135권0호 (2015). pp.97-116.
조창연/이주영. 2016.『기호학과 미학』. 커뮤니케이션북스.
최소영. 2013.『프리드리히 키틀러의 매체이론 연구 - '기록체계' 개념을 중심으로』. 홍익대학교 대학원. 박사논문.
게오르르 짐멜. 2007.『문화이론』. 게오르그 짐멜 선집 1. 김덕영/배정희 옮김. 길.
기 드보르. 1992.『스펙터클의 사회』. 이경숙 옮김. 현실문화연구.
다니에 파울 슈레버. 2010.『한 신경병자의 회상록』. 김남시 옮김. 자음과 모음.
데이비드 크라울리/폴 헤이어(엮음). 2012.『인간커뮤니케이션의 역사. 기술, 문화, 사회』. 김지윤 옮김. 커뮤니케이션북스.
랜들 패커/켄 조던. 2004.『멀티미디어. 바그너에서 가상현실까지』. 아트센터 나비 학예연구실 옮김. 나비.
레슬리 화이트. 2002.『문화과학. 인간과 문명의 연구』. 이문웅 옮김. 아카넷.
로널드 N. 기어리. 2004.『과학적 추리의 이해. 학문의 논리』. 간디서원.

롤랑 바르트. 1999. 『텍스트의 즐거움』. 김희영 옮김. 동문선.
리처드 슈스터만. 2012. 『삶의 미학. 예술의 종언 이후 미학적 대안』. 허정선/김진엽 옮김. 이학사.
마샬 매클루언. 2001. 『구텐베르크의 은하계』. 임상원 옮김. 커뮤니케이션북스.
마틴 하이데거. 2008. 『숲길』. 신상희 옮김. 나남.
마틴 하이데거. 2008. 『강연과 논문』. 이기상/신상희/박찬국 옮김. 이학사.
미셸 푸코. 2012. 『감시와 처벌』. 감옥의 역사. 오생근 옮김. 나남.
미셸 세르. 1994. 『해명』. 박동찬 옮김. 솔.
미셸 푸코. 2012. 『말과 사물』. 이규현 옮김. 민음사.
미셸 푸코. 1989. 『미셸 푸코의 문학비평』. 김현 편. 문학과지성사.
미셸 푸코. 1969/1992. 『지식의 고고학』. 이정우 옮김. 민음사.
발터 벤야민. 1983. 『발터 벤야민의 문예이론』. 반성완 옮김. 민음사.
브루노 라투르 외. 2010. 『인간, 사물, 동맹. 행위자네트워크 이론과 테크노사이언스』. 홍성욱 엮음. (주)도서출판 이음.
브루노 라투르. 2009. 『우리는 결코 근대인이었던 적이 없다』. 홍철기 옮김. 갈무리.
빌렘 풀루서. 1998. 『디지털시대의 글쓰기』. 윤종석 옮김. 문예출판사.
수전 손택. 2003. 『해석에 반대한다』. 이민아 옮김. 이후.
아비탈 로넬. 2015. 『어리석음』. 강우성 옮김. 문학동네.
에케르트 캐멀링. 2005. 『도상학과 도상해석학』. 이론 - 전개 - 문제점. 이한순/노성두/박지형/송혜영/홍진경 옮김. 사계절.
월터 옹. 1997. 『구술문화와 문자문화』. 이기우/임명진 옮김. 문예출판사.

움베르토 에코. 2005. 『미의 역사』. 이현경 옮김. 열린책들.
움베르토 에코. 1998. 『기호와 현대 예술』. 김광현 옮김. 열린책들.
자크 라캉. 2008. 『정신분석의 네 가지 근본 개념』. 세미나 11. 맹정현/이수련 옮김. 새물결.
조르조 아감벤. 2008. 『호모 사케르. 주권 권력과 벌거벗은 생명』. 박진우 옮김. 새물결.
존 세리프. 2016. 『의미의 이해. 찰스 퍼스와 구조주의 그리고 문학』. 이윤희 옮김. 한국외국어대학교 지식출판원.
지그프리트 프로이트. 2004. 『정신분석학의 근본개념』. 프로이트 전집 11. 윤희기/박찬부 옮김. 열린책들.
지그프리트 프로이트. 2004. 『예술, 문학, 정신분석』. 프로이트 전집 14. 정장진 옮김. 열린책들
질 들뢰즈. 2011. 『감각의 논리』. 하태환 옮김. 민음사.
클로드 섀넌/우런 위버. 2016. 『수학적 커뮤니케이션 이론』. 백영민 옮김. 커뮤니케이션북스.
토마스 핀천. 2012. 『중력의 무지개 1,2』. 이상국 옮김. 새물결.
페이터 리트베르헨. 2003. 『유럽문화사. 상·하권』. 반성완 옮김. 지와 사랑.
프리드리히 키틀러. 2015. 『기록시스템 1800/1900』. 윤원화 옮김. 문학동네.
프리드리히 키틀러. 2011. 『광학적 미디어: 1999년 베를린 강의. 예술, 기술, 전쟁』. 윤원화 옮김. 현실문화.
프리드리히 폰 실러. 2008. 『돈 카를로스』. 장상용 옮김. 문학과 지성사.
하르트무트 뵈메/페터 마투섹. 2004. 『문화학이란 무엇인가』. 손동현/이상엽 옮김. 성균관대학교출판부.

해럴드 A. 이니스. 2008. 『제국과 커뮤니케이션』. 김문정 옮김. 커뮤니케이션북스.

헤링 리터. 2008. 『씽커스. 20세기를 창조한 12명의 지식 정복자들』. 이지혜 옮김. 21세기북스.

W.J.T. 미첼/마크 B.N. 핸슨 편. 2015. 『미디어 비평용어 21. 미학과 테크놀로지, 사회에 대하여』. 정연심 외 옮김. 파주: 미진사.

W.J.T. 미첼. 2005. 『그림은 무엇을 원하는가 - 이미지와 삶의 사랑』. 그린비.

Alan M. Turing. 1987. Interligence Service. Schriften. Brinkmann & Bose.

Alexander Roesler/Bern Stiegler(Hg.) 2005. Grundbegriffe der Medientheorie. Paderborn.

Avital Ronell. 1991. The Telephone Book. Technology, Schizophrenia, Electric Speech. Lincoln: University of Nebraska Press.

Aristotle. 2004. Poetics. London: Penguin.

Baudrillard, J. 1990. Seduction. London: Macmillan.

Carl Schmitt. 1996. The Concept of the Political. Chicago: Chicago University Press.

Claus Pias/Joseph Vogl/Lorenz Engell/Oliver Fahle/Britta Neitzel(Hg). 2002. Kursbuch Medienklutur. Die maβgeblichen Theorien von Brecht bis Baudrillard. Stuttgart.

Christoph Weinberger. 2010. Rausch, Halluzination und Wahnsinn. Mediale Phantasmen in den Aufschreibesystemen Friedrich Kittlers. Diss. Universität Wien.

Daniela Kloock/Angela Spahr. 1997. Medientehorien. Eine

Einführung. München.

Deleuze, G. and F. Guattari. 1984. Anti-Oedipus: Capitalism and Schizophrenia. London: Athlone.

Deleuze, G. and F. Guattari. 1988. A Thousand Plateaus: Capitalism and Schizophrenia. London: Athlone.

Dieter Mersch. 2006. Medientheorien zur Einführung. Hamburg.

Eleni Ikoniadou/Scott Wilson(Hg.). 2015. Media After Kittler. New York, Toronto, London.

Ernst Jünger. 1998. 'Total Mobilization', pp. 119–139 in Richard Wolin (ed.) The Heidegger Controversy: A Critical Reader. Cambridge, MA: MIT Press.

Frank Hartmann. 2003. Mediologie. Ansätze einer Medientheorie der Kulturwissenschaften. Wien.

Frank Hartmann. 2000. Medienphilosophie. Wien.

Friedrich Kittler. 2015. Baggersee. Frühe Schriften aus dem Nachlass. Hg. v. Tania Hron und Sandrina Khaled. Frankfurt/M.

Friedrich Kittler. 2013. Philosophien der Literatur. Berliner Vorlesung 2002. Merve Verlag Berlin.

Friedrich Kittler. 2013. Die Wahrheit der technischen Welt. Hg. u. mit einem Nachwort v. H.U. Gumbrecht, Frankfurt/M.

Friedrich Kittler. 2004. Unsterbliche. Nachrufe, Erinnerungen, Geistergespräche. Munich: Fink.

Friedrich Kittler. 2002. Optische Medien. Berlin.

Friedrich Kittler. 1999. Gramophone, Film, Typewriter. Stanford, CA: Stanford University Press.

Friedrich Kittler. 1997. 'Media and Drugs in Pynchon's Second

World War', pp. 101-116 in John Johnston (ed.) Literature Media: Information Systems. Amsterdam: G+B Arts International.

Friedrich Kittler. 1996. 'Global Algorithm: The History of Communication Media', Ctheory, http://www.ctheory.net/printer.asp?id=45: 1-16.

Friedrich Kittler. 1993. Draculas Vermächtnis. Technische Schriften. Leipzig.

Friedrich Kittler. 1991. Dichter Mutter Kind. München.

Friedrich Kittler. 1991. Erziehung ist Offenbarung. in: Friedrich Kittler: Dichter Mutter Kind. München. S.19- 45.

Friedrich Kittler. 1990. Discourse Networks, 1800/1900. Stanford, CA: Stanford University Press.

Friedrich Kittler. 1986. Grammophon Film Typewriter. Berlin.

Friedrich Kittler. 1985/2003. Aufschreibesysteme 1800·1900. München.

Friedrich Kittler. 1984. Carlos als Carlsschüler, in: Unser Commercium. W. Barner et al.(Hg.), Goethes und Schillers Literaturpolitik, Stuttgart. S. 241-273.

Friedrich Kittler. 1980. Austreibung des Geistes aus den Geisteswissenschaften. Programme des Poststrukturalismus. Paderborn.

Friedrich Kittler. 1977. Der Traum und die Rede. Eine Analyse der Kommunikationssituation Conrad Ferdinand Meyers. Bern-München.

Geoffrey Winthrop-Youn. 2005. Friedrich Kittler zu Einführung.

Hamburg.

Hans Jürgen Balmes/Jörg Bong/Alexander Roesler/Pliver Vogel(Hg.). 2016. Die Neue Rundschau. Frankfurt/M.

Hans-Thies Lehmann. 2005. Postdramatisches Theater Verlag der Autoren. Frankfurt/M.

Helmut Schanze(Hg.). 2002. Metzler Lexikon Medientheorie Medienwissenschaft.

Henning Schmidgen. 2012. Bruno Latour zur Einführung. Junius.

H.U. Gumbrecht/K.L. Pfeiffer. 1988. Materialität der Kommunikation. Frankfurt/M.

Jacques Derrida. 1967. Of Grammatology. Baltimore, MD: Johns Hopkins University Press.

Johann Wolfgang Goethe. 1988. Gedichte 1756-1799. Sämtliche Werke. Deutscher Klassiker Verlag. I. Abteilung: Band 1. Frankfurt/M.

Johann Wolfgang Goethe. 2004. Faust, Part 1. London: Penguin.

Johann Wolfgang Goethe. 1969. Faust, Part 2. London: Penguin.

John Armitage. 2006. From Discourse Networks to Cultural Mathematics: An Interview with Friedrich A. Kittler. in: Theory Culture Society. 23; 17. The online version: http://tcs.sagepub.com/cgi/content/abstract/23/7-8/17

John Armitage. 2003. 'On Ernst Jünger's "Total Mobilization": A Re-evaluation in the 'Era of the War on Terrorism', Body & Society 9(4): 191-213.

Klaus Garber(Hg.). 2001. Kulturwissenschaftler des 20. Jahrhunderts. Ihr Werk im Blick auf das Europa der Frühen

Neuzeit. München.
Klaus Mainzer. 2003. Computerphilosophie zur Einführung. Junius.
Lutz Musner/Gotthart Wunberg(Hg.). 2002. Kulturwissenschaften. Forschung - Praxis - Positionen. Wien.
Martin Heidegger. 1993. 'The Question Concerning Technology', pp. 307-41 in David.
Michel Foucault. 1970. The Order of Things: An Archeology of the Human Sciences. New York: Pantheon Books.
Michel Foucault. 1997. 'Technologies of the Self', pp. 223-51 in Ethics, vol. 1 of the Essential Works of Foucault 1954-84, ed. by Paul Rabinow. London: Penguin.
Paul Virilio. 1989. War and Cinema: The Logistics of Perception. London: Verso.
Peter Fischer. 2004. Philosophie der Technik. Stuttgart.
Raif Becker/Ernst Wolfgang Orth(Hg.). 2005. Medien und Kultur. Mediale Weltauffassung. Würzburg.
Ralf Schnell. 2000. Medienästhetik. Zu Geschichte und Theorie audiowisueller Wahrnehmungsformen. Stuttgart·Weimar.
Stephan Moebius/Dirk Quadflieg(Hg.). 2006. Kultur. Theorien der Gegenwart. Wiesbaden.
Sybille Krämer/Horst Bredekamp(Hg.). 2003. Bild - Schrift - Zahl. München.
R. Holub. 1992. Crossing Borders: Reception Theory, Poststructuralism, Deconstruction. Madison: University of Wisconsin Press.
T. Lenoir (ed.). 1998. Inscribing Science: Scientific Texts and the Materiality of Communication. Stanford, CA: Stanford

University Press.
Ursula Brandstätter. 2008. Grundfragen der Ästhetik. Bild-Musik-Sprache-Körper. Wien.
Walter Seittter/Michaela Ott(Hg.). 2012. Friedrich Kittler. Technik oder Kunst?. Dresden, Wien.
Weaver, W. and C.E. Shannon. 1949. The Mathematical Theory of Communication. Urbana: University of Illinois Press.
Werner Jung. 1995. Von der Mimesis zur Simulation. Eine Einführung in die Geschichte der Ästhetik. Hamburg.
Wofgang Ernst. 2002. Das Rumoren der Archive. Berlin: Merve Verlag.
Die Zeit. Online, http://www.zeit.de/2011/43/Nachruf-Kittler

제3장
니클라스 루만의 대중매체 이론
– 사회와 커뮤니케이션 그리고 진화

제3장 니클라스 루만의 대중매체 이론

– 사회와 커뮤니케이션 그리고 진화

김형래

이 글은 니클라스 루만의 매스미디어[1]이론을 소개하고 있습니다. 글의 내용은 독일 만하임 대학 교수였던 마르고트 베르크하우스(Margot Berghaus)의 『쉽게 읽는 루만(Luhmann Leicht Gemacht)』(2012)을 요약 정리한 것입니다. 그러나 그 내용을 루만과의 인터뷰 형식으로 꾸며 보았습니다. 이것은 어디까지나 가상의 인터뷰입니다. 나는 루만을 만난 적도 본 적도 없습니다. 독자는 이 점에 오해가 없으시길 바랍니다. 먼저 루만의 개인사를 간략하게 소개한 다음 인터뷰를 시작하겠습니다.

1) 본문에서 대중매체와 매스미디어라는 용어는 문맥에 맞게 번갈아 사용되고 있습니다. 대중매체는 독일어 'Massenmedien'의 번역어이며 'mass media(매스미디어)'는 영어식 번역어입니다.

* 루만에 대한 간략한 소개

니클라스 루만(Niklas Luhmann)은 현대 사회학에 많은 영향을 끼친 독일의 사회학자로서 1927년 12월 독일 뤼네부르크에서 태어났습니다. 아버지는 양조장을 운영했으며 어머니는 스위스의 호텔 주인의 딸이어서, 루만은 경제적으로는 중산층 환경에서 성장했습니다. 1944년에는 공군 보조병으로 복무했고, 1945년에는 미군의 전쟁 포로가 되었습니다. 2차 세계대전이 끝나고 법학을 전공하게 되며, 법학 국가고시에 합격하면서 시보 생활을 시작합니다. 이후 뤼네부르크 고등 행정법원과 니더작센 문화부에서 공직 생활을 하기도 합니다. 1960년에 결혼하고, 1960-1961년까지 하버드 대학에서 탤컷 파슨스(Talcot Parsons) 밑에서 사회학을 공부할 수 있는 기회를 얻게 됩니다. 독일로 돌아와 1966년 헬무트 쉘스키(Helmut Schelsky)와 디터 클라에센스(Dieter Claessens) 지도로 박사학위 논문과 교수자격청구 논문에 통과하고, 1968년에 마침내 빌레펠트 대학 사회학과 교수로 임용됩니다. 약 9년 후인 1977년에 부인이 일찍 사망하고, 1993년에 빌레펠트 대학에서 정년퇴임을 맞이합니다. 퇴임 후에도 저작 활동과 강연 활동을 계속하다 1998년 11월 6일 71세의 나이로 생을 마감합니다.

루만의 저서는 방대합니다. 그는 30여 년 간 70권 이상의 저서와 450편 이상의 논문을 써냈습니다. 그가 이렇게 많은 저서와 논문을 써낼 수 있었던 이유는 그의 특이한 작업 방식 덕이었습니다. 그는 무엇보다 메모 상자를 잘 활용한 사람이었습니다. 우리식으로 말하자면 독서 카드를 활용하여 읽은 책들을 체계적으로 정리하고 그것을 저술할 때 적극적으로 활용하였습니다. 그의 독서 카드 활용 방식은 아날로그적이지만 오늘 날의 컴퓨터를 능가하는 자료 정리 방법이었던 것으로 간주됩니다. 또한 그는 개인 비서를 두고 있었는데, 저술할 때 비서에게 구두로 책의 내용을 불러주고 비서는 그것을 타이핑하는 방식으로 많은 작업을 수행했다고 합니다. 시간과 노력을 절약하는 효과적인 방식이었을 것으로 추정됩니다. 어쨌든 그는 이런 방식으로 다음과 같은 저술들을 남겼는데, 여기서 몇 가지만 언급하고자 합니다. 그가 쓴 수많은 논문은 6권으로 된 『사회학적 계몽(Soziologische Aufklärung)』에 실려 있습니다. 그밖에 중요한 저서로는 『대중매체의 현실(Die Realität der Massenmedien)』, 『사회의 사회(Die Gesellschaft der Gesellschaft)』, 『사회적 체계(Soziale Systeme)』, 강의 녹취록인 『체계 이론 입문(Einführung in die Systemtheorie)』 등이 있습니다.(2012: 17-23)

니클라스 루만[2]

김형래

1부: 체계이론과 커뮤니케이션

김형래(이하 김): 안녕하십니까, 루만 교수님. 만나 뵙게 돼서 영광입니다.

니클라스 루만(이하 루만): 반갑습니다. 우선 이 특별한 대담에 초대해 주셔서 감사드립니다.

김: 오늘은 교수님께 대중매체에 대해 질문하고자 합니다. 하지만 구체적으로 그것에 대해 이야기하기 전에 교수님의 체계이론 일반에 대해 조금 알아보려고 합니다. 너무 큰 질문이긴 하지만, 먼저 교수님이 생각하시는 체계란 무엇인지 말씀해 주시기 바랍니다.

루만: 체계가 무엇인지 한 마디로 설명할 수는 없지만 간단하게 말씀드리겠습니다. 체계(System)는 작동(Operation)으로 구성되어

2) 이미지 출처: https://vignette3.wikia.nocookie.net/luhmann/images/1/14/Niklas_Luhmann.jpg/revision/latest?cb=20120325133125&path-prefix=de

있습니다. 그리고 체계는 환경(Umwelt)과의 차이(Differenz)를 만들며 자기생산적으로(autopoietisch) 작동합니다. 그리고 체계는 크게 세 가지 상위 체계를 갖는데, 그것은 각각 **생물학적 체계**, **심리적 체계**, **사회적 체계**입니다. 여기서 생물학적 체계는 생명을 통해 작동하고, 심리적 체계는 의식 과정(인지, 사고, 느낌, 의도, 주목)을 통해 작동합니다. 그리고 사회적 체계는 커뮤니케이션을 통해 작동합니다. 체계가 작동한다는 말이 무슨 말인지 아시겠습니까?

김: 좀 더 구체적으로 설명해 주시겠습니까?

루만: 즉 생물학적 체계는 '생명 활동'을 통해 작동하고 심리적 체계는 생물학적 체계의 '의식 활동'을 통해 작동합니다. 예를 들어 인간의 의식 활동 같은 것을 말합니다. 그리고 사회적 체계는 그 하위 체계들 간의 '커뮤니케이션'을 통해 작동하는 것입니다. 그 하위 체계들은 예를 들면 법체계, 경제체계, 정치체계, 교육체계, 예술체계, 매스미디어 체계 등이 있습니다. 이 체계들은 서로 간에 커뮤니케이션을 통해 작동합니다. 커뮤니케이션이 구체적으로 무엇인지는 나중에 또 설명하겠습니다. 분명한 것은 우리가 통상 알고 있는 것과는 다르다는 점입니다.

김: 그럼, 체계가 환경과의 차이에서 작동한다는 의미는 무엇입니까?

루만: 체계는 고정된 것이 아니라 끊임없이 작동하면서 환경을 만듭니다. 환경은 체계 바깥에 있지만 원래부터 체계 바깥에 있는 것이 아니라 체계가 차이를 만들면서 환경이 만들어집니다. 체계가 스스로를 체계로 유지하기 위해 작동하는 것, 그것이 곧

차이를 만드는 것입니다. 법체계는 법체계 바깥, 경제체계는 경제체계 바깥, 즉 환경을 만듭니다.

체계는 세계(Welt)내에서 구별을 통해 작동합니다. 그리고 이 구별이 차이를 만들고, 이 차이가 체계와 환경의 차이를 만듭니다. 그래서 법체계의 관점에서는 경제체계, 정치체계, 교육체계 등이 환경이 될 수 있습니다. 그리고 경제체계의 관점에서는 법체계, 교육체계 등이 환경이 될 수 있습니다. 이것은 모두 차이에 의해 발생합니다. 좀 더 큰 맥락의 사회적 체계에서는 생물학적 체계와 심리적 체계가 환경이 될 수 있습니다.

김: 그럼, 체계가 '자기 생산적'으로 작동한다는 것은 무슨 의미입니까?

루만: 자기생산(Autopoiesis)은 라틴어에서 나온 말로 Auto(자신) + Poiesis(제작하다)의 합성어입니다. 이 개념은 칠레의 생물학자인 움베르토 마투라나(Umberto Maturana)의 생물학에서 빌려온 개념으로 저는 이 개념을 사회학에 도입했습니다. 저는 이 개념을 생물학적 체계와 심리적 체계, 사회적 체계 모두에 적용하여 사용합니다. 원시 생물인 아메바조차도 자기 생산적으로 생명을 유지합니다. 아메바는 세계 내에서 어떤 것을 취하고 어떤 것을 버림으로써 아메바의 형태와 생명을 지속적으로 유지합니다. 아메바는 아메바가 되기 위한 것만을 취하고 버립니다. 아메바는 그 자체로 완결된 존재여서 환경과 구별됩니다. 물론 아메바는 세계로부터 필요한 영양분을 흡수하지만 세계와 구별되는 자기 준거적(selbstreferentiell) 활동을 합니다.

김: 잠깐만요. '자기 준거적'이라는 것은 또 무슨 의미입니까?

루만: 예컨대 자동차는 자기 메커니즘에 의해 작동하는 것이지 다른 메커니즘으로 작동하지 않습니다. 자동차 엔진의 어느 부품 하나라도 빠져 있거나 다른 것으로 대체되면 문제가 발생합니다. 자동차가 자동차가 되게 하는 것은 다른 어떤 것이 아닌 바로 자동차에 의해 가능한 것입니다. 자동차가 휘발유나 경유로 움직이는 것이지 밥이나 빵으로 움직이지 않습니다. 따라서 자동차의 움직임은 자기 준거적입니다. 반면에 사람은 휘발유나 경유가 아니라 밥이나 빵을 선별하여 먹고 활동합니다. 이처럼 어떤 체계는 자기 준거적이며 자기 생산적입니다. 즉 자기 자신에 기반하거나 자기 자신에 준거하여 선별하고 작동한다는 것입니다. 결국 자기 준거에 의해 자기 체계를 유지하는 것입니다. 체계는 그 자체로 완결된 체계인 것입니다. 그리고 체계는 차이를 통해 체계 자신과 환경을 구별합니다. 그런데 바로 이 구별 기준이 자기준거적인 것입니다. 외부의 구별 기준이 아니라 자기 자신의 구별 기준에 근거하여 환경(예를 들면 자동차)과 차이를 만듭니다.

김: 그러면 체계와 환경, 체계와 체계 간에는 전혀 교류가 없는 것입니까? 말하자면 사회적 체계 내에서 정치체계와 경제체계가 자기 생산적이고 폐쇄적이라면 서로 전혀 영향을 줄 수 없다는 말씀인가요?

루만: 물론 체계와 환경, 그리고 체계와 체계 간에는 **구조적 연결 혹은 연동(Strukturelle Kopplung)**이 이루어집니다. 그 구조적 연결은 사회적 체계의 경우 바로 커뮤니케이션에 의해 가능합니다. 사회적 체계는 바로 커뮤니케이션이 작동함으로써 이루어집니다.

김: 교수님은 말씀하신 것처럼 커뮤니케이션을 특별한 의미로 사용하시는 것 같습니다. 우리가 보통 알고 있는 커뮤니케이션, 즉 의사소통과는 다른 의미입니까?

루만: 그렇습니다. 관습적인 의미와는 다릅니다. 우리는 보통 커뮤니케이션을 의사소통이 성공적으로 이루어지는 것을 말합니다. 그러나 저에게 커뮤니케이션은 의사소통의 불가능성을 의미합니다.

김: 의사소통이 불가능한 이유는 무엇입니까?

루만: 그것은 **이중의 우연성(doppelte Kontingenz)** 때문입니다. 말하자면 발신자와 수신자 간의 우연성 때문입니다. 발신자는 발신자의 우연성에 지배되며 수신자는 수신자의 우연성에 지배됩니다.

김: 좀 더 자세히 설명해주실 수 있습니까?

루만: 커뮤니케이션은 **정보(Information)**와 **통보(Mitteilung), 그리고 이해(Verstehen)**의 과정을 말합니다. 우리는 정보를 전달할 수 있는 것으로, 특정한 형태로 존재하는 것으로 알고 있습니다. 정보는 그러나 그렇게 존재하는 것이 아닙니다. 정보는 사회의 여러 사실로부터 선별된 어떤 것입니다. 이것이 첫 번째 선별입니다. 예를 들면 방송사의 발신자는 사회에서 벌어지는 여러 사건들 중 이러저러한 정보를 선별합니다. 이것은 매우 우연적인 과정입니다. 어떤 것은 선별하여 취하고 어떤 것은 배제합니다. 이제 예컨대 뉴스와 같은 프로그램에서는 이러한 정보를 모두 통보하는 것이 아니라 그 중에 어떤 것을 취하고 어떤 것은 배제한 후 통보합니다. 그리고 이해는 수신자가 '정보와 통보의

차이를 이해하는 것'을 말합니다.

이로써 발신자와 수신자의 커뮤니케이션이 이루어지는데 이것으로 의사소통이 되거나 상호이해가 이루어지는 것이라고 보지 않습니다. 의사소통은 불가능합니다. 우리는 발신자와 의사소통하지 못합니다. 발신자가 선별한 통보만을 받아들이거나 거부할 수 있습니다. 커뮤니케이션은 정보와 통보의 과정이고 후속 커뮤니케이션은 그래서 이해를 통해 이루어집니다. 이해란 앞서 언급했듯이 정보와 통보의 차이를 아는 것입니다. 그 차이를 아는 수신자는 그 통보에 찬성하거나 반대함으로써 후속 커뮤니케이션이 성립됩니다. 그래서 우리는 대화 중에 여전히 의문을 갖거나 반박을 하고 이로써 커뮤니케이션이 계속됩니다.

김: 그럼 성공적인 커뮤니케이션이란 무엇입니까?

루만: 커뮤니케이션이 성공적이라는 말은 커뮤니케이션이 계속된다는 의미입니다. 수신자가 완전한 이해에 도달하여 합의에 이른다는 의미가 아닙니다. 위르겐 하버마스는 성공적인 커뮤니케이션을 합의에 이른 커뮤니케이션이라고 하였지만, 커뮤니케이션은 합의에 이를 수 없습니다. 그런 의미에서의 의사소통은 불가능합니다.

김: 흠, 그게 무슨 말씀인지...

루만: 그것은 앞서 말한 것처럼 이중의 우연성 때문인데, 그런 의미에서 커뮤니케이션은 비개연적입니다. 다시 말해 발신자도 세계에 널린 정보를 선별할 때 일부는 선별하고 일부는 배제하기 때문에 우연적인 요소가 많이 남아 있고 수신자도 우연적인 정보의

통보에 대해 우연적으로만 이해에 이르게 되니, 발신자와 수신자의 우연성이 증가하게 됩니다. 이것이 이중의 우연성이라는 것입니다. 다만 우연성에 의한 이러한 비개연성의 정도를 완화시키려면 매체가 필요합니다. 발신자와 수신자 간의 매체가 그러한 비개연성을 낮추어줄 수 있습니다.

II 부: 매체로서 의미와 언어, 그리고 문자

김: 커뮤니케이션에 필요한 매체는 무엇입니까?

루만: 매체는 상이한 차원에서 말할 수 있습니다. 먼저 **보편 매체** 또는 **일반 매체**가 있습니다. 이것은 심리적 체계와 사회적 체계에 공히 유효한 것인데, 그것은 곧 '**의미(Sinn)**'입니다. 심리 체계와 사회적 체계는 보편 매체인 의미를 통해 커뮤니케이션합니다. 그리고 사회적 체계가 작동하는 원리가 커뮤니케이션인데, 이 커뮤니케이션에 필요한 매체는 모든 사회에 유효한 '**언어**'입니다.

그리고 '**확산 매체**'가 사회의 커뮤니케이션에 필요합니다. 이 확산 매체에는 문자, 인쇄술, 전자 매체 또는 방송, 그리고 사회의 기능 체계이기도 한 매스미디어, 즉 대중 매체가 있습니다. 더 나아가 성공 매체라는 것이 있습니다. 이것은 '**상징적으로 일반화된 커뮤니케이션 매체(Symbolisch generalisierte Kommunikationsmedien)**'라고도 하며, 이에는 진리, 사랑, 재산/돈, 권력/법, 종교적 신앙, 예술, 문명적 표준이 된 '기본 가치들' 등이 있습니다.

김: 매체가 정말 다양하고 많은 것 같습니다. 좀 더 자세히 설명해 주시겠습니까?

루만: 먼저 의미에 관해 설명하겠습니다. 의미는 보편 매체로서 회피할 수도 부인할 수도 없습니다. 우리는 삶이 무의미하다고 말할 때도 거기에 의미를 부여합니다. 사회적 체계도 심리적 체계도 의미를 벗어날 수 없습니다.

사회적 체계의 커뮤니케이션에서 의미는 선별을 조정합니다. 커뮤니케이션은 정보와 통보의 선별 과정인데, 여기서 의미는 이러한 선별을 조정하는 것입니다. 선별을 통해 특정한 의미는 현행화되고 다른 의미는 잠재적으로 남게 됩니다. 사회적 체계는 커뮤니케이션으로 작동하고 심리적 체계는 의식 과정(인지, 사고, 느낌, 의도, 주목)을 통해 작동한다고 했습니다. 여기서 작동은 다시 **관찰(Beobachtung)**하고 **기술(Beschreibung)**하는 것을 말합니다. 그런데 관찰과 기술은 항상 '**의미 있게(sinnhaft)**' 이루어집니다. 그리고 의미는 선택에 의해 이루어집니다. 어떤 것은 선택하고 어떤 것은 선택하지 않음으로써 의미가 현행화됩니다. 그리고 이것은 또 다른 선택을 강요합니다. 이로써 의미는 계속됩니다. 그래서 결국 의미는 세계에 미리 존재하는 것이 아니라 관찰로부터 온다고 할 수 있습니다. 그리고 관찰은 곧 구별인데, 구별한다는 것은 세계를 구성한다는 것입니다. 따라서 관찰로부터 의미가 만들어진다면 그것은 곧 의미가 구성된다는 것을 말합니다.

김: 결국 사회적 체계든 심리적 체계든 구성된 의미라는 매체를 통하지 않고는 커뮤니케이션을 할 수 없는 것이군요. 그럼 이번에는 모든 사회적 체계의 작동 원리인 커뮤니케이션에 유효한 매

체로서 언어에 대해 간략하게 말씀해 주시기 바랍니다.

루만: 저에게 핵심 주제는 사회입니다. 사회는 커뮤니케이션으로만 구성되는데, **근본적 커뮤니케이션 매체가 바로 언어**입니다. 저는 역사의 진화 과정에서 **언어의 탄생 순간을 곧 사회의 탄생 순간**으로 이해합니다. 먼저 생겨난 것은 구술 언어이고 이어서 오랜 시간을 거쳐 문자, 인쇄술, 전자매체와 매스미디어가 분화했습니다. 사회는 이러한 진화에 상응하여 원시적 구술 사회에서 문자를 사용하는 **고대문화**를 거쳐 오늘날의 **세계 사회**로까지 분화했습니다.

김: 음, 알 것도 같습니다.

루만: 언어는 '음성이라는 매체'로 이루어집니다. 구술 언어는 소리로 이루어져 있고 이 소리는 '주목해주세요'라고 말합니다. 그리고 언어는 소리를 만들어내면서 동시에 의미를 생산합니다. 구술 언어는 소리와 의미로 구별됩니다. 그런데 언어는 소쉬르가 말하는 것처럼 체계는 아닙니다. 그가 말하는 체계는 문법과 같은 것인데, 제가 말하는 체계와는 다른 것입니다. 저에게 언어는 매체일 뿐입니다. 언어는 심리적 체계가 의식하고 사고하기 위한 매체입니다. 그리고 사회적 체계가 커뮤니케이션하기 위한 매체입니다. 그래서 언어는 두 체계에서 유효한 매체인 것입니다.

그러나 언어만이 유일한 커뮤니케이션 매체는 아닙니다. 비언어 커뮤니케이션도 있습니다. 예를 들면 표정이나 몸짓 같은 비언어 행동도 커뮤니케이션이 될 수 있습니다. 그러나 언어가 전제되지 않고는 행동이 커뮤니케이션으로 성립되지는 않았을 것입니다. 요약해서 말하자면 "비언어적 행동은 이제 - 우리가 언어적 행동을 가진 이래 - 그것이 통보로서 이해될 때, 커뮤니케이션일 수 있습니다"(2012, 188).

김: 상당히 복잡한 것 같습니다.

루만: 비언어적 행동과 커뮤니케이션에 대해서는 나중에 다시 설명하겠습니다. 그리고 언어는 2차적 현실을 구성합니다. 실제적 현실과 기호적 현실에는 차이가 있습니다. 언어로 구성된 현실이 2차적 현실이며 기호적 현실입니다. 언어는 곧 고유한 현실을 생산한다는 것입니다. 언어적 기호로 현실을 지시하지만 언어와 현실은 일대일 대응되지 않습니다. 언어와 현실은 다릅니다.

김: 언어적으로 구성된 현실과 실제적 현실이 다르다는 주장은 오늘날 새로운 주장은 아닌 것 같은데요...

루만: 그럴지도 모르죠. 말 끊지 마시고 좀 더 들어보세요. 또 언어는 항상 '이항 코드'를 가지고 나타납니다. 즉 긍정과 부정의 의미로 나타납니다. 이러한 구별은 언어에만 존재합니다. 실제적 현실은 부정을 가지고 있지 않습니다. 예컨대 실제적 현실에서 마라톤 대회가 있습니다. 이 대회에 영희가 참가하고 있습니다. 이렇게 언어로 표현함으로써 실제적 마라톤 대회에 참가하고 있는 다른 많은 참가자들은 배제되어 언어에 나타나지 않습니다. 그러나 실제적 현실에는 영희만 참가하고 있는 것이 아니니 거기에는 부정이 나타나지 않습니다. 언어에만 긍정 혹은 부정이 나타나게 됩니다. "우리는 언어적으로 긍정하는 표현이나 부정하는 표현을 선택해야 합니다. 다르게 되지 않습니다"(2012, 198).

나아가 언어는 거짓말의 가능성과 기만의 가능성을 만들어내기도 합니다. 우리는 속으로 맞다고 생각하면서 틀리다고 말할 수 있고, 그 거꾸로도 말할 수 있습니다. 그밖에 언어는 해석의 가능성과 위험, 모순, 착각, 부인의 가능성을 가지고 있습니다. 언어를 통한 완전한 이해는 불가능합니다. 이러한 불가능성이 후속 커뮤니케이션과 사회의 분화를 만들어내는 계기가 됩니다.

김: 결국 소통불가능성이 후속 커뮤니케이션을 만들어낸다니 역설적인 것 같습니다. 마치 바벨탑 이야기 같군요. 탑이 높아지면서 소통이 되지 않게 되고 여러 언어가 생겨났다는 이야기 말입니다.

또한 교수님께서는 **구술 언어 사회**와 **문자 사회**는 근본적으로 다르다고 하셨습니다. 문자의 등장과 함께 어떤 변화가 있었던 겁니까? 그 이유는 무엇입니까?

루만: 구술 언어가 청각적 기호라면 문자는 시각적 기호입니다. 그러나 문자는 원래 커뮤니케이션 목적으로 발명되지 않았습니다. 그것은 처음에 비축품 목록과 같은 기록으로 이용되었습니다. 그리고 문자는 커뮤니케이션 매체 중 첫 번째 확산 매체입니다. 즉 문자를 통해 커뮤니케이션의 범위가 훨씬 더 확장되었던 것입니다. 작은 사회에서는 구술 언어만으로도 충분히 커뮤니케이션에 기여했지만, 큰 사회에서는 문자가 큰 역할을 합니다. 문자는 이처럼 양적 변화뿐만 아니라 질적 변화도 가져옵니다. 문자는 시간과 문화를 변화시킵니다. 문자의 발명과 더불어 사람들 간의 직접적 참여를 의미하는 상호작용이 줄어들고 사람들 간의 공간적 거리와 시간적 지연이 가능해집니다. 예를 들어 문자를 통한 편지 교환은 지금 여기에서의 상호작용 대신에 다른 곳

과 이후의 원격 커뮤니케이션을 가능하게 합니다.

또한 문자의 특징은 언어보다 한층 더 정보와 통보 사이의 차이를 뚜렷하게 드러낸다는 것입니다. 비언어적 행동보다 구술 언어적 표현이 이러한 차이를 더 드러내지만, 문자는 보다 확고하게 정보와 통보의 차이를 드러냅니다. 문자는 여러 정보 중 하나를 고정시키는 역할을 하기 때문입니다. 또한 문자는 사실을 창출합니다. 문서로 기록된 것은 새로운 현실을 창조할 잠재성을 가집니다. 예를 들면 "루터의 면죄부 반대 벽보가 없었다면, 종교 개혁도 없었을 것입니다"(2012, 217). 루터가 쓴 문자가 역사적 사실, 새로운 현실을 창출한 것이죠. 또한 문자는 망각을 포기하지 않습니다. 망각이 용이하지 않습니다.

문자와 더불어 시간과 공간이 완전히 새로운 의미를 갖게 됩니다. 문자 커뮤니케이션은 구술 언어에서처럼 동시에 발생할 수 없습니다. 문자 커뮤니케이션은 시간적으로 혹은 공간적으로 나중에 이루어집니다. 그래서 "문자로는 심지어 죽은 사람도 말할 수 있습니다."(2012: 220) 이제 문자는 초개인적인 '**사회적 기억**'이 됩니다. 이로써 과거가 권력을 얻게 됩니다. 과거가 권력을 얻는다는 것은 문자 기록을 통해 기록과 비기록의 차이가 발생함으로써 착각과 위조의 가능성이 생긴다는 것을 의미합니다. 역사 기술은 무엇을 망각하고 무엇을 기억할 것인지를 의도적으로 선별합니다. 단일 국정 교과서는 그래서 위험한 것이겠죠.

다행히 문자는 이런 부정적인 기능만 있는 것이 아니고 한편으로 비판 기능을 확장시킵니다. 문자의 경우 정보의 통보를 담당하는 송신자가 멀리 떨어져 있습니다. 따라서 수용자가 통보로부터 해방되며 이에 개의치 않고 비판을 행할 수 있습니다. "문

자는 사안과 관련된, 거의 무례하지 않은 비판을 가능하게 합니다"(2012, 225)

III 부: 인쇄술과 전자매체

김: 정말 흥미로운 주장인 것 같습니다. 문자의 등장과 더불어 매우 다양한 변화가 일어난 것 같습니다. 그러면 다음으로 인쇄술이 가져온 변화에 대해 말씀해 주시기 바랍니다.

루만: 인쇄술로 인해 양적 증가가 이루어집니다. 인쇄술은 문자의 확산을 가속화시킵니다. 이와 더불어 매스미디어(Massenmedien), 즉 대중매체가 시작됩니다. 매스미디어는 이제 전문화된 고유 기능을 갖는 체계로 성장합니다. 매스미디어 체계가 되는 것이지요. 이에 대해서는 나중에 다루기로 하고 인쇄술에 대해 좀 더 얘기해봅시다. 인쇄술은 양적 증가뿐만 아니라 질적 변화를 가져와 전체 사회의 커뮤니케이션 혁명으로 이어집니다.

혁명은 실제로는 인쇄된 것의 독서를 통해 이루어집니다. 이렇게 되다 보니 시장이 형성되어서 인쇄된 것이 읽히는 것이 아니라 이제는 팔릴 수 있는 것이 인쇄됩니다. 그리고 시장은 독자적으로 수요를 창출하게 됩니다.

인쇄술은 저자와 독자 사이에 더 큰 거리를 만들었습니다. 책의 시장이 형성되면서 책이 더 먼 곳으로, 혹은 외국으로 팔리게 되고 저자와 독자 사이의 거리가 더 커졌다고 할 수 있습니다. 그리고 독자의 계층도 다양해집니다. 중요한 것은 이것을 통해 전체적인 권위구조가 바뀐다는 점입니다. 필사본이 있던 시대에는 저자의 권위가 여전히 유효했지만 인쇄술의 등장으로 저자와 독자는 익명의 관계가 되면서 독자의 비판적 기능이 강화될 수 있었습니다. 이로써 문자를 독점했던 권위의 중심인 교회와 세속 관청의 권위가 탈중심화됩니다. 인쇄가 권위를 위협하니 이제는 권위가 검열을 시작합니다. 이렇게 인쇄술로 인한 커뮤니케이션은 계속됩니다.

김: 인쇄술이 기존의 권위를 해체시키고 탈중심화시켰다는 주장은 매우 흥미롭습니다. 물론 전혀 새로운 주장은 아니지만 말입니다.

루만: 그런가요? 어쨌든, "인쇄술의 효과는 넓은 공간에서 사용할 수 있는 국가 언어의 표준화입니다"(2012, 233). 인쇄술은 지식을 체계화하고, 언어를 표준화하는 데 기여합니다. 또 인쇄술로 인해 시간의 선형성과 인과적 원칙이 촉진됩니다. 그리고 인쇄술은 결국 사회적 기억을 형성하는 근간이 되었고 공공 도서관의 출현을 자극하였습니다.

김: 시간의 선형성과 인과적 원칙이 촉진되었다는 것은 무슨 뜻입니까? 인쇄술로 만들어진 책은 문자의 특성 상 앞에서 뒤로 혹은 뒤에서 앞으로 읽혀지게 만들어집니다. 책은 예컨대 1페이지에서 100페이지까지 순서대로 읽도록 만들어지지 2페이지 읽다가 89페이지를 읽거나 다시 3페이지로 돌아와 읽도록 만들어지지 않지요. 그런 의미에서 시간의 선형성을 말하는 것입니까? 그리고 문자로 이루어진 글은 이러한 선형성에 의해 글의 논리 역시 인과성을 중요하게 여기게 된다, 그리고 결과는 이에 앞서 있는 원인에 의해 야기된 것이라는 인과율의 원칙이 일반화되

게 된다, 뭐 그런 말씀입니까?

루만: 대략 그런 의미입니다. 그리고 "인쇄술은 새로움에 대한 선호를 강요합니다"(2012, 239). 인쇄술로 인해 선형적 시간관이 확립되면서 현재보다는 과거와 미래가 중요한 시간이 되었습니다. 인쇄술에 의해 기록은 과거를 고정시키고 미래에 가치를 두게 만듭니다. 순환적 시간과는 다르게 과거는 반복되는 것이 아니라 지나간 것이 되어 버리고 중요한 것은 과거와는 다른 새로운 것이 됩니다.

인쇄술과 더불어 사랑의 의미론도 변합니다. 낭만주의 시대에 들어와서 개체화가 진행되면서 위계질서가 무너지고, 사랑은 이제 고상한 계층의 전유물이 아니라 누구나 배울 수 있는 것이 됩니다. 특히 소설이 누구에게나 보급되면서 소설 속에서 사랑을 배우게 되는 시기가 됩니다.

김: 당신의 『열정으로서의 사랑(Liebe als Passion: Zur Codierung von Intimität)』은 유일하게 대중적인 베스트셀러가 되었다고 알고 있습니다. 당신이 거기서 사랑을 '상징적으로 일반화된 커뮤니케이션 매체'라고 한 것이 인상적입니다. 사랑을 감정이나 어떤 특별한 실체가 있는 것으로 파악하지 않는 것 같습니다. 당신에게는 사회적 체계에서 사랑도 언어처럼 일종의 커뮤니케이션 매체인 것이군요? 그래서 사랑도 배울 수 있는 것이 되는군요? 당신의 이러한 주장은 이성을 사귀고 싶은 사람에게 큰 희망을 주는 것 같습니다.

루만: 그런 셈입니다. 사랑은 커뮤니케이션 매체입니다. 그건 그렇고, 인쇄술에 대해 더 말해보겠습니다. 인쇄술은 무엇보다 사회학적 관점에서 보면 관찰의 기술을 확산시킵니다. 현대사회의 특

징은 "관찰한다"는 것입니다. 특히 1차 질서 관찰이 아니라 관찰한 것을 관찰하는 2차 질서 관찰을 강요하는 것이 현대사회입니다. 2차 질서 관찰이란 1차 질서 관찰자가 관찰한 것을 관찰하는 것을 말하는데, 인쇄술은 이러한 2차 질서 관찰을 촉진합니다. 예컨대 우리는 다른 관찰자가 관찰한 것을 적어놓은 인쇄된 신문을 통해, 책을 통해 사회를 관찰하고, 이를 통해 사회를 안다고 생각합니다. 하지만 우리는 사회와 직접 커뮤니케이션하지 못합니다. 신문에 벌어지는 모든 사건과 우리는 직접 커뮤니케이션하지는 않습니다.

김: 그런 경향은 오늘날 더 심화되는 것 같습니다. 커뮤니케이션에서 특히 전자 매체의 중요성이 매우 높아졌습니다. 컴퓨터는 커뮤니케이션의 혁명을 가져왔습니다. 이에 대해 말씀해 주시기 바랍니다.

루만: 전자 매체의 경우 기술이 중요합니다. 커뮤니케이션에서 물리적 기술이 중요해지는 겁니다. 왜냐하면 기술은 장애에 취약하기 때문입니다. 또한 우리는 컴퓨터 네트워크에서 네트워크를 구성하는 기술에 대해 전혀 알지 못한다는 것도 관건입니다.

전자 매체에 대해서는 영화와 텔레비전 그리고 컴퓨터 순으로 말씀드리겠습니다. 영화와 텔레비전의 특징은 '알리바이-현실'을 창출한다는 것입니다. 영화와 텔레비전의 현실은 현실 의존적입니다. 언어와 문자의 현실은 현실에서 분리되어 고유한 시간을 만들어내지만 영화와 텔레비전은 현실을 보증하고 현실이 부정되지 않는다는 것입니다.

언어적 통보와 영화와 텔레비전이 보여주는 그림의 묘사에는 차이가 있습니다. 언어적 통보는 무엇이 제시되었는지 분명히 인식할 수 있습니다. 그러나 그림은 현실과 가까워서 무엇이 분명히 제시되었는지가 불분명합니다. 그림은 심리적 체계와 사회적 체계 사이, 인지와 커뮤니케이션 사이에 있기 때문입니다. 말하자면 마치 선별하기 이전의 현실처럼 제시되기 때문이죠. 근대 초기에 인지와 커뮤니케이션이 분리의 고통을 느끼게 되는데, 그림은 서로를 화해시킬 수 있는 매체인 것입니다. 무언가를 확고히 제시하고 있는 것 같지만 확고히 제시하는 것이 무엇인지 불분명한 것이 그림입니다. 언어와 문자는 사회적으로 해석되어야 하지만 그림은 부분적으로 사회 외적이라고 할 수 있습니다.

컴퓨터는 디지털 매체입니다. 컴퓨터에 의한 커뮤니케이션은 새로운 기술에 기반합니다. 여기서 몇 가지 질문을 할 수 있습니다. 먼저 우리는 컴퓨터가 스스로 커뮤니케이션할 수 있는지 물을 수 있습니다. 이것은 인공지능 분야에서 연구하고 있지만 저는 아직은 불가능하다고 생각합니다.

그 다음 본질적인 질문은 "커뮤니케이션과 사회가 컴퓨터를 사용하면서, 어떻게 보편적인 변화를 겪는가"(2012, 263)입니다. 즉 컴퓨터를 통한 커뮤니케이션이 사회에 미치는 영향이 무엇인가입니다. 컴퓨터는 자료를 수집하고 선별하고 처리하는데, 우리는 그 과정을 볼 수 없습니다. 컴퓨터는 "보이지 않는 기계"입니다. 또한 컴퓨터의 정보들은 모든 권위를 공격합니다. "그렇게 멀지 않은 장래에 원칙적으로 누구나 의사와 판사들 같은 전문가들의 진술을 자기 컴퓨터에서 검토할 수 있게 될 것입니다(1997, 312)"(2012, 264).

그리고 컴퓨터를 통해 커뮤니케이션의 시간과 공간이 바뀝니다. 원격 커뮤니케이션은 시간 및 공간을 분리시키고 그 제한을 거의 없애버립니다. 이를 통해 사회의 시간과 공간의 의미도 바뀝니다. 공간의 경계가 거의 사라졌기 때문에 어떤 특정 영토 안의 사회를 생각할 수 없습니다. 이제는 사회가 아닌 '세계 사회'가 출현한 것입니다. 세계 사회는 권위와 위계가 사라진 "등위 질서적이며, 몰중심적 세계(1997, 156이하)"(2012, 267)를 가집니다. 컴퓨터는 세계화에 기여하고 있는 것입니다.

IV 부: 기능체계로서 매스미디어

김: 자세한 설명 감사합니다. 이제 매스미디어에 대해 말씀해 주시기 바랍니다.

루만: 지금까지 다룬 커뮤니케이션 매체인 언어, 문자, 인쇄술, 전자매체는 매체들이지 체계가 아닙니다. 하지만 **매스미디어**는 **현대 사회의 기능체계**를 형성합니다. 인쇄 매체와 전자 매체도 매스미디어입니다. 그러나 모든 인쇄매체와 전자 매체가 **매스미디어 체계**에 속하지는 않습니다. 여기서 매스미디어의 기능은 사회를 위해 "현실"을 관찰하고 기술하는 것입니다. 이때 핵심적인 것은 "**우리가 우리 사회에 관해, 우리가 살고 있는 세계에 관해 아는 것을 우리는 매스미디어를 통해 안다**(1996, 9)"(2012, 270)는 사실입니다.

무엇보다 매스미디어의 특징은 대량의 커뮤니케이션이 일어나지만 상호작용은 일어날 수 없다는 것입니다. 상호작용이란 발신자와 수신자가 직접 상호 교류하는 것을 말합니다. 매스미디어의 생산물은 기술에 의해 대량으로 생산되고 확산되며 불특정한 수신인을 위해 만들어집니다. 예컨대 매스미디어에는 출판사, 라디오방송국, 텔레비전 방송국이 속합니다. 여기서는 기술에 의해 송신자와 수신자 간에 직접적 접촉은 허용되지 않습니다. 하지만 인터넷은 매스미디어가 아닙니다. 그것은 일방적이지 않고 상호작용을 허용하기 때문입니다.

그런데 매스미디어는 상호작용을 허용하지 않지만 커뮤니케이션을 확산합니다. 그것이 매스미디어의 목적입니다. 혹자는 매스미디어가 일방적이기 때문에 커뮤니케이션이 아니라고 말합니다. 기술은 접촉을 차단하는데 이를 통해 오히려 고유의 분화된 매스미디어의 기능 체계가 발생할 수 있습니다. 왜냐하면 이 체계는 자기 생산적으로 체계/환경의 차이에서 작동하기 때문입니다.

김: 이 체계가 자기 생산적이라는 것과 체계/환경의 차이에서 작동한다는 것은 무슨 의미입니까? 송신자와 수용자의 상호작용을 허용하지 않기 때문에 오히려 그것이 매스미디어를 환경과 구별되는 기능체계로 만들었다는 말씀인가요? 그리고 이 체계는 자기의 구별 기준으로 체계를 유지하기 때문에 자기 생산적이라는 말씀인가요?

루만: 바로 그겁니다. 그리고 송신자와 수신자의 차단에 의해 커뮤니케이션의 자유도가 상승합니다. 송신자는 원하는 대로 정보를 선별하고 통보합니다. 수용자 역시 마음대로 수용하고 외면하고 해석하고 비판합니다. 이를 통해 커뮤니케이션 과잉이 생겨납니다. 그리고 이러한 분리는 고유의 기능 체계가 발생할 수 있는 조건이 되며, 오히려 이것이 역설적으로 성과의 증대를 낳습니다.

김: 송신자와 수신자의 분리가 커뮤니케이션의 과잉을 만들어낸다니 정말 역설적이군요. 그런데 당신은 매스미디어가 현실을 구성한다고 하였습니다. 그렇다면 구성하는 매스미디어는 실제로 존재하는 것입니까?

루만: 매스미디어의 현실은 두 개의 현실입니다. 매스미디어는 실제로 작동하고 존재합니다. 그것은 인쇄되고 방송되고 수용됩니다. 이것은 의심의 여기가 없습니다. 이것이 매스미디어의 "**1차 질서 현실**"입니다. 그리고 매스미디어는 현실을 창출합니다. 현실을 창출한다는 말은 매스미디어가 관찰하며 기술한다는 말입니다. 즉 구성하는 것이죠. 이것이 "**2차 질서의 현실**"입니다. 관찰한다는 것은 매스미디어가 자신과 환경 사이를 구별한다는 것입니다. 다시 말하면 자기 준거(Selbstreferenz)와 타자 준거(Fremdreferenz) 사이를 구별한다는 것입니다. "세계는 다르게도 선택될 수 있었을 구별의 도움으로"(2012, 279) 즉 관찰하는 체계에 의존적인 환경으로만 관찰되고 기술될 수 있습니다. 세계는 말하자면 관찰자의 구별 기준으로 구성되는 것입니다. 즉 매스미디어는 자신의 구별 방식에 기초하여 자신이 관찰한 결과인 구성된 현실을 공중에게 제시하며 우리는 그것을 유일하고 진실된 현실로 수용합니다. **이제 매스미디어는 옛 시대의 "현자, 사제, 귀족, 도시, 종교나 정치, 윤리에 의해 제시되었던 현실 인식을 대체합니다.** 옛날에는 이들이 제시한 현실이 실제 현실이었습니다만 지금은 그 자리를 매스미디어가 차지했다는 말입니다.

김: 이해가 될 것 같습니다. 그러면 매스미디어는 어떻게 선별(구별)하고 구성하는 것입니까?

루만: 매스미디어가 현실을 구성한다는 것은 불가피합니다. 따라서 매스미디어가 현실을 왜곡한다고 비난할 수 없습니다. 문제는 그것이 어떻게 현실을 구성하는가, 그리고 우리가 미디어가 현실을 어떻게 구성하는지를 기술할 수 있는가입니다.

매스미디어는 구별하고 제한하거나 확대하며, 주목을 끌고, 강조하거나 생략하고, 극화하고, 후속 커뮤니케이션을 준비하는 식으로 현실을 구성합니다. 이에 대해서는 나중에 각론에서 더 자세히 말씀드리겠습니다. 그리고 앞서 말했듯이 구성은 무조건 왜곡이 아닙니다. 미디어의 보도는 실제로 존재하는 현실에 근거해야 합니다. 물론 미디어의 보도가 왜곡인지의 여부는 비교를 통해서도 가능합니다. 예를 들면 함부르크 축구 팀이 샬케 팀에게 2대 1로 이기고 있는데, 3대 1로 바꿀 수는 없습니다. 다른 경쟁 방송사들은 2대 1로 보도하기 때문입니다. 우리는 이렇게 미디어 보도의 왜곡 여부를 검증할 수 있습니다.

김: 기능체계들은 각각 코드를 가지고 있다고 알고 있습니다. 그럼, **매스미디어의 코드**는 무엇입니까?

루만: 매스미디어는 자신의 기준에 따라 관찰하고 보도합니다. 그리고 관찰은 구별이라고 했습니다. 그 구별의 근본적 기준은 기능체계들의 '코드'입니다. 경제 체계의 코드는 '돈의 지불/비지불'이며, 정치 체계의 코드는 '권력 획득'/'권력 상실'입니다. 그렇듯 매스미디어 체계의 코드는 '정보'입니다. 즉 **정보/비정보**인 것입니다. 이것이 매스미디어의 근본적 구별, 즉 코드이며, 코드는 이처럼 항상 이원적입니다.

그리고 정보는 전달되는 것이 아닙니다. 정보는 어떤 사물처럼 실체를 갖지 않기 때문입니다. 정보는 차이 자체, 구별 자체입니다. 즉 구별함으로써 정보가 발생합니다. 예를 들어 매스미디어의 핵심 차이인 정보는 시간과 밀접한 관계가 있습니다. 정보는 늘 새로워야 하기 때문입니다. 새롭지 않으면 정보가 아닙니다. 신문, 라디오 방송, 텔레비전은 늘 새로운 정보를 가져와야 합니다. 한 번 보도된 정보는 정보가 아닙니다. 비정보입니다. 이때 바로 이 시간이라는 구별 자체가 정보가 되는 것입니다.

이런 관점에서 "정보는 반복될 수 없습니다. 그것은 사건이 되자마자 비정보가 됩니다."(2012: 288) 그래서 역설적으로 정보는 점점 더 많은 비정보를 생산합니다. 이러한 시간화(Temporalisierung)는 미디어와 전체 사회를 휘몰아갑니다. 즉 매스미디어는 세계 시간의 통일화, 가속화, 동시성의 비동시성을 야기합니다. 여기서 "시간은 지배적인 의미차원이 됩니다(1996, 150)"(2012, 290).

하지만 정보/비정보 코드로는 부족합니다. 그래서 추가로 프로그램이 필요합니다. 예를 들면 '**뉴스와 보도**', '**광고**' 그리고 '**엔터테인먼트**'가 그것입니다. 이들 각자는 무엇이 정보인지에 대한 저마다의 견해를 가지고 있습니다. 정보와 비정보를 구별하는, 차이를 만드는 저마다의 기준이 있다는 말입니다.

V 부: 프로그램 영역들- 뉴스와 보도, 광고, 그리고 엔터테인먼트

김: 먼저 뉴스와 보도에 대해 말씀해 주시기 바랍니다.

루만: 뉴스와 보도의 특징은 공히 '진실'을 말하는 데 있습니다. 하지만 뉴스가 매일의 사건, 즉 최신의 것을 통보하는 것이 특징이

라면, 보도는 매일의 사건에 의존하지 않는 정보입니다. 보도는 예를 들면 질병의 속성, 학문의 발전, 생태학이나 기후 관계, 테러의 배경에 관해 다룹니다.

뉴스와 보도에서 무엇보다 중요한 최상위의 원칙은 '진실'입니다. <독일 언론 규약>(2001)의 언론의 기본 원칙 제1조는 "진실을 존중하고 인간 존엄을 보전하고 여론의 진실을 통지함은 언론의 지상 명령이다"(2012, 294)라고 규정하고 있습니다.

하지만 여기서 진실은 주장이나 가정된 진실 혹은 믿음과 같은 것입니다. 왜냐하면 우리는 그 진실을 알 방법이 없기 때문입니다. 즉 인식할 수 없기 때문입니다. 우리는 "누군가에 의해 진실인 것으로 관찰되는 어떤 것만을 인식할 수 있을 뿐입니다"(2012, 295). 그리고 여기서 진실은 특정한 관찰자에 의한 선별과 구분이라는 관찰의 결과인 것입니다. 따라서 현실을 그대로 모사하는 것은 불가능합니다. 말하자면 진실은 구성된 것입니다. 물론, 앞서 언급했으나 다시 한 번 말하자면, 진실은 구성된 것이지만 그것의 진위 여부는 검토 가능합니다. 그것은 그 진실의 일관성 여부와 다른 관찰자의 관찰을 비교함으로써 가능합니다. 예컨대 지난주에 독일의 모든 도시에서 마라톤 대회가 열렸는데 쾰른에서는 열 명이 나체로 마라톤에 참여했다는 것이 진실이라고 한다면, 나체로 나온 사람이 스무 명이었다거나 장소가 뮌헨이라거나 하는 정보는 진실이 아닌 것입니다. 이처럼 비교를 통해 진실 여부를 검토하고 감독할 수 있는 것입니다.

김: 하지만 늘 조작 혐의는 있지 않습니까?

루만: 그것은 불가피합니다. 뉴스와 보도는 세계 속에 있는 잠재적인 정보를 선별하여 통보합니다. 선별은 앞서 말한 것처럼 관찰자

에 따라 다르게 이루어집니다. 앞서 언급한 예에서 독일의 모든 도시에서 마라톤 대회가 열리는 것은 진실이며, 그 중에 쾰른에서는 10명이 나체로 마라톤에 참여한 것 또한 진실입니다. 그러나 정보의 선별 기준을 '나체/나체 아닌' 대신에 '개를 데리고/개 없이' 또는 '대머리의/대머리 아닌' 등으로 할 수 있습니다. 이렇게 되면 상황이 달라집니다. 이렇게 세계의 잠재성 안에 속한 것은 진실이며 그 밖에 속한 것은 허위입니다. 예컨대 독일의 모든 도시에서 나체 마라톤이 열렸다는 것은 허위입니다. 이것은 잠재성 밖에 속한 것이기 때문입니다.

김: 요컨대, 매스미디어의 일반적인 코드는 정보/비정보다. 즉 매스미디어는 정보와 비정보를 선별한다. 이렇게 선별하는 과정에서 조작 혐의는 피할 수 없다. 그런 말씀이신 거죠? 하지만 이러한 선별 기준 말고 뉴스와 보도 프로그램이 추가로 선별하는 기준들이 있을 것입니다. 그것들은 어떤 기준들입니까?

루만: 먼저 정보는 새로워야 한다는 것입니다. 둘째, 정보에서 가치 있는 정보는 갈등입니다. 갈등은 긴장을 만들어내고 갈등해결을 기대하게 만듭니다. 셋째, 정보는 양적으로 수치가 큰 것이 선별 가치가 있는 것입니다. 넷째, 정보는 또한 인근지역에서 발생하는 것에 더 주목합니다. 먼 곳에서 발생하는 일에는 관심이 적습니다. 다섯째, 특별히 주목을 끄는 것은 규범을 위반한 사건이나 일입니다. 우리 사회에서 비일비재하게 일어나는 규범위반의 사례들을 목격할 수 있습니다. 그리고 정보와 보도는 이러한 규범위반의 사례들에 대해 도덕적 평가를 부여할 수 있을 때 가치가 있습니다. 이와 같은 선별 기준이 있습니다.

김: 그렇군요. 매우 많은 기준을 가지고 있는 것 같습니다.

루만: 그러나 이게 전부가 아닙니다. 이것은 외부 사건에서 보도를 만들어내는 첫 번째 동작입니다. 이것은 "정보의 선별"이라는 세 단계 커뮤니케이션 과정의 첫 번째 단계입니다. 두 번째 단계 혹은 동작은 "통보의 선별"입니다. 이 과정에서 뉴스나 보도가 만들어집니다.

또 이 과정에서 매스미디어는 **"동일성(정체성들)"**을 만들어냅니다. 그것은 예를 들면 **"의미의 응축물"**, **"주제"**, **"대상들"** 같은 것들입니다. 구체적인 예로는 '9.11, 베를린 장벽 붕괴, 기후 온난화' 등등이 이에 속합니다. 이것은 **응축과 확정, 일반화와 도식화**를 통해 이루어지는데 외부세계에 실제로 존재하지 않는 형태로서 커뮤니케이션 과정에서 생산되는 것입니다. 이렇게 만들어진 정보는 다루기 쉽고 기억하기 쉬우며 이를 통해 '사회적 기억'을 형성합니다. 그러나 이것을 보고 순진하게 외부 세계가 그렇게 존재한다고 믿어서는 안 됩니다. 그것은 그저 생산물일 뿐입니다. 더 정확하게 말하면 매스미디어를 통한 프로그램 영역의 구성물인 것입니다.

김: 복잡한 것을 단순화시켜서 통보하는 것이군요. 그러다 보니 그게 구성이라는 거군요. 무슨 말씀인지 알 것 같습니다. 그럴싸한데요. 그 다음에는 광고에 대해 말씀해 주시기 바랍니다.

루만: 광고는 "매스미디어의 원죄"입니다. '매스미디어는 조작한다'는 것을 숨기지 않고 드러내는 것이 광고입니다. 광고는 나는 기만한다, 속인다라고 공개적으로 솔직하게 말합니다. 광고가 매스미디어의 원죄를 떠맡는다는 말은 광고 때문에 다른 방송들이 구원받을 수 있다는 의미입니다. 광고가 모든 조작 혐의를 대표

해서 안고 가는 것이죠. 물론 정도를 넘으면 "허위 광고 금지 법률"로 규제 대상이 되긴 합니다만.

광고는 매스미디어의 프로그램 영역으로 간주됩니다. 광고는 경제의 부분이라고 생각하기 쉬운데, 광고도 정보/비정보라는 매체 코드로 이해될 수 있습니다. 광고는 생산물에 대한 정보를 구성하고 공표하려고 하지만, 광고의 형식은 정보를 무효화합니다. 광고는 전략적으로 정보를 숨기려고 하기도 합니다. 그리고 비판을 피하려고 긍정이나 부정이라는 후속 커뮤니케이션을 위한 계기를 만들지 않습니다. 그런 의미에서 광고는 강요하지 않으면서 우리에게 영향을 미칩니다. 역설적이게도 우리에게 자유를 주면서도 모든 자유를 박탈하는 것입니다. 우리는 광고를 자기도 모르게 받아들이게 됩니다.

김: 그런데 사람들이 광고가 조작한다는 것을 알지만, 그럼에도 광고가 성공하는 이유는 무엇입니까?

루만: 그것은 광고가 취향이 없는 사람에게 취향을 만들어주기 때문입니다. 여기서 취향이 없는 사람이란 정말 몰취향인 사람이나 시골 사람이 아니라 우리 모두를 말합니다. 우리가 무엇이 멋진지 그렇지 않은지를 판단하는 것은 광고를 통해서입니다. 과거에는 귀족이나 도시나 현자 같은 기관들이 그 기능을 담당했다면 오늘날에는 매스미디어가 그리고 그 프로그램인 광고가 그 기능을 담당합니다.

김: 당신은 광고가 시간과도 관계가 있다고 하였습니다. 무슨 뜻입니까?

루만: 광고는 유행과 가깝습니다. 유행이 고도로 시간에 의존적이듯

이 광고 역시 시간과 관련이 있습니다. 광고와 유행은 항상 새로워야 합니다. 그리고 끊임없이 스스로 쇠퇴합니다. 그래서 광고는 "**사회의 시간화(Temporalisierung)**"에 기여합니다. "광고는 전환 속도를 만들어내는 하나의 요소이기도 합니다(1996, 91)"(2012, 319). 즉 광고로 인해 유행이 빨리빨리 변하게 되는 것입니다.

김: 광고는 매우 경제적인 측면이 강하다고 생각합니다. 그런데 광고가 미디어 체계에만 속하는 것입니까?

루만: 광고는 두 가지 사회의 체계 모두에 연동되어 있습니다. 즉 광고는 판매를 목적으로 하는 경제 체계이면서 현실 구성을 위한 정보의 공급이라는 법칙을 따르는 미디어 체계입니다. 이때 무엇을 팔 것인가에 대한 관심에서 어떻게 광고할 것인가에 대한 관심으로 이동을 하게 됩니다.

또한 "광고의 기능은 일반 문화에서 안정성과 변동, 질서와 자유 공간, 강요와 자유의 균형을 유지하는 데 있습니다"(2012, 322). 즉 광고에서는 변이와 변동, 차이, 자유 등을 강조합니다. 다른 상품과의 차별성을 드러내기 위한 것입니다. 그러나 동시에 안정성과 질서, 강요 등을 강조하고 있는데, 그 이유는 광고의 목적이 결국 변하지 않는 자기 상품의 우수성을 강조하는 데 있기 때문입니다. 광고에서 중복과 변이는 일상에서 중복과 변이의 관계를 안정화시킵니다. 중복은 복잡성 감축을 의미하며, 변이는 복잡성 증대를 의미합니다. 이로써 제한을 통한 확장, 복잡성 감축을 통한 복잡성 증대라는 효과가 나타납니다.

김: 마지막으로 엔터테인먼트에 대해 말씀해주시기 바랍니다.

루만: 엔터테인먼트 역시 정보/비정보의 코드를 따릅니다. 이것은 매스미디어의 프로그램 영역에 속하지만, "정보"의 반대 개념이 아닙니다. 이것 역시 현실 구성 문제와 정보/비정보의 구별의 문제가 중요합니다. 소설, 라디오 드라마, 영화, 연극작품 등 다양한 형태의 텔레비전 생산물 등이 엔터테인먼트에 속하고, 또한 모든 종류의 시합, 예를 들어 퀴즈나 스포츠 경기의 중계, 텔레비전 토크 쇼 같은 것들이 엔터테인먼트에 속합니다.

이것은 실재 현실과는 다른 2차적인 허구의 세계입니다. "일종의 현실의 복제 증배"가 됩니다. 즉 2차 현실을 말합니다. 그리고 이 2차 현실은 공간적으로나 시간적으로 실제 세계와는 분리되어 있어 고유한 시간을 발전시킵니다. 이렇게 2차 현실인 엔터테인먼트는 꾸며낸 이야기인데, 꾸며내기 위해 정보들을 자유롭게 선별할 수 있습니다. 왜냐하면 뉴스나 보도처럼 진실이어야 할 의무가 없기 때문입니다. 물론 허구적인 정보들만으로는 충분하지 않습니다. 실제 현실에서 가져온 조각들도 덧붙여야 하겠죠.

"모든 이야기의 처음에는 허구적 성격과 비허구적 성격의 정보에 대한 결정이 자유롭습니다"(2012, 330). 하지만 후속 정보들은 현실에서 앞뒤가 맞고 정보들이 내재적으로, 즉 고유의 성격에 따라 그럴 듯해야 합니다.

김: 말하자면 소설이나 영화 등 기타 오락 프로그램들은 또 다른 현실, 즉 2차 현실을 만들어낸다는 말씀이군요. 그리고 그것들은 허구적이긴 하지만 그럴 듯해야 한다는 것으로 이해됩니다. 요즘의 관점에서 새로운 것은 아니군요.

루만: 흠, 그런가요? 저의 이론에서 완전히 새로운 것은 없다고 할 수

도 있죠. 하하. 어쨌든 엔터테인먼트에는 허구적 엔터테인먼트 외에 연출된 엔터테인먼트가 있는데, 여기에는 퀴즈 방송과 스포츠 대회와 모든 종류의 쇼가 속합니다. 특히 토크 쇼, 요리 쇼, <빅 브라더>, 리얼리티 TV 등이 여기에 속합니다. 여기서 제시되는 현실 역시 2차 현실이며, 그래서 믿을 만하지만 거기에 동의하거나 합의할 의무가 없는 현실이기도 합니다. 그게 사실이라고 받아들일 필요는 없다는 것입니다.

이 엔터테인먼트를 통해 우리는 2차 질서의 관찰자 역할을 습득하게 됩니다. <빅 브라더> 같은 프로그램을 보면서 우리는 관찰하는 것을 관찰하는 2차 질서의 관찰자 역할을 배우게 됩니다.

그리고 엔터테인먼트의 상이한 기능과 효과들 중 하나는 엔터테인먼트가 기존의 지식 상황들을 강화한다는 것입니다. 말하자면 재각인시킨다는 것입니다. 이때 자신의 경험이 사용되면서 동시에 경험을 넘어서는 경험을 하게 됩니다. 엔터테인먼트는 익숙한 것을 사용하면서 익숙하지 않은 세계로 이끌기도 합니다. 그래서 이것을 "믿을 만하지만 합의 의무는 없는 현실"(2012, 333)이라는 공식으로 표현할 수 있습니다. 어쨌든 오락물은 "기술된 세계 안에서 자기 입지를 결정"할 수 있게 만들며 이를 통해 "실재하는 세계에서 자기 자리 찾기를 도와줍니다"(2012, 342).

VI 부: 매스미디어와 구조적 연동

김: 한국에는 신동엽이 진행하는 <안녕하세요>와 같은 토크쇼가

있습니다. 예컨대 수신자는 이 프로그램에 나오는 다른 사람들의 이야기를 자기 이야기는 아니지만 마치 자기 이야기처럼 느끼게 됩니다. 다르지만 익숙한 것, 그리고 익숙하지만 다른 것을 통해 수신자가 자신의 정체성에 대해 생각해볼 수 있겠죠. 그런 의미로 말씀하시는 것 같군요.

그리고 당신은 미디어, 인간, 사회가 구조적으로 연동되었다고 이야기하셨습니다. 구조적 연동 혹은 연결이란 무엇입니까?

루만: 앞서 보았듯이 매스미디어는 정보/비정보라는 코드를 가진 체계이며, 매스미디어의 프로그램 영역인 뉴스/보도와 광고, 엔터테인먼트 역시 정보/비정보의 코드 위에서 작동합니다. 그리고 이 체계는 자신의 환경, 즉 미디어가 관찰하는 대상과 자신을 구별합니다. 그런 의미에서 매스미디어는 작동상 폐쇄적인 체계입니다. 하지만 이 체계가 환경 없이 존재할 수 있다고 말하는 것은 아닙니다. 체계는 끊임없이 환경과 다양한 연결을 시도합니다. 그것은 상당히 안정적인 구조적 연동을 유지합니다. 예를 들어 매스미디어의 환경이 상당히 분화되었기 때문에 프로그램 영역의 분화는 상이한 환경과의 연동을 만들어내게 됩니다. 예를 들면 매스미디어 체계의 환경에는 사회의 기능체계들이 속합니다. 그리고 매스미디어는 이것들과 구조적으로 연동되어 있습니다. 뉴스와 보도는 구조적으로 정치 체계와 가장 밀접하게 연동되어 있으며, 광고는 경제 체계와, 엔터테인먼트는 예술체계와 구조적으로 연동되어 있습니다. 그리고 매스미디어의 환경에는 그것을 사용하는 사용자, 인간이 속하며, 인간은 심리적 체계입니다. 매스미디어의 프로그램 영역들은 이러한 심리체계와의 구조적 연동을 가능하게 하기도 합니다. 그래서 뉴스와 보도는 인간들을 인지적인 관점을 지닌 관찰자로 전제하

며, 광고는 인간을 자신의 효용을 계산하는 존재로, 엔터테인먼트는 심리적 요구가 까다로운 개인을 전제합니다.

이러한 구조적 연동은 단순화를 통해 이루어집니다. **모든 체계는 첫째로는 자기생산을, 둘째로는 자기 생산적 분화를, 셋째로는 환경과의 구조적 연동을 가지고 있습니다.** 그런데 이 연동은 환경의 '어떤 것'이 체계와 호환 가능할 때만 존재합니다. 그래서 단순화가 필요합니다. 이런 단순화를 통해 각각의 체계는 **공진화**를 하게 됩니다.

김: 즉 다른 체계와의 구조적 연동을 위해서는 두 체계를 연결시키는 **단순화된 틀**이 필요하다는 말씀이군요. 복잡한 현실 속의 모든 정보가 소통될 수는 없으니까요.

루만: 바로 그겁니다. 그 단순화란 도식과 주제를 말합니다. 공진화는 이 단순화된 **도식과 주제**를 통해 이루어집니다. 이것을 통해 같이 진화한다는 말입니다. 도식은 하나의 틀을 확정합니다. 물론 자유와 변화를 허용하기도 합니다. "도식은 우리가 정보에 어떻게 적응할지, 무엇을 우리가 기억하거나 망각할지, 우리가 반응을 적절히 유지할지 아닐지에 대해 얼마간 개방적입니다(1997, 1106)"(2012, 347). 예를 들면 연말이 되면 방송에서 불우이웃돕기 성금모금을 하고 각종 시상식을 하는 것도 도식이며, 퀴즈쇼도 어떤 도식에 따라 진행되는 것을 알 수 있습니다.

매스미디어와 개인들 그리고 사회의 도식들은 상호 적응 속에서 생겨났는데, 예를 들면 사랑, 범죄, 진정성/거짓 등도 소위 어떤 행위를 하도록 유도하는 '**동기 도식(Motivationsschema)**'들이라고 할 수 있습니다. 과거에는 소설이 오늘날에는 미디어가 이런 동기 도식들을 훈련하고 훈련시킵니다. 어쨌든 도식 개념은 심리 체계와 사회적 체계가 작동하는 방식을 기술합니다.

이제 **주제**에 대해 살펴볼 필요가 있습니다. 주제는 도식적으로 관찰되는 대상 영역이라고 할 수 있습니다. 매스미디어와 개인들 그리고 사회는 자신의 환경을 참조할 때 주제를 통해 환경을 참조합니다. 그 주제들은 예를 들어 배우자 찾기, 에이즈, 기후 온난화, 9.11, 선거, 날씨 등입니다. 이러한 주제들은 매스미디어와 다른 사회 영역들 사이의 구조적 연동에 기여합니다. 말하자면 우리가 커뮤니케이션에 참여할 때는 주제를 알아야 합니다. 물론 주제에 대한 '**의견**'은 긍정을 선택하든 부정을 선택하든 자유입니다.

김: 그렇군요. 도식화와 주제화를 통해 결국 체계간의 커뮤니케이션이 가능한 것이겠군요. 그것이 없다면 너무 복잡할 것 같습니다. 구조적 연동이란 결국 이와 같은 커뮤니케이션을 의미하며, 이를 통해 각 체계들이 공진화한다는 말씀이군요. 잘 알겠습니다. 그렇다면 매스미디어의 의무는 무엇입니까? 무엇이 사회에 대한 매스미디어의 기능입니까?

루만: 매스미디어의 기능은 '사회적 기억'을 만들어내는 데 있습니다. 사회적 기억은 사회의 커뮤케이션을 지탱하는 토대가 됩니다. 매스미디어가 만들어내는 사회적 기억은 공통의 배경 지식이 되어 확실성이라는 토대를 만들고 이를 통해 커뮤니케이션이 가능한 것입니다. 우리는 매스미디어가 만들어낸 기억을 통해 현재 사회에 무슨 일이 벌어지는지 이야기하고 의견을 개진할 수 있습니다.

하지만 한편 사회적 기억은 망각에 의존하고 있습니다. 기억되는 것은 예외적인 것입니다. 매스미디어가 기억하는 것은 선별적인 것이며 이것은 거꾸로 많은 것을 망각한다는 것입니다. 매스미디어는 자신의 선별 기준을 통해 무엇을 기억하고 무엇을 망각해도 되는지를 제시합니다. 이렇게 매스미디어는 확실성을 만들어내지만 불확실성을 만들어내기도 합니다. 이것은 곧 교란과 혼란을 야기합니다.

예컨대, 뉴스와 보도를 통해, 매스미디어의 선별을 통해 우리는 세계가 비참과 불행으로 가득 차있다고 생각하게 됩니다. 하지만 세계가 정말로 그렇지는 않습니다. 거꾸로 우리는 엔터테인먼트를 통해 세계가 기쁨과 행복으로 가득 차있다고 생각하게 됩니다. 하지만 세계가 정말로 그렇지는 않습니다. 여기서 교란이 발생합니다. "정보는 끊임없이 비정보로 전환됩니다. 그것을 통해 정보는 정보 결핍을 생산합니다. 즉, 역설적이며 교란됩니다. 우리는 알아야 할 것이 많이 있고, 충분히 정보를 얻지 못했고, 그래서 잘못된 결정을 내릴 위험이 커진다는 인상을 끊임없이 받습니다"(2012, 360). 또한 보도가 증가하면 신뢰가 감소한다는 역설적인 상황이 발생합니다. 이런 의미에서 매스미디어의 지식은 **이중 토대**를 만들어냅니다. 많은 정보를 얻을수록 더 많은 결핍을 느끼게 되는 것입니다. 매스미디어를 통해 사회는 불안 상태에 빠집니다. 그래서 신문과 텔레비전을 끊으려고 시도하는 사람들이 생겨나기도 합니다.

김: 정말 그렇습니다. '박근혜-최순실 게이트'를 매스미디어를 통해 지켜보면서 때로는 더 혼란스러울 때가 많았습니다. 정보는 많아지는데 나중에는 정보 결핍이 생깁니다. 혼란스러운 거죠. 그런데, 당신은 『대중매체의 현실(Die Realität der Massenmedien)』에서 11장의 제목을 '현실의 구성'이라고 했고

12장을 '구성의 현실'이라고 했습니다. 그 차이는 무엇입니까?

루만: 그 제목들이 의미하는 것은 현실은 구성되었으나 그 구성이 현실적이라는 의미입니다. 예를 들면 앞서 우리는 매스미디어를 통해 현실이 구성되었다는 사실을 알게 되었습니다. 하지만 이렇게 구성된 현실, 즉 현실이 이러저러하다는 전제가 실재적 현실에 부합하는지 어떻게 알 수 있을까요? 즉 그 구성이 현실적이라는 것을 어떻게 알 수 있을까요? 그것은 비교를 통해 가능하다고 했습니다. 전제 x와 전제 y를 비교하는 것입니다. "현실 관찰자들의 현실 진술은 언제나 같은 체계 안의 일관성 검토를 통해 이루어지고 경우에 따라 바뀝니다"(2012, 366). 예를 들어 세계는 원판이라는 전제는 새로운 모순된 주장에 의해 저항을 받습니다. 이제 새로운 주장은 동일한 체계 내에서 현실에 부합한지 여부가 품질 검사를 통해 검토됩니다. 체계는 이런 방식으로 신선한 혈액을 공급합니다. 사회의 진화는 이럴 때 가능합니다.

VII 부: 공론장과 여론

김: 이제는 화제를 점차 당신의 사회이론으로 바꿔볼까 합니다. 매스미디어 체계에 대한 이론은 사회적 체계 이론의 토대가 될 수 있을 것 같습니다. 당신은 "커뮤니케이션은 합의가 아니라 차이이다"(2012, 369)라고 주장합니다. 이것은 위르겐 하버마스와 대립되는 주장인데, 어떤 의미입니까?

루만: 전통적으로 사회의 안정성은 합의에 의해 이루어진다고 봅니다. 사회계약설이나 공통의 종교, 혹은 위르겐 하버마스가 주

장하는 생활세계가 그러한 것입니다. 생활세계는 "합의 아래 수용된 배경에 대한 신념(1996, 177)"(2012, 369)을 의미합니다. 하지만 저는 여기에 동의하지 않습니다. 매스미디어는 결코 신념의 합의를 강요하지 않습니다. 매스미디어는 공통의 배경 지식을 만들어내지만 통일적인 배경 신념을 만들어내는 것은 아닙니다. 매스미디어가 만들어내는 배경 지식은 구속적이긴 하지만 우리는 "그것에서 분리되어 개인적인 견해와 미래 평가와 선호도" 등을 주장할 수 있습니다. 배경 지식은 합의 의무가 없는 2차 현실인 것입니다. 결국 커뮤니케이션은 합의가 아니라 차이를 통해 이루어집니다. 합의에 이르면 그것으로 커뮤니케이션은 끝납니다. 사회의 진화도 이루어지지 않을 것입니다.

김: 그 이야기는 나중에 다시 하기로 하고, 잠시 '여론'의 문제를 다루면 좋을 것 같습니다.

루만: 매스미디어는 공론장과 특별히 관계가 있습니다. 우리는 책, 신문, 텔레비전 같은 매스미디어가 공론장을 창출한다고 믿습니다. 하지만 제 생각엔 "매스미디어는 공론장에 단지 특정한 형식"을 줄 뿐입니다. 매스미디어는 여론의 대표적 공론장이고, 시민 발의나 집회 등 다른 형식의 공론장도 있습니다. 그리고 공론장과 여론에서는 매스미디어의 체계가 아닌 다른 체계가 작동합니다. 즉 정치 체계가 중요합니다.

저는 공론장을 "각각의 사회 내적 경계의 반영(1996, 184)"(2012, 373)이라고 정의하고 싶습니다. 각각의 체계는 자신의 환경 - 여기서는 공론장 - 으로부터 관찰되고 있다는 것을 성찰하고 관찰할 수 있습니다. 그래서 관찰된 것을 스스로 관찰하고, 즉 매스미디어라는 공론장에서 자신이 어떻게 관찰되는지를 관찰하고 행동을 거기에 맞출 수가 있습니다. 이 메커니즘을 다시 한 번 정리하면 이렇습니다. 매스미디어는 정치, 경제, 의학, 예술 같은 기능 체계에서 무엇이 일어나는지를 관찰합니다. 그리고 자신의 관찰을 뉴스나 보도, 사진, 만화, 오락 형식으로 만듭니다. 매스미디어는 이를 통해 주제와 입장, 의견 등을 형성합니다. 그리고 이후에는 이것들이 다시 체계 안으로 들어올 수 있습니다. 다시 말해 매스미디어 체계에서 형성된 것이 정치 체계 내에서 사용될 수 있습니다.

여론은 어쨌든 특수 사례로서 정치적인 맥락이 관건이 될 때만 특별하게 사용됩니다. "여론은 정치 체계 관점에 따른 공론장입니다"(2012, 376). 예를 들면 정치적 선거의 결과에 비추어서 우리는 모든 활동을 연출합니다. 여당도 야당도 자신이 관찰된다는 사실에 맞추어 자기 관찰을 수행합니다. 여론은 의견과 달리 정치적인 커뮤니케이션 과정에서 주제로서 기능합니다. 그렇다면 매스미디어에서 중요한 것은 의견이 아니라 주제들입니다. 도식과 주제는 세계를 다루기 쉽게 만들어줍니다. 주제는 도식과 마찬가지로 이중구조를 가지고 있습니다. 주제와 의견, 제한과 개방이라는 이중구조는 닫혀 있으면서 열린 구조를 가리킵니다.

"정치인들은 매스미디어를 통해 여론을 관찰하고, 그렇게 하여 공론장에서 자신들이 어떻게 관찰되는지를 알아낼 수 있습니다"(2012, 388). "여론은 거울입니다. 정치 체계는 그 안에 비친 자신을 봅니다"(2012, 388).

김: '박근혜 탄핵' 심판 과정에서 여론과 정당의 상호 관계를 확인할 수 있었습니다. 정당은 여론의 추이를 보고 행동하고, 여론

을 주도하기도 하는 것을 확인할 수 있었지요.

또 다른 질문은 세계는 복잡하고 불투명한데, 이러한 세계 속에서 어떻게 정치적 결정이 내려질 수 있고 다른 것은 중지될 수 있는 것입니까?

루만: 복잡성의 감축을 통해 가능합니다. 앞서 말한 매스미디어가 만들어내는 주제와 도식이 그런 역할을 합니다. 이것이 복잡성에 맞서는 우리의 구성 방식입니다.

김: 당신의 사회이론에서 사회의 기능 체계는 여러 가지가 있는데, 그 중 매스미디어 체계의 기능은 무엇입니까? 다시 한번 구체적으로 말씀해주시겠습니까?

루만: 매스미디어 체계의 기능은 첫째 "사회 체계의 자기 기술을 지휘하는 데"(2012, 390) 있습니다. 둘째, "2차 질서의 관찰을 습득하는 데 있습니다"(2012, 390). 언론사, 출판사, 영화 기업 등이 어떻게 세계를 관찰하고 기술하는지, 그리고 어떻게 사회가 관찰과 기술의 결과인 자신과 세계를 보는지를 습득하는 겁니다. 셋째, "**매스미디어에 대한 이론은 일반 체계 이론을 위한 본보기**"(2012, 390)로 사용되고 있습니다.

VIII 부: 구성의 사회, 커뮤니케이션 진화와 사회 진화

김: 『대중매체의 현실』의 마지막 장인 16장은 "역설로서의 2차 질서의 사이버네틱스"라는 제목을 가지고 있습니다. 이 책의 첫 번째 장의 제목인 "현실중배(Verdoppelung)인 분화"라는 제목과 비교해 볼 필요가 있다고 생각합니다.

루만: 2차 질서나 현실 중배는 두 가지 현실에 대해 말하는 것입니다. 1차 질서의 현실 위에 2차 질서의 현실이 놓이는 것을 말하는데, 이렇게 되면 현실증배가 되는 것입니다. 사이버네틱스가 그런 거죠. 조정해야 할 어떤 것에 그 어떤 것이 감축된 형태인 회로가 놓여 있는 것이죠. 이 회로가 다시 조정 대상에 영향을 미치죠. 이런 식으로 자기준거적인 체계가 만들어지는 겁니다. 이 관계는 마치 영토와 지도의 관계와 같습니다. 영토가 감축된 형태가 바로 지도인 겁니다. 그리고 그 지도 위에서 우리는 전쟁을 지휘하기도 하고 운전을 하기도 하면서 현실을 바꾸기도 합니다. 그러니 우리는 영토와 지도의 관계를 혼동해서는 안 됩니다.

김: 그러면 1차 질서의 관찰과 2차 질서의 관찰이란 무엇입니까?

루만: 그것은 관찰과 기술에 대한 관찰과 기술을 말합니다. 오스트리아의 사이버네틱학 창시자인 하인츠 폰 푀르스터(Heinz von Foerster)가 <관찰하는 체계>에서 이것을 "사이버네틱스의 사이버네틱스"라는 개념으로 작업합니다. 저는 이것을 "작동적 구성주의 선언(Manifestation der Operativen Konstruktivismus)(1996, 206)"(2012, 392)이라고 말하고 싶습니다. 매스미디어와 관련해서 말하자면 어떻게 매스미디어가 현실을 그런 식으로 그리며 다른 식으로 그리지 않는지에 대해 관찰하고 기술하는 것을 말합니다. 매스미디어가 관찰하고 기술하는 것을 제가 다시 관찰하고 기술하는 것이지요. 매스미디어가 관찰한 것을 1차 질서 관찰이라 하고 제가 그것을 다시 관찰한 것을 2차 질서 관찰이라고 합니다. 그러나 저는 『대중매체의 현실』에서 미디어가 관찰한 세계에 대한 정보를 세계에 관

한 정보로 수용할 수 있는가라는 질문을 하고 싶습니다. 여기엔 역설이 있습니다.

김: 어떤 역설을 말씀하시는 건가요?

루만: 관찰과 기술은 구별에 의존합니다. 그 구별의 기준은 구별 대상에 있는 것이 아니라 구별하는 관찰자로부터 옵니다. 따라서 앞서 잠깐 언급한 것처럼 관찰과 기술은 구성일 수 밖에 없는 것이죠. 그러면 구별은 무엇입니까? 구별은 절개하고 배제하는 것입니다. 그럼에도 불구하고 우리는 세계의 동일성과 전체 사회에 대한 진술을 수용하고 있습니다. 역설적이지 않을 수 없습니다. 그리고 마지막으로 관찰자는 자신을 외부에서 볼 수 없습니다. 그래서 자기 기술은 불가피하게 '맹점'을 갖게 됩니다.

또한 전통적으로 매스미디어가 정보를 전달한다고 생각합니다. 그러나 매스미디어는 정보/비정보를 구별할 뿐입니다. 지식이나 정보를 전달하는 것이 아닙니다. 매스미디어는 세계를 알리는 것이 아니라 나누고 구별할 뿐입니다. 그 구별의 여러 기준에 대해서는 앞서 언급했지만 기본적으로 새로운 것이어야 합니다. 경제의 교환 활동에서 돈을 포기할 수 없듯이 매스미디어의 구별기준에서 새로운 것에 대한 요구는 피할 수 없습니다.

김: 매스미디어 말고 세계에 대한 다른 관찰 체계는 없습니까?

루만: "현대 사회는 '자기 관찰'과 '자기 기술'을 거의 완전히 매스미디어 체계에 넘겨주었습니다"(2012, 397). 물론 다른 기관들도 사회의 자기 기술에 참여하고 있는데, 예컨대 예술과 사회학이 참여하고 있습니다. 그런데 매스미디어와 예술, 사회학은 세계를 관찰하고 기술하지만 자신 역시 그 세계에 속하기 때문에 세계

에 대한 관찰과 기술은 곧 자기 관찰과 자기 기술이 됩니다. 사회학 역시 자신의 구별 기준으로 세계를 관찰하며 그 결과를 현실에 관한 진술로 제시합니다. 저는 20세기 사회학이 이것을 충분히 성찰하지 않았다고 봅니다.

그런데 이러한 자기 관찰은 모두 맹점을 가지고 있습니다. 관찰은 구별에 의해 이루어지는데 관찰자는 어떻게 왜, 어떤 구별 기준으로 이 구별을 하는지는 알지 못합니다. 이 구별은 관찰로부터 벗어납니다. "관찰자는 결코 바깥이나 위에 자리 잡고 모든 것을 개괄할 수 없습니다." "관찰자는 관찰될 수 없는 것입니다"(2012, 400). 세계를 온전히 관찰하기 위해서는 관찰자의 관찰자의 관찰자가 필요합니다. 이것은 무한히 반복되는 '무한 회귀'에 이르게 됩니다. 오로지 신만이 관찰자의 관찰자의 관찰자가 될 수 있습니다.

따라서 윤리 문제에서도 마찬가지입니다. 윤리적 고정 지점은 가능하지 않습니다. 언론의 윤리에 대해 말하지만 윤리 역시 관찰자의 구별에 의존하기 때문인데, 언론의 윤리를 지정하려는 관찰자는 누구인가라는 질문을 하고 그것을 문제시 하면 윤리를 지정한다는 것은 불가능하며 "모든 윤리적 코드는 무력해집니다"(2012, 403).

구성주의적 인식은 이렇게 역설적입니다. 관찰자의 관찰과 구별은 결국 자기 관찰과 구별에 이른다는 것은 역설이며 그것은 관찰하는 체계 자신의 구성입니다. 그리고 그 결과를 수용한다는 사실이 역설입니다. 역설은 피할 수 없습니다.

그러나 역설이 나쁜 것만은 아닙니다. 역설은 혁신과 창의성을 촉진하기 때문입니다. 역설은 작동적 구성주의에 의해 기존의 고정된 관찰과 기술에 의문을 갖게 만듭니다. 이렇게 구성주의는 늘 작동하기 때문에 늘 혁신이 이루어질 가능성을 내재하고 있습니다.

김: 이번에는 커뮤니케이션의 진화와 사회 진화의 관계에 대해 말씀을 나누었으면 좋겠습니다. 그 둘은 어떤 관계에 있는 것입니까?

루만: **사회와 커뮤니케이션 그리고 진화**, 이 세 가지가 제 전체 이론을 구성하는 요소입니다. 즉 (1) **체계이론으로서 사회이론, (2) 커뮤니케이션 이론, (3) 진화 이론**이 그것입니다. 그래서 1975년의 제 논문의 제목도 <체계이론, 진화이론, 커뮤니케이션 이론>입니다. 그리고 1997년에 나온 『사회의 사회(Die Gesellschaft der Gesellschaft)』의 구성도 이것과 일치합니다. 여기서 우리는 커뮤니케이션의 진화가 먼저냐 사회의 진화가 먼저냐는 질문을 제기할 수 있습니다. 그러나 그것은 선후를 따질 수 없습니다. 그것은 순환적입니다.

"세 단계 사회 형성은 저마다 전형적인 커뮤니케이션 형식으로 특징지어집니다. 그리고 이 단계들 사이의 모든 전환은 커뮤니케이션의 변화를 통해 표식됩니다"(2012, 410). 말하자면 제일 먼저 '언어 없는 선사시대'가 있습니다. 그리고 언어가 생기면서 첫 번째 단계로 전환합니다. 언어를 통해 비로소 차이의 이해로서 커뮤니케이션이 시작됩니다. 그리고 사회가 이 언어 커뮤니케이션을 통해 분화합니다. 그 첫 번째 단계가 구술 중심의 고대사회입니다. 구술 커뮤니케이션만을 지닌 원시 고대 사회는 작고 '공통된 생활 방식과 주거 또는 친척 관계를 기초로 하는 것'이 특징입니다. 이것은 수많은 부족 사회를 낳았습니다. 그러다가 문자가 사용되면서 또 다시 사회 분화가 일어납니다. 1단계에서 2단계로 전환하는 단계입니다. 문자 커뮤니케이션의 발전은 사회의 내적 분화를 낳습니다. 그래서 두 번째 단계로 문자에 정통한 도시 중심의 고대 문화가 형성됩니다. 이때 사회 계층이 형성되고 수직적 분화가 이루어집니다. 세계는 공간적으로나 위계적으로나 분명하게 정돈되어 있는 단계가 됩니다. 법과 종교와 학문과 행정 등에서 일반화된 원칙들이 공식화되며, 경제와 종교 같은 분화된 기능 체계들이 형성됩니다. 그 다음 인쇄술이 등장하면서 세계적 커뮤니케이션과 기능적 사회 분화가 이루어집니다. 이를 통해 2단계에서 3단계로 전환됩니다. 세 번째 단계에서 지구적 커뮤니케이션을 가진 세계 사회가 형성됩니다. 오늘날의 사회가 '세계 사회'입니다. 그 사회는 하나의 사회이며, 하나만 존재합니다. 왜냐하면 커뮤니케이션이 세계를 포괄하고 있기 때문입니다. 세계적 커뮤니케이션과 세계적 의식이 생겨난 것입니다. 공간이 의미를 상실하고 이제는 시간이 더욱 중요해집니다. 텔레비전과 컴퓨터와 인터넷 덕분에 지역에 상관없이 동시성을 만들어낼 수 있는 것입니다.

<사회의 형성 및 분화 과정>

0. 언어 없는 선사시대- 전환점:언어의 생성 -> 1. 구술 중심의 고대사회 - 전환점: 문자의 사용 -> 2. 문자에 정통한 중앙집권 사회 - 전환점: 인쇄술과 무선전신 -> 3. 지구적 커뮤니케이션을 가진 세계 사회

김: 마지막으로 앞으로의 전망에 대해 말씀해 주시기 바랍니다.

루만: 시작은 암흑 속에 있습니다. 그러나 진화가 한번 시작되면 진화는 계속됩니다. 진화는 목표도 없고 계획도 없이 계속됩니다. 진화가 어디로 향하는지 우리는 알 수 없습니다. 아마도 인간

은 "스스로 만들어낸 재앙 때문에 다시 사라질 것(1997, 200)" (2012, 414)입니다. 또 의학의 발전에 상응하여 죽지 않는 바이러스가 전염병을 발생시켜 인류를 멸망시킬 수도 있습니다. 달러를 기축통화로 하는 경제 체계가 붕괴할 수도 있습니다. 그러나 저는 미래를 예언할 생각은 없습니다. 그건 제 일이 아닙니다. 저는 그저 우리의 미래를 지금 관찰할 뿐입니다. 우리가 마주치게 될 위험을 관찰하는 것입니다.

사회의 미래는 지금 우리가 어떤 결정을 내리는가에 달려 있습니다. 거기에는 불확실성과 위험도 피할 수 없습니다. 오늘날에는 자연재해와 같은 외부의 위해 요소가 아니라 스스로의 결정이 만들어낸 위험에 직면해 있습니다. 미래의 위험은 현재의 결정에 달려 있습니다. 예컨대 원자력을 찬성할 것이냐 반대할 것이냐, 사드를 도입할 것이냐 반대할 것이냐, 개헌을 할 것이냐 말 것이냐 등이 미래를 결정합니다. 그러나 안타깝게도 무엇을 결정하든 위험은 남아 있고 불안은 남는 게 사실입니다. "사람들이 또한 얼마나 노력하든 간에, 모든 것은 불안, 위험을 향합니다. 사회는 자신을 '위험 사회'로 기술합니다."(2012, 416)

커뮤니케이션의 진화에 관해 말하자면 커뮤니케이션은 더 많이 이루어질 것입니다. 불확실성이 더 많은 커뮤니케이션을 만들어냅니다. 화상 커뮤니케이션의 등장은 더욱 흥미롭습니다. 화상 커뮤니케이션은 모든 것 - 언어와 비언어 커뮤니케이션이 가능하며 선별과 배제가 없는 커뮤니케이션도 가능하기 때문에 - 을 포함하고 있는 것처럼 보입니다. 이 단계에서는 "모든 것이 커뮤니케이션될 수 있을 것입니다. 진정성을 제외하고 말입니다"(2012, 425).

※ 베르크하우스는 이에 대해 나름의 이론을 펼치면서 결론을 내리고 있습니다. 그녀에 의하면 사회는 이미 오래 전에 "모든 것"에 대한 선별 기준을 마련했습니다. 그것은 직접적이고 일차적인 커뮤니케이션으로서 가족과 이웃, 친구, 동료 간의 커뮤니케이션을 통해 마련된 것입니다. 모든 것이 커뮤니케이션되는 혼란한 세계 사회에서 여전히 기준이 되는 것은 비언어적 커뮤니케이션인 것입니다. 베르크하우스의 이론은 "새로운 커뮤니케이션 단계에 들어설 때마다 과거의 커뮤니케이션 형식은 새로 들어선 형식에 대해 감독 기관과 조정 기관으로 격상된다"(2012, 429)는 것입니다. 예컨대 언어의 발생과 함께 비언어적 의사소통 수단은 언어적 커뮤니케이션에 대한 통제 기관과 조정 기관으로 격상되었습니다. 그리고 확산매체의 등장과 함께 비언어적 소통 수단과 언어적 의사소통 수단은 확산매체에 대한 통제수단으로 격상되었습니다. 즉 소통 수단들 간의 위계가 형성되면서 과거의 소통 수단들이 현재의 소통 수단들에 대한 통제와 조종, 그리고 정향 기관으로 격상되는 것입니다. 결론적으로 말하자면 고도록 복잡한 기술이 도입되더라도, 그래서 미디어의 매개가 더 많이 확산되더라도 직접적 상호작용에 의한 커뮤니케이션은 더 큰 의미를 갖게 될 것입니다.

김: 다소 암울하게 느껴집니다. 이 새로운 현상을 극복할 방법은 없을까요?

루만: 글쎄요. 현 상황을 극복할 뚜렷한 방법을 저로서는 제시할 수 없습니다.

김: 장시간 인터뷰에 응해주셔서 감사합니다. 어려운 체계 이론을 직접 들으니 좀 더 쉽게 이해할 수 있었습니다.

루만: 초대해 주셔서 감사합니다. 저의 대중매체 이론과 체계 이론이 한국의 독자들에게 조금이나마 쉽게 이해되었으면 하는 바람입니다. 근본적으로 완전한 의사소통은 불가능하지만 이를 통해 더 창의적이고 생산적인 커뮤니케이션이 이루지기를 기대해 봅니다.

참고문헌

루만, 니클라스. 2006. 『대중매체의 현실』. 김성재 옮김. 서울: 커뮤니케이션북스.

루만, 니클라스. 2009. 『열정으로서의 사랑』. 권기돈, 조형준, 정성훈 옮김. 서울: 새물결.

루만, 니클라스. 2012. 『사회의 사회』. 장춘익 옮김. 서울: 새물결.

루만, 니클라스. 2014. 『체계이론 입문』. 윤재왕 옮김. 서울: 새물결.

베르크하우스, 마르고트. 2012. 『쉽게 읽는 루만』. 이철 옮김. 파주: 한울 아카데미.

크네어, 게오르그, 아민 낫세이. 2008. 『니클라스 루만으로의 초대』. 정성훈 옮김. 서울: 갈무리 2008.

Berghaus, Margot, *Luhmann leicht gemacht: Eine Einführung in die Systemtheorie*, Böhlau, 2011.

Luhmann, Niklas, *Die Realität der Massenmedien*, 2. erweiterte Auflage. Opladen, 1996.

Luhmann, Niklas, *Die Gesellschaft der Gesellschaft*, Erster und zweiter Teilband. Frankfurt a. M., 1997.

제4장

테크노 코드와 몸 그리고 바이오 미디어

제4장 테크노 코드와 몸 그리고 바이오 미디어

전혜현

1. 테크노 코드

기술 미디어의 급격한 발전은 20세기 이전의 텍스트 중심으로부터 20세기의 이미지 중심의 커뮤니케이션, 그리고 작금에는 디지털 데이터 중심의 커뮤니케이션으로의 환경 변화를 야기하고 있다. 이와 유사한 맥락에서 미디어 사상가 빌렘 플루서(Vilém Flusser)는 인간 커뮤니케이션의 역사를 크게 3가지의 코드(codes) 전환 단계로 조망하는데, 요컨대 선사 시대의 '그림(images)'과 역사 시대의 '텍스트(texts)', 그리고 탈(脫)역사 시대의 '테크노 이미지(techno-images)' 등이 그 결정적 코드들이다(플루서 2001; 플루서 2004). 선사 시대의 그림 코드는 라스코(Lascaux)나 알타미라(Altamira) 등의 동굴벽화 같은 이미지들로, 인간의 눈앞에 펼쳐지는 4차원적인 시공간의 사태를 2차원의 장면으로 축소시킨 코드다(플루서 2004, 29). 따라서 이때 필요한 것은 세계의 사태를 장면으로 축소시키는 능력이며, 이는 현상을 옮겨오는 순간 사라져버리는, 그렇지만 다시 순환하는 시간과 그 속에서의 대상들 간의 관계를 담는 주술(呪術)적 의식에 기인한다(플루서 2001, 119-132).

이 주술로부터 벗어나는 것이 시간의 흐름에 따라 그림을 배열하는 선형(線形) 코드, 즉 문자(letters) 코드의 등장이다. 문자의 발명은 새로운 상징의 발명에 의한 것이 아니라, 그림을 선(lines) 혹은 행(rows)으로 풀어놓음으로써 이루어진 것이다(플루서 2004, 31). 장면을 풀어서 하나의 이야기로 변환시키기 때문에, 문자 코드는 각각의 모든 상징들을 명확하고 분명하게 밝혀가면서 장면을 설명하게 된다. 따라서 이렇게 이루어진 텍스트는 사태를 직접적으로 뜻하는 것이 아니라, 구체적인 사태를 뜻하는 그림의 장면을 말해준다고 볼 수 있다(플루서 2004, 31). 즉, 텍스트는 그림의 발전이며, 이념을 의미하는 개념인 것이다. 또한 그로 인해 새로운 시간 체험, 이를테면 선형의 시간, 철회할 수 없는 진보의 흐름, 반복 불가능성이라는 극적인 상황, 곧 '역사(歷史)'라는 새로운 시간 체험이 발생한다(플루서 2004, 31). 이를 통해 역사 시대가 열리고, 텍스트로 개념을 파악하고 이야기를 전달하는 역사적 의식의 구상(構想)이 마술적 의식의 상상(想像)을 대체하게 된다(플루서 2001, 135-145).

플루서가 주목하는 것은 세 번째의 코드 전환이다. 논리적이고 전진적인 선형 코드는 개념을 설명하기 위해 또 다른 개념을 필요로 하는 딜레마에 봉착하게 된다. 이에 20세기에 이르러 인간은 텍스트로부터 벗어나 개념을 이미지로 풀어내는 새로운 이미지 코드, 즉 테크노 이미지를 모색한다. 테크노 이미지는 장면이 아니라 개념을 의미하는 것으로, 일련의 개념들에 대한 그림이다(플루서 2001, 150). 테크노 이미지는 여타의 이미지들과는 존재적으로 완전히 다른 단계에서 다른 기원을 갖는다. 따라서 문자의 쇠퇴와 몰락은 좁은 의미에서는 역사의 종말을 의미하는 것이기도 하다(플루서 2004, 35). 테크노 이미지는 역사 시대를 마감하고 탈(脫)역사 혹은 탈(脫)문자 시대를 이끄는 중심 코드로서 새로운 커뮤니케이션 전환을 일으키게 된다. 플루서는 이를 '이미지의 혁명', 더 정확히 표현하면 디지털 컴퓨터가 몰고 오는 '테크노 코드의 혁명'으로 조망한다(플루서 2004, 35).

새로운 이미지 혁명의 원천인 디지털 코드는 이미지와 텍스트, 그리고 테크노 이미지들을 동시화하면서 다양한 존재의 차원들을 통합하고, 그 속에서 체험되는 세계 역시 수학적 사고에 힘입어 만들어진다(플루서 2004, 48). 디지털 기술에 기반하는 컴퓨터는 더 이상 계산기나 제어 기계 혹은 커뮤니케이션 도구에 머물지 않는다. 컴퓨터 산출의 텍스트나 사진 및 영상, 사운드, 가상의 공간 등을 접하는 것은 단순히 기술 미디어를 마주하는 것이 아니라 디지털 형식으로 코드화된 세계를 경험하는 것과 같다(마노비치 2004, 119). 여기서 특히 주시할 점은, 이 디지털 코드가 기존의 커뮤니케이션 코드들을 동시화할 뿐만 아니라 인간의 신체 역시 코드로 변환시킨다는 사실이다. 나노 기술과 생명 공학 및 유전 공학, 정보 과학과 컴퓨터 공학, 인지 과학 등의 융합 기술들을 통한 작금의 디지털 코드는 기존에 그것이 담겨 있다고 간주되던 물질적 형식, 즉 미디어에 얽매이지 않는 데이터의 개체들로 작동한다. 커뮤니케이션되는 것들은 모두 데이터로 파악, 전환되고 이 데이터가 모든 것들의 원천 코드가 된다는 점에서, 이제 데이터는 존재하는 혹은 존재 가능한 것들의 전부라 해도 과언이 아니다. 또한 그 때문에 신체의 비(非)물질적인 정보화와 정보의 생물학적 물질성이 동시에 중요해질 수 밖에 없다.

바이오 아트(Bioart)를 그 예로 들어보자. 하버드 의과 대학과 매사추세츠 공과 대학 생물학부의 협력 연구원이자 바이오 아티스트인 조 데이비스(Joe Davis)는 1986년에 유전 공학자이면서 분자 생물학자인 데이너 보이드(Dana Boyd)와의 공동 연구를 통해 인간의 지적(知的) 정보를 박테리아의 생물학적 모델로 전환시킨 바 있다. 〈마이크로비너스(Microvenus)〉라 불리는 이 프로젝트는 분자 생물학의 재조합 기술로 DNA 조합체를 생성한 최초의 예술작품으로 소개된다. 〈마이크로비너스〉는 여성의 대지(Earth)를 상징하는 고대 게르만족의 룬(rune) 문자 'ᛉ(algiz)'의 그래픽 아이콘을 DNA 뉴클레오티드(nucleotides)로 코드화한 작업이다(Davis 2007, 257). 뉴클레오티드는 긴 사슬 형태의 중합체로 DNA나 RNA 같은 핵산을 형성하는 기본 단위다. 데이비스는 인간의 지적 산물인 ᛉ 아이콘이 생물학적으로 변환되는 단계들을 4개의 DNA 염기(鹽基) 값, 가령 C = x, T = xx, A = xxx, G = xxxx 등으로 상정했다(Davis 2007, 257). 이 방법은 체르멜로 래스터 매핑(Zermelo raster-mapping) 기술을 활용한 것으로, 〈마이크로비너스〉는 35비트의 래스터 아이콘으로 코딩되는데 이를 나열하면 다음과 같다; '10101, 01110, 00100, 00100, 00100, 00100, 00100'(Davis 2007, 258). 이 이진법의 래스터 숫자는 4개의 DNA 염기 값을 통해 'CCCCCCAACGCGCGCT'로 코드화된다(Davis 2007, 258). 과정을 서술하면, 맨 처음 왼쪽의 첫 이진수는 반복될 수 없는 하나의 염기를 지니기 때문에 'C'로 표기된다. 그 다음의 두 번째, 세 번째, 네 번째 숫자들은 1이 다른 이진수로 전환되기 전에 세 번 반복되기 때문에 각각 'A'로 코드화된다. 그리고 그 다음 4개의 이진수들은 'G'로 표기된다. 이런 방식으로 35비트의 〈마이크로비너스〉 래스터는 18개의 DNA 염기 값으로 코드화되며, 여기에 'CTTAAAGGGG' 배열이 해독의 실마리로 더해져서 총 28개의 복합체로 이루어진다(Davis 2007, 258). 그 결과, 〈마이크로비너스〉의 DNA 배열은 'CTTAAAGGGGCCCCCCAACGCGCGCT'로 구성된다(Davis 2007, 258).

데이비스는 이렇게 생성되는 코드를 이른바 '슈퍼 코드(super

codes)'로 지칭하고, 여기서 더 나아가 은하수의 복잡한 양상을 DNA로 코드화하는 작업을 시도한다. 1995년에 시작한 〈은하수 지도(Milky Way Map)〉 프로젝트는 나사(NASA)의 우주 배경 탐사 위성인 코비(Cosmic Background Explorer; COBE)의 은하수 지도를 이진수로 재현해서 약 1.1킬로바이트 용량의 디지털 사진 파일들로 구성한 작품이다. 이 프로젝트에서 데이비스는 코비 지도에 입력된 정보를 20개의 기본 염기로 코드화하기 위해 64개의 뉴클레오티드 트리플릿(triplets)을 사용한다(Davis 2007, 263). 핵산에서 3개의 염기 배열로 이루어진 유전 코드를 코돈(codon)이라 부르는데, TAA, TGA, TAG 등의 코돈은 단백질 합성의 종결(stop)을 의미한다(Davis 2007, 263). 종결 코돈은 다양한 코딩 방식들을 연결하는 스위치로 기능하거나, 입력된 데이터에 나타나는 뉴클레오티드의 단순 반복을 규정하게 된다. 〈은하수 지도〉의 DNA 슈퍼 코드는 3가지의 코딩 방식을 보이는데, 먼저 TGA는 DNA로 코드화된 입력 데이터 중 생물학적으로 호환 가능한 부분들을 가리키고, TAA는 20개의 기본 염기를 유발시키는 모노뉴클레오티드(mononucleotide)의 반복을 가리킨다(Davis 2007, 263). 가령 모노뉴클레오티드 트리플릿은 DNA의 기본 염기인 C, T, A, G에 상응해서 CCC, TTT, AAA, GGG 등의 4개로 이루어진다. TAG는 코드화하지 않거나 삭제하는 방식을 가리키는 것으로, 입력 데이터가 없음을 시사한다(Davis 2007, 263). 이 같은 코드화를 통해 형성된 슈퍼 코드는 은하수만큼 무수히 많은 수의 DNA 배열을 생성할 수 있다. 2002년에 완성, 전시된 〈은하수 지도〉는 3,867개 염기쌍(pair)의 DNA 분자로 구성되었다(Davis 2007, 264).

2. 테크노 코드의 매개성과 비매개성 또는 물질성과 비물질성

이처럼 디지털 환경에서 데이터는 비트(bits)로 구성되는 코드들의 무한 연산으로 조합된다. 물론 이런 코드의 연산은 기술 미디어에 의해 가능하다. 그런데 앞에서도 언급했듯이 디지털 코드는 기존의 전통적인 미디어 관점, 즉 미디어는 물질이며 그런 미디어를 통해 형식이 드러난다거나, 미디어가 형식을 결정짓는다는 식의 관점에 귀속되지 않는다. 이는 니클라스 루만(Niklas Luhmann)의 미디어와 형식에 관한 개념을 통해 이해해 볼 수 있을 것이다. 루만의 시스템 이론(system theory)에서 커뮤니케이션을 매개하는 것으로 규정되는 미디어 개념은 미디엄(medium)과 형식(form)의 차이에서 출발한다(메르쉬 2009, 227-228). 그리고 미디어와 형식의 차이가 전제될 경우, 그 둘을 구별하는 기준은 요소들의 연계(coupling)에 따른다(Luhmann 2000, 103). 미디어와 형식은 요소들이 어떻게 연계되느냐에 따라, 가령 느슨한(lose) 연계인지 아니면 견고한(strike) 연계인지에 따라 미디어와 형식으로 구별된다.

루만에 의하면 미디어는 요소들의 느슨한 연계로 이루어진다. 느슨한 연계란 요소들의 성긴 연결을 말하는 것이 아니라, 요소들이 단위 내에서 호환될 수 있는 무수한 연결의 개방성을 의미한다(Luhmann 2000, 104). 예를 들면 하나의 단어로부터 의미론적으로 여러 개의 의미있는 문장들이 형성될 수 있는 상황이 그러하다. 이 경우에 미디어는 요소들로부터 다양한 조합이 가능하도록 기회를 제공하거나 혹은 제한하는 조건으로 설명될 수 있다(메르쉬 2009, 233). 반면에 형식은 미디어 내에서 요소들의 견고한 연계를 거쳐 나온다. 형식은 미디어의 가능성들이 견고하게 연계됨으로써 형성되고, 그로 인해 외부의 다른 가능성들로부터 스스로를 차별화한다. 또한 형식은 미디어를 연계하고 분리하며 항상 미디어 속의 형식으로 작용한다(Luhmann 2000, 105-106). 다시 말해서 형식으로 변화가 가능해지며, 형식이 형성될 때 미디어의 가능성들도 살아나게 된다. 결국 형식과 미디어의 차이는 반드시 그 둘 모두를 전제함으로써 가능해진다. 미디어와 형식은 서로의 관계를 통해 증명된다(메르쉬 2009, 236). 미디어 요소들을 통해 새로운 형식이 구성되고, 그로 인해 형식은 다른 형식의 미디어가 되는 것이다.

미디어 속성(mediality)에 관해 좀 더 짚어보면, 미디어는 말 그대로 매개해주는 것이다. 어원적으로 미디어의 라틴어 '미디어스(medius)'는 '가운데'를 의미하는데, 이에 의하면 미디어는 목적을 위한 도구가 아니라 가운데서 매개하거나 전달하는 그 무엇이라 할 수 있다(메르쉬 2009, 21). 매개는 그 다음 매개를 유발하고, 이전 매개는 또 다른 매개 작용들에 의존하게 된다. 따라서 모든 매개는 본질적으로 재매개(remediation) 과정을 거치며, 그 속에서 미디어는 재매개체(remediators)로 기능하게 된다(볼터, 그루신 2006, 65). 미디어의 이런 매개적 속성을 기술 측면에서는 다음과 같이 설명할 수 있을 것이다. 디지털 미디어는 이전 아날로그 미디어의 재매개에 기반한 것으로, 현재의 새로운 미디어는 미래의 어느 시점에서는 낡은 미디어로 전환된다. 반대로 아날로그 미디어는 디지털화를 거쳐 컴퓨터 데이터의 복합체로 치환됨으로써 새로운 미디어가 된다. 이처럼 아날로그 미디어의 특징 중 일부가 디지털 미디어로 흡수되는 것은 미디어의 매개적 속성에 의한 것이다. 어떤 미디어가 새로운 미디어로 전환되는 근거는 이전 미디어가 완전히 사라진 이후에 다음 미디어가 등장해서가 아니라, 미디어 간의 재매개 과정에서 기존에 실행되지 못했던 점들이 실현되는 변증법적 관계에 기반하기 때문이다(볼터, 그루신 2006, 72). 마찬가지로 재매개 과정은 상호적이기 때문에 오래된 미디어가 새로운 미디어를 매개하기도 하며, 그런 점에서 미디어의 재매개가 항상 발전의 진보 형태를 취하는 것도 아니다.

디지털 환경에서는 이 재매개가 기술 미디어에 국한되지 않는다. 가상현실(virtual reality)이나 증강현실(augmented reality)에서 벌어지는 커뮤니케이션은 인간과 기술 미디어의 상호작용을 동반하게 되는데, 이 둘 간의 상호작용은 서로의 재매개화 없이는 불가능하다. '인터페이스 없는 인터페이스(interfaceless interface)' 디자인 전략에서 알 수 있듯이(Bricken 1991), 미디어를 감추려는 미디어의 비(非)매개성은 역설적이게도 고도의 매개성을 전제하게 된다. 생생한 가상현실의 효과를 강화하면 할수록 그에 필요한 기술 미디어가 요구되기 때문에, 미디어의 비매개성은 결국 매개성과 불가분의 관계를 이룰 수 밖에 없으며, 그런 점에서 둘 다 미디어의 존재를 시사해준다. 뿐만 아니라 미디어의 이 양가적인 속성은 인간의 존재가 기술 미디어의 매개에 기반한다는 사실, 그리고 인간이 기술 미디어에 의해 매개될 때마다 그 정체성(identity) 역시 재매개된다는 사실을 드러내준다(볼터, 그루신 2006, 278).

기술 미디어와 인간의 이런 유기적인 매개 관계를 플루서는 '장치-작동자 복합체(apparatus-operator complex)'로 제시한다. 플루서에 의하면 기술은 과학적 인식을 현상에 적용시키는 것이며, 장치란 현상에 대한 과학적 인식을 기술적으로 전환하는 설비다(플루서 2004, 86-88). 다시 말해서 장치는 추상적인 것을 구체적인 것으로 전환하는 책략적인 설비로서, 기계적일 뿐만 아니라 동시에 기술적이다. 그렇기 때문에 기술과 미디어는 그 둘을 엄밀하게 구분할 수 없다. 또한 카메라가 카메라 작동자의 의도대로 기능할 때 작동자의 의도 역시 카메라 프로그램을 통해 실현되는 것처럼, 장치와 작동자가 하나의 복합체로 존재함으로써 내부와 외부, 이쪽과 저쪽의 경계는 와해되고 인간과 기술 미디어가 서로에 대해 주체이자 동시에 객체인 관계가 형성된다. 그 결과, 인간과 기술 미디어는 서로에 대해 명령적이거나 피(被)명령적이지 않고 서로가 조건이 되는 상호침투적 관계를 통해 그 존재성을 이어나간다(플루서 2001, 162). 이런 양상은 특히 운동 추적 장치(motion-tracking sensor)나 헬멧 형 디스플레이 장치(head-mounted display), 데이터 글로브(data glove), 센서 벨트(sensor belt) 등의 바이오 피드백 장치들처럼 인간과 기술 미디어가 생체적으로 융합되는 경우에 더욱 더 증폭된다.

플루서는 인간과 기술 장치가 융해된다는 점에서 장치-작동자 복합체를 새로운 인류학적 차원의 탈(脫)역사적 존재로 간주하는데(플루서 2001, 163), 그가 제시하는 장치-작동자 복합체는 일면 포스트휴먼(posthuman)과도 일맥상통한다. 포스트휴먼은 기계와 무리 없이 결합될 수 있는 존재로서 인간을 접근하기에, 인간의 물질적 상태뿐만 아니라 그것이 지닌 정보의 측면에 주목한다. 또한 그로 인해 생물학적 유기체와 사이버네틱스(cybernetics) 기계, 즉 인간과 로봇 사이의 근본적인 차이나 경계가 상정되지 않는다(헤일스 2013, 24-27). 포스트휴먼을 결정하는 주요 특징은 비(非)생물적 요소의 여부가 아니라, 인간과 기계의 이질적인 상태들이 결합하면서 구성되는 주체성의 변화다. 포스트휴먼은 정보적이면서 또 물질적인 개체이며, 그런 점에서 몸을 유전자 정보의 통합체이자 물질적 조직으로 간주한다(헤일스 2013, 38). 이런 상황에서 인간의 몸은 정보, 즉 디지털 코드가 작동하는 미디어에 준하게 된다. 바꿔 말하면, 기술 정보 처리 과정이 몸으로 체현되는 것이다(Hansen 2004).

기술 미디어가 인간의 몸을 재매개할 경우에, 게다가 이 미디어가 생명 공학이나 인공 지능 등을 기반으로 인간 신체 깊숙이 침투할 경우에는 인간의 몸 자체가 하나의 인터페이스로 작동하게 되며, 이때 인간은 정보가 체현되는 신체성(corporeality)을 겪게 된다. 생명 공학 측면에서 보면 몸 역시 하나의 미디어다. 생명 공학은 단순히 생물학적인 것을 다루는 것이 아니라 생명 과학과 컴퓨터 과학의 교차로 이루어지고, 이 교차는 엄밀히 말해 컴퓨터 코드와 유전자 코드 사이의 관계로 가능한 것이다(Thacker 2003, 48). 게놈(genome)이나 유전체학(genomics)과 단백질체학(proteomics), 약물유전체학(pharmacogenomics) 등의 생명 공학 분야들은 컴퓨터 과학과의 통합적 관계 없이는 불가능하다. 전통적으로 분자 생물학의 성과가 실험 중심의 이른바 '웻 랩(wet lab)'에서 생산되었다면, 지금은 연구 중심의 '드라이 랩(dry lab)'에서 컴퓨터 생물학 등이 수행되고 있다(Thacker 2003, 49). 마찬가지로 디지털 기술의 조건들은 인간 두뇌와 같은 중앙 신경계의 생리학적 분석 가능성과 생물학적 재구성 가능성에 점점 더 다가가고 있다(볼츠 2000, 151-152). 이런 상황에서 인간은 더 이상 코드를 통해 커뮤니케이션하는 것이 아니라, 스스로가 코드로서 커뮤니케이션하거나 혹은 커뮤니케이션된다.

3. 바이오 미디어: 생물학적 컴퓨팅과 컴퓨터적 생물학

유전자 코드와 컴퓨터 코드 간의 교차는 분자 생물학과 컴퓨터 과학의 융합을 내포한다. 〈마이크로비너스〉 사례에서도 알 수 있듯이, 이 둘의 융합은 DNA를 활용하는 분야에서 찾아볼 수 있다. 가령 단백질 구조를 예측하거나 알아내기 위해 컴퓨터를 사용하는 생명 정보 과학 기술이나, 1990년대 이후 급격히 발전한 분야로서 DNA의 조합을 가능하게 만드는 생물학적 컴퓨팅 기술 등이 그러하다. 이 두 기술은 모두 생물학을 미디어로 사용한다는 공통점을 갖는다. 그런데 둘다 DNA를 대상으로 삼고 DNA와 관련해서 컴퓨터를 이용하지만, 그 결과는 서로 역치(易置)적이다. 생명 정보 과학의 경우에 DNA가 전적으로 디지털적이고 그 기술의 전반적인 과정 또한 컴퓨터상에서 이루어진다면, 바이오 컴퓨팅에서 DNA는 생물학적이며 컴퓨터 처리 과정 일체가 시험관에서 벌어진다(Thacker 2003, 51). 생명 정보 과학의 디지털 DNA는 단백질 폴딩(folding)에서 나타나는 분자 역학의 시뮬레이션, 즉 생명체를 모방하기 위해 컴퓨터 기술을 사용한다. 따라서 그 결과는 항상 생물학적이며, 그것이 드러내는 점 역시 몸의 다양한 생명 세포와 DNA 분자, 단백질들의 세계다(Thacker 2003, 51). 반면에 바이오 컴퓨팅의 생물학적 DNA 결과는 생물학적이지 않고 컴퓨터적이다. 코드로서의 DNA는 기록과 수집, 편집, 패턴 매칭 및 그 밖의 컴퓨터 과정들을 놓고 볼 때 전적으로 디지털 처리 과정에 부합한다(Thacker 2003, 51).

이처럼 현재 생물학과 공학 기술은 상호 융합을 통해 재형성되는 관계에 기반한다. 작금의 생물학은 컴퓨터적이고, 컴퓨터 과학은 생물학적이다. 그로 인해 몸은 생명 공학 기술로 매개되는 몸(biomediated body)이 되고 있다(Clough 2008). 이런 맥락에서 미디어 이론가이자 아티스트인 로이 애스콧(Roy Ascott)은 드라이 랩의 컴퓨터 시스템과 웻 랩의 생물학적 실험 과정의 융합을 통해 디지털 시스템의 정보 단위인 비트와 생명체의 기본 단위인 원자, 뉴런, 유전자 등이 조합되는 양상을 '모이스트 미디어(moist media)'로 제시한다(Ascott 2003). 이때의 모이스트 미디어는 한마디로 말해서 컴퓨터의 디지털 속성이 유기체의 물질 세계와 접목된 산물을 뜻한다. 철학자 유진 태커(Eugene Thacker)는 생물학과 공학 기술의 이런 새로운 구성을 '바이오 미디어(biomedia)'로 제시한다. 그에 의하면 바이오 미디어는 단순히 기술 장치와 하이브리드적으로 결합된 기계 보조물 혹은 인공 기관 등의 사이보그(cyborg)나 인간-컴퓨터 인터페이스를 의미하는 것이 아니다. 즉, 바이오 미디어는 몸을 매개로 해서 공학 기술이 완전히 사라진 것처럼 보이도록 생물학이 최적화된 상태를 가리키는 것이다(Thacker 2003, 52).

여기서 한 가지 의문이 생긴다. 생물학이 미디어로 활용된다면, 인간의 몸도 그와 마찬가지가 된다. 애스콧은 이를 모이스트 미디어로, 태커는 바이오 미디어로 규정한다. 그런데 주지하다시피 미디어는 낡은 미디어로부터 새로운 미디어로 재매개된다. 디지털 원리인 수적 재현(numerical representation), 모듈성(modularity), 자동화(automation), 가변성(variability), 코드 변환(transcoding) 등을 통해 기존의 미디어는 새 미디어가 된다(마노비치 2004, 70-94). 그렇다면 미디어인 인간의 몸도 소위 말해 '새로운' 몸으로 재매개되는 것인가? 새 몸이 된다는 것은 어떤 의미인가? 태커는 이 문제를 바이오 미디어의 측면에서 풀어낸다. 앞서 언급했듯이 몸은 매개할 뿐만 아니라 매개되기도 한다. 생물학적 컴퓨팅과 컴퓨터적 생물학의 두 양상은 다음의 전제로부터 기인한다. 즉, 유전자 코드와 컴퓨터 코드, 생물학과 정보 과학은 근본적으로 등가적이며, 그러므로 물질과 정보 기능 모두에서 상호 교환이 가능하다. 결국 몸을 미디어로 간주한다는 것은 몸의 구성 요소들을 그것이 사용되는 관계의 네트워크로 간주한다는 의미다(Thacker 2003, 57). 그리고 이런 견지에서 볼 경우, 새로운 몸이 된다는 것은 곧 이 관계의 네트워크 변화를 함축하는 것으로 이해할 수 있을 것이다.

몸을 바이오 미디어로 상정하는 것은 공학 기술이 몸의 외적인 것이 아니며, 그 속성 역시 다르지 않음을 시사한다. 생명 공학에서는 그 기술력(technicity)이 몸 내부에서 발생한다. 아울러 미디어의 존재성도 몸의 내적 조직과 기능으로부터 파생된다. 그러므로 이때 중요한 것은 생물학적인 것의 기술적 재조건화다(Thacker 2003, 52). 몸의 물질적 구성 요소들 및 생물학적 조직을 물질화하면서 동시에 비(非)물질화할 수 있는 것은 생명 공학과 정보 과학에 의해 가능한 것이다. 이에 바이오 미디어로서의 몸은 두 가지 측면으로 접근되는데, 우선 생물학적인 몸, 생체 분자적인 몸으로, 그리고 다른 한편으로는 컴퓨터 상에서 벌어지는 정보 처리 과정, 모델링, 데이터 추출, 인 실리코(in silico) 시뮬레이션 등을 통한 몸으로 규정할 수 있다(Thacker 2003, 58). 그런데 바이오 미디어의 이 두 속성에서도 알 수 있듯이, 생물학적이면서 또 기술적인 바이오 미디어의 상태를 지속하기 위해서는 생물학적으로 존재하는 것을 결코 중단할 수 없다. 생물학적인 몸을 정보체로 전환하는 과정에서는 탈(脫)물질화와 더불어 정보의 재(再)물질화가 동시에 유도된다. 생명 공학이나 생명 정보 과학이 아무리 몸을 자연 상태 그대로 두지 않는다 해도, 몸을 데이터로 바꾸는 코드 변환은 결국엔 다시 재물질화의 과정을 거칠 수 밖에 없다. 요컨대 데이터를 살로, 살을 데이터로 전환하는 것이다. 그런 점에서 바이오 미디어는 생물학적 혼합물과 그 과정이 정보 과학적으로 재맥락화된다는 사실을 함축한다(Thacker 2003, 52, 78). 아울러 유전자 코드와 컴퓨터 코드 사이에서 벌어지는 상호 교차가 생물학적 몸에 대해 기존과는 다른 차원의 개념, 즉 기술로 드러나지만 동시에 여전히 생물학적이라는 사실을 보여준다.

이에 태커는 바이오 미디어를 생물학의 기술화(technologization)나 컴퓨터화(computerization)와 혼동해서는 안 된다고 주장한다(Thacker 2003, 53). 그에 따르면 바이오 미디어는 기술 결정론적 관점이나 비관론적 관점보다 더 복합적이고 양면적인 관계들을 다룬다. 생물학 영역과 디지털 영역은 더 이상 존재적으로 분리되지 않는다. 생물학의 디지털 변형은 재매개를 함축하는 것으로, 이는 결코 탈

물질화가 아니다. 생물학적인 것은 디지털을 알려주는 것이고, 디지털은 생물학적인 것을 물질화한다. 질료가 없는 정보도, 정보가 없는 질료도 존재할 수 없다(Thacker 2003, 62). 일례로 폴 토마스(Paul Thomas)의 〈마이다스(Midas)〉(2007) 프로젝트를 보면, 물리학과 생물학, 나노 및 생명 공학 등의 기술들이 융합된 〈마이다스〉는 관람자가 금(金)을 만지는 순간에 자신의 피부와 금 사이에 벌어지는 원자(atom) 단계의 전도 현상을 체험하는 작품이다(Thomas 2009, 186-192). 작품에서 관람자의 피부와 금의 금속성이 접촉하는 순간에 두 물질이 원자 수준에서도 죽지 않고 활성화되기 위해 피부 세포는 일종의 바이오 미디어로 작용하게 된다. 이 과정에서 피부 세포와 금은 생명체와 금속물이라는 구분 없이 동등한 물질 단위로 취급되어 상호 활성화될 수 있는 데이터로 도출된다. 따라서 이 프로젝트는 인간의 살을 금으로 변환시키는 첨단 기술력과 그에 상응하는 산업 자본의 힘, 그리고 그 이면에 숨어 있는 유물론적 가치 등을 반향하는 작품으로 풀이된다(Milburn 2010, 8-20).

〈마이다스〉 프로젝트처럼 바이오 미디어를 도입하는 예술은 특히 나노 기술에 큰 영향을 받는데, DNA를 비롯해서 인간의 몸을 이루는 근본 물질들의 경우 나노 크기의 입자들로 이루어져 있기 때문이다. '나노(nano)'는 난쟁이를 뜻하는 그리스어 '나노스(nanos)'에서 유래한 용어로, 10억 분의 1을 가리키는 극(極)미세 단위다(서갑양 2016, 16). 1나노미터(nm)는 10억 분의 1미터이며, 인간 머리카락 굵기의 10만 분의 1, 일반적인 박테리아 크기의 1천 분의 1, 생명체로 보면 DNA 정도의 크기에 해당한다. 일반적인 원자 크기는 0.2 ~ 0.3나노미터, 수소 원자의 지름은 약 0.1나노미터, 단백질은 대략 5에서 50나노미터 정도의 크기다. 일반적으로 나노 기술은 물질의 크기가 100나노미터 이하일 때 나타나는 현상과 특성을 이용하거나, 나노미터 수준에서 새로운 원자나 분자 배열의 구조를 만들고 그로부터 관측되는 특유의 성질 및 기능들을 추출하는 기술이다(서갑양 2016, 17). 세상의 모든 물질은 원자로 이루어져 있고 나노 기술은 이 기본 단위를 다루기 때문에, 적어도 이론상으로 나노 기술은 무엇이든 만들어내고 변화시킬 수 있다.

인간이 볼 수 있는 가장 작은 물질은 1만 나노미터로, 이 크기는 특수한 나노 기술 장치 없이는 접근할 수 없다. 나노 규모의 구조를 관찰하고 시각화하는 기술로 주사 탐침 현미경(scanning probe microscope)이 있는데, 이 특수 현미경은 탐침(probe)으로 시료 표면을 스캔해서 표면의 물리적, 전기적, 자기적 특성들을 확인하여 원자 지름의 수십 분의 1인 0.01나노미터 단계까지 측정 가능한 제3세대 현미경을 총칭한다(서갑양 2016, 39). 제1세대인 광학 현미경이 수천 배의 배율을 관측하고, 2세대의 전자 현미경이 수십만 배의 배율을 관측한다면, 제3세대인 원자 현미경은 수천만 배의 배율을 접근할 수 있다. 주사 탐침 현미경의 대표 유형인 주사 터널링 현미경(scanning tunneling microscope)은 전자의 터널링 효과를 이용해 물질의 미세 구조를 측정하는 장치다. 주사 터널링 현미경은 탐침과 시료가 매우 가까운 1나노미터 거리까지 접근해서 표면을 탐색할 수 있으며, 이 고도의 민감성을 이용해서 시료 표면의 형상 변화를 얻을 수 있다(서갑양 2016, 39). 또한 원자력 현미경(atomic force microscope)은 원자 크기의 팁을 시료 표면에 근접시켜 밀고 당기는 힘의 작용으로 팁이 휘어질 때 레이저 광선을 팁에 비추고 그 반사되는 빛으로 시료 표면의 굴곡을 관측하는 장치다(서갑양 2016, 40).

4. 바이오 미디어의 매개와 지각

주사 터널링 현미경이나 원자력 현미경 등의 나노 기술로 드러나는 물질의 데이터는 인간의 육안으로는 볼 수 없는 것을 시각 코드로 전환한 결과물이다. 다시 말해서 눈으로는 볼 수 없지만 분명 물질로부터 추출된 데이터를 가시적인 이미지로 코드 변환한 것이다. 애스콧은 나노 규모의 이런 테크노 코드를 물질계와 아(亞)원자의 비(非)물성 사이에 존재하는 것으로 해석한다(Ascott 2006). 원래 가시광선보다 작은 원자나 분자는 일정한 형태나 부피 없이 원자핵 주변에 전자 구름처럼 퍼져 있으며, 그 크기에 따라 광학적, 화학적, 기계적, 전자기적 성질들이 전부 다 다르다. 따라서 나노 기술로 추출된 물질의 데이터는 사실상 원자 상태를 그대로 재현한 것이 아니라 공간에서 유동하는 전자적 밀도를 이미지 코드로 전환한 것이다(Toumey & Cobb 2012).

이 같은 나노 데이터는 기존의 광학 현미경적 관찰과는 완전히 다른 방식에서 기인한다. 나노 크기의 물질을 본다는 것은 주사 터널링 현미경이나 원자력 현미경의 탐침 혹은 팁의 '터치(touch)'에 물질의 원자 표면(surface)이 반응하는 것을 관측하고 그것을 다시 수치 데이터로 변환시켜 알게 되는 것이다(Casini 2014, 37-39). 그러므로 거리를 두고 물질을 관찰하는 것과 달리 나노 단계의 물성은 그 특징이 표면에 의해 결정된다. 예를 들어 물질이 나노 크기로 줄어들면 부피 대비 표면적이 기하급수적으로 커지고 그에 따라 표면의 특성도 급격히 달라진다(서갑양 2016, 24). 그렇기 때문에 결과적으로 나노 규모의 관찰은 물질적이면서도 비물질적이고, 직접적이면서도 원격적이며, 그런 점에서 촉각적이면서도 직접 만질 수는 없는 이중의 양상들을 보인다(Vesna & Gimzewski 2003).

특히 시각 중심으로 물질의 세계를 접근하는 기존 지각 방식에서 볼 때, 나노 단계의 촉각적 지각은 중심 지각의 변동을 일으킨다는 점에서 시사하는 바가 크다. 이와 관련해서 애스콧은 촉각에 의해 물질의 핵심을 접근하는 나노 관찰이 물성의 두 측면, 이를테면 순수 물질(pure matter)과 순수 의식(pure consciousness)을 드러낸다고 주장한다(Ascott 2006, 65). 지각은 물질에 내재한 객관적 특질들, 즉 색이나 소리, 맛, 냄새, 촉감 등의 오감(五感)을 통해 대상을 인식하는 과정이다. 인식의 결정적 계기인 감각은 대상에 직접적으로 접촉하는 촉각이나 미각, 후각 등의 근(近)감각과, 거리를 두고 대상을 확인하는 시각, 청각 등의 원(遠)감각으로 구분할 수 있는데, 대상에 좀 더 가까이 접근할수록 지각이 더 명확해진다는 사실을 감안할 때 이에 잘 부합하는 감각 중 하나가 촉각이다(벨슈 2005, 39-41, 117-118). 피부 감각인 촉각은 대상의 표면이나 표피, 질감 등을 직접 지각하기 때문이다. 그런데도 불구하고 전통적으로 촉각은 오감 중에서도 시각이나 청각에 비해 덜 중요한 감각으로 취급되어 왔다. 피부에 닿는 감촉이나 질감은 정보 처리의 범주가 한정될 뿐만 아니라 그것을 공통 지표로 객관화하기가 쉽지 않기 때문이다. 그러나 현대 미디어 사상가인 마셜 맥루언(Marshall McLuhan)은 감각 비율의 균형(balance)이 중요하다는 견지에서 시각에 편중된 지각 방식을 비판하고, 전자 미디어가 마취 상태로 마비된 오감을 깨워줄 것으로 전망한다(맥루한 2002, 60, 77, 88, 92). 그에 따르면 전자 미디어는 본질적으로 촉각적이다(맥루한 2002, 356). 전자 미디어로 인해 인간은 드디어 피부로 세계를 접하게 되었다. 몸의 확장이 이루어지는 것이다(맥루한 2002, 80). 맥루언이 감각 비율의 균형을 오감의 활성화로 보고 이런 지각의 변화를 몸의 확장으로 제시한다면, 미학자 볼프강 벨쉬(Wolfgang Welsh)는 원감각과 근감각의 복합적인 피드백을 전체적인 감각 혹은 본래적인 지각으로 파악한다(벨슈 2005, 118-119).

맥루언이나 벨쉬처럼 특정 감각, 즉 시각에 의한 지각을 비판하는 관점에서 볼 때, 촉각을 비롯해서 지각의 다양화를 시도하는 나노 기술은 분명 눈여겨 볼 만하다. 실제로 나노 공학 및 과학자들은 나노 기술이 지각의 새로운 혁명을 야기할 것이라 예견한다. 가령 나노 기술은 신체 조직에 이식할 초소형의 전자 장치를 개발해서 이식 기관과 세포를 연결해주기도 하는데, 예를 들어 1970년대에 처음 개발되어 오관(五官)의 하나를 대체하고 있는 인공 와우(cochlear implant)는 최근 나노 기술의 도입으로 획기적인 발전을 더하고 있다. 인공 와우는 외과 수술을 통해 청각과 평형감각을 담당하는 내이(內耳) 안쪽 깊은 곳에 소형의 전극(電極) 장치를 설치해서 상실된 청력을 보완하는 것이다(오마투나 2015, 161). 소리를 지각하려면 최소한 청각 신경의 기능이 필요하기 때문에, 인공 와우를 통해 전극이 귓속 신경 섬유를 자극해서 뇌에 신호를 보내게 된다. 전극은 두피 아래에 이식된 수신기에 부착되고, 또한 탈부착이 가능한 무선 송신기가 프로세서를 통해 보청기처럼 생긴 마이크와 연결된다. 이때 인공 와우로 소리를 들을 수는 있지만 소음 중에 소리를 듣거나 음악을 듣기에는 한계가 있어서, 청력 개선에 탄소(carbon) 나노 튜브를 이용하는 방법이 시도되고 있다. 특수 단백질과 결합, 고분자로 코팅된 나노 튜브가 청각 세포의 퇴화를 막고 동시에 소리 신호를 뇌에 전달해서 신경의 전기 자극을 증폭시키는 기능을 하게 된다(오마투나 2015, 161). 이런 방식으로 2001년과 2007년 두 차례에 걸쳐 양쪽 귀에다 인공 와우 이식 수술을 받은 마이클 코로스트(Michael Chorost)는 자신의 저서 『재건: 청각 세계로의 여정(Rebuilt: My Journey Back to the Hearing World)』(2006)에서 인공 와우 이식 후 생물학적 섭리뿐만 아니라 컴퓨터 프로그램 원리에 따라 세상을 인지하게 되었다고 밝힌다(Chorost 2006, 9). 또한 그런 점에서 자신의 몸을 알고리즘 규칙에 따라 통제되는 사이버네틱적 유기체로 서술한다(Chorost 2006, 71).

이 지점에서 다음의 의문이 제기될 수 있다. 사이버네틱적 유기체, 즉 사이보그와 같은 바이오 미디어의 지각은 과연 인간 본연의 지각인가? 기술로 매개되는 지각은 인간의 지각을 확장시키는가, 아니면 궁극에 축소시키고 마는가? 바이오 미디어적 지각은 디지털 데이터의 코드화와 탈(脫)코드화, 재(再)코드화 등이 끊임없이 재매개되는 과정이다. 인공 와우로 세상을 듣는 코로스트의 지각은 컴퓨터로 매개되는 지각이며, 따라서 엄밀히 말해 컴퓨터 없이는 불가능한 지각이다(Chorost 2006, 188). 마찬가지로 물질을 촉각적으로 지각하는 나노 관찰은 인간의 눈으로는 절대 보지 못하는 수준의 물질을 접근한다는 측면에서는 지각의 확장으로 간주할 수 있지만, 이때의 촉각 역시 기술에 의한 것이라는 점에서는 인간의 고유한 지각으로 보기 어렵다. 맥루언이 역설한 몸의 확장은 결국 인간의 몸과 기술 미디어가 매개되는 경우를 전제하는 것이다. 물론 이때 재매개를 어떻게 보느냐에 따라 지각의 의미 역시 달라질 것이다. 가령 맥루언과 다르게 기술 철학자 돈 아이디(Don Ihde)는 인간과 기술의 관계를 체현(embodiment) 관계, 해석적(hermeneutic) 관계, 배경(background) 관계 등으로 나누고, 인간이 기계를 매개로 세계를 경험하게 되는 도구로서의 기계와, 인간과 기계의 결합을 통해 세계를 경험하는 인간의 확장으로서의 기계를 구분한다(Ihde 1979, 6-14). 이때 인간과 기계의 관계는 지향성(intentionality)에 따라 달라지며, 둘의 관계에서 이 지향성도 재매개된다. 아이디에 따르면 기계의 매개가 인식되지 못하는 투명한 과정에서 인간의 감각은 확장되거나 반대로 축소되는 변형이 발생하기 때문에, 감각의 확장뿐만 아니라 축소 가능성에 대해서도 반성적 성찰이 필요하다(Ihde 1979, 65).

맥루언이나 아이디와 달리 디지털 미디어 이론가 폴 비릴리오(Paul Virilio)는 기술 매개적 지각을 매우 강하게 비판한다. 비릴리오는 르네상스 원근법과 같은 시각 기제를 소극적인 작은 광학(small optics)으로, 전자 미디어의 기계 시각을 적극적인 큰 광학(big optics)으로 정의한다. 그에 따르면 20세기 이후 전자 미디어와 디지털 원격 통신 기술이 급속도로 결합되면서 큰 광학이 작은 광학을 대체하고, 그로 인해 거리와 공간 개념이 와해되는 가운데 실시간의 원격 지각이 강화된다(Virilio 1992, 82-93). 물리적 거리의 붕괴는 대상의 관계들을 파괴해 물질의 질서를 무너뜨리고 익숙한 지각의 패턴도 없애버린다. 결국 큰 광학의 확대는 시각의 지나친 비대(肥大)를 불러일으켜 시각적 공황을 야기하고 직접적인 지각의 쇠퇴를 초래해 감각 환경을 오염시킬 것이며, 원격 시각을 통해 한눈에 다 볼 수 있는 실시간의 원격 감시 시스템이 공고해질 것이다(비릴리오 2002, 116-117). 프리드리히 키틀러(Friedrich Kittler)는 컴퓨터를 모든 미디어의 미디어로 간주한다(키틀러 2011, 343). 그에 의하면 컴퓨터의 디지털 알고리즘에서는 미디어 콘텐츠가 인간의 어떤 감각을 다루는지 전혀 중요하지 않다. 모든 것들이 코드로 변환되는 컴퓨터의 정보 처리 방식에서는 감각들의 차이가 더 이상 유효하지 않기 때문이다(키틀러 2011, 345).

5. 어떤 바이오 미디어인가?

인간의 몸이 바이오 미디어의 상태일 경우에는 키틀러의 주장처럼 특정한 감각이 무의미할 수 있다. 인공 와우 같은 전자 기기들은 전기 신호를 처리하기 위해 뇌의 변화를 요구하게 되는데, 뇌의 일부를 전자 기기나 외부 컴퓨터에 연결함으로써 전극은 뇌나 혹은 몸의 어느 부분으로도 만들어질 수 있기 때문이다. 사이보그 아티스트이자 색채의 예술가로 알려져 있는 닐 하비슨(Neil Harbisson)은 세상을 흑백의 색으로만 볼 수 있는 선천적 전색맹(achromatopsia)이다. 그런데도 그는 자신의 두개골에 장착한 전자 눈(electronic eye), 일명 '아이보그(eyeborg)' 안테나를 이용해서 색을 소리 파장으로 코드 변환시키고 그것을 다시 이미지로 재구성하는 작업을 진행한다. 2003년에서 2004년에 걸쳐 하비슨과 컴퓨터 과학자 아담 몬탠돈(Adam Montandon)에 의해 고안된 아이보그는 하비슨을 둘러싸고 있는 주변의 색채들을 소리로 전환해서 그에게 알려준다(Stuart 2014). 모든 소리에 고유의 주파수가 있듯이 색에도 특유의 주파수가 있다. 아이보그 센서를 통해 감지된 빛의 파장은, 이를테면 빨간색은 F, 노란색은 G, 녹색은 A 등으로 코드 변환되어 소리로 전달된다. 덕분에 하비슨은 자신이 보던 흑백의 세상이 실제로는 어떤 색채들로 이루어져 있는지 소리로 구분할 수 있게 되었다. 소수의 색들만 감지할 수 있었던 초기 단계에서 출발해 최근에는 360여개의 다양한 색을 감지하는 단계로까지 발전했고, 심지어 인간의 눈으로는 볼 수 없는 자외선과 적외선까지도 소리로 구분한다(Stuart 2014). 뿐만 아니라 와이파이나 블루투스 등의 통신과도 연동되어 멀리 떨어져 있는 그의 지인들이 스마트 폰 애플리케이션을 이용해서 사진 이미지들을 하비슨의 아이보그로 직접 전송할 수도 있으며, 모바일 기기나 인터넷에 접속해서 세계 도처에 있는 색채들을 언제든 지각할 수 있다.

색을 보고 그 색의 소리를 듣는 아이보그 지각으로 인해 하비슨은 이제 소리만 들어도 그에 해당하는 색을 떠올린다. 물론 이렇게 되기까지 그는 아이보그가 이식된 순간부터 색채 코드를 소리 코드로, 그것을 다시 색채 코드로 바꾸는 코딩의 변환 과정을 학습해 왔으며, 이 과정 중에 아이보그 기술 프로그램이 업그레이드될 때마다 그의 지각 범주도 강화되었다. 그런 점에서 하비슨의 지각은 플루서가 제시한 '테크노 상상(techno-imagination)'과도 일맥상통한다. 플루서에 따르면 선사 시대의 그림 코드에는 마술적 사고가, 역사 시대의 텍스트 코드에는 계몽적 사고가, 그리고 테크노 코드에는 테크노 상상이 요구된다(플루서 2001, 115-168; 플루서 2004, 27-35). 플루서는 특히 디지털 시대에 장치-작동자 복합체로서의 인간에게 필요한 지각으로 테크노 상상을 역설하는데, 그가 말하는 테크노 상상이란 테크노 코드의 표면, 즉 테크노 이미지에 대해 감각적으로 지각할 뿐만 아니라 그 이미지를 생성하는 기술 프로그램 및 시스템에 대해서도 동시에 지각하는 양상을 뜻한다(플루서 2001, 150, 170, 172, 180-181; 플루서 2004, 33-34). 말하자면 테크노 코드를 컴퓨터 프로그램 구성이나 개념의 상징들로 인지할 수 있을 뿐만 아니라, 그것을 다시 컴퓨터로 재코드화할 수 있는 지각력인 것이다. 이는 작금에 전(全) 세계적으로 불고 있는 코딩 교육 열풍을 통해서도 이해할 수 있다.

테크노 상상은 기술 미디어와 인간이 하나의 융합체, 즉 바이오 미디어로 존재하기에 가능한 혹은 필요한 지각이다. 하비슨의 경우도 마찬가지다. 하비슨은 자신의 아이보그 지각과 다른 사람들의 지각이 상충되는 경험을 통해 인간의 지각이 고정 관념이나 개념, 텍스트 등에 의한다는 사실을 발견하고, 이를 작품으로 제시한다. 가령 붉은 색은 대체로 역동적이고 열정적인 색으로 해석되지만, 하비슨의 아이보그 지각에 의하면 붉은 색은 고요한 속성의 물질이다(Stuart 2014). 따라서 색과 소리의 고유한 물질 상태 그 자체를 상호 코드 변환한 아이보그 지각의 결과물이 오히려 우리에게는 잘못 해석된, 그렇지만 다르게 표현된 정보로 읽혀 독특한 이미지 세계의 예술작품으로 평가받게 된다. 인지 과학이나 생명 공학자들은 하비슨의 이런 아이보그적 지각을 물질로부터 추상된 보편의 특질, 즉 '제3의 퀄리아(qualia)'로 설명한다(Stiles & Shimojo 2015, 666). 하비슨의 지각에서 아이보그 센서로 해독된 색채의 시각 데이터는 청각 데이터로 재코딩되고, 마찬가지로 자연의 소리 또한 색채로 코드 변환되어 인간의 일반적인 지각으로는 경험할 수 없는 새로운 공감각이 생성된다. 그렇기 때문에 앞서 언급했던 바와 마찬가지로 이런 제3의 퀄리아 지각을 인공적으로 연상된 심상으로 판단해야 할지, 아니면 실제의 공감각으로 간주해야 할지에 대한 의문이 제기될 수 있다(Stiles & Shimojo 2015, 666).

이와 관련해서 하비슨은 흑백 색맹을 결코 장애로 생각하지 않으며, 사이버네틱스를 통해 인간의 감각과 지각을 확장할 수 있다고 주장한다(Watson 2015). 그는 언론 인터뷰 등을 통해 아이보그의 기술 미디어가 필요와 사용의 도구가 아니라 이미 자신의 몸의 일부이며, 그 자신이 곧 기술 미디어임을 당당히 밝힌다. 하비슨에 의하면 인간의 지식은 감각 기관의 감지 능력으로부터 가능한 것이므로 인류가 이 지각력을 확장시키면 이는 곧 인류의 지식을 확장하는 것과 같다(Watson 2015). 이에 지각 확장의 일환으로 2013년에는 새로운 아이보그 안테나를 다시 이식하는데, 이 아이보그는 기존의 것과 달리 뭔가에 닿으면 촉각까지도 감지하게 해준다. 실제로 수많은 과학자 및 기술 공학자들은 현재의 융합 기술을 통해 인간 존재 자체를 개선하고 재건할 수 있다고 전망한다. 특히 생물학과 나노 기술 분야에서의 급진적이고 혁신적인 발전이 향후의 인류를 지배할 것이라고 주장한다(Gazit 2007, 123). 예를 들어 생명 공학이나 유전 공학, 의학 등과 융합된 나노 기술은 인간의 생리적 기능을 수정 및 대체하고 지각력을 강화하는 신체 이식 장비와 기기들을 제공하고 있으며, 최적의 결과를 위해 최근에는 이 기술을 통해 인간의 두뇌와 컴퓨터를 직접 연결하려는 시도들도 박차를 가하고 있다. 나노 기술의 궁극적인 목표는 나노 규모의 생물학 기계를 생산하는 것이다(Gazit 2007, 121). 이런 목표에서는 나노 기계가 생물학적 분자와 다르지 않다. 예를 들어 나노 공학자이자 생명 물리학자인 에후드 가짓(Ehud Gazit)에게 인간의 뇌는 화학과 물리의 법칙을 따르는 정교한 기계다. 그러므로 이 기계가 여느 기계처럼 실험실에서 제작되거나 조립 라인을 통해 대량생산되지 않을 이유가 없다(Gazit 2007, 126). 또한 이런 관점에서 보면 나노 기계와 마찬가지로 인간의 몸 역시 얼마든지 재구성되거나 업그레이드될 수 있는 것이다.

그러나 다른 한편으로 사이보그나 바이오 미디어 등이 된다는 것은 인간의 몸에 보조 장치를 이식하는 것 이상의 의미를 갖는다. 인간은 지각을 통해 세계를 구성하고 인식한다. 그런 점에서 인간의 지각은 가장 일차적이고도 보편적인 정보 처리 방식이다. 그런데 인간이 바이오 미디어로 존재하게 되는 디지털 환경에서는 인간과 세계가 지각의 주체와 객체로 분리되지 않고 서로의 재매개적 상호작용으로 구성된다. 애스콧은 비트, 원자, 뉴런, 유전자 등의 혼합으로 작동하는 모이스트 미디어의 지각을 '포스트 생물학적 사이버 지각(post biological cyberception)'으로 규정한다(Ascott 2003, 223). 이처럼 인간이 바이오 미디어로 존재한다는 사실은 인간을 정보 처리 기계, 특히 지능을 지닌 컴퓨터와 유사한 정보 처리 기계로 간주하고 또 그렇게 다룬다는 뜻이기도 하다. 그런데 생물학적 유기체와 사이버네틱적 구성 사이에 뚜렷한 차이의 근거를 두지 않는다는 식의 관점은 일면 몸과 정신을, 질료와 정보를 이원적으로 분리하는 관점만큼이나 모순적일 수 있다. 앞서 살펴보았듯이 바이오 미디어로서의 인간의 몸은 컴퓨터 안에 존재하든 밖에 존재하든 정보만으로는 절대 이루어질 수 없기 때문이다. 이에 헤일즈는 탈물질화된 정보 기술과 신체화된 가상성을 의도적으로 대비시키고 이로부터 새로운 주체성이 파생될 수 있음을 역설한다(헤일스 2013, 433-434). 그에 의하면 정보 기술의 가능성은 받아들이되, 기술의 무제한적인 힘과 신체 없는 불멸성의 환상에 사로잡히지 않는 것이 중요하다(헤일스 2013, 5).

앞서 살펴본 예시들이 방증하는 바, 포스트휴먼 시대의 도래를 부정하기는 어렵다. 영국 정부로부터 공식 허가를 받아 하비슨의 여권에 아이보그 안테나가 장착된 증명사진이 허용되고 있다는 사실은 포스트휴먼의 조건들이 증대되고 있는 현 상황에서 여러 가지를 시사해준다. 그렇다면 지금 우리가 숙고해야 할 문제는 포스트휴먼의 수용 여부를 넘어 어떤 포스트휴먼이 되느냐의 문제일 것이며, 이 문제는 곧 지각과 직결되는 부분이기도 하다. 바이오 미디어로서의 인간은 이미 자연 상태의 인간으로 존재하지 않기 때문에 바이오 미디어의 지각을 인간의 지각인지 아닌지의 여부로 묻는 것 자체가 모순일 수 있고, 이 역시 인간 중심적인 접근일 수 있다. 그럼에도 불구하고 이 질문을 던지는 이유는, 지각에 관한 문제 제기를 멈추는 순간 인간은 더 이상 인간으로 코드화되고 풀이될 수 없게 되기 때문이다. 포스트휴먼의 대표적 사례는 사이보그다. 그런데 사실 혼성 용어 사이보그(cyborg)에서는 정작 인간(human)의 코드를 찾아볼 수 없다. 사이보그를 여전히 인간으로 해석하거나 통용할 수 있는 근거는 생물 기관(organ)으로부터의 반추에 의한 것이다. 마찬가지로 최근에 등장한 혼성 용어 바이오 미디어(biomedia)에도 인간의 코드는 없다. 인간을 기술 미디어적 개체로 접근하는 바이오 미디어를 인간의 일부로 간주할 수 있는 근거는 바이오 미디어의 생물적 요소(biology) 때문이다. 만약 여기에 나노 기술을 도입하면 생물적 요소는 단지 물적 요소에 지나지 않게 된다. 바이오 미디어를 인간에 적용하고자 한다면, 인간의 지각에 관한 근본적인 질문이 다시금 제기되어야 할 것이다.

참고문헌

노르베르트 볼츠. 2000. 『구텐베르크-은하계의 끝에서: 새로운 커뮤니케이션 상황들』. 윤종석 옮김. 서울: 문학과지성사.

도날 P. 오마투나. 2015. 『나노 윤리』. 이상헌, 이원봉 옮김. 서울: 아카넷.

돈 아이디. 1988. 『기술철학』. 김성동 옮김. 서울: 철학과현실사.

디터 메르쉬. 2009. 『미디어이론』. 문화학연구회 옮김. 서울: 연세대학교출판부.

레프 마노비치. 2004. 『뉴미디어의 언어』. 서정신 옮김. 서울: 생각의 나무.

마샬 맥루한. 2002. 『미디어의 이해: 인간의 확장』. 박정규 옮김. 서울: 커뮤니케이션북스.

볼프강 벨슈. 2005. 『미학의 경계를 넘어: 현대미학의 새로운 시나리오, 진단, 전망』. 심혜련 옮김. 서울: 향연.

빌렘 플루서. 2001. 『코무니콜로기』. 김성재 옮김. 서울: 커뮤니케이션북스.

빌렘 플루서. 2004. 『그림의 혁명』. 김현진 옮김. 서울: 커뮤니케이션북스.

서갑양. 2016. 『나노기술의 이해』. 서울: 서울대학교 출판문화원.

제이 데이비드 볼터, 리처드 그루신. 2006. 『재매개: 뉴미디어의 계보학』. 이재현 옮김. 서울: 커뮤니케이션북스.

캐서린 헤일스. 2013. 『우리는 어떻게 포스트휴먼이 되었는가』. 허진 옮김. 서울: 플래닛.

폴 비릴리오. 2002. 『정보과학의 폭탄』. 배영달 옮김. 서울: 울력.

프리드리히 키틀러. 2011. 『광학적 미디어: 1999년 베를린 강의』. 윤원화 옮김. 서울: 현실문화연구.

Ascott, Roy. 2003. *Telematic Embrace: Visionary Theories of Art, Technology and Consciousness*, ed. Edward A. Shanken. Berkley, CA: University of California Press.

Ascott, Roy. 2006. "Technoetic Pathways toward the Spiritual in Art: A Transdisciplinary Perspective on Connectedness, Coherence and Consciousness." *Leonardo* 39 (1): 65-69.

Bricken, Meredith. 1991. "Virtual Worlds: No Interface to Design." *Cyberspace: First Steps*, ed. Michael Benedikt, 363-382. Cambridge, MA: MIT Press.

Casini, Silvia. 2014. "Sensing Nanotechnologies through the Arts: Seeing and Making on the Surface of Things." *Leonardo* 47 (1): 37-39.

Clough, Patricia. 2008. "The effective turn: Political economy, biomedia and bodies," *Theory, Culture and society* 25 (1).

Chorost, Michael. 2006. *Rebuilt: My Journey Back to the Hearing World*. Boston: Mariner.

Gazit, Ehud. 2007. *Plenty of Room for Biology at the Bottom: An Introduction to Bionanotechnology*, London: Imperial College Press.

Hansen, Mark B. N. 2004. *New Philosophy for New Media*. Cambridge, MA: MIT Press.

Jeffries, Stuart. 2014. "World's first cyborg artist." *The Guardian* 6 May.

Milburn, Colin. 2010. "Tactical Atomism." In *Art in the Age of Nanotechnology*, eds. Vashti Innes-Brown, Chris Malcolm, and

Pauline Williams, 8-20. Perth: John Curtin Gallery.

Stiles, Noelle R. B. and Shinsuke Shimojo. 2015. "Sensory substitution: A new perceptual experience." In *Oxford Handbook of Perceptual Organization*. ed. Johan Wagemans, 655-670. Oxford: Oxford University Press.

Thomas, Paul. 2009. "*Midas*: A Nanotechnological Exploration of Touch." *Leonardo* 42 (3): 186–192.

Toumey, Chris and Michael Cobb. 2012. "Nano in Sight: Epistemology, Aesthetics, Comparisons and Public Perceptions of Images of Nanoscale Objects." *Leonardo* 45 (5): 461-465.

Vesna, Victoria and James K. Gimzewski. 2003. "The Nanoneme Syndrome: Blurring of Fact and Fiction in the Construction of a New Science." *Technoetic Arts: A Journal of Speculative Research* 1 (1).

Virilio, Paul. 1992. "Big Optics." In *On Justifying the Hypothetical Nature of Art and the Non-Identicality within the Object World*, ed. Robert Fleck, 82-93. Köln: Walther König.

Watson, A. 2015. "Cyborgs have their own Interest Group now." *Carbon Culture: The Intersection of Technology+Literature+Art* 1 February.

제5장
언어화와 미디어화
–색채 브랜딩 사례를 중심으로

제5장 언어화와 미디어화

– 색채 브랜딩 사례를 중심으로

고경난

근래 커뮤니케이션학, 사회언어학, 그리고 언어인류학 연구들에서 "미디어화(mediatization)"라는 개념이 사용되고 있다. 미디어화에 대한 공통된 정의를 서로 다른 학문분야들이 따르는 것은 아니다. 그러나 각 분야가 공통되게 주목하는 것은 일반적으로 말하는 대중매체로서의 '미디어(media)' 즉 일대다 대중적 의사소통 매체가 현대사회에서 일상적으로 수행하는 특수한 사회적 매개의 역할과 방법, 그리고 그 함의이다. 쓰인 '글'의 매개성은 베네딕트 앤더슨(Benedict Anderson)의 고전적 저서 이후 관심이 지속돼왔다(Anderson 1998). 그러나 현재 미디어화에 대한 관심은 인쇄물 뿐 아니라 영화와 같은 영상매체 및 인터넷 의사소통 매체에까지 이른다.

본 논의는 인류학 그리고 더 정확하게는 언어인류학과 기호인류학에서 미디어화 개념이 어떻게 사용되고 있는가를 소개하고 이 개념을 통해 한 국내 화장품 기업의 색채 브랜딩에서 관찰이 가능한 매체와 소비자간 기호과정을 텍스트를 통해 분석해 보는 데에 있다. 이 화장품 회사는 국내 및 아시아권 시장에서 색채 브랜딩 사례로 잘 알려진 브랜드를 가지고 있고, 주된 고객층은 청소년층이며 색조 제품을 다양하게 제공하는 것으로 알려져 있다. 미디어화 작용을 광고와 상품명 그리고 상품색명을 중심으로 살펴보고, 그 과정에 필수적인 비언어적 기호의 언어화에 대해 논의한다.

우선 본 논의는 인류학적 관점에서의 미디어화 개념을 소개하는 것으로 시작한다. 그 후 색채 브랜딩 사례를 통해 미디어화에 관여되는 기호과정들을 살펴본다. 하나의 인류학적 사례를 면밀히 살펴봄으로써 이 논의는 특정 '소비자'라는 사회의 미디어화, 더 나아가 사회의 기호학적 매개(semiotic mediation)에 비언어적 기호의 언어화가 중요한 역할을 하고 있음을 밝혀보려고 한다. 논의를 시작하기에 앞서 먼저 밝힐 것은 여기서 'media'는 미디어 또는 매체, 'mediatization'은 미디어화, 그리고 'mediation'은 매개로 번역한다는 것, 그리고 사례로 사용된 색채 브랜딩 회사의 명칭은 인류학적 관례와 본 연구자의 선행연구를 따라 가명처리 한다는 것이다(cf. 고경난 2016).[1]

1. 미디어화(mediatization)과 기호학적 매개(mediation)

인류학에서 미디어화 개념을 이론적으로 풀이한 첫 시도는 미국 펜실베니아 대학교(University of Pennsylvania)의 언어인류학자 아시프 아가(Asif Agha)에게서 찾을 수 있다. Agha(2011)는 학술지 『Language & Communication』에 출판한 논문에서 미디어화를 "매

1) 본 연구는 공공영역에서 쉽게 찾아 볼 수 있는 광고를 사용한다. 광고는 변형하여 사용할 수 없으므로 그대로 사용한다. 하지만 사례기업의 허가를 따로 받거나 인류학적 민족지 조사 시, 인터뷰에 응해준 면담자들에게 가명을 사용하기로 했으므로 회사 이름을 가명처리 하기로 하였다.

우 특별한 기호학적 매개의 경우"라며 "기호학적 매개라는 상위개념에 속하는 개념(mediation englobes mediatization)"이라고 했다(pp. 163-165). 20세기 후반 이후 사회가 복잡화(complex)되고 각종 대중매체 채널을 통한 의사소통이 보편화된 것에 반응, 그는 찰스 샌더스 퍼스(Charles S. Peirce) 기호학을 인류학적으로 응용해 미디어화를 대중매체를 중심으로 벌어지는 사회적 삶과 문화의 기호학적 매개 현상으로 바라보았다.

미디어화가 기호학적 매개인 이유는 미디어화 또한 퍼스 기호학적 관점에서 봤을땐 근본적으로 세미오시스, 즉 기호로 매개되는 의사소통 과정이기 때문이다. 다양한 기호들이 서로 연결(link)되고 연관(relate, associate)되어 의미를 구성하고 또 끊임없이 의미를 재생산하는 작용이라는 것이다. 예로 일상생활에서의 면대면 대화를 생각해 보자. 한 주제를 두고 그 주제를 대표하는 단어 "사과"가 있다고 하자. 대화 참여자들은 사과라는 언어기호를 통해 그 단어를 다시 그대로 사용하는 기호 '활용(uptake)'을 실천할 수도 있고 그것을 다시 "예쁜 사과"로 '재활용(recycle)'할 수도 있고, 또 "사과 가게"에 대한 이야기로 주제 전환을 시도할 수도 있다. 의사소통적 상황에서 끊임없이 이어지는 기호학적 의미작용은 이와 동일하게 미디어화의 경우에도 찾을 수 있다는 것이다.[2] 사실 미디어화는 미디어화가 아닌 의사소통적 의미작용 없이는 논할 수 없는 현상이다.

그런데 미디어화는 기호학적 매개 중에서도 "매우 특별한 기호학적 매개의 경우"라고 Agha는 보았다. 그것이 "매우 특별한" 이유는 미디어화는 (1) 특히 대중매체 혹은 대중을 상대로 메시지 전달이나 소

2) 인류학에서 "기호학적 매개"을 소개하고 다수의 언어인류학적 연구를 수록한 저서로는 머츠(Mertz)와 파멘티어(Parmentier)의 『Semiotic Mediation: Sociocultural and Psychological Perspectives』가 있다(1985).

통이 가능한 라디오, 텔레비전, 신문과 잡지 등의 인쇄물 같은 기관적(institutional) 성격의 의사소통 채널 때문에 벌어지는 매개의 경우이고, 또 이로 인해 (2) 그 매개의 범위나 규모, 즉 의미작용의 사회적 '스케일(scale)'이 다른 메시지 전달 또는 기호학적 의사소통 상황들과 성격이 다르고 또한 인류역사상 그 사회적 매개의 범위가 유례없기 때문이다. 미디어화에 대해 기호학을 적용하는 타 인문사회과학 학문의 논의 또한 이 기호학적 매개의 사회문화적 범위 혹은 규모에—의식적으로든 무의식적으로든—반응하는 것이라고 본다.

Agha의 미디어화의 개념화가 기존과 차별화되는 것은 그것을 근본적으로 기호학적 매개라고 보고 사회와 삶이라는 '실제' 맥락에서 미디어를 중심으로 발생하는 매개작용을 이론화한 점이라고 하겠다. Agha의 미디어화에 대한 이론화는 기호학적인 데 그치지 않고 매개라는 작용의 사회적 조건과 상황들을 총체적으로 고려한다. 미디어화가 기호의 의사소통적 상황에서 발생하는 것으로 파악하고 20세기 후반 이후 대중매체가 어떻게 '특별하게' 사회를 매개화하는가를 설명하려 했기 때문이다.

> 의사소통적 매개를 논한다는 것은 의사소통에 사용되는 기호가 그것이 연결하는 기호 사이의 다리가 되거나 혹은 연결을 구성하면서 다른 사회적 역사의 스케일(scale)에서 활용 그리고 반응이라는 활동들을 통해 사회관계를 매개하게 되는 것을 관찰하는 것이다. 미디어화는 매우 특별한 기호학적 매개의 경우이다. 미디어화를 이야기하는 것은 의사소통 과정과 재화(財貨) 과정이 재귀적으로 연관되는 기관적 실천을 논하는 것이다. [To speak of communicative mediation is to observe that communicative signs formulate a bridge or connection among those they link, mediating social relations through activities of uptake and response at different scales of social history. Mediatization is

a very special case of mediation. To speak of mediatization is to speak of institutional practices that reflexively link processes of communication to processes of commoditization.] (Agha 2011: 163)

이 문단을 자세히 살펴보도록 하자. 지금까지는 Agha의 미디어화가 타학문 대비 구별되는 것이 그것이 퍼스 기호학을 인간의 사회문화적 삶의 문제, 문화적 실천과 결부시켰기 때문이라 했다. 이것은 퍼스 기호학을 실제 사회관계 속의 문화 작용에 응용한 관점이고 마땅한 인류학적 관심이다. 자세하게 미디어화가 무엇인지 위 문단 마지막에 요약적으로 서술돼 있는데, Agha가 말하는 미디어화는 (1) "의사소통"이라는 기호학적 과정과 (2) "재화(혹은 상품화)"라고 은유적으로 표현한 것으로 보이는 기호-기관-다수의 해석자들을 연결하는 사회문화적 차원의 과정이 포함돼 있다. 그리고 이 두 개의 이론적으로 구분 가능한 과정이 상호적으로—재귀적 혹은 성찰적으로(reflexively)—연관을 맺는 것이 2011년 논문에서 밝힌 미디어화이다.

미디어화는 기본적으로 기관적 실천(institutional practice)이 바탕이 되는 사회의 기호학적 매개 현상이고, 이 매개는 의사소통과 재화/상품화가 서로 유기적 관련을 맺음으로써 가능하다는 것이다. 여기서 한 가지 유의할 것은 Agha가 재화 또는 상품화(commoditization)라 지칭한 작용은 단지 시장에서 순환하는 사물이 경제적 가치를 획득하는 그 일상적 의미는 아니라는 것이다. 여기에서 재화/상품화란 기호가 메시지 수신과 활용을 위하여 가치 중립적인 기호체(sign-vehicle)가—마치 상품과 같이—수신자에게 수신을 호소하는 부가적 가치 또는 부가적 의미를 획득하게 되는 과정을 지칭한다고 보는 것이 더 적절하다. 실제로 Agha는 그의 논문에서—상품화/재화가 단순히 경제적 기호 교환 맥락의 차원에서 벌어지는 작용이 아니라—교육현장, 법, 정치 등 다양한 일대다 의사소통의 기관적 실천들을 통해 벌어지는 현상이라 적었다.

> 의사소통과 재화/상품화를 연결지음으로써 미디어화(된) 기관들은 의사소통적 역할들과 사회경제적 분업의 지위들을 연결하고, 그리 함으로써 인구 간 메시지 생산과 전파의 효과적 범위를 팽창시키며, 또 이에 따라 의사소통 행위의 참여자들이 서로 공통된 전제들을 지향할 수 있는 범위를 확대한다. 미디어화는 매우 편협한 경우의 기호학적 매개이기 때문에 이 연결들은 공통된 메시지에 대한 서로 다른 형태의 활용과 반응이 발생할 수 있는 규모를 확대하고, 활용의 공식들이 급증함에 따라 소위 "복잡 사회"에서 느껴지는 복잡함 또한 증가시킨다. [In linking communication to commoditization, mediatized institutions link communicative roles to positions within a socioeconomic division of labor, thereby expanding the effective scale of production and dissemination of messages across a population, and thus the scale at which persons can orient to common presuppositions in acts of communication with each other. And since mediatization is a narrow special case of mediation, such links also expand the scale at which differentiated forms of uptake and response to common messages can occur, and thus, through the proliferation of uptake formulations, increase the felt complexity of so-called ''complex society'' for those who belong to it.] (Agha 2011: 163)

그렇다면 미디어화를 이렇게 의사소통화와 재화가 성찰적으로 관계를 맺고 급증하는 의사소통 참여자들이 서로 공통된 전제를 갖고 의사소통에 참여할 수 있도록 하는 기관적(institutional) 문화실천이라 보았을 때, 미디어화에 대한 인류학적 연구는 궁극적으로 대중적 의사소통 도구로서의 미디어에 대한 연구라기보다 매체와 사회 간 문화적 세미오시스(cultural semiosis)에 대한 경험적 고찰 또는 분석이 라고 볼 수 있다.

이러한 Agha의 개념화에 따라 여러 언어인류학적 연구들이 생산됐고 이 연구들은 저마다 미디어화의 다른 양상 또는 차원(dimension)에 주목하였다. 히라모토(Hiramoto 2012)는 일본 애니메이션에서 캐릭터의 이성애적(heterosexual) 정체성이 규범적 정체성을 가리키는 지표기호가 사용됨으로써 규정되는 미디어 상호텍스트성의 문제를 집중적으로 다뤘다. 박성렬(Park 2012)은 보수적 한국 인쇄 매체들이 영어 실력과 엘리트 이미지를 상호담론적 차원에서 결부시키는 문제를 분석했다. 아가(Agha 2012)는 인쇄 또는 인터넷 매체가 교사, 언론인, 변호사를 포함하는 다양한 직업군들과 그들을 각기 구별 짓는 언어기호(diacritics)와 연결하며 사회가 분업적(division of labor)으로 재생산되는 의미작용의 규모 문제를 다뤘다.

이러한 실제 경험적 자료를 근거로 사회와 문화의 미디어화를 분석하는 인류학적 연구들은 기존의 미디어화 연구들과 비교했을 때, 미디어화가 매체를 중심으로 '어떻게' 벌어지는지 그리고 특히 지표기호의 사용과 의미의 상호텍스트적 구성의 문제를 깊이 있게 다루는 것이 특징이다. 경험적 사례들에 대한 세밀한 사회 속 기호과정에 대한 분석은 기호인류학적 연구의 장점이고, 또 이것은 미디어화에 대한 기호인류학적 접근이 전통적 매체이론에서 발전한 미디어화 분석과 차별화되는 지점이라 하겠다.

> 미디어화에 대한 논의는 따라서 매체이론이 아니라 우리가 일상적으로 말하는 대중매체 개념이 은폐하는 여러 사회적 과정에 대한 논의다. 미디어화된 실천들은 매체 속에서도 발생하지만, 매체 외부에서도 일어난다. 또한, 대부분의 미디어화된 대상들은 소위 "매체" 그 자체와는 아무런 연관을 맺지 않

는다. [An account of mediatization is thus not a theory of the media but an account of the social processes that the media construct obscures. Mediatized practices occur inside the media but also outside them. And most mediatized objects are not associated with "the media" at all.] (Agha 2011: 164)

기존의 매체이론에서 다루는 미디어화 분석에 대응하며 Agha는 위와 같이 언급했는데, 이것은 인류학적 연구는 대중매체 그 자체가 아닌 그 매체를 둘러싼 혹은 그 매체의 사회적 작용을 가능케 하는 다양한 '과정'들에 시선을 돌리고 그것이 매체라는 기관을 중심으로 확산하는 것임에 초점을 두는 것임을 강조하는 것이다. 맥루한(McLuhan) 이후 커뮤니케이션학을 비롯한 다양한 20세기의 미디어와 미디어화에 대한 인문사회과학 논의가 역사적으로 특수한 대중매체 그 자체, "the media"(Agha 2011: 164)를 지나치게 강조했던 것에 반해, 인류학에서의 미디어화는 의사소통의 도구인 매체 그 자체(예: 신문, 잡지, 라디오 등)에 대한 과도한 관심은 매체 그 자체, 즉 'the media'를 대상화한다고 보고[3] 대신 기호학적 의사소통 도구로서의 미디어, 그것의 기호학적 매개(semiotic mediation) 양상, 그것이 갖는 의사소통적 내용물, 그리고 미디어의 사회문화적 역할과 기능에 관심을 두는 것이다.

3) Agha(2011: 164)의 지적은 대중 소통 매체로서의 미디어 또는 테크놀로지로서의 미디어에 주된 관심을 둔다면 그것이 의사소통 매체로서 작용하게 되는 기제 그리고 사회적으로 기능하는 과정이 아닌 매체(신문, 잡지, 라디오 등) 그 자체를 대상화(objectification)하게 된다는 것이다.

2. 언어화

위 섹션 마지막 인용문단에서 설명됐듯, 미디어화에 대한 논의는 다양한 사회적 과정에 대한 논의이고 따라서 '미디어화'라고 지칭할 수 있는 기호작용은 그것이 발생하는 현장이나 맥락마다 세부적 세미오시스 양상이 다르다. 이제 이 부문에서는 특정한 미디어화의 양상에 대해 사례를 활용해 인류학적 분석을 시작해 보고자 한다. 여기서 사용되는 사례는 국내에서 대표적인 색채 브랜딩 사례로 꼽히는 한 국내 화장품 회사의 브랜드 "핑크캐슬(가명)"이다. 이 핑크캐슬 브랜드는 청소년을 주된 소비자층으로 삼는 저가 색조 중심 브랜드로, 이 브랜드가 어떻게 대표적인 소녀층 대상 색조 브랜드로 알려지게 됐는지를 살펴보고 상업적 광고 매체의 기호학적 매개가 어떻게 가능한지를 분석해 보겠다. 핑크캐슬은 화장을 하나의 판타지 놀이 문화로 내세우고 있고 미디어화된 소녀적 정체성을 끊임없이 재생산하고 있으며 그 노력을 인정받아 2015년 "웹어워드 코리아"에서 선정하는 모바일 매체 기반 마케팅 부문 활동 최우수상 2건과 프로모션 이벤트 부문에서도 우수상 1건을 수상한 바 있다(이정아 2015).

그림 1. "핑크캐슬" 프랜차이즈 매장 전경, 저자 사진

다양한 측면에서 핑크캐슬의 시도하는 미디어화 활동들을 살펴볼 수 있을 것이다. 본 연구에서는 한 가지 기호학적 매개의 측면, 특히 광고와 웹사이트를 중심으로 이루어지는 다양한 홍보 활동에서 비언어적 기호 색(色)이 어떻게 언어화되고, 또 언어화를 통해 어떻게 이 브랜드가 상품 소비자층에게 다가가려 하는지에 초점을 둔다.

####

핑크캐슬 브랜드는 분홍색을 브랜드의 바탕색이자 대표색으로 삼는다. 이 회사는 초기에 "프린세스(공주)" 마케팅을 하며 매장관리(그림 1)뿐 아니라 웹사이트 구성, 브랜드 홍보물, 프랜차이즈 디스플레이, 심지어 점원이 하는 앞치마도 분홍색으로 통일성을 드러냈다. 이 외에도 핑크캐슬은 각종 이벤트를 개최해 소비자에게 직접적으로 브랜드를 '경험'하고 브랜드 이미지를 재확인 및 재고 할 기회를 마련하는데, 이 고객 이벤트들 명칭이나 광고 또한 명시적으로 분홍색을 사용해 왔다.

그림 2는 그 이벤트 중 두 가지를 색채 마케팅 및 브랜딩 사례로 가져온다. 좌측 이벤트는 영문으로 "핑크 플레이 콘서트"이고 우측의 제목은 핑크캐슬 10주년 기념 "렛츠 핑크 파티!" 이벤트이다. 흑백으로 인쇄돼 확인이 힘들 수 있겠으나 이 두 이벤트 홍보물은 기본색을 분홍색으로 사용하고 있고 분홍빛 색조 스펙트럼을 전면에 걸쳐 사용하고 있다. 비언어적 기호 색 뿐 아니라 이벤트들의 명칭에 명시적으로 영어 "PINK"를 사용함을 볼 수 있다. 색과 언어가 어우러지게 언어기호가 사용되고 있는 것이며 여기서 눈에 띄는 언어기호는 이 이벤트 홍보물의 수신 대상이 '누구인지'를 보다 직접적으로 알려주고 ("PINK 익서스," "PINK 고객"), 또 이 행사들을 통해 핑크캐슬이

‘어떤’ 특별한 경험을 제공하는지를 알리려 하고 있다(“PINK PLAY CONCERT,” “LET’S PINK PARTY,” “Music Party”).

그림 2. 브랜드 이벤트 광고를 통한 색채 브랜딩, 기업브랜드 이름 가림

이 홍보물들을 봤을 때 홍보물이라는 매체의 기호적 구성 측면에서 주목할 것은 디자인 측면에서 가능한 모든 기호학적 구성요소들을 비교적 일관되게—은유적으로 ‘핑크’하게—통일했다는 점이라 하겠다. “일관성”은 명확성, 차별성과 더불어 브랜드에 대한 경영학적 담론에서 가장 빈번하게 사용되는 개념이기도 하다(켈러 2007: 330). 먼저 눈에 띄는 기본 색감이 분홍색일 뿐 아니라 다양한 구성 요소들이 어우러져 분홍색의 느낌을 더욱 강조하고 있다. 특히 사용된 언어기호는 색만으로 전달되지 않는 자세한 메시지, 즉 이벤트의 성격, 홍보물이 겨냥하는 특정 소비자층(“PINK 고객”)을 명시적으로 드러내 주고 또 이벤트에서 제공되는 경험이 무엇인지 전달한다.

이렇게 언어기호의 사용은 매체를 접하는 이로 하여금 그것이 전달하려는 송신자의 메시지가 ‘무엇인지’에 대한 이해를 좀 더 효과적으로 유도하도록 한다. 우리가 텔레비전 광고를 볼 때 모든 광고에 기본적으로 제공되는 메시지 채널은 영상이다. 그러나 영상 이외에도 광고에 따라 음악, 소리, 또는 문자가 위에 덧붙여져 어우러지며 광고의 메시지가 무엇인지를 포장하고 강화한다. 브랜딩과 마케팅 전문가들의 규범적 담론은 이 각기 다른 요소들을 '잘', 일관성이 느껴지도록 하는 것이 중요하다고 말한다.

그런데 이렇게 주관적으로 일관성이 느껴지도록 하는 데에 어떻게 언어가 기여하는지 기호학적 관점에서 좀 더 자세히 살펴보자. 핑크캐슬의 광고나 홍보물이 색감 이외에 글자, 서체, 이미지 등을 사용하는 것은 핑크캐슬 이외에도 우리가 일반적으로 접하는 홍보물들과 다르지 않다. 대부분의 홍보물이 다양한 비언어적 그리고 언어적 요소들을 함께 사용한다는 것이다. 일상적으로 접하는 그 다양한 홍보물 간 차이가 있다면 그것은 매체 그 자체의 구성 방식에 있다기보다 텍스트성을 형성하는 기호학적 구성 방식에 있다. 서론에서 설명한 Agha의 매체이론에 근거한 미디어화 개념에 대한 논의를 떠올려 보면, 기존의 미디어화 연구들은 'the media'라는 것을 객관화하여 미디어화라는 사회 속의 문화 작용을 세미오시스에 대한 분석을 대개 배제한 채 매체 그 자체의 고유한 역할로 풀이한 경우가 많았다. 그러나 매체 그 자체의 고유함이나 독특함이 사회적으로 미디어화를 가능케 한다는 매체와 매체 역할의 객관화보다는 미디어/매체가 어떻게 기호학적 구성을 갖추어 사회관계를 매개하고 또 미디어 담론의 '소비(consumption)'마저 가능하도록 하는가를 파악하는 것이 현 사회에서의 미디어화를 이해하는 데 중요하다고 하겠다.

####

사회에서 기호가—또는 그 기호가 포함된 담론이—소비될 수 있는지, 만약 그렇다면 어떻게 기호의 소비(해석뿐 아니라 일상 담론에서의 활용, 재활용과 같은 문화실천 등을 포함)가 가능한지를 분석하는 것이 미디어화라 말할 수 있는 현상을 기호과정에 초점을 두어 분석적으로 설명하는 것이기에, 여기서 잠시 핑크캐슬이 기존 소비자들로부터 주목받는 점을 살펴보고 다음 장에서 미디어화와 더 명시적으로 연결지어 이야기한다.

핑크캐슬은 마케팅 전문가 담론에서 말하는 소위 브랜드의 "타깃(target)" 소비자층, 즉 주된 고객층에게 재미난, 독특한, "펀 네이밍(fun naming)"으로 알려져 있다(문용필 2014; 이자영 2014). 펀 네이밍이란 재미가 느껴지는 이름을 판매되는 물건에 붙여 사용함으로써 고객의 관심을 끄는 것이라고 전문가들의 문화내적 담론은 설명한다. 그런데 핑크캐슬의 사례를 통해 펀 네이밍이 어떻게 작용하는가를 좀 더 자세히 살펴보면 여기서 '펀', 즉 명명을 통한 '재미'라는 것은 그 특별하게 제작된 이름이라는 언어기호를 매우 정교하게 정해진 특정 소비자층이 쉽게 의미를 해석하고 또 그것이 대신하는 대상(기호)에 비추어 낯설게 느낄 때 발생할 수 있는 기호사용 효과라고 볼 수 있다는 의견이다.

아이섀도 색의 언어화 사례
블링블링 파티 데이 두근두근 데이트 발랄한 걸스 토크 내 마음에 퐁당 시럽빼고 테이크아웃 쉿! 비밀이야 우리 처음 만난 날 너에게 반했어

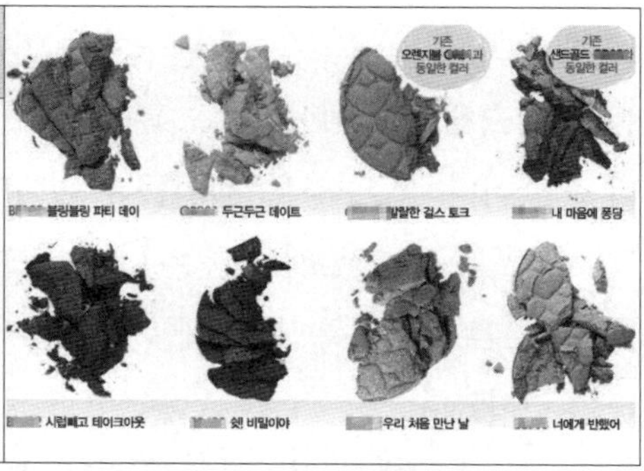

그림 3. 상품색명의 지표적 구성 사례, 핑크캐슬 아이섀도 제품군 중 선별

그림 3은 핑크캐슬의 아이섀도 제품군 중 하나를 선정해 색조 네이밍 사례를 선별해 보았다. 수많은 립스틱, 네일, 아이섀도 색의 명명 방

식이 이 사례와 유사하다(그림 4 참조). 이 사례에서 네이밍 방식을 보면 색 하나하나가 색명과 의미론적 차원 또는 관습적 차원에서 그다지 연관됐다고 할 수 없다. 사례 중 열은 밤색 계열 중 하나의 색의 이름은 "블링블링 파티 데이"라 하고 그보다 약간 짙은 밤색은 "내 마음에 퐁당," 좀 더 짙은 밤색은 "시럽빼고 테이크아웃," 그리고 이 중 가장 짙은 밤색은 "쉿! 비밀이야"이다. 이러한 이름들은 일상적으로 사용되는 색채명이 아니고 전문적으로 사용되는 것도 아니며 우리가 일상적으로 접하는 색채명 관습 또한 따르지 않는다. "쉿! 비밀이야"라는 색명을 접했을 때 이를 색명이라고 해석하는 사람은 아마도 핑크캐슬 제품을 접하고 기억하는 극소수일 뿐일 것이다. 이와 같은 핑크캐슬의 색명/상품명은 많은 경우 상징으로 해석되리라 기대할 수 없는 언어기호라는 것이다. 그렇다면 이와 같은 펀 네이밍 방식을 통해 기대할 수 있는, 또 벌어지고 있는 사회 속의 기호작용은 어떤 것일까?

본 연구자는 핑크캐슬 매장 15곳을 직접 방문해 매장의 점주들 또는 단기 계약직 직원들("스위티")들과 10분~40분가량 면대면 인터뷰를 했다. 흥미로운 것은 연구자가 네이밍에 대한 관심을 표하고 네이밍에 대한 의견을 물었을 때 연구자가 인터뷰한 대부분 핑크캐슬 직원들은 핑크캐슬의 네이밍이 그다지 중요한 것으로 이야기하지는 않았다는 것이다. 많은 경우, 직원들은 네이밍은 핑크캐슬 본사에서 하는 "본사 일"로 보고했고, 이름은 단지 핑크캐슬이라는 회사 브랜드와—도상적으로—닮도록 "이쁘게 이쁘게"(서울 I 매장, 라라) 만든 것이라는 의견이었다.

그러나 매장에서 인터뷰를 통해 또한 알게 된 것은 독특한 네이밍 방식에 장점이 있다면 "부르기 좋은"(42줄) 측면이 있다는 것, 그리고 "애들이 재밌는 말 좋아한다"(41줄)라는 것이다. 그래서 실제로 어떤 소비자들은 매장에 입장함과 동시에 스스럼없이 먼저 상품색명을 사

매니큐어 색의 언어화 사례
소녀의 몽상 [살구색] 춤추는 발레슈즈 [연분홍색] 봄날의 오랜 기다림 [연주황색] 설탕 두 스푼 레몬에이드 [노란색] 마음으로 그린 꿈 [연두색] 치약보다 달콤한 민트 [민트색] 하늘에 걸린 풍선 [하늘색] 그녀를 바라보는 그를 보라 [연보라색] 선글라스 낀 밤 [검정색] 생크림 가득 컵케익 [흰색]

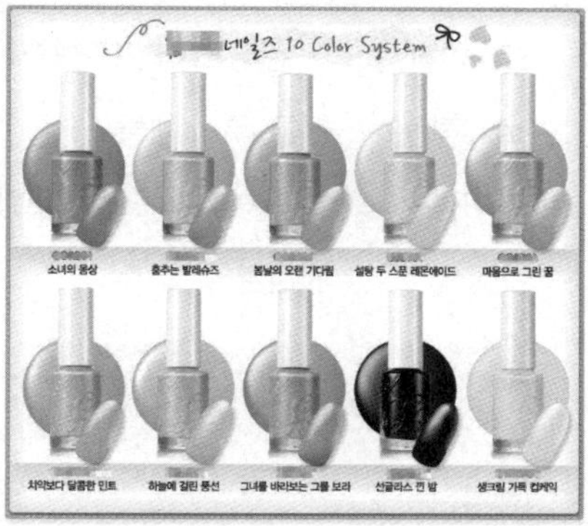

그림 4. 상품색명의 지표적 구성 사례, 핑크캐슬 매니큐어 제품군 중 선별

용해 제품을 요구한다고 한다. 저자가 다른 곳에서 사용한 인터뷰 전사를 가져온다(고경난 2016: 33-34):

18. I점원1 저희가 이름이 재미있죠.
19. I점원1 지금은 없는데, 한 라인 전체가 오렌지인 게 있었거든요?
20. I점원1 너무 웃겨서 제가 기억하는데, "만약 오렌지라면"이 있었어요.
21. I점원1 "만약."
22. 면담자 @@ [웃음]
23. I점원1 오렌지가 아니란 거예요.
24. I점원1 어떤 건 "오렌지인지 아닌지?"였나도 있었고.
25. I점원1 [색 샘플을 가리키고 실눈 뜨며] 자세히 보면 비슷하게 짓는 거 같아요.

...

...

[생략]

32. I점원1 어떤 고객님들은 "어? 이게 뭐야? 재밌다" 그러시죠.

33. 면담자 아 진짜 그러기도 해요?

34. I점원1 애들, 특히 애들.

35. I점원1 제가 여기서 6년을 일했는데, 저희도 이젠 20대분들도 많이 오시지만,

...

...

[생략]

40. I점원2 첨부터 전엔 여기 다, 학생이었어요. 맨날 다 한꺼번에 몰려와서.

41. I점원1 예. 애들이 재밌는 말 좋아하잖아요. 자기네들이 그러니까.

42. I점원2 [이런] 이름이 있으면 부르기 좋은 건 있어요.

(고경난 2016: 33-34, 재인용)

현장에서 수집된 이러한 자료는 판매자 및 소비자 모두 색의 이름이 색 그 자체와는 크게 상관이 없다는 것을 이해하고 있다고 할 수 있다. 인터뷰의 전사에서 매장 직원은 기억나는 립스틱 색명을 이야기하며 오렌지 계열 군에 속한 한 립스틱 색의 이름이 "만약 오렌지라면"(20줄)이었다며 그것은 사실 "오렌지가 아니란 거"(23줄)라고 했다. 그 색은 실제로 찾아봤을 때 주홍색으로 보이지 않는 색이다.

이것은 색명이 그것을 가리키는 대상의 자질과 반드시 닮아있지 않는다는 것으로, 핑크캐슬의 상품 네이밍 전략이 기호와 대상간 도상 관계로 해석되지 않는다는 것을 말한다. 그렇다면 핑크캐슬의 독특한 펀 네이밍 전략은 미디어화 측면에서 어떻게 이해할 수 있는가? 연구자는 선행연구(고경난 2016)에서 핑크캐슬의 상품색명은 그것이 대신하는 대상의 지표적 도상, 즉 가리킴과 동시에 닮아있는 기호로 구성되고 있다고 했다. 이름이 지표하는 것은 상품의 색이 아닌 그 이름

들이 불러일으키는 특정 소비자층이고, 더 나아가 귀엽고 재미있는 느낌을 주기 때문에 이상적 소비자 상과 닮았다는 것이다. 재미있고 귀여운 이름들을 색명과 상품명에 사용함으로써 핑크캐슬가 판매하는 화장품이 '누구의 것'이고 더 나아가 '어떤 사람됨의 자질'을 지닌 또는 연출하는 사람들의 것인지에 대한 해석을 유도한다는 것이다.

다시 말해 그림 3에서 보이는 색명들, "블링블링 파티 데이," "내 마음에 퐁당," "시럽 빼고 테이크아웃," "쉿! 비밀이야"는 그것이 직접적으로 대신하는 색 그 자체와 무관하다. 또, 그림 4에서 일반적으로 노란색 또는 파스텔 노란색 정도로 표현될 매니큐어 색이 굳이 "설탕 두 스푼 레몬에이드"라 불릴 이유도, 흰색이 "생크림 가득 컵케익"으로 명명될 이유도 특별히 없다. 전사에서 인용된 매장 직원은 실눈을 뜨며 "자세히 보면 비슷하게 짓는 것 같아요"라고 했으나(24줄), 사실 이러한 기호-대상간 관계에 대한 평가는 일반화할 수 없는 평가이다. 더군다나 이 직원 자신도 색과 색명이 무관한 듯 보인다는 이야기를 이전에 했다(23줄).

객관적으로 이야기할 수 있는 것은 여기서 사용된 사례들을 포함한 핑크캐슬의 많은 이름은 그 언어기호가 대신하는 것들이 아직 상품화되지 않은, 그리고 이미 미디어화되지 않은 경험과 의미란 것이다. 핑크캐슬의 색명/상품명들은 언어기호로써 특정한 소비자 계층과 특정한 소비자 이미지에 대한 해석을 원활히 하고 있다. 일반적으로 그림 3의 색명 중 "블링블링" 또는 "시럽빼고 테이크아웃"과 같은 단어들을 두고 볼 때 상대적으로 이와 같은 단어에 더 친숙한 사람들이 유년층이거나 노년층이라고 해석되기는 힘들다. 또 "내 마음에 퐁당" "쉿! 비밀이야"와 같은 이름들에서는 귀엽고 발랄함의 자질이 느껴지기도 하고, "두근두근 데이트" "발랄한 걸스 토크"에서는 귀엽고 발랄하고 비교적 젊을 뿐 아니라 특히 소녀성("걸스")이 떠오를 수 있다. 핑크캐슬의 네이밍 전략은 브랜드의 이미지 메이킹 차원에서 상품이나 그것의 색 등의 비언어적 기호를 특정 소비자 계층이자 특정한 사람됨의 자질을 갖춘 소비자로 구성하도록 하는 것이다. 이것이 핑크캐슬이 사용하는 대상의 언어화 전략이라고 볼 수 있을 것이다.

3. 언어화와 담론의 순환

색이나 음악과 같은 비언어적 기호에 대한 많은 기호학적 연구들은 기호-의미의 관계에 대한 탐구가 지나치게 언어를 경험적 자료로 삼는 이론들에 기반을 두고 있다는 움베르토 에코(1977)의 경고에도 불구하고 소쉬르 언어이론의 영향 탓에 "기호를 형(form)과 의미(content)로 구성된 것으로 다루는 경향"이 많았던 게 사실임을 지적한다(Cross and Deliege 1994: 330). 메우스(Meeùs)는 그 이유가 단지 언어 연구자들 때문이 아니라 비언어적 기호 연구자들이 분석에 있어 언어가 사고에 미치는 영향력을 고려해 비언어적 기호의 "언어화를 전제(supposes a verbalization)"해 왔던 탓이 있음을 지적한다. 이와 같은 문제는 언어와 비언어 모두를 동등하게 기호로 전제하고 기호 간 관계(relation)의 문제를 다루는 퍼스 기호학을 분석에 응용할 때 사실 문제시 되지 않는다. 그러나 아직 퍼스 기호학을 적용 또는 응용하는 다양한 인문사회과학 연구들이 이 언어/비언어 기호 간 문제를 경험적 자료를 통해 풀이한 경우가 많지 않은 것 또한 사실이고 따라서 언어와 비언어 기호들 사이의 의미 형성 문제에 대한 향후 더 많은 연구가 필요하다 하겠다.

이전 섹션에서는 기업브랜드의 관리적 측면에서 브랜드 생산자/관리자가 색(그리고 더 넓게는 사물)을 어떻게 사용하고, 또 제품의 색을 언어화함에 있어 기호와 대상기호 간 관계를 맺을 수 있는지에 대해 이야기했다. 이 사례에서 볼 때 언어화는 그것이 대신하는 사물과 연결이 될 수 있도록 브랜드 형(기호체) 생산과 유지의 일환으로 벌어졌고, 이러한 비언어적 대상의 언어화는 비단 이 사례에 국한되는 실천은 아닐 것이다. 이 사례가 해당하는 브랜딩, 마케팅과 같은 문화실천에 있어서 언어화 양상에 특수성이 있다면, 그것은 언어화의 방식, 다시 말해 기호 형(form)의 결정에 특정한—상품화에 대한—목적이 있다는 것이고 그 목적은 기호-대상의 관계가 기호-해석체(interpretant)의 관계에 대한 특수한 이해에 따라 결정된다는 것이다.

여기에서 잠시 세미오시스 개념에 대해 덧붙여 본다. 예일(Yale) 대학교의 언어인류학자 폴 코클만(Paul Kockelman)은 2005년 학술지 『Semiotica』에 발표한 논문을 통해 세미오시스 개념의 이론화를 시작했고 세미오시스와 의미, 주체성, 권력, 상품, 정보 등 다양한 사회 속의 기호-사회 간 관계에 대한 고찰을 이어왔다. 또 "A semiotic ontology of the commodity"의 제목의 논문에서도 세미오시스에 대한 이해를 발전시켰다(Kockelman 2006). 코클만이 세미오시스에 대해 새로이 조망한 것은 퍼스의 세미오시스 개념에는 "두 개의 관계에 대한 관계"가 내재해 있다는 점이다.

> 그렇다면 세미오시스는 두 관계에 대한 관계가 관여된다. 즉, 하나의 기호와 하나의 대상 간 관계와 하나의 기호와 하나의 해석체 사이의 관계가 있고, *두 번째 관계는 첫 번째 관계 때문에 생성된다는 것이다*. [Semiosis, then, involves a relation between two relations — a relation, that is, between the relation between a sign and an object and the relation between a sign and an interpretant, *where the second relation arises because of the first relation*.]

(Kockelman 2005: 239)[4)]

코클만은 퍼스의 기호에서 기본적인 기호작용이 사실 두 관계의 관계라는 것을 지적했다. 기호는 (1) 한편으로는 대상을, 다른 쪽에서는 해석체를 대신하고, 따라서 (2) 해석체-대상간 관계는 기호-대상의 관계와 대응하도록 과정이 구성된다는 것이다(Kockelman 2006: 81 그림 참조). 그리고 해석체-대상 간의 관계는 기호-대상 간 관계에 대응하게 되며 그 이유는 물론 퍼스 기호학에서 두 번째 관계(해석체-대상)가 기호-대상의 관계로 인하여 생성되기 때문이라는 것이다.

퍼스의 세미오시스를 이렇게 새로이 조망해 보는 것은 세미오시스(기호과정)를 논하는 기호학적 연구자들에게도 의미가 있을 뿐 아니라 실제 경험적 현장과 사회를 연구하는 연구자들에게도 의미가 있다. 인류학적으로 봤을 때 이러한 세미오시스의 풀이는 문화/언어/기호인류학자들이 탐구하는 개별 정신('mind') 외부, 즉 사회관계 속에서 구현되는 기호과정의 분업적 성격이나 과정에 대한 좀 더 타당한 해석 또는 세밀한 분석적 설명을 제공할 수 있는 장점이 있다. 본 연구에서 다루는 이 사례의 경우, 기호 형(form)의 결정에 특별한 기업 내부적 목적이 관여됐음을 기호학적으로 풀이할 수 있게 해 주고 소비자 사회의 미디어화가 그렇다면 어떻게 시작되는가를 짐작해 볼 수 있도록 도와준다.

연구자가 색명을 만드는 담당자와 직접 면담을 할 수 있었던 것은 아니나 핑크캐슬 본사 측 담당자의 인터뷰에 따르면 색명은 회사가 추구하는 사랑스럽고 귀여운 브랜드 아이덴티티에 부합되도록 "네이밍을 정하"는 과정을 통해 만들어진다고 한다(패션인사이트 매거진

4) 같은 문장이 Kockelman(2006: 82)에서도 발견된다.

2011). 그리고 직원들이 상상 또는 구상하는 핑크캐슬만의 브랜드 시스템 내에서 하나의 색명이 다른 브랜드 토큰과 일관성을 지님과 동시에 타 브랜드 대비 차별화되도록 정해진다고 한다.

생산의 순간에 이와 같은 의도 또는 기호작용에 대한 열망이나 상상이 있었다면, 매장 현장과 소비자들의 반응을 살펴보면 핑크캐슬의 상품색명이 실제 사회 속에서 어떤 세미오시스 양상을 띠는지를 짐작할 수 있다. 앞 섹션에서 제공된 전사에서 볼 수 있듯, 핑크캐슬 판매자에게 상품색명은 "부르기 좋은"(42줄) 장점이 있다. 부르기 좋다는 것은 하나의 기호가 다시 활용(uptake)되기에 용이하다는 것이고, 기호가 다른 맥락에서 다시 선택되어 사용되는, 일상생활에서의 실천을 말한다.

더 나아가 매장을 찾는 소비자 중 상품의 이름과 색이름을 보고 "어? 이게 뭐야? 재밌다"(32줄)라는 반응을 보이는 소비자들이 있다고 하고, 어떤 매장(서울 A 매장)에서는 특정한 상품색명을 손님들이 기억해 그 제품을 요청하기도 한다고 한다.

43. I점원1　어떤 애들은 딱 이름을 알고 와서 "그거 주세요" 할 때 있어요.
44. I점원1　들어오자마자 "시빼테 주세요" "시빼테."
45. 면담자　예?
46. I점원1　아 "시럽빼고 테이크아웃"이요.

(고경난 2016: 35, 재인용)

이는 서울 I 매장에서 들은 것과 같은 보고였는데, 핑크캐슬 아이섀도 색조 중 가장 인기 있는 제품 하나 "시럽빼고 테이크아웃"이 소비자들의 일상담론에서 "재활용(recycle)"되고 있다는 것이다. 여기서 기호 또는 기호를 포함하는 담론의 재활용이란 한 기호가 그 형태 그대로 다시 사용되는 것이 아니라 새로운 형태로 사용되는 것을 말한다. 회사 측에서 만든 아이섀도의 본래 색명이 “시럽빼고 테이크아웃”이었는데, 어떤 소비자들은 그것을 줄여 약어의 형태로 “시빼테”라고 애칭 삼아 부르고 있는 것이다. 그렇다면 여기서 색의 언어화는 그 색을 소비하는 소비자 계층 사이에서 어떤 사회적 관계를 매개하는 역할을 한다는 것이고, 따라서—Agha가 말한 미디어화를 기억할 때—의사소통과 상품화를 재귀적으로 연결하는 결정적인 고리가 된다.

정리하면 색명이 만들어지는 순간에는 브랜드에 대한 규범적 이데올로기에 따라 마케팅과 브랜딩 전문가들은 하나의 기호가 상위 브랜드 내 다른 기호들과 일관성을 가짐과 동시에 타 브랜드들과 구별되도록 한다. 이 ‘순간’에는 사실 미래의 타깃 해석체가 기호를 어떻게 해석할지에 대해서 예측밖에 할 수 없다.[5] 그러나 기호 형태의 결정 측면에서 분명한 것은 이 결정이 비언어적 사물과 대상의 상품화에 목적이 있다는 것이고, 이 목적에 따라 기호-대상 관계가 대상-해석체 관계에 대한 추측에 의거해—코클만이 말한 순차적 관계와 달리—역으로 결정됐다는 점이다. 이러한 색의 언어화는 어떤 타깃 기호 해석자들에게는 감각적이고 적절한 언어사용으로 해석될 수 있고, 이와 같은 평가는 특정 핑크캐슬 소비자 계층의 미디어화로 이어지고 있음을 알 수 있다.

소비자 연구가 더 누적돼야 이러한 문화실천을 통해 구성되는 기호 형태의 적절성과 효과 및 소비자 사회의 기호학적 매개에 대한 좀 더 타당한 논의를 할 수 있을 것이다. 하지만 현지조사 시 매장 관리자가

5) 퍼스의 세미오시스에 대한 코클만의 재조망에 따르면 해석체-대상간 관계는 기호-대상간 관계 이후에 생성되는 기호작용이다. 반면 이 사례가 드러내는 것은 이 순차적 기호과정을 사회/기관 주체들이 역으로 유도하는 기호 생산 과정이 있을 수 있다는 것이다.

"애들이 좋아하는 말"을 사용하는 상품색명에 "부르기 좋은" 장점이 있음을 이야기 한 점(즉 색명의 활용이 용이하다는 것), 그리고 소비자들에게 있어 색명이 재활용되고 있다는 것을 확인할 수 있었으며, 이는 미래 기호작용을 고려해 디자인된 언어기호가 효과적 해석들을 유도하고 있고, 또 기업과 상품 브랜드를 중심으로 한 미디어화 가능성에 대한 경험적 근거를 제공한다. 언어기호가 "시빼테"와 같이 색명을 만든 기업을 떠나 소비자들 사이에서 재활용 되고 있다는 점은 이미 상품색명이라는 특수한 언어기호의 독자적이고 사회적인 '삶'에 대해 고찰해 볼 수 있는 기반을 제공하기 때문이다. 언어기호로서의 색명이 비단 경제 행위의 순간, 즉 경제적 거래 시에 사물을 가리키기 위해 사용될 뿐 아니라 판매자와 소비자간 의사소통의 기반을 언어기호가 제공한다는 것이고, 또 색명을 재미있어하고 좋아하는 소비자들에게는 탈맥락적 사용을 통한 그들만의 사회적 관계 형성 가능성이 엿보이기 때문이다.

4. 기관적 실천으로서의 미디어화

이제 미디어화의 개념으로 다시 돌아가 보겠다. 본 연구 초반에 인류학적 관점에서의 미디어화는 의사소통의 기호과정과 상품화의 기호과정이 서로 재귀적으로 연관되는 매체-기관적 문화실천이라고 하였다. 또 본문에서 지금까지 논의한 것을 짧게 요약하자면 여기서 다루는 사례 핑크캐슬의 색/상품 이름들은 대부분 (1) 색/상품을 지칭하는 언어기호의 생산 과정에서 그 기호가 색/상품을 대신하는 상징이 아닌, 미래의 타깃 소비자를 지표함과 동시에 그들의 언어사용과 감각적으로 유사하게 느껴지는 기호체로 상상적 그리고 예변적으로 언어화된다는 것, 그리고; (2) 이와 같은 색명/상품명의 지표적 도상으로의 구성은 사회 속에서 색/상품과 더 나아가 브랜드에 대한 담론 생성과 순환에 기여하고 있다는 것이었다. 색명/상품명은 색/상품과 함께 매장과 상품 이외에도 각종 홍보물이나 웹사이트, 잡지와 같은 대중매체 경로를 통해 전파되고 있고, 기업이 겨냥하는 주된 '타깃' 소비자들의 반응을 이끌어내고 있으며 상품뿐 아니라 브랜드에 대한 평가와 인지도 상승에도 기여하고 있다. 또 직접 소비자들에 대한 조사를 진행한 것은 아니지만 색명 그 자체가 탈맥락적 상황에서 유희적으로 재활용되면서 특정 소비자들 사이에서 색조 화장품을 중심으로 한 매개된 사회적 관계도 형성되고 있는 가능성이 보인다. 그들만이 알고 재미를 느끼는 기호 공유로 형성된 사회적 관계 말이다.

그렇다면 핑크캐슬이라는 기업은 홍보물이나 광고 등의 대중매체를 생산하는 주체로서 비언어적 기호의 언어화를 통해 소비자와 기호적으로 매개된 의사소통 관계를 맺고 있다고 볼 수 있고, 핑크캐슬의 펀 네이밍 실천은 이 기업-소비자간 색/상품에 대한 매개된 의사소통이 가능한 "참여자 프레임(participant framework)"의 구성을 가능케 해 주는 요소라고 하겠다(Goodwin 1999). 이전 섹션에서 다룬 매장 내 상호작용에 대한 면대면 인터뷰 내용을 보면 색명은 판매자와 소비자가 서로 같은 지시적 대상에 관한 의사소통을 할 수 있도록 도와주었었다("시빼테 주세요"; "어? 이게 뭐야? 재밌다"). 핑크캐슬은 상품 생산자-소비자, 그리고 소비자-소비자간 교류와 소통, 즉 브랜드에 대한 담론 순환의 유도, 그리고 또한 소비자의 피드백을 생산에 반영하는 데 적극적인 것으로 보이고, 또 여성청소년들의 화장품 소비에 관한 한 연구에 따르면 이러한 소통 업무들은 여학생들이 핑크캐슬 화장품을 "우리들 화장품"(황혜미 · 천혜정 2011: 202)이라고 평가하는 데 기여한다고도 할 수 있을 것이다. 또 네이버, 다음, 트위터와 같은 국내 인터넷 포털 사이트와 SNS에서 회사명을 검색했을 때 “걔네 이름 머임?”, “이름 짓는 분께서 정말 창의력 26282618161715%라고 생각했습니다,” “에뛰드 딸기부페... 색입니다. 화장품 이름을 웃기게 지어서” 등, 핑크캐슬의 색명에 관한 익명의 SNS 사용자들의 주관적 평가들도 쉽게 발견할 수 있다.[6)]

그림 5. 색의 의사소통을 중심으로 한 사회적 관계의 형성,
핑크캐슬 PR에서 캡쳐, 회사명 가림

핑크캐슬 담당자들과의 조사는 이루어지지 않았다. 하지만 회사 측 의도와는 무관하게 본 연구에서 중요한 것은 이 회사가 실천하는 펀네이밍 전략으로 제작된 특수한 색명/상품명은 기업-판매자-소비자 간 의사소통을 보조하고 더 나아가 상품/색에 관한 담론이 이어지도록 돕는 역할을 한다는 것이다. 그림 5는 또 하나의 핑크캐슬 브랜드 홍보물 사례이다. 이 광고는 분홍색 스펙트럼에서 20가지 색을 선정해

6) 여기서 인용하는 소비자 글들은 온라인 사회관계망 트위터(Twitter)에서 2016년 5월 중 검색된 건 중 택하여 간단한 언어 순화를 거쳐 가져왔다.

나열하고 있고, 광고 중간에는 문자로 "하늘 아래 절대 같은 핑크는 없다"와 작게 "색조 덕후 소녀들만 아는 이야기"를 삽입했다. 이 중 "절대" 그리고 "핑크는 없다"는 분홍색 폰트로 강조 및 장식됐다.

이 광고가 타 핑크캐슬 홍보물 대비 눈에 띄는 것은 색의 다양성을 전면적으로 광고하고 있다는 점이다. 색명이 전혀 사용되고 있지 않고, 색조 화장품 기업의 관점을 채택해 광고를 만든 회사가 어떤 회사인지, 무엇을 전문으로 다루고 판해하는지를 비교적 투명하게 드러내고 있다. 화장품 브랜드 중에서도 핑크캐슬은 특히 색조 전문임을 강조하고, 기업의 입장에서 색은 판매와 상품화의 대상이며, 또 색의 다양성은 화장법의 다양성, 즉 "놀이 문화"라는 메시지를 담고 있는 것이다. 앞서 다룬 비언어적 기호 색의 언어화는 궁극적으로 재화/상품화의 과정과 성찰적으로 연관돼 있다. 이 광고를 어느 소비자가 눈여겨본다면 분명히 분홍색이 한 가지 색이 아닌 다양한 색임을 재인식할 수 있고, 또 중앙에 크게 각인된 언어로써 그 인식을 다시 재확인할 수 있을 것이다. 더 나아가 흥미를 느낀다면 "덕후 소녀"라는 문구에 집중하여 20개의 색의 다양성을 아는 것은 색조에 대한 집중적 '지식'을 지닌 사람임에 공감할 수도 있을 것이다.

5. 나가며

본 연구에서는 인류학에서 근래 이론화된 미디어화 개념을 살펴보고 국내 화장품 회사의 사례를 통해 어떻게 미디어화가 특정한 상품을 중심으로 발생할 수 있는지에 대한 분석을 시도해 보았다. 아직 언어/기호인류학에서 미디어화에 대한 연구가 많이 누적된 것은 아니다. 그러나 선행 미디어화 연구들이 기호학적 매개의 개념과 미디어화를 동일시하거나 구분 없이 사용했다면 인류학적 연구는 사례를 통해 사회와 사회관계 속의 기호작용을 퍼스의 세미오시스 개념 응용해 좀 더 세밀하게 분석한다. 미디어화에 대한 인류학적 연구는 특수한 현장에서의 기호작용을 분석적으로 다루기 때문에 더 많은 연구가 누적되면 다양한 미디어화 양상에 대한 비교도 가능할 것으로 기대되고 특수성을 넘어선 다양한 미디어화 양상 간 보편성에 대한 논의도 가능할 수 있다고 기대한다.

본 연구 초반에 소개했듯이 인류학에서 사용하는 미디어화 개념은 대중매체에 초점을 두기보다 기존의 연구들과 차별되게 그것을 매체를 중심으로 사회관계적으로 구성되는 매우 특별한 경우의 기호학적 매개로 파악한다. 인류학에서 미디어화는 매체로 매개된 의사소통 과정 그리고 매체를 중심으로 한 상품화/재화의 과정이 서로 성찰적으로 연관되는 기관적 실천이고, 이러한 이해를 바탕으로 대중적으로 접근이 가능한 다양한 매체를 통해 벌어지는 문화적 세미오시스에 대한 해석과 분석을 제공하고자 한다. 여기서 재화 또는 상품화라 지칭하는 사회관계적 또 기호학적 과정은 일반적으로 말하는 기호의 상품적 가치 획득을 의미하는 것은 아니다. 그보다 더 적절하게는 매개된 의사소통 상황에서 이전에는 가치 중립적인 기호가—마치 상품과 같이—수신자에게 특정한 이해와 해석을 '호소'하는, "효과적 해석체(effectual interpretant)"와 연관된(조창연 2015: 340), 부가적 가치를 획득하는 것을 말한다.

이러한 이해를 토대로 본문에서는 핑크캐슬이라는 국내 색조 전문 화장품 브랜드의 사례를 살펴보았다. 핑크캐슬 사례가 민족지적 자료로서 가치가 있는 것은 이 회사가 매우 독특한 방식("펀 네이밍")으로 상품과 기업브랜딩을 하고 있고, 색의 언어화가 소비자 사회의 미디어화로 이어지는 기반을 제공한다고 보이기 때문이다. 실제 국내에서는 이 브랜드가 재미난 색이름을 사용하는 것으로 소비자(특히 여성청소년) 사이에서 알려져 있는데, 이는 핑크캐슬 회사의 홍보자료뿐 아니라 화장품 업계를 다루는 다양한 신문, 잡지, 웹사이트에서 또한 핑크캐슬의 독특한 색명에 관한 담론들이 생산 및 회자되고 있고, 또 핑크캐슬의 색 명명 방식에 호의적으로 반응하는 소비자들의 자발적 담론 회자와 미디어화에의 참여도 있기 때문이다.

언어화는 상품 판매의 맥락에서 지시적으로 활용이 되고 있으나 더 중요하게는 경제적 상호작용 이외의 현장에서 "핑크캐슬의 색조 제품"이라는 해석을 확산시키는 매개 작용을 할 수 있도록 한다고 볼 수 있다. 인류학에서 사용되는 미디어화에 대한 이해가 의사소통과 재화/상품화의 과정이 서로 성찰적으로 연관되며 확산하는 기관적 문화 실천이라면, 본 연구에서 다룬 사례는 의사소통과 상품과가 연관되고 확산하는 데에 언어화라는 작업이 역할을 할 수 있다는 것을 보여준다.

참고문헌

고경난. 2016. "색의 성격화: 한국 화장품 기업의 '핑크' 브랜딩에서 색채어 유희와 기능." 『비교문화연구』 22(2): 13-43.

조창연. 2015. "퍼스의 기호학적 커뮤니케이션에 대한 연구: 이론적 현황, 문제점과 대안적 모델" 『기호학연구』 42: 329-353.

켈러, 케빈 레인. 2007. 『브랜드 매니지먼트』. 이상민, 김준석, 최윤희 옮김. 비즈니스북스.

황혜미 · 천혜정. 2011. "여자 중학생의 화장 행위," 『미디어, 젠더 & 문화』 19(1): 179-211.

Agha, Asif. 2011. "Meet Mediatization." *Language & Communication* 31(3): 163-170.

_____ 2011. "Large and small scale forms of personhood." *Language & Communication* 31(3): 171-180.

Anderson, Benedict. 1998. *Imagined Communities: Reflections on the Origin and Spread of Nationalism*. Verso.

Cross, Ian, and Irene Deliege. 1994. *Music and the Cognitive Sciences 1990,* Vol. 9. Proceedings of Cambridge Conference on Music and the Cognitive Sciences. Routledge.

Eco, Umberto. 1977. *A Theory of Semiotics*. London: Macmillan.

Goodwin, Marjorie H. 1999. "Participation." *Journal of Linguistic Anthropology* 9(1-2): 177-180.

Hiramoto, Mie. 2012. "Anime and Intertextualities: Hegemonic Identities in Cowboy Bebop." In *Media Intertextualities*, ed. Mie Hiramoto, 57-80. Amsterdam: John Benjamins.

Kockelman, Paul. 2005. "The Semiotic Stance." *Semiotica* 157(1/4):

233-304.

_____ 2006. "A Semiotic Ontology of the Commodity." *Journal of Linguistic Anthropology* 16(1): 76-102.

Meeùs, Nicholas. 1994. "A Semiotic Approach to Music." In *Music and the Cognitive Sciences 1990*, Vol. 9. Proceedings of Cambridge Conference on Music and the Cognitive Sciences, eds. Ian Cross and Irene Deliege, 305-324. Routledge.

Mertz, Elizabeth and Richard J. Parmentier (eds.). *Semiotic Mediation: Sociocultural and Psychological Perspectives*. Academic Press.

Park, Joseph Sung-Yul. 2012. "Images of 'Good English' in the Korean Conservative Press." In *Media Intertextualities*, ed. Mie Hiramoto, 189-208. Amsterdam: John Benjamins.

<언론보도 및 기타 자료>

패션인사이트 매거진. 2011년 1월 31일 기사. "신년특집 컬처브랜딩: Culture Brander 12."

부산일보. 이자영. 2014년 3월 12일 게재. "'이름 잘 지어야 잘 팔린다' 브랜드 네이밍 마케팅."

더피알. 문용필. 2014년 6월 19일 승인. "소비자, 기발한 아이디어에 적극적 소비행동 보여": [펀마케팅②] 온라인 영상-톡톡튀는 네이밍 통한 펀마케팅도 전개. 2017년 5월 2일 접근: http://www.the-pr.co.kr/news/articleView.html?idxno=11195.

Cosmetic Mania News. 이정아. 2015년 12월 7일. "[회사명], 2015 웹어워드 3개 부문 석권."

제6장

물질적, 비물질적 매체로서의 문학작품

– 작가-독자(들)의 이상적 공동체를 위하여

제6장 물질적, 비물질적 매체로서의 문학작품

– 작가-독자(들)의 이상적 공동체를 위하여

변광배

1. 시작하며

이 글의 주된 내용은, 사르트르의 미학[1]을 중심으로 물질성(matérialité)과 비물질성(immatérialité)을 동시에 포함하고 있는 것으로 여겨지는 예술작품, 그 중에서도 특히 문학작품이 그 창작자와 수용자(들), 곧 작가와 독자(들)의 협력을 통해 이상적인 인간관계와 이상적인 공동체 형성에 기여할 수 있는 하나의 기제(基劑)가 될 수 있는가에 대한 규명이다. 보다 구체적으로 이 글에서 사르트르의 미학을 구성하는 여러 요소들을 중심으로 문학작품의 창작 주체인 작가

1) 사르트르에게 미학이 있는가의 문제는 또 하나의 중요한 연구 주제이다. 사르트르 연구자들 중 일부는 그가 칸트, 헤겔, 루카치 등과 같은 통일되고 체계화된 미학을 가지고 있지 않다고 주장한다. 반면, 또 다른 일부의 연구자들은 미학이 사르트르의 전체 사유 중 "빛나는 한 극(un pôle rayonnant)"(Sicard 1989, 204)을 이루고 있다고 보기도 한다. 여기서는 사르트르의 미학이 상상력, 이미지 등을 중심으로 하는 '비실재미학(esthétique de l'irréel)'과 '참여미학(esthétique de l'engagement)'의 두 부분으로 구성되어 있다는 사실을 받아들이기로 한다.

와 수용 주체인 독자(들)의 관계에 주목하고, 이들의 관계가 주체성(subjectivité)과 주체성이 결합된 '상호주체성(intersubjectivité)' 위에 정립되고 형성되는 이상적인 인간관계와 이상적인 공동체를 위한 하나의 '매체(媒體)'가 될 수 있는지를 살펴볼 것이다. 여기서 '매체'라 함은 넓은 의미로 어떤 일, 작용, 메시지 등의 전달에 소용되는 '매개체(media)'[2)]를 가리킨다. 매체에 대한 이와 같은 정의를 고려하면서 이 글에서는 문학작품이 작가와 독자(들) 사이의 이상적인 인간관계와 이상적인 공동체의 정립과 형성에 소용될 수 있는 매개체가 될 수 있는지를 가늠하기 위해 사르트르의 미학이 부분적으로 전개되고 있는 『상상력(L'Imagination)』(1936), 『상상계(L'Imaginaire)』(1940), 『존재와 무(L'Etre et le néant)』(1943), 『문학이란 무엇인가(Qu'est-ce que la littérature?)』(1947), 유고집으로 출간된 『도덕을 위한 노트(Cahiers pour une morale)』(1983)[3)] 등을 주로 참고하게 될 것이다.

사르트르의 사유 체계에서 인간관계와 다수의 인간들에 의해 형성되는 공동체의 성격은 부정적으로 이해된다. 사르트르의 전후기 사상이 각각 집대성된 『존재와 무』와 『변증법적 이성비판(Critique de

---

2) 'media'는 영어나 불어의 'medium(중위, 매개물, 수단 등)'의 복수형으로서, 어원적으로 보면 라틴어로 '중간의' 의미를 가진 'medius'에서 유래되었다. 이런 사실을 고려하면 작품은 우선 그 창작 주체인 작가의 비물질적 주체성이 물질화되는 '매체'라고 할 수 있다. 그 다음으로 작품은 작가와 독자 사이를 맺어주는 '매체'라고 할 수 있다. 마지막으로 작품은 이들의 관계를 이상적인 관계로, 나아가서는 이들이 포함된 공동체를 이상적인 공동체로 만들 수 있는 '매체'일 수도 있다.

3) 『도덕을 위한 노트』는 사르트르 사후 3년 후에 유고집으로 출간되었으나, 이 저서가 실제로 집필된 것은 1945년을 전후한 시기로 알려져 있다. 1943년에 출간된 『존재와 무』의 끝부분에서 다음에 집필하게 될 저서는 '도덕'에 관한 것이 될 것이라고 예상하고 있는데, 『도덕을 위한 노트』는 이와 같은 예상이 부분적으로 실현된 결과라고 할 수 있다. 왜냐하면 『도덕을 위한 노트』는 미완성의 상태로 출간되었기 때문이다.

la raison dialectique)』에서 모두 그러하다. 『존재와 무』의 경우, 인간은 다른 사람과의 관계에서 주체성을 지키기 위해 '힘(puissance)'으로 여겨지는 '시선(regard)'을 통해 서로 상대를 객체화시키는(objectiver) 것으로 이해된다.(Sartre 1943, 324) 사르트르는 이를 바탕으로 인간관계는 '함께 하는(mit-machen; faire avec)' 관계,(Sartre 1943, 347) 곧 공존이 아니라 '갈등(conflit)'일 수 밖에 없다고 단언한다.(Sartre 1943, 502) 『변증법적 이성비판』에서도 다수의 인간들은 '희소성(rareté)'에 의해 지배되는 이 세계에서 '투쟁(lutte)'의 주체가 될 수 밖에 없는 것으로 드러난다.(Sartre 1960, 243) 또한 이와 같은 부정적인 인간관계에 바탕을 두고 형성되는 공동체 역시 갈등과 투쟁에 노출되어 있다는 것이 사르트르의 계속되는[4] 주장이다.[5]

하지만 이와 같은 부정적인 인간관계와 부정적인 공동체의 모습은 역으로 사르트르의 사유가 나아가야 할 방향을 보여주기도 한다. 실제로 사르트르의 전체 사유는 이런 부정적인 인간관계와 부정적인 공동체를 극복하려는 쪽으로 기운다. 이 글에서 살펴보고자 하는 문학작품의 창작자와 수용자(들), 곧 작가와 독자(들)이 이 문학작품을 사이에 두고 맺는 관계 역시 이런 흐름과 무관하지 않다. 사르트르는 문학작품을 매개로 정립되는 작가-독자(들)의 관계를 통해 『존재와 무』, 『변증법적 이성비판』에서 모두 부정적으로 드러났던 인간관계와 다

---

4) 사르트르의 전후기 사상, 곧 『존재와 무』와 『변증법적 이성비판』 사이에 이른바 '인식론적 단절(rupture épistémologique)'가 있는가에 대해서는 연구자들 사이에 의견이 갈린다. 하지만 인간들의 관계가 부정적이고 또 그들에 의해 형성되는 공동체의 성격이 부정적이라는 점에서는 인식론적 단절을 말할 수 없어 보인다. 게다가 이와 같은 단절이 없다는 것이 연구자들 대부분의 견해이기도 하다.

5) 가령 이와 같은 사르트르의 주장에 대해 절친(切親)이었던 아롱(R. Aron)은 그를 "폭력의 사도(apôtre de la violence)"(Aron 1973, 218)라고 칭하면서 비난하고 있다.

수의 인간들에 의해 형성되는 공동체의 모습을 긍정적인 관계와 모습, 심지어는 이상적인 관계와 모습으로 바꾸고자 하는 시도를 하고 있는 것으로 보인다.

이와 같은 시도가 사르트르에게서 구체적으로 어떻게 이루어지고 있는가를 살펴보기 위해서는 다음과 같은 몇 가지 문제가 우선적으로 해소되어야 할 것으로 보인다. 첫 번째 문제는 작가가 문학작품을 창작하는 동기와 관련된 것이다. 작가는 그 많은 가능성 중에 왜 하필 글쓰기를 선택하는가? 두 번째 문제는 문학작품이 갖는 존재론적 위상에 관련된 것이다. 위에서 사르트르가 문학작품을 물질성과 비물질성을 동시에 갖춘 것으로 여긴다는 점을 지적한 바 있다. 대체 문학작품은 외관적으로 모순되는 이 두 가지 특징을 어떻게 한꺼번에 가질 수 있는가? 그리고 이런 특징을 가진 문학작품의 존재론적 위상은 어떤 것인가? 세 번째 문제는 독자(들)이 작가에 의해 창작된 문학작품을 읽을 때 그(들)에게서 발생하는 현상은 어떤 것인가이다. 대체 작가-독자(들)의 관계는 문학작품을 매체로 삼아 어떻게 이상적인 관계로 나아가는가? 또 나아가 이들의 관계는 어떻게 이상적인 공동체 형성에 기여할 수 있는가?

2. 문학작품을 통한 작가의 자기 구원 또는 존재 정당화

작가에게 '왜 쓰는가'라고 묻는 것만큼 어리석은 질문도 없을 것이다. 그도 그럴 것이 이 세상에는 작가들의 수만큼이나 다양한 이유가 있을 것이기 때문이다. 작가들 한 명 한 명을 붙잡고 물어보라. 그러면 분명 그들 각자에게는 저마다의 고유한 이유가 있을 것이다. 이런 상황에서 작가의 창작 동기를 묻는 질문에 체계적이고 일관성 있는 답을 하는 것은 거의 불가능하다고 할 수 있다. 그런데도 사르트르는 이렇게 다양한 작가들의 창작 동기를 단순화시키고 있다. 이런 시도는 그 옳고 그름을 따지기 전에 가히 작가는 '왜 쓰는가'라는 우문(愚問)에 대한 현답(賢答)이 아닐 수 없다. 사르트르는 이렇게 말한다.

> 예술적 창조[6]의 주요 동기 중의 하나는 분명히 세계에 대해 우리 자신의 존재가 본질적이라고 느끼려는 욕망이다. 내가 드러낸 들이나 바다의 이 모습들을, 이 얼굴의 표정을 나는 화폭에 옮기면서 또는 글로 옮기면서 고정(固定)시킨다. 나는 이 모습들을 긴밀히 연결시키고, 질서가 없던 곳에 질서를 세우고, 사물의 다양성에 정신의 통일성을 박아 넣는다. 그러면서 나는 이 모습을 만들어낸 것이라고 생각한다. 다시 말해 나는 나의 창조물에 대해 스스로 본질적이라고 느낀다.(Sartre 1948, 90)

위의 인용문에는 다음 세 가지 사실이 압축되어 있다. 첫 번째 사실은 작가의 창작 동기는 세계에 대해 그가 '본질적(essentiel)'이라고 느끼고자 한다는 것이다. 두 번째 사실은 작가는 창작 과정에서 세계를

---

6) 사르트르의 미학, 그 중에서도 특히 그의 '참여문학론'이 전개되고 있는 『문학이란 무엇인가』에서는 최소한 '예술'에 관련된 어휘들, 가령 '예술작품', '예술적 창작' 등과 같은 어휘들과 '문학'에 관련된 어휘들, 가령 '문학작품', '문학적 창작' 등과 같은 어휘들은 거의 동의어로 사용되고 있는 것으로 보인다. 그럼에도 불구하고 이 글에서 '문학작품'과 '예술작품'을 완전히 동일한 것으로 간주하면서 논의를 전개하지 않는 것은 다음과 같은 이유에서이다. 즉 사르트르가 '예술작품'에 포함되는 회화, 음악, 조각 등과 '문학작품'에 포함되는 소설과 시를 다르게 취급하는 경우가 없지 않기 때문이다. 여기에 더해 사르트르는 같은 '문학작품'의 범주에 속하기는 하지만 '소설'과 '시' 역시 다르게 취급하고 있다는 사실을 덧붙여 할 것이다. 정확히 이런 이유에서 이 글에 '물질적, 비물질적 매체로서의 예술작품 : 창작자-수용자(들)의 이상적 공동체를 위하여'라는 제목 대신 '물질적, 비물질적 매체로서의 문학작품 : 작가-독자(들)의 이상적 공동체를 위하여'라는 제목을 붙였다.

'드러내고(dévoiler)', 그 다음에 그 결과들을 '글'로 옮기면서 고정시키고, 그것들을 긴밀히 연결시키고, 또 그것들에 질서를 부여하고 정신의 통일성을 투사(投射)시킨다는 점이다. 세 번째 사실은 그 과정에서 작가는 이 모든 것을 손수 '만들어낸다(produire)'는 생각을 하게 되고, 궁극적으로는 이 '만들어진 것', 즉 그 자신의 '창조물-문학작품'에 대해 '본질적'이라고 느끼는 것이다. 이 짧은 인용문에 사르트르의 미학이 거의 망라되었다고 해도 과언이 아닐 성싶다. 이 세 가지 사실에 차례대로 주목해보자.

첫 번째 사실부터 살펴보자. 사르트르는 세계에 대해 본질적이라고 느끼고자 하는 작가의 욕망을 창작의 동기라고 단언하고 있다. 작가는 과연 세계에 대해 본질적이라고 느낄 수 있을까? 이 질문에 답을 하기 위해서는 작가가 세계와 맺는 관계, 그리고 이 관계에서 그가 본질적이라고 느끼는 것이 무엇을 의미하는지를 살펴보아야 할 것이다. 먼저 작가와 세계와의 관계부터 보도록 하자.

넓은 의미에서 작가가 인간에게 속하므로 작가와 세계와의 관계는 인간과 세계와의 관계의 일부라고 할 수 있다. 그런데 이 관계는 주로 『존재와 무』에서 다루어지고 있다. 이 저서에서 사르트르는 '현상학적 존재론(ontologie phénoménologique)'[7]을 정립하면서 후설에게서 현상학의 주요 개념 중 하나인 '의식의 지향성(intentionnalité)'을 가져 온다. 이 개념에 의하면 인간의 의식은 항상 '무엇인가에 관한 의식(conscience de quelque chose)'이어야 한다.(Sartre 1943, 17) 사르트르에 의하면 이와 같은 의식의 지향성 구조가 충족되는 순간에 인간과 세계 사이에 이른바 존재관계(rapport d'être)가 정립된다.

물론 이 존재관계의 주도권은 인간에게 있다. 의식의 주체인 인간

7) 『존재와 무』의 부제가 바로 "현상학적 존재론 시론(essai d'ontologie phénoménologique)"이다.

의 출현은 우주에서 아주 작은 사건에 불과하지만, 그 심장에 붙어 이 우주 전체를 동요시킬 정도로 강력한 파괴력을 가진 사건으로 여겨진다.(Sartre 1943, 711) 사르트르에 의하면 인간의 의식은 그 자체로는 존재라고 할 수 없고 차라리 속이 텅 비어 있는(Sartre 1947b, 30) '무(néant; 無)'라고 할 수 있는데, 위에서 말한 지향성 구조의 한 항목인 무엇인가가 더해질 경우에만 이 의식은 존재가 된다. 이런 의미에서 의식은 다른 존재에 의존적이다. 하지만 의식의 지향성 구조의 항목이 되는 다른 존재는 그 자체로 자족적(自足的)이며, 다른 존재들과 어떤 관계도 정립할 수 없을 뿐만 아니라 또 어떤 관계도 필요로 하지 않는다.(Sartre 1943, 30) 이런 존재가 의식을 가지지 못한 사물(chose)에 해당하며, 그 존재방식은 '즉자(en-soi)'로 여겨진다.

반면, 인간은 그 자신의 의식 안에 '무'를 품고 있어 다른 존재들을 '향해 폭발할(s'éclater vers)' 수 있는 것은 물론이거니와 —이와 같은 폭발이 의식의 '초월성(transcendance)'이다—, 그것들을 그 자신의 의식의 지향성 구조의 한 항목으로 선택하고 또 그것들과 존재관계를 맺는 과정에서 이른바 '무화작용(néantisation)'을 하면서 자유를 향유한다. 의식이 어떤 특정한 하나의 무엇인가를 포착하기 위해 다른 여러 무엇인가들을 차례로 삭제해 나가는 과정이 무화작용이다. 이 과정은 가령 포수가 목표물인 참새를 겨누는 과정에서 총에 붙어 있는 가늠쇠를 통해 참새가 아닌 주위의 다른 것들을 하나하나 제거해 나가는 과정과 흡사하다.(변광배, 2009, 143-4)

이처럼 의식의 주체인 인간은 이 세계에 있는 존재들을 그 자신의 의식의 지향성 구조를 충족시킬 수 있는 한 항목으로 선택하는 과정에서 그것들에 대해 거리를 펼치고 또 그렇게 하면서 그것들에 의미를 부여한다. 이렇게 해서 인간은 이 세계의 '귀추중심(centre de référence)'으로 우뚝 서게 된다. 사르트르에게서 즉자의 방식으로 존재하는 사물은 의식의 빛으로 쪼이기 전에는 무정형(amorphe)의 상태로 있으며, 그 자체로는 아무런 의미도 가지고 있지 못하다. 이런 관점에서 보면 사물은 인간에 의존적이며, 그 결과 인간의 사물에 대한 '존재론적 우위(primauté ontologique)'는 의심의 여지가 없다. 실제로 이런 우위가 인간의 만물의 영장으로서의 지위를 설명해준다.

하지만 문제는 정작 이와 같은 인간의 존재론적 지위의 이면(裏面)이다. 인간이 그 자신의 의식의 지향성 구조를 충족시키면서 이 세계의 귀추중심의 위치에 우뚝 선다는 것은 방금 지적한 대로이다. 하지만 거기에는 가혹한 조건이 따른다. 살아 있는 동안 인간이 계속해서 그 자신의 의식의 지향성 구조를 충족시켜야 한다는 조건이 그것이다.[8)] 바로 거기에 인간의 '실존의 고뇌(angoisse existentielle)'가 자리한다.

또한 사르트르는 이런 실존의 고뇌를 이렇게 표현하기도 한다. 의식

8) 이와 관련하여 우리는 파스칼의 『팡세 (Pensées)』에서 볼 수 있는 단장(fragment) 하나를 생각한다. "우리의 본성은 움직임에 있다. 전적인 휴식은 죽음이다.(Notre nature est dans le mouvement; le repos enier est la mort.)"(Pascal 1954, 1137) 실제로 이 단장은 사르트르로 대표되는 '실존주의(existentialisme)'에서 가장 중요한 개념인 '실존'이라는 단어의 의미와 무관하지 않다. '실존(existence)'은 불어 단어 '실존하다(exister)'에서 파생된 명사인데, 'exister'는 어원적으로 보아 '...로부터'의 의미를 가진 'eks'와 '있다'의 의미를 가진 'sistere'의 합성어이다. 그러니까 '실존하다'라는 말은 '있는 곳으로부터 벗어나다'라는 의미를 가지고 있다. 이는 정확히 인간이 그 자신의 의식의 지향성을 계속해서 발휘해야 하는 것과 일치한다. 이와 관련하여 한 가지 흥미로운 점은, 파스칼과 사르트르에게서 모두 이와 같은 인간의 '움직임'이나 '실존'의 최후 지향점이 '신(神)'이라는 점이다. 파스칼의 『팡세』가 기독교 호교론이라는 것은 잘 알려진 사실이다. 또한 사르트르에게서도 인간은 '대자-즉자(pour-soi-en-soi)'의 결합을 실현하고자 하는 욕망으로 여겨지는데(Sartre 1943, 653-4), 이것은 '신'의 존재방식으로 여겨진다. 하지만 파스칼과 사르트르 사이에는 결정적 차이가 있다. 파스칼은 '회심(conversion; 回心)'에 의해 기독교에 귀의한 반면, 사르트르는 '신'의 개념이 모순적이라고 여기고 있다는 점이 그것이다. 곧 보겠지만 사르트르는 무신론자이다.

의 주체인 인간은 '대자(pour-soi)'의 방식으로 존재한다고 말이다. 여기서 '자기(自己)'에 해당하는 'soi'는 이 인간의 '존재근거(fondement d'être)', '존재이유(raison d'être)'에 해당한다. 하지만 인간은 이와 같은 존재근거나 존재이유를 가지고 있지 못하다. 이는 정확히 인간이 '결핍'의 존재라는 것을 의미한다. 사르트르의 사유 체계가 무신론 위에 세워졌다는 것은 주지의 사실이다. 사르트르는 "만약 신이 존재하지 않는다면 모든 것은 허용될 것이다."라는 도스토예프스키의 주장을 받아들인다.(Sartre 1968, 36) 따라서 인간은 그 자신의 존재근거, 존재이유를 자기 내부에 갖고 있지 못하고 이것을 항상 추구해야 한다. 이것이 바로 '대자(pour-soi)'에서 'pour'가 가진 의미이다. 불어에서 'pour'는 '...을 위하여', '...을 향하여' 등의 의미를 가지고 있는데, 여기서는 후자의 의미로 사용되고 있다. 그러니까 대자의 방식으로 존재하는 인간은 항상 자기, 즉 그 자신의 존재근거, 존재이유를 향해 있을 뿐이지 결코 그것들을 가지고 있지 못하다.

눈앞 일정 거리에 당근이 매달려 있는 수레를 끄는 당나귀의 예가 이런 상황을 묘사하는데 아주 적합하다. 당나귀는 당근을 먹기 위해 몸을 앞으로 움직이지만 결코 당근을 먹을 수 없다. 당나귀가 마차를 끌면서 앞으로 나아가면 당근도 그만큼 앞으로 이동할 것이기 때문이다. 위에서 우리는 의식을 갖고 있지 않은 사물의 존재방식이 '즉자(en-soi)'라는 사실을 지적한 바 있다. 이 개념에서 'en'은 '...안에'의 의미이다. 그러니까 사물의 경우에는 그 존재근거, 존재이유 등이 그 자체 안에 포함되어 있는 것으로 여겨진다. 하지만 인간의 경우에는 그렇지 못하다. 이것이 바로 인간의 만물의 영장으로서의 지위의 이면이라고 할 수 있다. 그런데 이와 같은 측면은 즉자의 방식으로 존재하는 사물이 대자의 방식으로 존재하는 인간에 대해 갖는 '존재론적 우위'에 다름 아니니다.(Sartre 1943, 713)

어쨌든 인간은 살아 있는 동안 그에게 결여된 것, 곧 그 자신의 존재근거, 존재이유를 찾기 위해 노력하게 된다. 이런 노력이 바로 인간의 실존 과정이다. 사르트르는 이 과정을 이번에는 '기투(projet; 企投)' 개념으로 설명한다. 위에서 지적한 대로 사르트르의 사유 체계가 무신론 위에 세워져 있기 때문에, 인간은 신으로부터 그 어떤 본질도 부여받지 않았다. 이런 상태에서 출발해서 인간은 미래를 향해 자기 자신을 '기투하면서(se projeter)' 그 자신의 본질을 만들어나간다. 그로부터 "실존은 본질에 선행한다"(Sartre 1968, 17)는 명제가 유래한다. 인간은 결국 자기 자신의 기투, 곧 행위의 총합과 같다는 등식이 성립한다. 그리고 인간의 이와 같은 기투, 실존, 행위의 최종 목표는 그 자신에게 결여된 것, 곧 그의 존재근거와 존재이유를 확보함으로써 그 자신의 실존의 고뇌에서 벗어나는 데 있다.

이와 관련하여 한 가지 흥미로운 점은, 사르트르가 인간의 최종 목표를 '신(神)이고자 하는 욕망(désir d'être Dieu)'(Sartre 1943, 654)으로 표현한다는 점이다. 그런데 사르트르에게서 인간의 최후 목표인 신은 '대자-즉자(pour-soi-en-soi)'의 결합 상태로 표현되고 있다.(Sartre 1943, 653) 이 결합에서 '즉자'는 단순한 사물의 존재 방식이 아니라 이 '대자'의 존재근거, 존재이유에 해당한다는 것이 사르트르의 주장이다.(Sartre 1943, 653) 왜냐하면 이 즉자는 그것을 필요로 하는 대자의 활동, 곧 그 주체의 의식의 초월성, 지향성, 무화작용, 자유 등에 의해 선택된 것, 곧 그 근거가 확실하게 보증된 것이기 때문이다. 따라서 만약 인간이 이와 같은 결합 상태에 도달하는 경우, 그는 그의 내부에 그 자신의 존재근거와 존재이유를 품으면서 실존의 고뇌에서 벗어나 존재론적 안정을 얻는 것으로 이해된다.

하지만 문제는 정작 인간이 살아 있는 동안에 이와 같은 '대자-즉자'의 결합을 결코 실현할 수 없다는 데 있다. 이 결합은 그 자체로 모순적이다. 인간이 살아서 의식의 지향성을 발휘하기 위해서는 대자의 방식으로 존재해야 한다. 하지만 즉자의 방식으로 존재하려면 그는 죽어야 한다. 이처럼 인간이 '대자-즉자'의 결합을 실현하기 위해서는 살아 있음과 동시에 죽어야 한다는 모순된 결론에 도달한다. 결국 인간은 살아 있는 동안에는 '대자-즉자'의 결합을 실현할 수 없다. 이런 의미에서 사르트르는 인간을 "무용한 정열(passion inutile)"(Sartre 1943, 708)로 규정한다. 신이고자 하는 욕망, 즉 '대자-즉자'의 결합 상태를 실현하는 것은 불가능하기 때문에 결국 인간의 모든 노력은 수포로 돌아갈 수 밖에 없다는 의미이다. 그렇기 때문에 사르트르에게서 모든 인간의 역사는 '실패(échec)'의 역사일 수 밖에 없다.(Sartre 1943, 561) 바로 거기에 인간 실존의 비극이 자리한다.

거칠게 보자면 이런 내용이 대략 사르트르가 『존재와 무』에서 기술하고 있는 인간과 세계와의 관계의 양상에 해당한다. 그런데 이 관계는 작가와 세계와의 관계에도 그대로 적용된다. 작가 역시 이 세계와의 관계에서 그 자신의 존재근거와 존재이유를 찾고자 한다. 작가 한 명 한 명이 왜 작가가 되기를 선택했는가, 또 왜 다른 작가가 아니라 바로 '그' 작가가 되었는가 등을 알기 위해서는 『존재와 무』에서 정립되고 있는 사르트르의 '실존적 정신분석(psychanalyse existentielle)'을 참조해야 할 것이다.(Sartre 1943, 643-63) 작가들 한 명 한 명이 자신의 삶의 어떤 시점에서 어떤 사건을 계기로 다른 작가가 아니라 바로 '그' 작가가 되었는지를 추적하는 것이다. 하지만 여기서 문제가 되는 것은 오히려 모든 작가들에게 공통되는 것으로 여겨지는 창작 동기이다. 위에서 작가의 창작 동기가 이 세계와의 관계 속에서 본질적이라고 느끼고 싶어 하는 욕망이라는 점을 지적한 바 있다. 그렇다면 이 관계에서 작가가 본질적이라고 느낀다는 것은 무엇을 의미할까? 그리고 그것은 가능할까?

사르트르에게서 '본질적'이라는 단어의 사용은 단순하지 않다. 일반적으로 철학에서 '본질(essence)'은 "하나의 존재나 하나의 사물의 내적 본성(la nature intime d'un être ou d'une chose)"을 가리키거나 또는 "그 사물인 바의 것(ce que la chose est)"을 가리킨다. 따라서 거기에서 파생된 '본질적'이라는 단어는 "하나의 존재나 하나의 사물의 본질, 곧 내적 본성에 속하는 상태" 또는 그것들에서 "가장 중요한 부분(la partie la plus importante)"을 가리킨다. "이성은 인간에게 본질적이다(La raison est essentielle à l'homme.)"라는 문장에서의 의미가 그 예이다. 사르트르도 본질을 이와 같은 의미로 사용한다. 인간에게서 "실존은 본질에 선행한다"라는 주장이 그 예이다. 그런데 '본질적'이라는 단어에는 이와는 조금 다른 의미가 있다. 하나의 존재나 하나의 사물에 '필요한(nécessaire)' 또는 그것들에 '없어서는 안 되는(indispensable)'의 의미가 그것이다. 가령, "공기는 생명에 본질적이다(L'air est essentiel à la vie.)"라는 문장에서의 의미가 그 예이다. 사르트르 역시 '본질적'이라는 단어를 이런 의미로 사용한다. 예컨대 "하나의 사물은 인간의 의식에 본질적이다(Une chose est essentielle à la conscience de l'homme.)"라는 주장에서 그러하다.

이런 사실들로 무장하고 작가의 창작 동기로 돌아가 보자. 우리는 이제 작가가 세계와의 관계에서 본질적이라고 느끼고 싶어 하는 욕망의 정체를 알 수 있다. 이 욕망은 바로 작가 자신의 우연적 존재의 '정당화(justification)'에 대한 욕망이다. 위에서 살펴본 것처럼 작가는 우선 그 자신의 의식의 지향성을 충족시키면서 또 이 세계에 거리를 펼치면서 의미를 부여하는 일을 계속해야 한다. 이 작가의 의식의 빛을 통해 이 세계의 의미가 밝혀지는 것은 분명하다. 이런 관점에서 보면 이 세계는 작가에 의존적이다. 하지만 이 세계는 이 작가의 의식의 빛이 사라져도 거기에 그대로 남아 있을 것이고, 그것도 자족적인 상태로 남아 있게 될 것이다. 작가는 결코 이 세계에 대해 존재론적 우위를 누리지 못한다. 물론 이런 지위를 누리기는 한다. 다만 그런 지위가 항상적(恒常的)이지 못할 뿐이다. 왜냐하면 작가는 매 순간 그 자신의 의식의 지향성을 통해 이 세계에 의미를 부여해야 하기 때문이다.

이처럼 작가는 이 세계와의 관계에서 결코 반드시 필요한 존재가 아니다. 그런데 '본질적'인 단어의 의미 중 하나가 바로 '...에 필요한', '...에 없어서는 안 되는'이다. 결국 작가는 이 세계와의 관계를 맺으면서 이 세계에 없어서는 안 되는 존재, 반드시 필요한 존재가 되고 싶어 하는 욕망을 드러내는 것이다. 다시 말해 신과의 탯줄이 끊어져 아무런 이유 없이 '우연성(contingence)'의 지배하에 있는 이 작가의 존재근거, 존재이유를 찾고자 하는 욕망, 곧 그 자신의 존재 정당화의 욕망이 그것이다. 이것이 바로 사르트르가 작가의 창작 동기를 제시하면서 단언한 세계와의 관계에서 본질적이고 싶다는 욕망의 의미라고 할 수 있다. 그렇다면 이 욕망의 실현은 가능할까? 이 물음에 대한 답은 사르트르 사유 체계에서는 부정적으로 보인다. 그도 그럴 것이 세계와 작가와의 관계에서 이 세계는 수동적이고 의존적이지만 궁극적으로는 상수(常數)의 존재론적 지위를 가지고 있는 반면, 이 작가는 능동적이고 독립적이지만 궁극적으 로는 변수(變數)의 존재론적 지위를 가지고 있을 뿐이기 때문이다.

정확히 이 단계에서 우리는 작가의 창작 동기에 대한 설명의 두 번째 사실로 넘어간다. 이 두 번째 사실은 창작 과정에서 작가는 세계를 드러내고, 그 다음에 그 결과를 글로 옮기고 고정시키면서 거기에 질서를 부여하고 정신의 통일성을 투사시키는 것이었다. 여기서 작가가 세계를 드러내는 행위는 특별하지 않다. 왜냐하면 작가가 이 세계에 있는 수많은 존재들과 존재관계를 맺는 행위 자체가 드러내는 행위이기 때문이다. 그러니까 작가가 이 존재들 하나하나를 그 자신의 의식의 지향성 구조를 채워주는 무엇인가로 선택하면서 그것에 거리를 펼치면서 의미를 부여하는 행위가 바로 드러내는 행위이다. 하지만 작가가 이 행위의 결과물을 단지 지각(perception)이나 인식(connaissance) 차원에 국한시키지 않고, 그것을 글로 옮겨 고정시키고, 또 거기에 질서를 부여하고 정신의 통일성을 투사시킨다는 것이 중요하다.[9] 그렇

9) 사르트르는 인간의 의식작용을 크게 두 가지로 구분한다. '지각하는 의식(conscience percevante)'과 '상상하는 의식(conscience imageante)'이 그것이다. 그리고 이 후자의 의식은 '이미지(image)'로 지칭된다. 그런데 한 가지 흥미로운 점은, 『존재와 무』 차원과 『문학이란 무엇인가』의 차원에서는 주로 '지각하는 의식'을 통한 이 세계의 드러냄만이 예술작품의 질료를 형성하는 것으로 설명되고 있다는 점이다. 하지만 사르트르 자신의 또 다른 주장에 의하면 이와 같은 '지각하는 의식', 즉 현실 세계를 '지각하는 태도(attitude percevante)'만으로는 예술작품을 창작하는데 역부족이다. 이와는 달리 예술가가 예술작품을 창작하기 위해서는 그 자신의 '상상하는 의식'을 통해 현실 세계와 관계를 맺어야 하는 것이다. 사르트르는 이처럼 '상상하는 의식'을 통해 현실 세계와 관계를 맺기 위해서는 그 주체인 예술가의 '미학적 태도(attitude esthétique)' 또는 '상상적 태도(attitude imageante)'가 필요하다고 본다. 또한 예술가는 이와 같은 의식과 태도를 통해 자기 자신을 '비실재화(irréalisation)'하는 것은 물론이거니와 이를 통해 현실 세계 또한 '비실재화' 시킨다는 것이 사르트르의 주장이다. 그리고 사르트르는 이와 같은 두 차례의 비실재화를 통해 실현된 예술작품을 지칭하기 위해 '아날로공(analogon)' 개념을 동원하고 있다. 사르트르는 미학적 감흥을 불러일으키는 예술작품을 두 개의 대상(objet)이 달라붙어 있는 것으로 본다. '물질적 대상(objet matériel)'과 '상상의 대상(objet imagé)' 또는 '비실재적 대상(objet irréel)', '상상적 대상(objet imaginaire)', '미학적 대상(objet esthétique)', '미학적 감상의 대상(objet d'appréciation esthétique)'이 그것이다. '아날로공'은 이 두 겹의 대상 중 물질적 대상을 가리키는 용어로, 이는 상상의 대상을 드러내기 의한 구체적인 물질이다. 따라서 아날로공 그 자체는 예술작품이 아니며, 예술작품을 드러내기 위한 구체적인 매개물, 곧 매체에 불과하다. 그러니까 우리는 우리에게 미학적 감흥을 일으키는 예술작품에 이르기 위해서는 이처럼 순수한 물질로 구성되어 있는 아날로공을 통과해야만 한다. 이처럼 아날로공은 상상의 대상과 '유사(類似)'한 모습으로 —그로부터 '유사물질' 또는 '유사표상물'로도 번역되는 '아날로공' 개념이 유래한다— 우리 눈앞에 나타나 우리에게 그 너머의 상상의 대상을 가리키거나 우리를 그것으로 이끈다. 이때 이 물질적 대상과 상상의 대상의 모습이 유사하기 때문에 우리는 이 물질적 대상을 '아날로공'이라고 부르는 것이다. 이 글의 주제와 관련하여 아날로공

다면 이 행위의 의미는 무엇인가?

이 물음에 답을 하기 위해 사르트르가 1938년에 출간한 첫 번째 장편소설 『구토(La Nausée)』에 잠시 주목해보자. 이 소설의 중심인물 로캉탱은 부빌(Bouville)이라는 도시에 머무르면서 롤르봉(Rollebon)이라는 역사적 인물에 대한 전기(biographie)를 쓰려고 하다가 이 도시를 떠나는 마지막 순간에 '소설'을 창작하겠다는 결심을 한다.

> 한 권의 책. 한 권의 소설. 그 소설을 읽고 이렇게 말하는 사람들이 있을 것이다. '이 책을 쓴 사람은 앙투완느 로캉탱이다. 그는 카페에서 얼쩡거리던 붉은 머리의 사나이였다.' 그리고 그들은 마치 내가 이 흑인 여자[10]의 삶에 대해 생각하듯 나의 삶에 대해 생각할 것이다 소중하고 거의 전설적인 어떤 것처럼. 한 권의 책.(Sartre 1980, 210)

그런데 로캉탱이 이런 결심을 하게 된 직접적인 동기는 '재즈 음악'이었다. 로캉탱은 이 도시에 머물면서 종종 뭔지 알 수 없는 불쾌감에 사로잡히곤 한다. 이 소설의 제목에 해당하는 '구토'의 감정이 그것이다. 로캉탱은 이런 구토의 감정이 언어, 기호, 이성 등에 의해 결코 포획되지 않는, 우연성의 지배하에 있는 사물의 나상(裸像), 인간의 신체 등에서 기인한다는 사실을 알게 된다.(변광배 2013) 그리고 로캉탱은 이런 감정에서 벗어나기 위해 노력한다. 그 와중에 로캉탱은 카페에서 재즈 음악을 듣는 순간 자기도 모르는 사이에 구토의 감정이 일시적

개념이 갖는 중요성 중 하나는 바로 문학작품을 포함하여 모든 예술작품이 '물질성'과 '비물질성'을 동시에 포함하고 있는 '매체'라는 사실이다. 이에 대한 보다 상세한 논의로는 윤정임(2004), 지영래(2007), 이솔(2013) 등을 참고하기 바란다.

10) 바로 이어지는 부분에서 드러나듯이, 로캉탱이 카페에서 듣곤 했던 재즈곡을 부른 가수이다.

으로나마 치유된다는 사실과 그 비밀을 알게 된다. 그 비밀은 바로 재즈 음악 전체를 지배하는 필연성(nécessité), 곧 한 치의 빈틈도 없이 '강철 같은 리본(bande d'acier)'처럼 이어지는 수많은 음들의 '질서'였던 것이다.(Sartre 1980, 28) 그러니까 로캉탱은 이 세계의 모든 존재들이 우연성에 의해 지배되는 반면, 재즈 음악은 그것을 작곡한 사람과 그것을 노래하는 가수에 의해 이 재즈 음악에 투사된 필연성과 통일성에 의해 지배된다는 사실을 알게 된 것이다.

로캉탱이 이처럼 재즈 음악을 통해 알게 된 이 모든 것은 문학작품에도 —그리고 회화 등과 같은 다른 예술작품에도— 그대로 적용된다. 문학작품 역시 이 재즈 음악과 마찬가지로 그 안에 들어 있는 모든 요소들이 작가에 의해 구상되고 투사된 필연성과 통일성의 질서에 의해 지배되는 것은 분명하다. 문학작품을 이루고 있는 구두점 하나, 단어 하나, 문장 하나도 작가의 허락 없이 바꾸는 것은 불가능하다는 것은 말할 나위가 없다. 요컨대 작가는 문학작품을 창작하면서 이 세계와의 관계 정립을 통해 이 세계를 드러내고, 그 다음에 그 결과를 글로 옮겨 고정시키고 또 거기에 질서를 부여하고 정신의 통일성을 투사시켜 우연성이 아니라 필연성이 지배하는 문학작품이라는 하나의 창조물을 만들어내는 것이다.

여기서 한 가지 주목해야 할 점은, 이 모든 과정이 '데미우르고스(Démiurge)', 곧 '조물주' 또는 '신'이 세계를 창조할 때의 과정과 아주 유사하다는 점이다. 신학적 사유에 의하면 '조물주-신'이 세계를 창조할 때 피조물 하나하나에 이른바 '신의 뜻(volonté divine)'을 투사시킴으로써 이 세계에 필연성과 통일성을 부여한 것으로 이해된다. 그러니까 이 세계에 있는 피조물 하나하나의 입장에서 보면 '조물주-신'의 존재는 반드시 필요한 존재, 없어서는 안 되는 존재인 것이다. 비록 사르트르가 무신론 위에 그의 전체 사유 체계를 세우고 있지만, 최소한 문학작품의 창작 동기의 설명과 관련해서는 이와 같은 신학적 사유를 받아들이고 있는 것으로 보인다.

이제 이와 같은 사실들을 바탕으로 사르트르가 제시한 작가의 창작 동기를 설명해주는 세 번째 사실을 살펴보자. 이를 위해 다시 한 번 이 사실에 선행하는 첫 번째, 두 번째 사실을 상기해보자. 첫 번째 사실은 작가의 창작 동기가 이 세계와의 관계에서 그가 본질적이라고 느끼고 싶어 하는 욕망이었다. 두 번째 사실은 작가가 이 세계와의 관계에서 드러낸 결과를 글로 옮기고 고정시키고, 또 거기에 정신의 통일성과 질서를 투사하는 것이었다. 그리고 마지막으로 세 번째 사실은 이처럼 작가 자신의 정신의 통일성과 질서가 투사된 창조물, 곧 문학작품을 손수 만들어낸다는 생각을 하게 되고, 궁극적으로는 이 만들어진 것, 곧 문학작품에 대해 본질적이라고 느끼는 것이었다.

이 세 번째 사실에서 문학작품은 애시 당초 작가가 그것을 만들어내기 전에는 이 세계에 존재하지 않았다는 것은 의심의 여지가 없다. 그로부터 다음과 같은 결론이 도출될 수 있다. 작가는 이 문학작품이 이 세계에 출현하기 위해 반드시 요청되는 존재라는 결론이 그것이다. 사실, 작가는 문학작품을 창작하는 과정에서 이 세계를 드러내면서 이 세계와의 관계에서 본질적이라고 느끼고 싶어 했다. 하지만 작가는 그런 상태에 도달할 수 없었다. 작가는 이 세계와의 관계에서 그것을 드러내면서 그 자신이 일시적, 우연적 존재라는 사실만을 확인할 뿐이었다. 하지만 작가는 그 자신이 창작한 문학작품과의 관계에서는 반드시 요청되는 존재, 다시 말해 항상적, 필연적 존재가 되는 것이다. 이렇듯 작가는 손수 창작한 문학작품과의 관계에서 그것을 만들어냈다는 생각을 하게 되고, 그것의 출현에서 반드시 필요한 존재, 없어서는 안 되는 존재가 되는 것이다. 그런데 위에서 살펴본 것처럼 필요한 존재, 없어서는 안 되는 존재는 본질적인 존재와 동의어였다. 결국 사르트르에게서 “작가는 문학작품의 출현에 본질적이다.(L'écrivain est essentiel à l'apparition de l'œuvre d'art littéraire.)”라는 주장이 성립되는 것이다.

그런데 이와 같은 주장에 담긴 의미는 결코 가볍지 않다. 왜냐하면 사르트르는 이 주장을 통해 인간이 그 자신의 실존의 고뇌에서 벗어날 수 있는 길을 보여주고 있기 때문이다. 실제로 사르트르에게서 이 길은 인간의 자기 존재 정당화의 길이자 자기 구원(salut)의 길이기도 하다. 그도 그럴 것이 인간은 이 길의 끝에서 자기 자신의 존재근거, 존재이유를 찾으면서 우연성의 질곡에서 벗어날 수 있기 때문이다. 사르트르의 사유 체계에서 인간은 결여의 존재라는 사실, 곧 그 자신의 존재근거, 존재이유를 가지고 있지 못한 채 대자의 방식으로 존재한다는 사실을 상기하자. 위에서 우리는 마차 앞에 달린 당근을 먹고자 하는 당나귀의 예를 통해 인간은 그 자신의 존재근거, 존재이유에 해당하는 자기를 향해 있을 뿐이지 결코 거기에 이르지는 못한다는 사실을 지적한 바 있다. 하지만 사르트르는 문학작품의 창작을 통해 작가가 본질적이라고 느낄 수 있다고 주장함으로써 이 작가가 그 자신의 존재근거, 존재이유를 확보할 수 있는 가능성의 문을 활짝 열어 놓고 있는 것이다. 그러니까 신과의 탯줄이 끊긴 상태에서 인간이 항상 겪게 마련인 실존의 고뇌를 극복할 수 있는 가능성이 작가의 문학작품의 창작을 통해 제시되고 있는 것이다. 다시 말해 인간이 ‘대자-즉자’의 결합 방식으로 존재하는 신이고자 하는 욕망의 실현 가능성이 제시되고 있는 것이다.

3. 문학작품의 이중의 상반된 존재론적 위상

우리는 위에서 사르트르가 인간을 무용한 정열로 규정하고 있다는 사실, 따라서 인간의 역사는 예외 없이 실패의 역사로 규정되고 있다는 사실을 지적한 바 있다. 인간은 결코 그 자신의 최종 목표, 곧 '대자-즉자'의 결합 방식으로 존재하는 신이고자 하는 욕망을 실현할 수 없다는 의미였다. 그런데도 사르트르는 문학작품과의 관계에서 작가가 본질적이라고 느낄 수 있다고 주장함으로써 이 작가의 구원, 그의 우연적 존재의 정당화, 다시 말해 그의 삶을 실패가 아니라 성공의 역사로 만들 수 있는 가능성을 제시하고 있는 것이다. 만약 이런 가능성의 현실화가 확실하게 보장되었다면 사르트르는 결코 인간을 무용한 정열로 규정하지도 않았을 것이고, 또 모든 인간의 역사를 실패의 역사로 규정하지도 않았을 것이다. 이렇듯 사르트르는 작가의 문학작품 창작을 통한 구원 가능성과 무용한 정열로서의 인간에 대한 이해 사이에서 스스로 논리적 모순에 빠져 있는 것처럼 보인다. 과연 그러한가?

문학작품을 통한 자기 구원과 존재 정당화를 겨냥하는 작가의 욕망에 주목하고 있는 우리에게 이 질문은 중요하다. 그도 그럴 것이 이 질문에 답을 하는 과정에서 이와 같은 작가의 욕망의 실현이 항상 보장되지 않는다는 사실이 드러나기 때문이다. 이 질문에 답을 하기 위해 여기서는 작가에 의해 창작된 문학작품의 존재론적 위상, 그리고 사르트르가 『존재와 무』에서 제시하고 있는 인간 실존의 "주요 세 범주(trois catégories cardinales)",(Sartre 1943, 507) 곧 '함(Faire)', '가짐(Avoir), 있음(Etre)'의 범주를 차례로 살펴보고자 한다. 겉으로는 아무런 관련이 없는 것 같지만 실제로 이 두 요소는 아주 밀접하게 연결되어 있는 것으로 보인다.

먼저 작가에 의해 창작된 문학작품의 존재론적 위상을 보자. 사르트르에 의하면 작가에 의해 창작된 문학작품은 물질성과 비물질성을 동시에 갖는 일종의 '마술적(magique)' 존재(Sartre 1943, 681)로 여겨진다. 문학작품은 물질성에서 자유롭지 못하다. 그도 그럴 것이 문학작품을 구성하고 있는 것은 종이와 그 위에 적혀 있는 글자이기 때문이다. 사르트르는 문학작품이 갖는 이와 같은 물질성을 "종이 위의 검은 흔적(traces noires sur le papier)"(Sartre 1948, 91) 또는 "곰팡이 핀 종이 위의 잉크 자국(taches d'encre sur du papier moisi)"(Sartre 1948, 78)로 표현한다. 그리고 문학작품에 해당하는 이와 같은 사실은 모든 예술작품에도 적용된다. 가령, 회화의 경우에도 액자와 물감 등이 이 회화의 물질성에 해당한다는 것은 분명하다. 그런데 문학작품에서 찾아볼 수 있는 이와 같은 물질성은 그대로 이 문학작품이 즉자의 방식으로 존재하는 하나의 사물에 불과하다는 점과 동의어이다. 작가의 품을 떠난 문학작품은 그 자체로 하나의 사물과 같이 존재한다는 것은 의심의 여지가 없다.

하지만 문학작품은 이와는 전혀 다른 또 하나의 존재론적 위상을 가지고 있는 것으로 여겨진다. 사르트르에 의하면 문학작품은 작가의 '분신(alter ego)'로 여겨진다. 위에서 살펴본 것처럼 작가는 문학작품을 창작하면서 거기에 이 세계를 드러낸 결과를 투사한다. 다시 말해 작가는 문학작품 속에 그 자신의 주체성, 곧 그 자신의 정신적 통일성을 투사하는 것이다. 정확히 이런 의미에서 문학작품은 작가의 '혼(魂)'을 담고 있다고 할 수 있다.(변광배 2015b) 문학작품이 갖는 이와 같은 정신적 측면이 바로 이 문학작품의 비물질성에 해당한다. 정확히 이런 의미에서 문학작품의 존재방식은 '대자'라고 할 수 있다. 그리고 문학작품에 해당되는 이 사실은 모든 예술작품에도 적용된다. 어쨌든 한 가지 분명 한 점은 문학작품에는 그것을 이 세계에 존재하게끔 만들어준 작가의 주체성, 정신성이라는 비물질성이 들어 있다는 점이다.

이렇듯 사르트르에게서 작가에 의해 창작된 문학작품은 물질성과 비물질성을 동시에 갖추고 있다.[11] 그런데 사르트르는 이와 같은 이중의 상반되는 측면을 가진 문학작품을 규정하기 위해 '자아(le moi)'와 '비(非)자아(le non-moi)'라는 용어를 사용하기도 한다.(Sartre 1983, 678; Sartre 1943, 678) 그러니까 작가에 의해 창작된 문학작품은 이 작가의 자아, 곧 그의 정신적, 대자적, 비물질적 측면과 그의 비자아, 곧 이 작품의 사물적, 물질적, 즉자적 측면으로 구성되어 있는 것이다. 작가는 이와 같은 두 가지 상반된 존재론적 위상을 가진 문학작품을 창작하면서 이 창작물에 대해 본질적이라고 느끼고자 하는 것이다. 우리는 위에서 사르트르에 의해 제시된 문학작품의 창작 동기를 설명하면서 이 사실을 별다른 이의 없이 받아들였다. 다만 이 사실과 『존재와 무』에서 볼 수 있는 무용한 정열로서의 인간에 대한 이해와의 논리적 모순 가능성만을 지적했을 뿐이다.

이제 이와 같은 논리적 모순 가능성을 면밀하게 살펴보기 위해 문학작품이 갖는 물질성, 비물질성이라는 존재론적 위상에 대한 논의의 결과를 토대로 위에서 언급한 인간 실존의 주요 세 범주를 살펴보도록 하자. 사르트르는 『존재와 무』에서 인간의 실존을 크게 '함', '가짐', '있음'의 세 범주로 구분한다. 그리고 이 세 범주는 서로 무관한 것이 아니라 이중으로 환원 가능한 것으로 여겨진다. '함'의 범주는 '가짐'의 범주로, 또 '가짐'의 범주는 다시 '있음'의 범주로 환원 가능하다는 것이다. 예를 들어보자. 어떤 사람이 나뭇가지로 지팡이 하나를 만들면 —'함'의 범주이다—, 이것은 그가 이 지팡이를 소유하기 —'가짐'의 범주이다— 위함이라는 것이 사르트르의 주장이다. 또한 사르

11) 아날로공 개념을 상기하자.

트르는 계속해서 이 지팡이를 소유하는 것은 —'가짐'의 범주이다— 이 사람이 존재하기 —'있음'의 범주이다— 위함이라고 주장한다. 이것이 바로 인간 실존의 주요 세 범주 사이에 발생하는 '이중의 환원(réduction double)'(Sartre 1943, 664-5; 678)이다.

그런데 작가가 문학작품을 창작하는 경우에도 이와 같은 이중의 환원이 적용되는 것으로 보인다. 우선, 작가는 문학작품을 창작하여 —'함'의 범주이다— 이것을 소유하려 —'가짐'의 범주이다— 한다. 여기에서 '함'의 범주에서 '가짐'의 범주에로의 일차적 환원이 나타난다. 물론 문학작품 창작의 경우와 같이 이와 같은 환원이 잘 나타나지 않는 경우도 있다. 학문적 연구 결과와 예술작품 등이 그 예이다. 하지만 사르트르는 이 두 가지 예에서도 어김없이 이 일차적 환원이 적용된다고 주장한다. 그 다음으로 작가가 손수 창작한 문학작품을 소유하는 것은 —'가짐'의 범주이다—, 이 문학작품을 통해 작가 자신이 존재하기 —'있음'의 범주이다— 위함이다. 이 환원이 바로 '가짐'의 범주에서 '있음'의 범주에로의 이차적 환원이다.

이와 같은 이중의 환원과 관련하여 눈여겨보아야 할 것은 바로 문학작품의 존재론적 위상이다. 위에서 우리는 작가에 의해 창작된 문학작품은 이중의 상반된 존재론적 위상을 가지고 있다고 했다. 문학작품에 포함된 자아와 비자아, 곧 사물성, 물질성, 즉자적 측면과 그 창작 주체인 작가의 주체성, 대자적, 비물질적 측면이 그것이다. 따라서 작가가 손수 문학작품을 창작하는 경우, 그는 일단 이것을 소유하면서 '작가-문학작품'의 결합 관계를 형성하고, 또한 '작가-문학작품'의 결합 방식으로 존재하게 된다.

이와 같은 결합 관계와 존재 방식에서 중요한 것은 문학작품이라는 항(項)이다.(Sartre 1943, 681) 작가라는 항의 의미는 비교적 단순하다. 만약 이 작가가 살아 있다면, 그는 항상 대자의 방식으로 존재할 것이다. 이는 달리 진행될 수 없다. 왜냐하면 그가 살아 있다는 증거는, 그가 그 자신의 의식의 지향성을 충족시키면서 이 세계를 드러내고 또 거기에 의미를 부여하는 행위이기 때문이다. 문제는 오히려 소유대상인 문학작품이라는 항이다. 방금 위에서 지적한대로 문학작품의 존재론적 위상은 이중의 상반된 것이기 때문에, 작가가 이 문학작품을 소유하는 경우, 다음 두 가지 결합 관계 중 하나가 나타나게 된다. '작가-대자로서의 문학작품' 아니면 '작가-즉자로서의 문학작품'의 결합 관계가 그것이다. 이 두 결합 관계는 '대자(작가)-대자(문학작품)' 아니면 '대자(작가)-즉자(문학작품)'의 결합 형태로 표현될 수 있다. 그리고 작가는 손수 창작한 문학작품을 소유하면서 '있음'을 겨냥하기 때문에, 이제 이 두 결합 형태는 '작가-대자로서의 문학작품'의 결합 방식이나 또는 '작가-즉자로서의 문학작품'의 결합 방식으로 환원되며, 따라서 이 두 결합 방식은 궁극적으로는 '대자-대자' 아니면 '대자-즉자'의 결합 방식으로 환원된다.

이와 같은 두 가지 결합 방식에서 후자의 경우, 즉 '대자-즉자'의 결합 방식이 갖는 의미는 아무리 강조해도 지나치지 않을 것이다. 최소한 사르트르의 사유 체계 내에서는 그렇다. 그 까닭은 바로 이 '대자-즉자'의 결합이 인간의 최종 목표인 신이 되고자 하는 욕망이 실현되었다는 것을 의미하기 때문이다. 그러니까 작가는 그 자신의 손에 의해 창작된 문학작품을 소유하면서 이 문학작품이 이 세계에 출현하는 것을 그 근원에서부터 보증해주는 존재, 곧 이 문학작품의 출현에 필요한 존재, 없어서는 안 되는 존재, 본질적인 존재가 되는 것이다. 달리 말해 작가는 그 자신에 의해 그 존재가 확실하게 보증된 이 문학작품을 통해 그 자신의 존재근거, 존재이유를 확보하게 되는 것이다. 요컨대 이 작가는 이 문학작품의 창작을 통해 우연적 존재에서 탈피해 그 자신의 존재가 '정당화되었다(justifié)'고 생각하기에 이른다. 실제로 이것이 작가의 문학작품을 통한 자기 구원의 메커니즘이었다. 그리고 이 경우에 있어서는 사르트르가 『존재와 무』에서 인간을 무용한 정열이라고 규정하고 또 인간의 역사를 실패의 역사로 규정한 것과 『문학이란 무엇인가』에서 제시된 작가의 구원의 메커니즘 사이에는 뚜렷한 논리적 모순이 있는 것으로 보인다.

하지만 문제는 '작가-문학작품'의 결합 방식이 하나가 아니라 두 종류라는 데 있다. 다시 말해 '작가-문학작품'의 결합 방식은 '대자-즉자'이기도 하고 또 '대자-대자'이기도 하다. 만약 작가가 그 자신의 손에 의해 창작된 문학작품을 소유하면서 '대자-대자'의 결합 관계를 실현하고 또 이런 결합 방식으로 존재한다면, 이 경우 이 작가는 이 문학작품을 통해 그 자신의 우연적 존재를 정당화시킨다는 최종 목표, 곧 신의 존재방식에 도달할 수 없을 것이다. 그런데 이 작가는 결코 이 문학작품 속에서 그처럼 간절하게 욕망하는 존재근거, 존재이유를 확보할 수 없다는 것이 사르트르의 주장이다. 그도 그럴 것이, 위에서 지적한 것처럼 작가에 의해 창작된 문학작품은 이 작가의 또 다른 자아, 곧 그의 분신이기 때문이다. 그러니까 이 작가는 그 자신의 문학작품을 소유하고 읽으면서 그 안에서 자기 자신의 모습, 더 정확하게 말하자면 종이와 글자로 물질화된 그 자신의 주체성, 정신성, 곧 그 자신의 대자적 측면만을 '재발견할(retrouver)' 뿐이다.

> 당신이 감동 속에서 썼던 대목, 당신을 웃게 만들었던 대목을 다시 읽어 보라. 당신의 감동은 당신의 독서 행위 행 속에서 객체가 아니라 순수한 주관적 내면성으로 재발견된다.(Sartre 1983, 136; Sartre 1948, 92-3)

이는 결국 문학작품을 통한 자기 구원, 존재 정당화를 위한 작가의 노력이 실패로 끝날 수 밖에 없다는 것을 의미한다. 그리고 이 경우,

『존재와 무』에서 볼 수 있는 무용한 정열로서의 인간에 대한 사르트르의 이해와 모든 인간의 역사는 실패의 역사라는 사르트르의 주장과 『문학이란 무엇인가』에서 제시된 작가의 자기 구원의 실패 사이에는 아무런 논리적 모순도 없게 된다.

4. 작가-독자(들)의 협력과 이상적인 공동체의 형성

이상의 논의를 토대로 우리는 다음과 같은 사실을 어렵지 않게 짐작할 수 있다. 작가의 창작을 통한 구원이 실패로 끝나지 않고 성공하려면 결국 그의 문학작품에 포함된 비물질적, 대자적 측면이 물질적, 즉자적 측면으로 바뀌어야 한다는 사실이 그것이다. 작가는 직접 창작한 문학작품을 소유하면서 '대자-대자'의 결합 방식을 불식하고 항상 '대자-즉자'의 결합 방식으로 존재할 수 있는 방법을 모색해야 할 절대적인 필요가 있는 것이다. 작가에게 과연 이와 같은 목적을 달성할 수 있는 방법이 있는가? 만약 있다면 그 방법은 무엇이고, 또한 이 방법을 이용하는데 아무런 장애물이 없는 것일까?

이와 관련하여 "타자를 위한, 타자에 의한 예술만이 존재할 뿐이다(Il n'y a d'art que pour autrui et que par autrui.")(Sartre 1948, 93)라는 사르트르의 주장은 의미심장하다. 이 주장에서 예술을 문학에 국한시킨다면, 타자는 당연히 '독자'에 해당할 것이다. 이 경우, 이 주장은 "독자를 위한, 독자에 의한 문학만이 존재할 뿐이다"로 바꿔 쓸 수 있다. 단 한 문장임에도 불구하고 이 문장에는 사르트르의 미학, 그 중에서도 문학에 관련된 내용이 가장 함축적으로 요약되어 있는 것으로 보인다. 그도 그럴 것이 사르트르의 문학론에서 작가와 거의 대등한 위치를 차지하고 있는 것으로 여겨지는 '독자'가 본격적으로 등장하고 또 이 독자의 역할이 극단적으로 강조되고 있기 때문이다. 우리의 판단으로 사르트르의 문학론에 등장하는 독자의 지위, 역할, 고뇌 등은 바로 위에서 제기된 질문들, 즉 작가가 문학작품을 통해 '대자-대자'의 결합 방식을 불식하고 항상 '대자-즉자'의 결합 방식으로 존재하기 위해 모색하는 방법, 이 방법의 효율적인 이용의 문제 등과도 긴밀하게 연결되어 있는 것으로 보인다. 이 문제들에 답을 하기 위해 독자에게 관심을 집중해보자.

독자는 작가에 의해 창작된 문학작품을 읽는 자이다. 그 이상도 그 이하도 아니다. 다만 사르트르가 『문학이란 무엇인가』에서 주목하고 있는 독자는 다음과 같은 조건을 갖춰야 하는 것으로 보인다. 첫 번째 조건은 작가에 의해 창작된 문학작품을 읽는 독자와 이 작가는 서로 구별되는 다른 사람이어야 한다는 것이다. 이 조건은 당연해 보이지만 근본적이다. 작가가 손수 창작한 문학작품을 소유하면서 '대자-즉자'의 결합 대신 '대자-대자'의 결합을 이뤄 소기의 목적을 달성하지 못한 것은 문학작품이라고 하는 이 정신적 대상을 객체화, 즉자화시키지 못했기 때문이었다. 따라서 작가가 이와 같은 임무를 수행할 수 있기 위해서는 그와는 다른 행위 주체(agent)를 필요로 하는 것은 당연하면서도 근본적으로 보인다.

> 쓴다는 작업은 그 변증법적 상관자로서 읽는다는 작업을 포함하고 있으며, 이 두 가지 연관된 행위는 서로 다른 두 행위자를 요청한다.(Sartre 1948, 93)

두 번째 조건은 첫 번째 조건의 자연스런 결과로, 독자는 항상 자유로워야 한다는 것이다. 다시 말해 독자는 작가와 마찬가지로 항상 주체성의 상태에 있어야 한다. 그렇지 않으면 독자는 작가의 주체성, 정신성이 투사되어 '대자'의 방식으로 존재하는 문학작품을 객체화, 즉자화시킬 수 없다. 왜냐하면 사르트르의 사유 체계에서 주체성은 다른 주체성에 의해서만, 자유도 다른 자유에 의해서만 제한될 수 있을 뿐이기 때문이다. 따라서 작가에 의해 창작된 문학작품이 객체화되고 즉자화되려면 이 문학작품을 읽는 독자는 반드시 주체성, 자유, 대자의 상태에 있어야 한다. 이 조건에 걸맞게도 사르트르는 독자의 읽기를 작가에 의해 창작된 문학작품 속에 주체성을 '흘려 넣는(couler)' 행위로 규정한다.(Sartre 1983, 135) 그리고 이 행위에는 독자의 시선이 동반된다. 사르트르에게서 시선은 힘, 그것도 그 끝에 와 닿는 모든 것을 객체로 사로잡을 수 있는 힘으로 규정된다. 따라서 독자는 그 자신의 시선을 통해 그 자신의 주체성을 작가의 문학작품 속에 흘려 넣는 것이다. 물론 독자는 이 행위를 통해 작가의 문학작품을 객체화, 곧 즉자화시키게 된다.

이렇듯 작가와의 관계에서 독자가 위의 두 조건을 충족시키면서 맡은 바 임무를 성실히 수행해준다면 작가는 어렵지 않게 소기의 목적을 달성할 수 있을 것이다. 최소한 이론적으로는 그렇다. 작가는 손수 창작한 문학작품을 독자에게 내맡기면서 —뒤에서 곧 보겠지만 사르트르에게서 이 행위는 '증여(don)'로 이해된다— 이 독자의 협력을 받아 항상 '대자(작가)-즉자(독자에 의해 즉자화된 문학작품)'의 결합 상태를 실현할 수 있을 것이기 때문이다. 다시 말해 이제 작가는 독자의 협력으로 손수 창작하고 소유하는 그 자신의 창작물, 곧 문학작품을 통해 자기 구원의 메커니즘, 곧 그 자신의 우연한 존재의 정당화 메커니즘을 항상 성공적으로 작동시킬 수 있는 방법을 찾아낸 듯하다. 정확히 이 방법 속에서 사르트르의 문학론을 떠받치는 두 개의 원리 중 하나인 '독자에 의한 문학'의 원리가 유래한다. 그러니까 이 원리는 작가가 손수 창작한 문학작품을 소유하면서 '대자-즉자'의 결합을 실현하기 위해 독자의 읽기라는 협력이 반드시 필요하다는 것을 여실히 보여준다.

이 단계에서 중요한 하나의 질문이 제기될 수 있다. 과연 독자는 항상 작가가 바라는 대로 행동해주는가, 라는 질문이 그것이다. 이 질문에 대해 답을 하는 것은 사르트르의 문학론이 '독자에 의한 문학'에서 '독자를 위한 문학'으로 옮겨 가는 근본적인 이유와도 무관하지 않아 보인다. 위의 질문에 대한 답을 구해보자.

방금 독자는 읽기 행위를 수행하는 과정에서 자유이자 주체성의 상태에 있다고 했다. 그런데 이 독자의 자유는 무제한이고, 그의 주체성은 절대적이다. 이는 당연하다. 그도 그럴 것이 독자의 읽기 행위는 그 자체로 드러내는 행위와 동의어이기 때문이다. 사실, 독자의 입장에서 보면 작가에 의해 창작된 문학작품은 그냥 우연히 이 세계에 있는 사물 중 하나에 불과하다. 사르트르에 의하면 "타자에게 있어서 우리의 모든 창조는 발견된 실재(toute notre création est pour l'Autre réalité trouvée)"(Sartre 1983, 135)이다. 다시 말해 이 문학작품은 독자의 의식의 지향성 구조를 충족시켜줄 수 있는 하나의 사물, 곧 잠재적인 수많은 무엇인가 중 하나일 따름이다. 물론 이 작가에게 있어서 이 문학작품은 그 자신의 주체성과 정신성을 담고 있고, 또 그의 존재근거와 존재이유를 담고 있는 더없이 중요한 사물이기는 하다. 하지만 독자의 눈으로 보면 작가의 문학작품은 그저 드러내기와 의미 부여의 대상일 뿐이다. 그런데 인간은 이 세계에 있는 여러 존재들과의 관계 정립과 의미 부여에서 무한 자유를 누린다. 이와 마찬가지로 독자도 그 자신의 읽기 행위를 수행하면서 작가에 의해 창작된 문학작품을 드러내고 또 거기에 의미를 부여하면서 무한 자유를 누려야 한다. 독자는 이처럼 그 자신의 읽기 행위를 온전히 수행할 수 있으려면 완전한 주체성의 상태에 있어야 한다.

그런데 작가에 의해 창작된 작품을 읽으면서 독자는 당연히 누려야

할 이런 자유를 온전히 누리지 못하는 것으로 보인다. 이와는 달리 독자의 자유는 오히려 작가의 그것에 의해 제한된 것처럼 보인다. 그 이유는 작가의 주체성, 정신성에 있다. 위에서 우리는 작가가 문학작품을 창작할 때 이 세계를 드러낸 결과를 글로 옮기고 고정시키며, 또 그것에 질서와 정신적 통일성을 투사시킨다는 사실을 지적한 바 있다. 이 모든 것이 바로 작가의 '의도(intention)'로 설명될 수 있다. 독자는 작가에 의해 창작된 문학작품을 읽으면서 그것을 드러내기의 대상으로 삼고 또 거기에 의미를 부여한다. 그런데 사르트르에 의하면 독자의 이런 읽기 행위는 정확히 작가의 의도, 곧 그의 주체성, 정신성에 의해 제한되는 것으로 여겨진다. 이와 관련하여 사르트르는 이렇게 말한다. "독자가 아무리 멀리 나아간다고 해도 작가는 그보다 더 멀리 나아간다."(Sartre 1948, 103) 이것은 작가가 독자의 읽기 행위를 안내하고 유도할 수 있다는 것을 보여준다.

물론 사르트르는 읽기 행위에서 독자가 누리는 자유를 인정하긴 한다. 하지만 독자는 작가의 문학작품을 읽기 시작하면 반드시 거기에 포함된 이 작가의 의도, 곧 그의 정신성과 주체성을 완전히 파악해야만 하는 어려운 임무를 떠맡게 된다는 것이 사르트르의 주장이다. 그리고 이와 같은 임무가 완전히 수행될 때에라야 비로소 독자는 작가의 문학작품의 의미를 완벽하게 파악할 수 있고, 따라서 그것을 완벽하게 객체화시키고 즉자화시킬 수 있게 된다는 것이 계속되는 사르트르의 주장이다.

그런데 정확히 이와 같은 힘겨운 임무가 자기에게 주어졌다고 느끼는 순간, 또 이 임무를 수행하는 과정에서 자신의 자유와 주체성이 작가에 의해 제한되었다는 느끼는 순간, 독자는 읽기 행위를 중단할 수 있다. 작가에게는 문학작품의 창작이 본업이고 일차적인 일이지만, 독자에게는 이 문학작품을 읽는 것이 본업이 아니고 이차적인 경우가 대부분이다. 더군다나 작가가 쓴 문학작품을 읽다가 어려움을 느끼거나 피곤하다고 느끼는 경우를 포함해 독자는 언제든지 읽기를 그만둘 수 있다. 하지만 독자가 읽기를 그만두는 순간이 작가에게는 절망의 순간이다. 그도 그럴 것이 작가가 손수 창작한 문학작품을 소유하면서 '대자-즉자'의 결합 방식을 실현하는데 독자의 협력이 절대적으로 필요하기 때문이다.

사르트르는 이와 같은 독자의 사정을 고려하여 이번에는 작가의 창작 행위를 '호소(appel)'로 규정한다. "모든 문학작품은 호소이다."(Sartre 1948, 96) 사르트르에 의하면 호소가 이루어지려면 호소하는 자도 자유와 주체성의 상태에 있어야 하고, 이 호소를 받는 자 역시 자유와 주체성의 상태에 있어야 한다. 사르트르에게서 호소는 "상황에 처한 개인의 자유에 의한 상황에 처한 개인의 자유의 인정(reconnaissance d'une liberté personnelle en situation par une liberté personnelle en situation)"(Sartre 1983, 285)으로 정의된다. 이렇듯 사르트르는 작가의 창작 행위를 호소로 규정하면서 독자의 자유를 무조건적으로 인정하는 조치를 취한다. 그렇다면 이 호소라는 조치로 독자의 불만이 완전히 해소될 수 있을까? 이 물음에 대한 사르트르의 답은 부정적이다. 작가는 독자의 자유와 주체성의 인정을 전제로 하는 이 호소라는 조치만으로는 결코 안심할 수 없는 것으로 보인다. 왜냐하면 호소에 따르는 이와 같은 인정이 결코 순수하지 않은 것으로 보이기 때문이다. 그 증거는 호소의 또 다른 정의 속에 들어 있다.

사르트르는 호소를 "누군가가 누군가에게 무엇인가의 이름으로 하는 무엇인가에 대한 요청(demande par quelqu'un à quelqu'un de quelque chose au nom de quelque chose)"(Sartre 1983, 285)으로도 규정한다. 문제는 바로 이 정의에 포함된 '요청(demande)'에 있다. 작가는 독자에게 그의 자유와 주체성을 인정해주면서 그 이름으로 그 자신에 의해 창작된 문학작품을 객체화, 즉자화시켜 줄 것을 요청하는 것이다. 그런데 사르트르에 의하면 요청은 '요구(exigence)'의 다른 형태이고, 따라서 호소, 요청, 요구는 서로 밀접하게 연결되어 있다. 이 점에 대해 사르트르는 이렇게 말하고 있다.

> 사실, 우리는 강요나 매혹된 탄원을 통해서 남의 자유에 호소를 할 수는 없다. 그 자유에 도달하는 방법은 하나뿐이다. 그것은 우선 자유를 인정하고 그 다음으로 이 자유를 신뢰하고, 마지막으로 이 자유의 이름으로, 다시 말해서 그것에 대한 신뢰의 이름으로 그 자유로부터 어떤 행위를 요구하는(exiger) 것이다.(Sartre 19483, 97)

그런데 문제는 호소, 요청, 요구 사이의 연관성이 거기에서 끝나지 않는다는 데 있다. 요구 속에는 일종의 '정언명령(l'impératif catégorique)'이 숨겨져 있다는 것이 사르트르의 주장이다.(Sartre 1983, 248) 또한 명령에는 이 명령을 내리는 자와 받는 자 사이의 존재론적 힘의 '위계질서(hiérarchie)'가 전제되고 있다는 것이 사르트르의 계속되는 주장이다.(Sartre 1983, 271-2) 따라서 작가의 독자에 대한 호소는 위장(僞裝)일 가능성이 농후하다. 작가는 독자에게 호소를 하면서 그의 자유와 주체성을 인정하긴 한다. 하지만 이와 같은 인정에는 이 독자에게 그의 문학작품을 객체화시키고, 즉자화시켜 달라고 하는 요청, 요구, 최종적으로는 명령이 포함되어 있는 것은 물론이거니와, 그 과정에서 작가는 독자보다 더 강한 존재론적 힘을 행사하게 된다.

그렇다면 호소로 위장된 이와 같은 요구, 곧 존재론적 힘의 위계질서 앞에서 독자는 과연 태연하게 작가에 의해 창작된 문학작품을 계속 읽을 수 있는가? 독자는 이와 같은 존재론적 힘의 불균형을 감내하면서까지 이 문학작품에서 그 창작 주체인 작가의 의도와 일치하는 의미를 파악하려는 노력을 해줄 것인가? 아니면 이런 불균형에 불만을 품고 이 문학작품을 읽는 것을 중단할 것인가? 대부분의 경우 독자는 작가와의 관계에서 발생하는 이와 같은 존재론적 힘의 불균형 상태를 견디지 못하고 읽기 행위를 중단할 것이다. 왜냐하면 독자를 포함한 모든 인간은 그 어떤 상황에서도 다른 인간에 비해 상대적으로 열등한 자유와 주체성을 갖기를 원치 않을 것이기 때문이다. 어쨌든 작가의 호소에는 이와 같은 독자의 열등한 자유와 주체성이 감춰져 있는 것으로 보인다. 하지만 그로 인해 독자가 작가의 문학작품을 읽는 것을 그만 둘 경우, 결정적인 타격을 입는 쪽은 작가이다. 왜냐하면 작가는 혼자서는 결코 그의 문학작품을 객체화, 즉자화시킬 수 없기 때문이다.

이런 상황에서 사르트르는 작가에게 독자의 협력을 구할 수 있는 또 한 번의 조치를 강구한다. 이 조치가 바로 작가의 창작 행위를 '증여' 또는 '관용(générosité)'으로 여기는 것이다. "글을 쓴다는 것은 주는 것이다."(Sartre 1948, 153) 사르트르가 『문학이란 무엇인가』에서 제시하고 있는 이 비의적(秘儀的)인 문장의 의미를 이해하기 위해서는 『존재와 무』를 참조해야 한다. 사르트르는 이 저서에서 인간들 사이의 존재론적 관계를 다루면서 증여 개념에 대해 상세하게 논의하고 있다.

사르트르에게서 인간들 —편의상 '나'와 '타자'라고 하자— 사이의 관계는 각자 주체성의 상태로 있기 위해 시선을 통해 상대방을 객체화시키려는 관계로 이해된다. 그 결과 인간들 사이의 관계는 함께 있음이 아니라 갈등과 투쟁으로 귀착된다는 사실을 우리는 이 글의 모두(冒頭)에서 지적한 바 있다. 그런데 증여는 이와 같은 '나-타자'의 관계에서 상대방을 객체화시키기 위해 사용되는 유력한 행위 중 하나로 여겨진다. 사르트르에 의하면 '준다(donner)'는 것은 상대방을 '홀리고(envoûter)', '굴종시키고(asservir)', 객체로 사로잡는 행위로 정의된다. 요컨대 증여는 자유와 주체성의 '파괴(destruction)'와 무관하지 않다.(Sartre 1943, 1684-5)

이처럼 증여는 인간들 사이의 관계를 갈등과 투쟁으로 이끄는 부정적인 의미를 가진 행위로 여겨진다. 그럼에도 불구하고 사르트르는 『문학이란 무엇인가』에서 작가의 창작 행위를 증여로 규정하고 있다. 그러니까 작가가 손수 창작한 문학작품을 통해 '대자-즉자'의 결합을 실현시킬 수 있는 즉자의 항을 마련해달라고 독자에게 애걸복걸해도 부족한 판에 자기의 문학작품을 독자에게 준다는 것이다. 이렇듯 얼핏 보면 작가의 창작 행위를 증여로 규정하는 것은 작가에게 도움이 되기는커녕 그와 독자 사이의 관계를 오히려 불화로 이끄는 결과를 낳을 수도 있는 것처럼 보인다. 하지만 사르트르는 이런 우려를 불식시키면서 작가의 창작을 증여로 여긴다. 그렇다면 증여 개념에 대한 논의에서 『존재와 무』 차원과 『문학이란 무엇인가』 차원 사이에는 아무런 모순이 없는 것일까?

사실, 사르트르는 작가의 창작을 증여로 여기면서도 전혀 불안해하지 않는다. 오히려 그 반대이다. 그 이유는 어디에 있는 것일까? 이 물음에 답을 하기 위해서는 문학작품이 갖는 이중의 상반된 존재론적 위상으로 다시 돌아가야 한다. 위에서 우리는 작가에 의해 창작된 문학작품에는 사물, 즉자, 물질성의 측면과 이 작가의 정신성, 대자, 비물질성의 측면이 동시에 포함되어 있다는 사실을 지적한 바 있다. 사르트르가 작가의 창작을 증여로 여기면서도 독자의 자유와 주체성을 전혀 파괴하지 않는다고 안심할 수 있는 것은 정확히 이 증여가 이 문학작품을 '매개로(par l'intermédiaire)' 이루어지기 때문이다.

타자에 대한 호소. (...)

타자와 직접적인 관계 맺기를 포기하기.

타자와의 진정한 관계는 결코 직접적이지 않다. '작품을 매개로'. 나의 자유는 상호적 인정을 포함하고 있다. 하지만 인간은 자기 자신을 주면서 스스로를 상실한다. 관용. 사랑. 작품에 의한 나의 대자와 나의 대타존재 사이의 새로운 관계. 내 자신을 타자에게 내가 창조한 대상으로 주면서 나는 내 스스로를 규정한다. 이는 이 타자가 나를 객체성으로 파악해주기 위함이다.(Sartre 1983, 487)

사르트르의 사유 체계에서 인간들 사이의 관계는 서로의 시선을 통해 상대방을 객체화시키려고 하기 때문에 갈등과 투쟁에서 벗어날 수 없다. 이런 사정은 증여에서도 다르지 않다. 하지만 작가가 독자에게 그 자신의 창작물인 문학작품을 주는 경우에는 사정이 조금 달라진다. 우선, 작가가 그의 문학작품을 독자에게 줄 때, 이 작가는 독자의 자유와 주체성을 결코 파괴하지 않는다. 왜냐하면 이 때 독자에게 주어지는 문학작품은 작가의 자아임과 동시에 비(非)자아이기 때문이다. 작가가 이 문학작품의 모습으로 독자에게 주어지는 경우, 이 작가는 하나의 사물의 형태, 곧 물질성의 형태로 주어지는 것이다. 하지만 이처럼 독자에게 사물의 형태, 물질성의 형태로 주어지는 이 문학작품은 이 작가의 정신성, 대자, 비물질성을 담고 있는 그의 분신이다. 따라서 독자는 작가에 의해 그에게 주어진 문학작품을 대하면서 결코 그 자신의 자유와 주체성이 파괴된다는 걱정을 하지 않게 된다. 사르트르의 사유 체계에서 자유와 주체성은 다른 자유와 주체성에 의해서만 제한될 수 있을 뿐이라는 점을 상기하자. 즉자의 방식으로 존재하는 사물은 결코 다른 존재에 대해 위협이 되지 않는다. 작가에 의해 창작되어 독자에게 주어지는 문학작품 역시 마찬가지이다.

실제로 사르트르의 사유 체계에서 인간은 누구라도 자유와 주체성을 포기할 수 없는 존재이기 때문에, 다른 인간의 시선을 받게 되면 그로 인해 발생하는 그의 객체성에 힘껏 저항하게 된다. 또한 인간들 사이의 관계에서 상대방의 시선을 많이 받으면 받을수록 각자의 객체성은 더욱 더 공고화되기 때문에, 서로가 서로의 시선 하에 놓이는 것을 극구 피하고자 한다. 하지만 문학작품의 경우에는 이와 같은 도식이 성립하지 않는다. 왜냐하면 작가에 의해 창작된 문학작품에 녹아들어 있는 그의 주체성에는 그 자신의 시선이 동반되지 않기 때문이다. 인간들이 서로 바라볼 때 작자의 시선을 통해 전달되는 각자의 주체성으로 인해 발생하는 상대방의 객체화는 직접적이다. 하지만 문학작품에 녹아 있는 작가의 주체성은 물질화된 주체성이자 간접적인 주체성이라 할 수 있다. 따라서 이와 같은 주체성과 맞서는 경우 독자는 객체화의 위험을 직접적으로 무릅쓰지 않는다. 독자가 실생활에서 작가와 조우하는 경우, 이 작가의 시선에 의해 객체화를 경험하는 것은 항상 가능하다. 하지만 이 독자가 문학작품의 형태로 주어지는 이 작가의 주체성과의 조우에서는 결코 실생활에서와 같은 종류의 객체화를 경험하지 않는다. 그 결과 작가가 문학작품의 형태로 독자에게 주어지는 경우, 그 수가 많으면 많을수록, 다시 말해 가능하면 더 많은 독자(들)의 시선에 노출되면 될수록 그만큼 더 바람직할 수 있다.(변광배 2015a)

이처럼 사르트르는 작가의 창작을 증여로 규정지으면서 독자가 이 문학작품을 읽을 때 발생하는 이들 사이의 존재론적 힘의 위계질서를 불식시키는데 성공하고 있는 것처럼 보인다. 하지만 이 경우에도 독자의 불만은 완전히 해소되지 않는 것으로 보인다. 비록 작가의 증여가 그의 손에 의해 창작된 문학작품을 매개로 하여 간접적으로 이루어져 독자의 자유와 주체성을 직접 파괴하는 것이 아니라고 하더라도, 이 독자에게는 그에게 주어진 이 문학작품을 읽으면서 거기에 완전한 객체성, 즉자성을 부여해야 하는 임무는 여전히 그대로 남아 있기 때문이다. 이와 관련하여 사르트르의 다음과 같은 지적은 아주 흥미롭다. "물론 우리에게는 책을 책상 위에 그냥 놓아둘 전적인 자유가 있다. 그러나 일단 책을 펴게 되면 그 책임을 져야 하는 것이다."(Sartre 1948, 98)

하지만 독자에게 이와 같은 막중한 책임이 주어지는 한, 이 독자에게는 읽기 행위를 중단할 수 있는 가능성이 여전히 남아 있는 것으로 보인다. 위에서 지적한 바와 같이 독자의 읽기 행위가 중단되는 순간이 작가에게는 절망의 순간이다. 이런 상황에서 사르트르는 또 한 번 독자가 느끼는 불만을 해소하기 위한 마지막 조치를 강구하게 된다. 이 조치가 바로 독자의 '요구권(droit d'exigence)'을 인정해주는 것이다. 독자는 이제 작가의 창작 과정에 적극적으로 개입하게 된다. 독자는 그 자신이 필요로 하는 것, 그 자신이 갈망하고 희망하는 것 등을 작가의 문학작품에 반영해달라고 요구를 하는 것이다. 이 점에 대해 사르트르는 이렇게 단언한다.

> 그 결과 여기에 독자가 개입하게 되고 그와 더불어 풍습과 세계관, 사회관, 그 사회 내의 문학에 대한 개념 등이 개입되는 것이다. 이를테면 독자 대중은 작가를 포위 공격한다. 그 위압적인 또는 음흉한 요구며, 그 거부, 그 도피 등이 그가 발판으로 삼아 작품으로 만들지 않으면 안 되는 '기존의 여건'이 되는 것이다.(Sartre 1948, 125)

독자가 이처럼 작가의 창작을 에워싸고 거기에 개입하는 경우, 어떤 일이 발생하는가? 이 질문은 문학작품을 통한 작가와 독자(들)의 이상적인 관계 정립의 가능성과 이런 관계 위에서 이상적인 공동체 형성 가능성을 묻고 있는 우리에게 아주 중요하게 보인다. 왜냐하면 작가가 독자(들)의 요구를 받아들이는 경우, 위에서 우리가 지적했던 독자(들)의 불만, 즉 이들 사이의 존재론적 힘의 위계질서가 한꺼번에 해소될 수 있기 때문이다. 또한 이 질문은 사르트르의 참여문학론을 구성하는 두 원리인 '독자에 의한 문학'과 '독자를 위한 문학'이 연결되는 직접적인 계기이기도 하다. 이제 위의 질문을 살펴보도록 하자.

이를 위해 사르트르가 『문학이란 무엇인가』에서 독자를 두 부류로 나누고 있다는 사실을 지적하자. '현실독자(들)(public réel)'과 '잠재독자(들)(public virtuel)'의 부류가 그것이다.(Sartre 1948, 127) 현실독자(들)은 작가에 의해 창작된 문학작품을 당장 구입해서 읽을 수 있는 사회적, 경제적 여건을 갖춘 독자(들)을 가리키는 반면, 잠재독자(들)은 이런 여건을 갖추지 못한 독자(들)을 가리킨다. 사르트르는 그 자신이 살던 시대적 배경을 고려하여 현실독자(들)을 유산계급(곧, 부르주아계급)과 연결 짓고, 잠재독자(들)을 무산계급(곧, 프롤레타리아계급)과 연결 짓고 있다. 위에서 지적한 바와 같이 사르트르의 참여문학론에서 창작 행위는 드러내기, 폭로하기, 변화시키기와 동의어로 여겨진다. 따라서 작가가 성실한 태도로 창작 행위를 수행한다면, 비록 이 작가가 유산계급에 속한다고 할지라도 그는 이 계급과는 "끊임없는 대립관계(en perpétuel antagonisme)"(Sartre 1948, 129)에 있을 수 밖에 없다. 이 작가는 그 자신이 속한 사회의 모든 문제의 발생을 이 계급의 소관으로 여김과 동시에 이 계급에게 그 책임과 해결을 촉구한다. 그런데 이 작가가 창작한 문학작품을 읽어주고 또 거기에 객체성, 즉자성을 부여해줄 수 있는 자는 이 유산계급에 속하는 자(들)밖에 없다. 그로 인해 이 작가와 이 현실독자(들)의 관계는 당연히 불편할 수 밖에 없다.

하지만 잠재독자(들)의 경우에는 사정이 다르다. 유산계급 출신의 작가가 성실한 태도로 창작에 임하는 경우, 그가 이 계급에 속한 자들에게 던지는 비난은 역으로 무산계급에 속하는 자들에게는 응원과 격려가 될 수도 있다. 실제로 무산계급에 속한 자들은 열악한 사회적, 경제적 조건으로 인해 충분히 교육받을 기회를 갖지 못한 상태에 있다. 따라서 그들에게는 삶을 영위해 나가는 과정에서 겪는 어려움과 아픔 등을 제대로 표현할 수 있는 능력이 부족하다. 하지만 그들은 미래의 잠재독자(들)이다. 다시 말해 그들이 처해 있는 사회, 경제적 여건이 개선되어 그들에게도 교육의 기회가 주어진다면, 그들은 작가에 의해 창작된 문학작품을 읽을 수 있고, 또 그것을 객체화시키고 즉자화시키게 될 것이다.

사르트르에 의하면 작가는 그 자신의 구원에 절대적으로 필요한 문학작품의 객체화, 즉자화라는 도움을 현실독자(들)이 속한 무산계급으로부터 받는 대신 잠재독자(들)이 속한 유산계급으로부터 받겠다는 결심을 하는 것은 항상 가능하다. 물론 그렇게 하기 위해서 이 작가는 당연히 자신들의 사회적 불만을 제대로 표현할 수 없는 무산계급에 속해 있는 잠재독자(들)의 이해관계를 대변해주어야 할 것이다. 또한 이 무산계급에 속하는 이 잠재독자(들)은 이 작가의 노력에 의해 장차 더 나은 삶을 누릴 수 있게 된다면 당연히 이 작가에 의해 창작된 문학작품을 읽어줄 만반의 준비가 되어 있어야 할 것이다. 이처럼 잠재독자(들)은 작가에게 자신(들)이 현재 처해 있는 상황을 드러내고, 폭로하고, 변화시켜줄 것을 작가에게 '요구'하는 것이다.

그런데 우리는 위에서 요구에는 명령이 들어 있고, 또 명령에는 이 명령을 내리는 자와 그것을 받는 자 사이의 존재론적 힘의 위계질서가 포함되어 있다는 사실을 지적한 바 있다. 따라서 잠재독자(들)이 작가에게 자신(들)의 입장을 대변해줄 것을 요구하고, 또 작가가 이 요구를 받아들이는 경우, 이 잠재독자(들)은 이 작가에 비해 존재론적 힘의 위계질서에서 상대적으로 더 우위에 있게 된다. 다시 말해 호소를 통해 작가가 독자(들)에 비해 누렸던 존재론적 힘의 우위를 이번에는 이 독자(들)이 누리면서 이 작가와의 사이에서 겪었던 존재론적 힘의 불균형을 해소하게 된다. 또한 작가가 잠재독자(들)의 요구를 받아들여 창작을 하는 경우, 이 독자(들)은 이제 이 문학작품을 읽으면서 그것을 객체화, 즉자화시키는 데 별 다른 어려움을 겪지 않게 된다. 이는 달리 진행될 수 없다. 왜냐하면 이 독자(들)은 이 작가의 문학작품에 투사된 그(들) 자신(들)의 모습을 보고 또 확인하기 때문이다. 다시 말해 이 독자(들)도 이 문학작품에서 그(들) 자신(들)의 주체성, 정신성, 대자의 모습을 보는 것이다.

사정이 이렇다면, 결국 사르트르의 『문학이란 무엇인가』에서 최종적으로 정립되는 '작가-독자(들)'의 관계는 문학작품을 사이에 놓고 이루어지는 이들의 권리와 의무 면에서 완전히 동등한 '주체성'과 '주체성'이 만나는 관계라고 할 수 있다. 그러니까 문학작품이란 결국 이들의 주체성이 완전히 포개지는 장소, 따라서 '상호주체성'이 발산되는 장소인 것이다.(Contat & Rybalka 1970, 673) 실제로 사르트르에 따르면 작가의 문학작품은 독자의 주체성만큼만 존재한다. "문학적 대상은 독자의 주체성 이외의 다른 실재를 갖지 않는다."(Sartre 1948, 95)는 의미에서 그러하다. 그런데 이 독자(들)의 주체성을 통해 객체화, 즉자화되어야 할 작가의 주체성은 이미 그에 의해 창작된 문학작품 속에 투사되어 있다. 결국 이 작가의 주체성과 독자(들)의 주체성이 완전히 일치되는 순간, 곧 이들의 상호주체성이 발현되어 작가의 문학작품이 완전한 상태로 존재하게 되는 것이다.

그렇다면 이와 같은 상태가 현실화되었다는 증거는 있는 걸일까? 사르트르는 이와 관련하여 작가와 독자(들)에게서 각각 다음과 같은 현상이 나타난다고 본다. '존재론적 안정감(sentiment de sécurité)(Sartre 1948, 108)'과 '심미적 희열(joie d'esthétique)'(Sartre 1948,

107)이 그것이다. 먼저, 작가와 독자(들)의 상호주체성이 형성되어 문학작품이 완성되는 순간, 이 작가는 존재론적 안정감을 느낀다는 것이다. 위에서 우리는 작가의 창작 동기가 문학작품을 통한 자기 구원, 그 자신의 우연적 존재의 정당화, 곧 '대자-즉자'의 결합 상태를 실현하는 것이라는 점을 여러 차례 지적한 바 있다. 독자(들)의 헌신적인 협력과 도움으로 작가는 그 자신에게 결여되어 있던 존재근거와 존재이유를 찾고 실존의 고뇌에서 벗어날 수 있게 되는 것이다. 이와 동시에 독자(들)은 이 작가의 문학작품을 읽으면서 심미적 희열을 느끼게 된다는 것이 사르트르의 주장이다. 독자(들)은 분명 작가에 의해 창작된 문학작품에서 그 자신(들)의 요구가 이 작가의 노력에 의해 필연적 질서를 갖춰 문학적으로 형상화되어 있는 것을 확인할 때 당연히 심미적 희열을 느끼게 된다는 것이다.

문학작품을 매개로 이루어지는 작가-독자(들)'의 이와 같은 상호주체성의 실현 가능성, 이것이 바로 사르트르에게서 각자 주체성의 위치를 먼저 차지하기 위해 각자의 시선을 통해 투쟁과 갈등의 관계를 맺을 수 밖에 없는 인간들 사이의 부정적인 관계를 긍정적인 관계, 나아가서는 이상적인 관계로 변화시킬 수 있는 가능성인 것이다. 또한 이와 같은 가능성은 그대로 수많은 작가들과 수많은 독자들이 협력하여 이상적인 공동체를 형성할 수 있는 가능성으로 이어질 수도 있는 것이다.

한 작가가 창작한 동일한 문학작품을 읽는 독자들의 모습을 생각해보자. 이들은 분명 종이와 글로 이루어진 하나의 사물에 불과한 문학작품을 매개로 갈등과 투쟁이 개입할 수 없는 그런 인간관계를 정립하고 또 그런 공동체를 형성하고 있다는 것은 의심의 여지가 없다. 물론 이들 독자들이 반드시 같은 시간, 같은 장소에서 이 문학작품을 읽는 것은 아니다. 하지만 시간과 공간 면에서 멀리 떨어져 있다고 해도 이들 독자들이 이 작가의 이 작품을 매개로하여 간접적으로나마 하나의 공동체를 형성하고 있는 것은 분명하다. 또한 이와 같은 공동체를 형성하고 있는 이 작가와 이 독자들이 주체성과 주체성이 만나는 이상적인 인간관계 위에 이루어지고 있다는 사실 역시 분명하다. 그리고 이와 같은 현상은 한 화가의 전시회를 찾는 감상자들의 모습에서도, 한 연주가의 콘서트를 찾는 감상자들의 모습에서도 그대로 발견된다. 요컨대 사르트르에게서 문학은, 좀 더 광범위하게 예술은 '유토피아' 건설을 위한 가장 중요한 매체라고 할 수 있을 것이다.(Sartre 1948, 197)

5. 마치면서

사르트르는 실제로 모든 사람들이 주체성의 상태에 있을 수 있는 이상적인 공동체를 형성하기 위해 '폭력(violence)'의 유효성을 강조하기도 한다. 가령, 『파리떼(Les Mouches)』에서 엘렉트라(Electre)는 이렇게 말하고 있다. "저는 이곳 사람들을 말(paroles)을 통해 치유할 수 있길 바랐어요. (......) 폭력(violence)을 통해서 그들을 치유해야 해요. 왜냐하면 악(惡)으로만 다른 악을 물리칠 수 있을 뿐이니까요." (Sartre 1947a, 63) 사르트르의 이와 같은 생각은 특히 『변증법적 이성비판』을 통해 구체화되고 이론화된다. '기존의 폭력(violence déjà existante)'으로 인해 자신들의 삶을 영위하는 것 자체가 불가능해질 때, 인간들은 이를 분쇄하기 위해 또 다른 '폭력' —이 폭력은 '대항폭력(contre-violence)'이라고 할 수 있다 —에 호소하게 되고, 이를 통해 이른바 '융화집단(groupe en fusion)'(Sartre 1960, 495)을 형성하게 되는 과정이 그것이다. 1789년 프랑스혁명 당시 바스티유(Bastille) 감옥을 공격하는 파리 시민들이 그 좋은 예이다.

하지만 사르트르는 이와 같은 폭력에 의한 이상적인 공동체의 건설 대신에 창작 행위, 곧 '글쓰기'라는 비폭력적 수단을 그 대안으로 제시하기도 한다. 이른바 '언어폭탄(bombes verbales)'(Sartre 1986, 157)으로서의 창작 행위, '소실천(mini-praxis)'(Sartre 1971, 1014)로서의 창작 행위가 그것이다. 물론 사르트르의 생애에서 이런 폭력과 비폭력, 곧 문학작품을 통한 기존의 폭력과의 투쟁이 상호보완적 역할을 하던 때도 있었다. 가령, 「톱니바퀴(L'Engrenage」라는 제목의 시나리오를 썼던 때가 그 한 예이다. 이 작품의 두 주요 인물인 장(Jean)과 뤼시앵(Lucien)은 각각 기존의 폭력에 맞서기 위해 '폭력'과 '펜'에 호소한다. 뤼시앵의 직업이 기자이기는 하지만, 그가 생각하는 '펜'을 통한 저항은 당연히 사르트르가 제시하는 문학 창작에 대한 호소와 그 궤를 같이 한다는 것은 의심의 여지가 없다. 물론 사르트르는 시간의 흐름에 따라 기존의 폭력과의 맞대결에서 폭력을 포기하고 점차 문학 창작 쪽으로 기울게 된다. 하지만 1964년에 발간된 자전적 소설 『말(Les Mots)』과 더불어 사르트르는 문학 창작의 무력감을 비장한 어조로 토로하고 있다. "『구토』는 아프리카의 굶어 죽어가는 어린아이들 앞에서 아무것도 할 수 없다."(Piatier 1964).

그렇다면 사르트르가 토로하고 있는 이와 같은 무력감은 문학 창작의 완전한 무용성을 의미하는 것일까? 아니면 문학 창작이 갖는 한계에도 불구하고 여전히 그로부터 실낱같은 역할을 기대할 수 있는 여지가 남아 있음을 암시해주는 것일까? 이런 질문에 대해 사르트르의 다음과 같은 또 다른 토로는 경청할 만하다.

> 나는 오랫동안 펜을 검(劍)으로 여겨 왔다. 하지만 지금 나는 우리들의 무력감을 알고 있다. 그런들 어떡하랴. 나는 책을 쓰고 또 앞으로도 쓸 것이다. 쓸 필요가

> 있다. 그래도 무슨 소용이 될 터이니까 말이다. 교양은 아무것도, 또 그 누구도 구출하지 못한다. 그것은 아무것도 정당화시키지 못한다. 하지만 그것은 인간의 산물이다. 인간은 그 안에 자기를 투사하고, 거기에서 자기 모습을 알아본다. 오직 이 비판적 거울만이 인간의 모습을 보여줄 뿐이다.(Sartre 2010, 138)

이와 같은 단서가 붙은 사르트르의 토로 역시 문학 창작 행위의 무력감을 해소해 주는 데는 턱없이 부족하다. 특히 문학이 모든 것을 할 수 있다는 의미에서 문학 창작을 '모든 것(tout)'으로 여기기까지 했던 (Chapsal 1984, 95) 사르트르이고 보면 이와 같은 토로는 굴종으로까지 여겨질 수도 있을 것이다. 하지만 문학 창작은 이와 같은 무력감과 비참함이 그것을 포위하고 공격할 때 오히려 그 위력을 발휘하는 것으로 보인다. 물론 기존의 폭력 하에서 대부분의 인간들이 인간다운 삶을 영위하지 못하는 상황에서, 이런 상황을 단번에, 그리고 빠른 시간 안에 전복시킬 수 있는 '대항폭력'에의 호소가 갖는 장점도 무시할 수는 없다. 하지만 이와 같은 장점에는 수많은 사람들의 희생과 대규모의 물적 피해라는 단점이 가려져 있다.

이와는 달리 문학 창작을 통한 사회 변혁의 추구는 그 속도라는 면에서 대항폭력과는 비교할 수 없을 정도로 느리다. 하지만 지금까지 우리가 살펴본 것처럼 한 편의 문학작품을 사이에 두고 작가와 독자(들) 사이에 정립되는 상호주체성의 관계는 이와 같은 속도 면에서의 느림을 보상해주고도 남음이 있을 것이다. 이런 점을 고려해보면 문학 창작은 어떤 면에서 '항구혁명(révolution permanente)'이라고 할 수 있을 것이다. 정확히 이런 제약 속에서 우리는 물질성과 비물질성을 동시에 포함하고 있어 '마술적' 대상으로 여겨지는 문학작품이 이상적인 인간관계의 정립, 또한 이를 바탕으로 한 공동체 형성을 위한 하나의 소중한 '매체'라는 결론을 내릴 수 있을 것이다.

참고문헌

변광배. 2009. 『『존재와 무』: 자유를 향한 실존적 탐색』. 파주: 살림.

변광배. 2013. “사르트르의 『구토』: 구토의 의미와 그 극복.” 『인문학연구』 제19집: 37-64.

변광배. 2015a. “사르트르 미학의 숨겨진 차원: ‘패자승’ 또는 ‘매저키즘’의 미학.” 『프랑스학연구』 제74집: 25-56.

변광배. 2015b. “사르트르 미학의 이론적 토대: 헤겔 미학의 수용과 비판.” 『프랑스학연구』 제72집: 371-400.

윤정임. 2004. “사르트르의 이미지론 - 사르트르 비실재 미학의 이론적 토대: 후설의 수용과 비판.” 『유럽사회문화』 제13호: 5-30.

이솔. 2013. “사르트르의 이미지 이론에서 아날로공(Analogon) 개념의 의미.” 『철학논집』 제35집: 179-209.

장 폴 사르트르. 1998. 『문학이란 무엇인가』. 정명환 옮김: 민음사.

지영래. 2007. “우리는 왜 이미지의 세계에 빠져드는가? - 사르트르의 이미지론에 대한 재고.” 『기호학연구』 제22집: 519-545.

Aron, Raymond. 1973. *Histoire et dialectique de la violence*. Paris: Gallimard.

Chapsal, Madelaine. 1984. *Envoyez la petite musique....* Paris: Grasset.

Pascal, Blaise. 1954. *Œuvres complètes*. Paris: Gallimard.

Piatier, Jacqueline. 1964. “Jean-Paul Sartre s'explique sur *Les Mots*.” Interview. *Le Monde*.

Sartre, Jean-Paul, 1943. *L’Etre et le néant: Essai d’ontologie phénoménologique*. Paris: Gallimard.

Sartre, Jean-Paul. 1946. “Ecrire pour son époque.” *Les Ecrits de*

Sartre(Michel contat et Michel Rybalka. 1970. Paris: Gallimard.)

Sartre, Jean-Paul. 1947a. *Les Mouches* in *Théâtre, I.* Paris: Gallimard.

Sartre, Jean-Paul. 1947b. "Une idée fondamentale de Husserl." *Situations, I.* Paris: Gallimard.

Sartre, Jean-Paul. 1948. *Situations, II.* Paris: Gallimard.

Sartre, Jean-Paul. 1960. *Critique de la raison dialectique* (précédé de *Questions de méthode*). t. I. Paris: Gallimard.

Sartre, Jean-Paul. 1968. *L'Existentialisme est un humanisme.* Paris; Nagel.

Sartre, Jean-Paul. 1971. *L'Idiot de la famille.* t. I. Paris: Gallimard.

Sartre, Jean-Paul. 1980. *La Nausée* in *Œuvres romanesques.* Paris: Gallimard.

Sartre, Jean-Paul. 1983. *Cahiers pour une morale.* Paris: Gallimard.

Sartre, Jean-Paul. 1986. *Mallarmé: La lucidité et sa face d'ombre.* Paris: Arcades.

Sartre, Jean-Paul. 2010. *Les Mots* in Les Mots *et autres écrits autobiographiques.* Paris: Gallimard.

Sicard, Michel. 1989. *Essais sur Sartre. Entretiens avec Sartre(1975-1979).* Paris: Galilée.

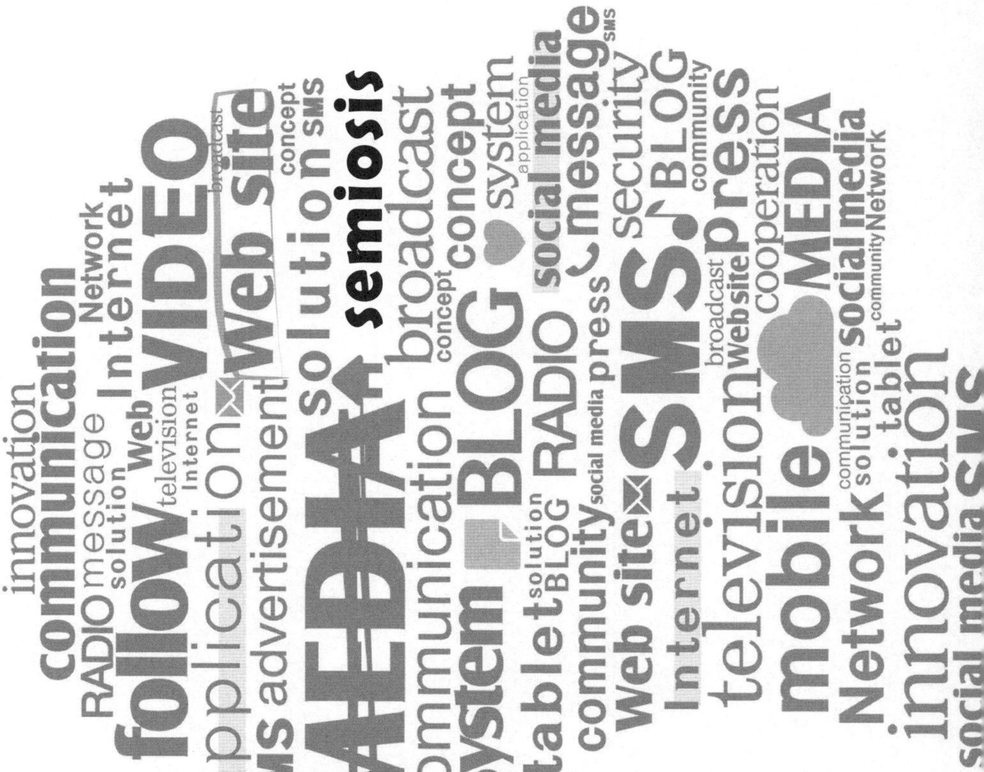

제7장

매체로서의 음식

– ‘먹는 인간’에 대한 시론

제7장 매체로서의 음식
– '먹는 인간'에 대한 시론

서종석 · 엄소연

「창조주는 인간이 생명을 유지하도록 반드시 먹도록 하였으나,
식욕으로 이를 돋우고 쾌락으로 보상해준다.」

*"Le Créateur, en obligeant l'homme à manger pour vivre,
l'y invite par l'appétit et l'en récompense par le plaisir."*

(Jean Anthelme Brillat-Savarin. 1848. *Physiologie du goût*. p.121)

1. 음식 그리고 매체

인간의 문명의 발전은 생존을 위한 식량의 확보와 긴밀한 연관을 갖는다. 음식을 나누는 일은 연대를 만들어 내지만 식량의 부족은 인간 공동체와 인간 정신을 손상시킨다(Counihan and Van Esterik 1997, 1). 배고픔은 전쟁이나 질병과 더불어 여전히 인간의 생존에 가장 위협적인 실체임을 부정할 수 없을 것이다. 이것은 물질적으로 풍요로운 듯이 보이는 현재의 삶에서도 마찬가지이다. 선사시대부터 현재에 이르기까지 인간 문명의 진보는 동시대와 후속세대의 안위와 번영을 위

해 농업의 발전을 이끌어 왔다. 먹는 행위는 매우 일상적인 것이라 특별한 것으로 생각지 않을 수도 있지만, 사실 생각해보면 일상에서 우리는 오늘은 무엇을 먹을지, 누구와 먹을지 혹은 먹는 것이 내 몸에 좋은 것인지 끊임없이 생각하며 살고 있다. 먹는 일은 아침에 잠자리에 일어나서 저녁에 다시 잠자리에 들기까지 간단없이 우리의 삶을 관통하고 있는 중요한 사안이다. 먹기의 일상성은 관련 분야에 대한 진지한 연구를 방해하는 요소로 작동되기도 하고, 먹기의 현실성은 인간 공동체와 인본주의에 대한 성찰을 이끌기도 한다. 인간의 어느 사회, 어느 문화에서이건, 음식이란 물질은 그 자체 이상이다. 이네스(Inness 2000, 5)는 음식과 관련된 행위는 언제나 문화적인 잔향이 있는 활동이라는 점을 강조한다. 음식은 단순히 생명 유지를 위한 생물학적 요구와만 관련된 것이 결코 아니며, 우리가 먹는 방식, 우리가 먹는 것, 식탁을 준비하고 차리는 사람이 누구인가 하는 사안들은 모두 사회를 형성하는 문제들이라는 것이다. 이러한 의미에서 음식에 대한 연구는 다학제적인 관점이 요구되며 최근에 와서 보다 통합적이고 종합적인 학문으로서 학술적인 정체성을 찾아가고 가고 있다.[1]

1) 음식에 대한 연구는 그 특성상 농업 분야를 비롯하여 생물학, 화학, 의학, 사회학, 인류학, 철학, 역사 그리고 예술 등 다양한 영역의 관심의 대상이 된다. 이 관련된 분야들을 학제적으로 담아내고 음식에 대한 다양하고 깊은 성찰을 꾀하는 학문적 영역이 '음식연구(Food Studies)'이다. 인간의 음식 소비와 그 담론을 다루는 '음식연구'는 그 성격상 다양한 학문들이 관련을 맺고 있지만, 다학제적인 관점에서 보면 여전히 신생 분야임에 틀림없다. 윌크(Wilk 2012)의 연구에 따르면 음식연구는 여전히 학문적인 규정이 이루어지고 있는 분야이며 진정한 학제 간 협력을 통해 음식의 연구가 이루어지기 위해서는 일상생활 연구에 바탕을 둔 보다 종합적이고 경험적인 접근법이 요구된다. 일부 연구자들의 경우는 음식이 매우 많은 개념적 경계를 넘어서는 대상이기에 분과학문의 제한된 시각을 넘어서야 한다고 주장한다. 달리 말하자면, 음식에 대한 연구는 학문 분야의 한계를 지적하는데 활용될 수 있다는 것이다(Counihan and Van Esterik ibid., 1).

이 글의 목적은 매체의 관점에서 음식이라는 물질의 역할을 살펴보는데 있다. 그러나 매체로서 음식을 정의하고 논한다는 것은 쉽지 않은 일이다. 매체에 대한 정의가 매우 다양하다는 이론적 현실을 고려해야만 하기 때문이다. 매체에 대한 논의는 다양한 관점에서 활발하게 이루어지고 있지만, '보편적'이고 '일반화' 시킬 수 있는 정의를 찾아낸다는 것은 어려워 보인다. 어떻게 보면 매체 이론의 발전은 매체에 대한 규정의 외연을 확장해오거나 재정의해 온 역사라고 할 수 있을 것이다. 또한 인간의 사회와 기술이 발전해가면서 기술매체들을 포함한, 다양한 유형의 것들이 매체의 범주로 속속 편입되어 오고 있다.

논의를 시작하기 위하여, 그리고 이 짧은 시론에만 한정적으로 적용되는 이론적 입장임을 전제로, 매체에 대한 다양한 정의들이 공유한다고 여길 수 있는 것을 조급하게나마 생각해 보았다. 그것은 무엇보다 이 용어의 어원에 보다 충실한 것이며 그 의미가 담고 있는 본래적 의미를 살펴보는 일이기도 하다. 음식을 매체로 보고자 하는 이 글에서 우리는 음식을 '사이 존재'로서 '타자'에 대한 '소통(communication)'의 물질로 정의하고자 한다. 그 근거는 바로 물질로서의 음식이 지닌 본질적인 특성과 그 본원적인 역할에 있다. 음식은 매체적인 관점에서 볼 때, '사이 존재'로서 독립적이고 대립적인 두 개체를 연결해주는 제 3의 존재이다. 그것은 물질로서, 그리고 그 자체가 만들어내는 관계로서 그렇다. 음식은 먹는 이의 몸과 정신, 그리고 문화적 정체성을 구축하며, 타자들 사이에 놓인 낯설고 어색한 공간을 변화시키는데 효과적인 수단이자, 식탁에 모인 사람들의 관계를 이어주거나 연대감을 강화해주는데 기여한다. 그것은 단순히 가족이나 친지, 혹은 친구들 사이뿐만 아니라, 연인이나 또 다른 유형의 정서가 가미된 사회적 모임과도 관련된다. 이러한 의미에서 함께 음식을 나누자는 제안을 수용하거나 거부하는 행위는 많은 경우, 초대자와의 사회적 혹은 인간적 관계를 강화하거나 단절하는 의미를 가질 수 있다.

그러나 소통의 물질로서 음식은 또한 장벽과 계층, 혹은 단절의 표지로 작동되기도 한다. 음식은 근본적으로 소통과 제약의 인자를 동시에 지닌 물질이다. 음식은 본질적으로 자연과 문화, 야만과 문명, 물질과 상징, 그리고 개인과 공동체 사이에 놓인다. 그것은 연대이자 반목이며, 생명이자 죽음이며, 평등이자 차별이기도 하다. 이 이원적인 자질들은 인간의 역사 속에서 음식이라는 물질의 물리적, 사회적 혹은 문화적인 지위와 그 특성을 설명해 준다. 매체로서 음식은 '나'에 대한 확장으로서 '우리'를 만들고 그 결과 그 경계 밖의 '타자'를 드러내게 한다. 음식은 대화이면서 불통이고 소통이면서 단절인 것이다. '너'와 '나'의 분별과 차별이 음식을 통해 문화적으로 혹은 사회적으로 드러난다. 그러나 여기서 유의해야할 점은 음식이라는 물질 자체가 이러한 특성들을 지닌 것은 아니라는 것이다. 그것은 단순히 매체로서 그저 '사이'에 놓이는 존재일 뿐이다. 인간 사회의 계층과 불평등, 그리고 집단 간의 문화적 차이가 음식에 투영되고 반영되어 물질적으로 그 질서를 드러내 보여 주는 것이다. 음식은 보이지 않는 것을 보이게 해주며, 감춰진 것을 드러나게 한다.

아래에서 우리는 '먹는 인간'이 지니는 사회문화적인 의미에서 출발하여 '함께 먹기(commensality)'와 결부된 주요한 사안들을 매체의 관점에서 이해해 보도록 할 것이다. 함께 먹기와 관련하여 특히 폴크(Falk 1994)의 이론을 중심으로, 음식 소비 양식의 사회적 변화와 매체로서의 음식의 문제를 살펴볼 것이다. 폴크의 이론은 의례(ritual) 형식의 공동 식사의 나눔을 통해 구축된 전근대적 사회, 즉 '먹기 공동체(eating community)'의 붕괴 이후, 근대 사회의 변화된 먹기 문화 양상을 흥미롭게 제시한다. 음식을 하나의 매체로 간주하는 우리의 논의에서 이러한 사회적 변화가 식탁에서 어떠한 변화를 겪었는지,

음식의 역할을 어떻게 규정할 수 있는지 매체의 관점에서 살펴보도록 할 것이다.

2. '먹는 인간'

사람은 먹어야 한다. 생명을 가진 물질적 존재로서 먹지 않으면 죽기 때문이다. 인간에 대한 다양한 정의 가운데 '먹는 인간' 혹은 '먹어야만 하는 인간'이라는 정의의 근간에는 인간 외의 다른 생명체들과 공유하는 '동물성' 자질이 놓여 있다. "먹는 행위는 너무 동물적인 듯이 보인다."(Mintz 1997, 5) '이빨'을 드러내고 허겁지겁 배고픔을 채우는 모습에서 인간과 동물 사이의 차이는 별로 드러나지 않는다. 아마도 이러한 표층적인 자질만 고려한다면 모든 생명체들은 음식을 통해 단일한 성찰로 수렴이 가능할지도 모른다. 잡식동물(雜食動物, omnivore)인 인간이 먹을 수 있는 물질은 매우 다양하다. 그렇다고 아무 것이나 몸 안으로 들일 수 있는 것은 아니다. 인간은 다른 잡식성 동물들에 비해 섭취할 수 있는 자연 상태의 물질이 상대적으로 적다. 게다가 몸의 섭취 한계에도 원인이 있지만 가식성 물질을 골라내는 본능적인 능력도 한참이나 떨어진다. 따라서 인간이 자연스럽게 터득한 것은 조상대대로 전수해온 문화적인 지식에 의지하여 위험성을 줄이는 것이다(Rozin 1994, 23).

인간은 '음식'을 먹는다. 문제는 '음식'이라는 단어를 단일하게 규정하는 일이 인간의 삶과 문화 속에서 그리 간단하지 않다는데 있다. 우리말 사전의 정의에 따르면 '음식(飮食)'이란 명사는 '사람이 먹을 수 있도록 만든 것'으로 '밥, 국, 반찬 따위'를 포함한다. 여기서 음식이란 물론 마실 것도 포함하는 개념이다. 음식은 음식물의 준말이기도 하고 대용이기도 하다. 먹을거리, 식이, 그리고 식량의 일부 의미가 음식과 유의어로 사용되기도 한다. 그런데 '음식'이란 어휘의 개념장이 언어들마다 서로 완벽히 일치하는 것은 아니다. 장 트레몰리에르(Jean Trémolières)에 따르면, '음식'이란 뜻의 프랑스어 'aliment'과 영어 'food'의 사회문화적인 의미는 차이를 보인다(Drouard 2006,18에서 재인용). 간략하게 언급하자면, 프랑스어의 경우, 'aliment'이란 단어는 하나의 가치, 어떤 상징적인 의미가 강한데 반해, 영어의 'food'는 육체라는 엔진을 움직이는데 필요한 에너지원으로 바라보는 시각이 강하다는 것이다(가령, "Food is fuel"이란 표현을 생각해 보자). 음식이라는 것에는 '영양'이라는 측면과 더불어 '맛' 혹은 미각의 영역도 상당히 중요한 역할을 수행하고 있음을 알려준다. 물론 과도한 일반화를 경계해야 하지만, '음식'이란 어휘에 대한 정의와 쓰임새가 사회문화적인 인자들의 영향을 받을 수 있고, 시대와 문화에 따라서, 국가와 민족 혹은 종교적인 집단에 따라서도 달라질 수가 있는 것이다.

그런데 우리가 음식을 정의하는데 간과하지 말아야할 것은 '음식'이 되게 하는 본질이 무엇인가 하는 점이다. 요리는 '변형'이라는 개념과 그것에 이르는 어떤 과정을 담고 있다. 이는 곧 우리가 '요리'라고 부르는 인간의 행위이다. 자연 상태의 물질들 중에는 그대로 섭취할 수 있는 것도 있지만, 보통은 '조리'나 '요리'를 통해 '음식'으로 변하는 과정을 거친다. 요리는 즉각 음식과 연계되는 것이기에 '요리'라는 말은 곧 '음식'의 등가어가 되기도 한다. 요리는 우리 밖의 타자를 몸 안으로 들일 수 있도록 가공하는 문화적이고 인위적인 행위이다. 입으로 들어와 목구멍을 통해 비가역적인 섭취, 동화 단계를 거치기 전에 필요한 작업이 요리이다. 먹는다는 것에는 곧 먹을 수 있게 변형하는 작업이 선행되는 것이다.

자연을 문화로 탈바꿈 시키는 이 변형에서 우리는 즉시 클로드 레비스트로스(Lévi-Strauss 1964)의 앞선 연구를 떠올릴 수 있을 것이다. 그런데 우리의 논의에서 보다 주목해야 할 부분은 바로 이 변형에 참여하는 주체, 즉 인간이다. 오래전 제임스 보즈웰(James Boswell)이 호모 사피엔스에 대해 내린 정의는 음식의 관점에서 상당히 유의미한 듯 보인다. 보즈웰은 인간을 "요리하는 동물(cooking animal)"로 정의한다. 동물들도 인간처럼 지닌 기억, 판단 등 여러 일반적인 능력들을 지닌 것은 사실이지만, "동물은 요리사가 아니다."(Boswell 1833, 330) '요리'는 불을 다룰 수 있는 지혜와 함께 연동하는, 인간의 고유한 능력에서 나온다. 조금 더 설명을 하자면,

> "인간과 다른 어떠한 영장류도 음식을 조리하기 위해 불을 사용하지 못하며, 인간이 아닌 영장류 사회에는 요리사도 없다. 고릴라와 침팬지들 역시 까다로운 문제들을 해결할 정도의 발전된 두뇌를 가진 것은 사실이지만, 오직 인간만이 음식을 만드는데 필요한 복잡한 방식을 지니며 이렇게 만든 음식을 자신의 아이에게 먹인다."(MacClancy and Macbeth 2004. 5)

우리가 음식을 하나의 매체로 간주할 수 있는 개념적 토대에는 바로 이 변형의 개념이 놓여 있다. 인간이 요리를 통해 자연에 변형을 가하고 하나를 이룬다면, 음식은 인간을 보다 사회적인 차원으로 승화시키게 된다. 이 음식의 사회성은 문화의 다양성과 결부되면서 인류의 각 집단은 고유한 음식 문화와 더불어 독특한 식탁의 질서를 수립하게 된다. 이러한 의미에서 음식은 본원적으로 그 음식이 만들어진 사회의 문화와 규범을 담아내고 그 정체성을 드러낼 수 밖에 없다. 식용과 비식용에 대한 규범과 금기의 문제, 먹는 방식 등 모든 것이 음식에 자연스럽게 녹아 들어가고, 그것을 섭취하는 음식 공동체의 성원들 역시 그 사회문화적 요소들을 함께 받아들인다. 따라서 음식 자체

로도 사회적 계급, 성별, 민족, 종교, 지역 혹은 국가 간의 경계를 표시할 수 있다. 한 문화에서 탄생하여 지속된 음식이 있다면 그 음식은 그 사회 공동체의 문화, 역사 그리고 기억들도 함께 담고 있는 것이다. 우리가 아래에서 살펴볼 전근대 사회의 '먹기 공동체'는 특히 이러한 특징을 보여주는 전형적인 사회였다. 함께 음식을 나누는 의례적 식사의 경우, 이는 곧 구성원들의 연대와 공동체의 유지를 위해 꼭 필요한 공동체적 행위였다. 공동체의 음식을 먹는 것은 곧 그 공동체의 정체성을 구축하는 일이기도 한 것이다. 인간은 요리를 통해 음식을 만들어 낸 후, 음식을 단순히 생물학적 필요성을 넘어서 또 다른 목적으로 활용하게 되었다. 그러나 이보다 앞선 본질은 음식이라는 물질을 필요로 하는 '입'을 지닌 실체들 간의 존재론적인 상호 연계에 있다. 함께 먹기에 대한 논의를 하기에 앞서 입에 대한 이야기를 간략하게 살펴보기로 한다. 사실 '먹기 공동체'는 그 출발이 무엇보다 입이다.

3. '먹는 입'

매체로서 음식이 갖는 중요성은 바로 입에 대한 이야기부터 시작해야 한다. 입은 우리의 존재론적 제약을 신체적으로 보여주는 가시적인 장소이다. 입이 상징적이거나 문화적인 의미를 획득하는 데에는 그 '구멍'을 거쳐 들어오는 외부의 어떤 것이 그것을 섭취하는 주체의 몸을 구성한다는 사실과 관련이 깊다. 인간의 역사 속에서 입은 다양한 모습으로 이해되어 왔다. 깁슨(Gibson 2008)에 따르면 고대에서 현대에 이르는 입의 문화사 속에서 입의 상징성은 단순한 생리적 기능을 넘어서 매우 뿌리 깊게 인류의 문화 곳곳에서 자리 잡고 있다. 입이 지닌 의미들은 단순히 하나의 의미로 환원이 될 수 없을 정도로 다면적인 특성을 띠고 있다. 깁슨은 입의 의미를 다섯 가지 유형으로 분류하는데, 예를 들어 입은 생명과 영혼이 들어가고 나오는 통로로 이해되기도 하고 죽음과 공포와도 연관된다.

먹는 인간, 그것은 우선 입을 지닌 인간을 말한다. 많은 생명체들이 인간의 입과 동일하거나 유사한 기능을 지닌 기관을 지니고 있다. 그러나 이는 엄밀한 의미에서 '문명화된 입'이 아니라 '아가리'이다. 입은 바타이유(Bataille 1970, 237)의 표현을 빌자면, "시작(le commencement)"이며 "척추의 연장(le prolongement de la colonne vertébrale)"이다. 그것은 인류의 기나긴 진화론적 과정에서 남겨진, 인간이전의 동물적 흔적을 보여주는 퇴화된 기관이다. 동물의 경우 "뱃머리"처럼 불거져 나온 '척추의 연장'이 몸의 시작을 알려주지만, 인간의 경우는 매우 모호하여 단정을 지을 수 없다. 직립하는 인간의 입은 '인간의 몸은 어디서 시작되는가?'에 대한 대답을 줄 수가 없는 것이다. 진화된 인류에게 뇌와 눈이 이제 몸의 최상단에 위치한 기관들로 자리 잡았고, 반면 입은 인간의 지능과 문명을 대변하는, 차별화된 뇌를 위하여, 소통과 지혜의 '말'을 내놓는 신체의 기관으로 자리 잡았다. 우리의 논의에서 입의 담론적 기능, 즉 이중분절의 자연언어가 나오는 소통의 '구멍'은 음식과 맞물려 매체의 연구에 있어서 매우 중요하다. 식탁은 음식과 말을 끌어낸다. "말과 음식은 호혜와 교환의 중요한 수단이다."(Turner 1994, xiv). 입의 본질적인 두 기능, 즉 먹고 말하기는 식탁을 주위로 음식의 매체적 성격이 더욱 드러나게 하는 것이다. 아래에서 살펴보겠지만, 전근대 사회와 근대 사회의 차이점은 바로 입의 두 기능 중 어느 것이 두드러지는 역할을 하느냐에 달려있다.

그러나 이 두 기능은 언뜻 대립적으로 보인다. 사실 입은 그 속에 감춘 이빨과 더불어, 동물적 욕망을 표상하는 기관들 중의 하나로 간주되어 폄하되기 일쑤였다. 아마도 서구와 동양 양쪽의 밥상문화에서, 입의 두 본질적인 기능을 동시에 행하는 일은, 특히 교육적으로는 늘 권고되지 않는 행위였을 것이다. '먹을 때는 말을 하지 마라.' 자크 브렁슈빅(Jacques Brunschwig)에 따르면, 서구 문화의 경우 이 전통은 고대의 플라톤과 아리스토텔레스로 거슬러 올라간다(Brunschwig 2002: 7). 이 두 철학자는 인간이 영양의 섭취와 언어를 통한 소통을 위해 입이라는 단일하고 동일한 신체기관을 사용한다는 점에 주목한다. 그런데 이들은 생명을 유지하기 위해 필연적으로 입으로 넣어야 하는 먹을거리와 최고의 선을 위해 입에서 나오는 말은 모두 입의 본질적인 두 기능이지만, 친연적인 관계라기보다는 대립적인 관계로 바라본다. 그래서 이 두 기능은 서로 떨어질 수 없지만 양립할 수 없는 경우가 많다. 로메리의 표현을 빌자면 입은 본래적으로 "양립이 불가능한 장소(lieu d'incompatibilité)"(Romeri 2002, 126)이다. '입안에 음식을 가득히 넣고 말하다(*parler la bouche pleine*).' 먹는 행위와 말하는 행위는 서로 다른 기능을 수행하는 장소를 공유하는 관계로 동시에 이루어질 수는 없다. 이는 자크 브렁슈빅(Brunschwig 2002: 7)의 비유처럼 인간성(humanité)과 동물성(animalité) 사이의 분리 경계를 위험하게 위반하는 것일지도 모른다. 이 동물적인 인자는 사실 살아있는 존재의 본질적인 측면으로, 인간의 인간성과는 유리될 수 없는 불가분의 관계를 이룬다(Mintz 1997. 4). 인간은 신이 아니기에, 음식을 먹지 않으면 몸은 죽게 되고 죽은 자는 '말'을 할 수가 없는 것이다.

이 두 기능은 플라톤의 철학적 숙고 속에서 각각 욕구(le besoin)와 선(le bien)이라는 서로 양립할 수 없는 범주에 속하는데, 이는 서로 전혀 다른 공간의 움직임으로 설명된다. 욕구는 들어가는 움직임, 즉 입을 통해서 몸의 밖에서 안으로의 이동을 함의한다. 반면 최고선

(le meilleur)은 나오는 움직임, 즉 입을 거쳐 몸의 안쪽에서 밖으로의 운동을 동반한다. 그러니까 입은 바로 통과 장소(lieu de passage)라고 할 수 있다(Romeri 2002, 127, 128). 여기서 통과 장소란 들어오는 것과 나가는 것의 관계를 함의한다. 그런데 이러한 철학적 성찰의 근간에는 입의 두 기능 중 먹는 행위에 대한 차별과 폄하가 놓여있는 것처럼 보인다. 로메리의 설명에 따르면, 입의 기능작용 속에서, 육체를 유지하기 위해 음식을 먹는 일은 개인의 순수한 생존의 차원을 넘어서지 않는 행위이다. 따라서 개체의 차원에서 독립적으로 이루어지는 이 영양 섭취행위를 통해 인간들 사이의 관계가 형성되지는 않는다. 음식을 먹는 일은 생명을 지닌 존재에게는 필수적이지만, 그것은 특성상 돌이킬 수 없는 내부로 고립되는 행위이자, 인간을 스스로에게 유폐시키는 행동이기 때문이다. 이러한 관점에서는 음식의 섭취가 결코 외부로의 열림을 배제한, 단순히 안으로 들어가는 움직임에 불과한 것으로 간주된다. 반면 밖으로 솟아오르는 '말'의 움직임은 명시적으로 내부에서 외부로 향하는 관계를 함의한다. 그러니까 말은 샘물처럼 안에서 솟아나와 밖으로 흘러 넘쳐나가서는 다른 인간들에게 퍼져나간다. 요약하면 음식을 먹는 일은 그 본질적인 성격상 먹는 사람을 다른 사람들과 유리시키고, 그 결과 자기 자신의 육체의 한계 안으로 가둬놓게 되는 것이다. 이와는 달리 말은 외부로 향하는 것이어서 사람들 사이의 대화가 가능하게 해준다.[2]

---

2) 보다 자세한 사항은 특히 Romeri(2002, 128) 참조바람. 그런데 흥미로운 점은 플라톤이 먹는 인간, 먹어야만 사는 인간이 지닌 동물적 숙명을 신의 완전함으로 귀결시키는 노력도 기울인다는 것이다. 로메리(Romeri 2002, 238)에 따르면 플라톤이 티마이오스(Timée)에서 얘기해주고 있는 것은, 비록 생존을 위한 필요성에 의해 부과된 제약들을 지녔음에도 불구하고 인간의 몸이 신의 지성(intellect divin)이 창조해낸 산물이라는 점이다. 다시 말하자면 인간의 몸은 그 구성적인 면에서 반드시 훌륭하고 완벽한 산물이며, 결국 인간의 육체 자체는 말하자면 신적인 것이라는 것이다. 또한 고귀한 말(la parole) 역시

물론 음식에 대한 우리의 관점에서 보면 이러한 철학적 입장에 완전한 동의를 표할 수는 없다. 인간 사회에서 먹는 일만큼 복합적이고 중의적인 일은 없다. 인간이라는 '동물'에게 있어 먹는 일은 단순히 그 행위 자체에 그치지 않고 언제나 의미를 부여하는 일이며, 또한 음식은 상상계와 그 상징화로부터 분리될 수 없는 물질이기 때문이다(Cruickshank 2012, 543). 의심할여지 없이 인간의 입은 식탁에 놓인 음식을 사이에 두고 또 다른 입과 마주하는 소통의 일이다. 홀로 식사를 하는 일도 마찬가지이다. 그것은 또 다른 의미에서 대화이다. 사실 사회심리학적인 의미에서 우리는 일상에서 설사 홀로 음식을 먹더라도 그것은 '내면사회(internal society)'의 맥락에서 이루어지는 행위이기 때문에 결코 혼자 먹는다고 할 수 없기 때문이다(Menzies 1970). 식탁에서 우리는 음식을 나누며, 이야기한다. 입이라는 단일하고 동일한 기관을 통해 수행하는 각기 다른 두 기능은 우리의 삶에 있어서 매우 중요하다. 식탁은 음식과 말이 함께 존재하는 곳이다. 언어만이 의사소통의 수단이 아니다. 음식은 매체로서 매우 훌륭한 인간의 의사소통 도구가 된다. 기호로서 음식과 언어가 식탁을 중심으로 저마다 고유한 의미작용을 하고 상호작용을 하는 것이다. 이러한 의미에서 닫힌 입은 곧 음식에 대한 거부이자 침묵의 상징이다. 열린 입은 곧 생존을 위한 몸짓이자 소통의 실천이다. 열린 입은 세계를 향한 내 몸의 열림이자 나의 외침이다. 그러므로 인간이 입으로 취하는 행위는 생물학적 생존과 사회적 생존을 위한 실천이다. 달리 말해서 그것은 개인의 입을 통해 영양을 섭취하여 육체의 생존을 유지하는 것이자 동시에 공동체의 입을 통해서 사회적 생존을 꾀하는 것이기도 하다.

보다 물리적인 혹은 보다 '육체적인' 특성을 획득한다. 왜냐하면 말은 하나의 '말'이 되기 위해서는 몸, 그러니까 음식과 동일한 몸의 부분을 통과해야하기 때문이다(Romeri 2002, 128).

4. '함께 먹기'

"당신이 무엇을 먹었는지 말해 달라. 그러면 당신이 어떤 사람인지 알려주겠다(Dis-moi ce que tu manges, je te dirai ce que tu es)." 브리야 사바랭(Jean-Anthelme Brillat-Savarin)의 이 네 번째 경구는 중요한 원리를 함의하고 있다. 그것은 '체내화의 원리(Principe d'incorporation)'이다(Fischler 1988; 1996; 2001). 이 원리는 음식을 우리의 몸 안으로 받아들여 궁극적으로는 하나가 되는 과정을 지칭한다. 브리야 사바랭의 이 오래된 표현은 원전의 문맥과 상관없이 상당히 중의적이다. 이 금언은 생물학적인 차원과 사회문화적 차원에서 개인 및 집단의 정체성에 모두 관련된다. 우리가 섭취하는 음식은 그대로 우리 몸의 새로운 세포를 만드는데 소용된다. 우리 몸의 장기와 근육, 그리고 피부, 머리카락 등 우리를 육체적으로 구성하는 몸 전체에 작용한다. 그런데 이는 단순히 육체적인 것에만 머무는 것이 아니라 정신적인 차원에까지 영향을 미친다. 따라서 음식을 섭취하는 일은 단순히 영양을 섭취하는 것만이 아니라 상상적인 물질도 체내화하는 일이다(Fischler 1988, 275; 2001, 15).

음식이 담고 있는 의미와 가치는 그것이 현실적이건 상상의 것이든 먹고 체내로 흡수되어야 비로소 실현된다. "먹지 않은 음식은 '타자'이다."(Sceats 2000, 1) 몸으로 들어온 음식은 체내화되면서 자아와 타자 간의 경계를 없애준다. 음식이라는 물질이 하나의 매체로 작동되는 순간이다. "음식은 하나의 경계 물질(liminal substance)이다. 그것은 자연과 문화, 인간적인 것과 자연적인 것, 외부와 내부 사이를 이어주는 물질이다."(Atkinson 1983, 11) 이러한 의미에서 음식은 "체현된 물질문화(embodied material culture)"(Dietler 2006 :232; 2007: 222; 2010: 184)로 불린다. 즉 음식은 특별히 즉각적인 파괴를 위해 창조된 물질문화이다. 이 파괴는 인간의 몸 안에서 변형되며 섭취되는 과정을 통해 이루어진다. 음식은 소멸하면서 부활한다. 그러나 음식을 먹고 영양분을 취하는 일은 '쾌락'이자 '위험'에 자신을 노출시키는 일이기도 하다. 먹는 기쁨엔 언제나 음식에 대한 불안감도 함께 한다. 따라서 몸의 경계를 지나 안으로 물질을 들이는 일은 언제나 선택과 수고가 동반되는 일상의 힘든 행위이다. 따라서 입은 주체의 의지가 반영되는 장소이다. 몸 안으로 들이고 싶지 않은 물질은 원칙적으로 입 밖으로 내보낼 수 있다.

그런데 '당신이 먹는 것이 곧 당신이다.'라는 말이 함의하는 바는 그리 단순하지 않다. 음식은 개인의 정체성을 구축할 뿐만 아니라 집단의 정체성도 알려줄 수 있다. 음식을 먹는 일은 자신의 정체성의 형성과 관련이 되는 동시에 또한 그 개인이 속한 집단의 정체성의 문제와도 관련이 된다는 의미이다. 체내화의 원리가 문화적 경계를 표시하는 일은 일상에서 빈번하다. 이것은 종종 이성과는 별개로 작동되는 믿음의 문제이다. 사람들은 음식을 매개로 자신들의 집단적 정체성과 차별성을 표현한다. 영국인들이 개구리 다리를 먹는 프랑스인들을 비하하는 의미에서 'Frog'라고 부르는 예를 생각해보라(Counihan 1999, 7).

이러한 집단적 정체성의 형성과 밀접하게 관련되어 있는 사회적 행위가 함께 먹기이다. 클로드 휘슬러(Claude Fischler)에 따르면, 함께 먹기는 인간의 사회성을 가장 잘 드러내는 현상들 중의 하나이다 (Fischler 12011, 529) 전통사회에서 함께 먹기의 가장 전형적 모델은 가족에서 관찰할 수 있다. 먹기 혹은 음식은 "매체"로서 가족과 같은 사회적 집단의 관계를 표현해준다(Douglas 1982, 86). 음식은 이렇듯 관계의 매개체로서 가족이라는 공동체의 주요한 삶의 부분이자 상징이다. 예를 들어 한국 사회에서 가족은 같은 음식을 먹는 '식구'이다.

'집밥'이라는 어휘가 주는 정서는 근본적으로 여기에 연결되어 있다.

함께 먹기 행위의 일차적인 함의는 동일한 음식을 나눈다는 사실이다.[3] 함께 먹기가 같은 음식을 전제로 한다면, 식탁의 참석자들은 같은 음식을 먹고 흡수하여 같은 살, 같은 피를 갖는다는 상징적인 의미를 습득한다. 인간 사회에서 함께 먹기의 행위가 중요하다면 그것은 정치, 사회 그리고 종교의 의례 등을 통해 음식은 강력한 상징적인 힘을 지니게 되었고 의례의 참여자들 간의 연대는 바로 그 힘 속에서 배태되었기 때문이다. "단순한 사회이건 복잡한 사회이건, 모든 사회에서 인간관계를 시작하고 유지하는 주된 방법은 먹는 것이다."(Farb and Armelagos 1980, 4) 메리 더글라스(Mary Douglas)의 말처럼, "음식은 사료가 아니다."(Douglas 1977, 7) 인간에게 먹는 일은 순수하게 생물학적 행위나 생존을 위한 필수적인 활동으로만 단순하게 규정되지 않는다. 음식은 그것을 먹은 사람들의 과거, 그것을 식탁에 올리기 위해 거치는 다양한 문화적 과정이 복합적으로 담겨 있는 물질로 상징적으로 소비된다(Mintz, 1997: 7). 한 사회 혹은 국가나 민족의 음식은 그 음식 공동체의 구성원들에 강하게 결부된 문화적, 사회적 가치들을 담고 있다. 이러한 의미에서 함께 먹기는 집단의 정체성을 창출해내고 재생산하는 역할 뿐만 아니라 때로는 재규정하는 역할도 수행한다. 음식이라는 물질이 하나의 매체로서 그 역할을 수행할 수 있다면 바로 이 상징적인 힘의 덕분이다. 같은 음식을 식탁에 두고 마주 앉아 나누는 일은 매우 상징적인 행위가 된다. 인간은 단순히 생물학적인 생존을 위해서 먹는 것이 아니라 사회적 생존, 정치적 생존, 혹은 그 밖의 관계의 생존을 위해 먹게 되는 것이다.

음식은 정서적으로 매우 강한 물질이다. 함께 먹기를 통한 공동체

---

3) 물론 이러한 함의는 아래에서 보겠지만, 전근대 사회의 의례적인 식사에서 관찰되고 근대 사회로 넘어 오면서 식탁 문화는 많은 변화를 겪게 된다.

적 결속과 연대도 정서적인 면이 매우 강하다. 개인적인 차원의 미각적 경험이 때로 강력한 감정과 결부되는 것처럼 함께 먹기를 통해 맛본 공동의 경험 역시 시간과 공간을 통해 사람들을 하나로 묶는 힘을 지닌다. 따라서 개인들이 과거에 먹었던 음식과 더불어 동일한 경험을 지닌 자신들의 조상을 집단적으로 기억하는 것도 우연이 아닌 것이다(Di Giovine and Brulotte. 2014, 1). 이러한 의미에서 음식은 단지 살아 있는 자들과의 관계의 매체로만 사용되는 것은 아니다. 아마도 인간의 거의 모든 문화에서 음식은 죽은 자와의 관계를 이어주고 추모하는 물질로 활용된다(Counihan 1999b). 아마도 매체란 단어의 의미들 중의 하나인 '영매'의 역할을 음식이 한다고 해도 지나친 해석은 아닐 것이다.

그러나 누군가와 함께 먹는다는 결정이 때로는 또 다른 개인이나 집단을 배제하고 차별화하는 결과를 가져올 수 있는 것처럼, 함께 먹기는 아마도 인간의 가장 배타적인 공동체 행위의 한 유형일 것이다. 식탁은 인류의 역사 속에서 가장 배타적인 공간들 중의 하나였다. 함께 먹기라는 행위가 일견 담고 있는 듯이 보이는 환대와 연대는 사실 상당히 제한된 범위에 적용되는 사회적 행위이다. 사실 우리는 아무와 함께 식사를 하지 않는다. 음식은 그 자체로 중립적이지만, 주어진 문화의 사회적 코드와 맞물릴 경우 경계의 표지로 작동되는 일이 빈번하다. 신분과 계급 간의 계층구조는 음식과 매우 밀접한 관련을 갖는다(Goody 1982, 113). 무엇을 먹는지, 누구와 먹는지 등 음식의 섭취와 관련된 외형적인 조건은 보이지 않는 질서를 표현한다. 함께 음식을 나누는 사람들과 그렇지 않은 사람들의 구분은 많은 공동체에서 관찰되는 사실이다. 콘론(Con1on 979: 157. Madsen and Gardella 2012, 92에서 재인용)에 따르면 함께 먹기는 사회적 차별의 대명사인 인도의 "카스트 제도의 근원"을 이루고 있다. 이 불평등한 제도에서는 일반적으로 같은 계급이나 상위 계급에서 제공하는 음식이나 음료를 받을 수 있다. 음식의 상호 교환은 오직 같은 계급 내에서만 가능하다(Srinivas 1969, 268). 많은 문화에서 식탁이라는 공간적 질서는 사회적 질서를 반영한다. 식탁은 식탁에 앉은 '우리'와 식탁 밖의 '그들'을 구분하며, 아울러 식탁에서는 빈번하게 '우리'를 계층적으로, 시각적으로 분화하여 차별한다.

함께 먹기의 방식은 인간의 사회와 문화의 양식과 함께 한다. 인간은 오래 전부터 해왔던 것처럼 여전히 식탁을 주위로 함께 음식을 나누고 이야기를 나눈다. 그러나 음식 역시 인간의 삶의 방식에 속한 것이어서 삶이 변화하면 음식도 그 변화된 삶을 근본적으로 받아낸다. 전근대사회가 붕괴되고 그 사회의 강력한 상징이었던 먹기의 양상 역시 변화를 겪는다. 즉 열린 행위로서 먹기는 이제 닫힌 행위로서 먹기로 변화되면서, 개체들을 포용하는 먹기 공동체라는 개념보다는 경계가 뚜렷한 개인적인 먹기로 전환된 모습이 목격된다.

5. 먹기 공동체의 변화와 매체: 공동체의 입에서 개인의 입으로

음식을 먹는 일은 단순하고 반복적인 행위를 넘어선다. 개체의 입을 통해 음식을 섭취하는 일상의 행위는 그 개체가 속한 보다 크고 폭넓은 집단의 '입'과 어떤 방식으로든 관계를 맺는 일이다. 먹는 행위는 공동체 구성원들이 공유하는 고유한 자연 언어처럼, 제도화된 소통의 도구이자 존중해야할 규범의 집합으로 수행된다. 바로 이 지점에서 음식은 개인과 공동체를 매개하는 물질로 자리 잡는다. 폴크(Falk 1994)의 이론은 서구의 문화에서 인간 사회를 구성하는 성원들의 정체성과 음식 공동체 – 폴크의 용어를 따르자면 '먹기 공동체' - 간의 관계에 대한 독특한 소비 사회 이론을 제안하는데, 매체로서 음식을 다루는 우리의 논의에 큰 도움을 준다.

폴크의 관찰은 사회구조의 변화와 먹기 공동체의 변동을 결부시켰다는데 의미가 있다. 그것은 단순한 먹는 행위와 그 방식이 사회와 문화의 변화를 드러내주는 지표로 작동될 수 있다는 것을 보여준 것이다. 폴크의 소비이론에서 자아의 문제는 '먹기 공동체'로서의 사회의 구조와 긴밀한 연계를 지닌다. 폴크에 따르면, "원시사회는 근본적인 의미에서 '먹기 공동체'이다."(Falk ibid., 20) 음식이 지니는 상징성은 공동체 구성원들을 강하게 지배하고 통제한다. 전근대 사회를 특징짓는 개념은 교환(exchange)이 아닌 공유(sharing)이다. 공동체의 연대를 만드는 것이 바로 공유이기 때문이다. '입'은 여기서도 물론 '먹기' 및 '말하기'와 관련된 몸의 기관으로서 중요한 역할을 수행한다. 입은 폴크의 정의에 따르면 "전실(前室 vestibule)"로서 "몸의 감각구멍(sensory body opening)"이자 "판단의 장소(site of judgement)"(Falk ibid., 14)로 간주된다.[4] 입을 통해 이루어지는 음식물의 섭취로 세상은 우리의 일부분이 된다.

먹기 공동체 역시 비유적인 의미에서 '입'을 지닌 존재이다. 입의 양방향성은 먹기 안에서 그리고 먹기로서 현동화된다. 즉 먹는다는 것은 곧 자신의 몸과 자아 속으로 들어간다는 것이자, 공동체 속으로 들어가는 것이다. 공동체의 입을 통해서 먹힌 개체들이 공동체의 몸을 이루고 고유한 정체성을 형성하게 된다. 이 먹기 공동체는 음식이나 의례 등을 포함한 다양한 문화 활동들을 통해 개인의 몸을 '먹고' 자신의 '사회적인 몸' 즉 사회체를 채워 집단성을 유지한 사회였다. 그러니

4) 특별한 경우가 아니라면 익숙하지 않은 새로운 물질의 경우, 무엇보다 눈과 코라는 시각과 후각 기관의 예비적 판정을 거친 후 입에 다다른다

까 개념적으로, 개인의 몸은 공동체의 규범과 판단에 '열려' 있는 반면 그 정체성은 '닫힌' 특성을 보이며, 상호간 변별되지 않은 상태로 머물렀다. 따라서 하나의 공동체가 규정한 식용과 비식용의 기준은 문화적인 차원에서 이해할 수 있다. 폴크는 이 범주를 기본적인 구분으로 간주하고 '우리'와 '그들', '동일자'와 '타자', '안'과 '밖', '선'과 '악' 등의 추상적인 이원 대립으로 풀어낸다. 한 문화에서 '비식용'의 개념은 단지 몸에 해로운 것과 결부된 것은 아니다. '먹을 수 있는' 대상은 "우리의 공동체가 받아들일 수 있는, 취할 수 있는" 것이어야만 하고, 그래서 최종적으로는 그 구성원들인 "우리의 몸들이"(Falk ibid., 69) 내부로 받아들일 수 있는 것이다.

음식은 먹기 공동체의 집단적 의례에 참여하는 구성원들의 사이에 놓여 물질적으로, 정서적으로 그리고 심리적으로 집단성의 지속과 강화를 위한 효과적인 상징의 수단으로 자리 잡았다. 먹기 공동체 내에는 "'먹고 먹히는' 원칙'"(Falk ibid., 21)에 의해 구조화되는 상호관계가 뿌리내리고 있다. 의례적 식사를 통해 나누는 음식과 그 음식의 체내화(incorporation)는 그 의식에 참여하는 개인들을 전체 공동체의 몸 안으로 들이는 과정이자 하나의 단위로 통합하는 상징적인 행위인 것이다. 즉 공동의 먹기 행위는 먹으면서 동시에 그 집단에 의해 '먹히는' 것이다. 음식이 먹는 이의 몸 안으로 들어와 하나가 되는 변화와 동화의 과정을 거치기 전까지는 외부 세계의 물질, 외부 세계의 일부인 음식은 그저 내 몸 밖의 타자이다. 공동체의 입 안으로 들어가는 개인들의 모습도 음식과 닮아있다.

이러한 의미에서 먹기 공동체의 구성원들은 하나의 "집단 자아(group-self)"(Falk ibid., 20)를 구성하게 되며 그 결과 각 개인의 정체성들은 집단 자아와 지속적으로 병합되면서 상대적으로 균질적인 모습을 띠게 된다. 음식과 관련된 금기와 의례의 규범들의 존재는 공동체의 구성원들의 입의 판단을 '집단적인 차원에서' 결정짓는 곳이 바로 "공동체의 입('mouth' of the community)"(Falk ibid., 13)이라는 점을 말해준다. 이때 내부/외부라는 개념은 개인의 몸이 아닌 공동체의 몸 혹은 입이 그 기준이 됨은 두말할 나위 없다. 따라서 공동체의 몸은 공동체 내부의 개인들에 대한 장벽이자 그 외부의 타자들로부터 내부의 개인들을 보호하는 벽이기도 했다.

반면 근대 사회의 개인들은 더 이상 이러한 집단성을 유지하고 보존하는데 자신을 희생하지 않는다. 전근대 사회의 먹기 공동체의 특징인 '열린 몸'과 '닫힌 자아'는 이제 '닫힌 몸'과 '열린 자아'라는 근대 사회의 모습으로 변화를 겪는다. 근대 사회는 전근대 사회에서 닫혀있던 개인의 자아를 열린 자아로 바꾸고 억눌린 개인의 자유를 회복할 수 있는 계기를 마련해준다. 음식의 관점에서 말하자면, 음식의 주된 기능은 더 이상 공동체 구성원들의 연대를 위한 것이 아니라, 구성원 저마다 자신의 자아의 목표를 유지할 수 있게 해주는 물질이 된 것이다. 이는 먹기와 정체성 간의 관계에서 공동체적 힘보다는 개인주의적 자율성이 훨씬 더 강하게 작동되기 시작했음을 보여준다. 따라서 '맛'에 대한 판단은 개인의 의지와 상관없이 주어진 것이 아니라 개인의 선택의 문제, 취향의 문제가 된 것이다. 먹을거리는 개인의 고유한 판단의 문제이고 그가 섭취하여 동화시키는 것이므로, 그가 즐겨 먹는 음식과 음료들은 이제 그 개인의 정체성을 알려주는 표지를 구성한다. 개인이 '닫힌 몸'과 '열린 자아'를 발전시킬 수 있게 되었다면, 그것은 공동체를 구성하던 각 개인들이 이제는 서로 분리되어 있고 그들의 자아는 "빈 공간으로서"(Falk ibid., 29) 개인 스스로 채울 수 있는 자율성을 획득하게 되었다고 말할 수 있다. 다시 말해 내부의 이 빈 공간은 근대의 닫힌 육체가 만들어 낸 물리적이자 정신적인 것으로, 소비의 사회에서 줄곧 채워지길 기다리는, 분리된 개인의 자아를 의미한다.

폴크에 따르면, 전근대의 먹기 공동체의 쇠락은 가족이나 친구 단위의 밥상 공동체에도 영향을 미쳤다(Falk ibid., 25, 34). 집합적인 공동체의 공동 의식으로서 식사(meal)의 역할이 핵가족에서 조차 그 의미를 잃어가는 것이다. 물론 주말에 모여 함께 나누는 가족 간의 식사 등에서 볼 수 있듯이, 전통적인 먹기 공동체의 자질들이 여전히 우리의 주변에 남아 있는 것은 사실이다. 이러한 환경에서는 함께 먹을 음식을 준비하고 나누어 먹는 일이 무엇보다 중요한 사안이었기 때문에, 밥상머리 앞에서 말하는 행위는 먹고 나누는 행위에 비해 주변적인 역할을 수행한다 – 특히 과거에는 어린아이들이 밥을 먹으며 떠드는 행위를 엄하게 금하였다. 그러나 물론 이는 전근대적인 사회의 전형적인 한 단면이다. 근대 사회는 집 밖의 또 다른 식탁을 이용하는 일, 즉 '외식'이 빈번해진 사회이다. 식탁의 참여자들은 저마다 자신이 좋아하는 메뉴를 선택하고 먹는다. 이러한 먹기 환경에서는 입의 또 다른 차원, 즉 말과 소통이라는 기능이 식사의 주된 양상으로 자리 잡게 된다. 쇠잔한 "사회적 삶을 구조화하는 원리로서의 먹기 공동체"((Falk ibid., 29)와 의례적 식사의 자리를, 근대에 이르러 또 다른 유형의 먹기 방식이 대신하게 된 것이다. 다양한 유형의 비의례적인 먹기 – 예를 들어 '간식' - 와 음식이라고는 생각할 수 없거나 영양과는 거리가 먼 물질들 – 즉 과자, 청량음료나 알코올음료, 담배, 껌 등 – 이 여기에 속하는데, 폴크에 따르면 이것들은 대부분 구순기적 자극 혹은 쾌락과 관련되는 것들이다. 공유된 의례적 음식을 먹고 자기의 몸의 일부로 만드는 일이 공동체와 하나가 되는 양방향적 행위라면, 패스트푸드나 과자를 먹고 껌을 씹는 일은 개인의 만족과 즐거움을 주는 차원에서 수행되는 일방적인 소비행위가 된 것이다. '개별화'와 '분리'는 소비사회를 구성하는 개인들의 특성이 되었다는 말이다.

전근대 사회에서 근대 사회로의 전환에 동반된 '먹기 공동체'의 쇠락과 개인주의의 등장은 매체의 관점에서도 유의미하다. 그것은 바로 함께 먹기 양식의 변화이다. '먹는 입'의 관점에서 말하자면, 이는 '집단의 입'에서 '개인의 입'으로의 변화라고 말할 수 있을 것이다. 그리고 이는 또한 집단적인 자아에서 자족적이고 개체화된 자아로의 변화를 의미한다. 개인의 자아는 '먹기 공동체'라는 집단성과 동일시될 만큼 강력한 공동체적 유대와 엄격한 문화적 질서가 형성되어 있었다. 폴크에 따르면, 전근대 사회에서 의례는 먹기 – 즉 식사 – 뿐만 아니라, 음식과 관련된 여타 활동들을 수반하는 것으로 사회 통합 메커니즘으로 기능한다(Falk ibid., 20). 공동체의 개인들의 몸은 공동체 내부에 존재하는 또 하나의 내부로 간주되고, 공동체라는 집단의 몸은 '자연'에 속하는 외부의 '타자들'과 경계를 이룬다. '집단 자아'에서 '나'아 '타자' 간의 구분은 '우리'라는 집단의 차원에서 획정된 경계이다. '나'는 '우리'와 유리되지 않는다. 의례적 식사는 수많은 '나'들을 '우리' 속에 편입시키는 공동의 유대를 창출해낸다. 의례적 식사는 "집단적 공동체를 구축하는 의례"(Falk ibid., 25)로 기능하는 공동 식사, 함께 먹기의 한 유형이다.

그러므로 의례에 기초한 먹기 공동체 속의 타자와 개인화된 근대 사회에서 맞이하는 타자의 개념은 다른 것이며, 매체로서 음식의 역할도 상이하다. 먹기 공동체에서 음식은 공동체 성원 간의 연대와 유대를 위해 존재하는 물질이다. 함께 먹으면서 '나'는 '우리'가 된다. 공동체에 먹힌다는 것은 곧 공동체의 몸과 하나가 되기 위해 체내화된다는 것이다. 음식을 나누는 일은 단순히 음식을 먹는 것뿐만 아니라 음식의 생산과 관련된 문화 규범과 금기 등도 함께 나누는 일이다. 따라서 공동체가 의례적 식사에 부가한 다양한 규범들, 즉 식탁에서 앉는 위치, 먹는 방식, 식용과 비식용의 문제 등 다양한 문화적 코드들을 먹는 음식과 함께 받아들여야 한다. 여기서 미각과 관련된 개인적 취향의 문제는 최소화 된다. 음식은 의례를 통해 공동체의 개체들에게 공동체의 가치와 문화를 전승하고 지속시키며 이들을 상호 연결하고 집단성을 강화하는 매체로 활용된다. 공동체의 입이 존재한다는 것은 먹는 행위가 하나의 공동체 행위라는 것을 의미하며, 여기에는 같은 음식을 먹는 동일자들이 존재한다는 것이다.

반면 '개인의 입'이 중요해진 근대의 식탁에서는 공동체 생활에서 억압된 개인주의는 팽창되기 시작한다. 공동체의 개인들이 자기 자신의 몸에 대한 통제력을 회복하게 된 것이다. 양방향의 특징을 보여주었던 먹기는 일방적인 모습을 보여주면서 더 이상 집단에 수동적으로 '먹히는' 관계가 아닌 능동적으로 '먹는' 개인의 지위를 갖게 되었다. 근대의 자아는 자신의 몸 덕분에 안과 밖, 혹은 내부와 외부를 지닌 개체가 되었다. 폴크에 따르면 '입'의 성격의 변화에는 사회적 상호작용 방식의 변화가 있음을 보여주는 것이다(Falk ibid., 29). 개인들은 서로 교환의 주체들, 의사소통의 주체들로서 자율성을 인정하게 된 것이다. 폴크는 공동 식사의 자리에서 모인 사람들을 서로 연결해주는 것은 그들이 먹는 음식이 아니라 서로가 나누는 말이라며 근대의 식탁에 자리 잡은 변화의 특징을 제시한다. 근대의 식탁에 앉은 개인들은 전근대의 먹기 공동체에서처럼 더 이상 같은 음식을 나누고 함께 그것을 체내화하여 하나의 단위로 융합되는 것이 아니다. 이들은 서로 저마다 독립된 개체들로 존재하지만 소통의 도구인 언어를 통해 서로 연결이 될 수 있게 된 것이다.

그러나 '입'의 차원이 변해도 생물학적, 사회적 그리고 문화적 차원에서 변하지 않은 사실로서 확인할 수 있는 것은 우리는 여전히 먹고 있다는 점이다. 공동체의 입이건 개인의 입이건 먹는 일은 존재론적인 조건이자 사회적 조건이다. 폴크가 간과하고 있는 것은 '식사' 혹은 음식이 여전히 식탁을 중심으로 '개인의 입'들 사이의 '소통'을 매개한다는 점이다. 사회가 변하면서 '음식'과 '말'의 식탁의 자리는 바뀌었지만 입의 주요한 두 기능은 변함없이 주어진 역할을 수행하고 있다. 비록 근대적 식탁의 성격이 '개별화'되고 '분리'되었지만 여전히 음식은 사람들을 모으는 힘이 있다. 그리고 그 자리에서 사람들을 '말하게 한다.' 근대의 자아는 만족하지 못하는 무한한 소비 욕망으로 무장하고 있고 연대 의식을 불러일으키는 의례적 식사대신 다양한 비의례적 음식들을 선택하였다. 그러나 시대적인 음식문화가 변해도 '식탁'은 여전히 사회적인 활동의 장으로서 그 역할을 충분히 하고 있다. 음식은 개인의 입에서 하나의 미각적 체험으로 개별적으로 경험되지만 여전히 '사회문화적으로는' 함께 먹고 있는 것이다. 사람들은 이제 음식을 공유하는 것이 아니라 식탁을 공유하게 되었다. 함께 먹는다는 말의 의미는 반드시 같은 음식을 나눈다는 말이 아니다. 채식주의자와 육식주의자도 식탁에 함께 앉아서 자신의 음식을 먹으며 대화를 나눈다. 매체로서의 음식은 사회와 식탁의 변화에 영향을 입었지만 그 본질이 변한 것은 아니다.

6. 결론을 대신하여

음식은 물질적 매체로서 가장 오래된 것들 중의 하나이다. 그리고 가장 진부한 것이자 동시에 나날이 새로워지는 것이다. 매체로서의 음식은 물질로서의 측면과 더불어 사회, 문화의 인자들과 긴밀하게 연결되어 있다. 인간이 수렵을 통해 먹이를 찾던 그 시절부터 음식은 '나'와 '우리', 그리고 '나'와 '너' 혹은 '우리'와 '그들', '인간'과 '자연'의 '사이'에 있었다. 음식이 매체로서 가장 두드러지는 지점은 바로 대면하는 두 실체 사이에 놓인 공간을 점유하고 있을 때이다. 음식을 나누는 일은 따라서 단순히 배불리 먹는 생리적인 욕구의 충족뿐만 아니라 그 욕구를 함께 공유하는 소통의 기쁨이 동반된다. 그것은 개체들 간에 서로 다른 정체성과 자아를 형성시키기도 하고 공동체적 자아를 개체들에게 부과하기도 한다.

'먹는 인간'이 함의하고 있는 절대적인 상수는 바로 '육체' 혹은 '몸'을 가진 존재로서 인간이다. 또한 '먹는 인간'은 '먹는 입'을 지닌 존재이다. 개인의 입이건 공동체의 입이건 입은 타자와 세계를 대면하고 있는 최전선이다. 입은 세상을 향해 열려 있는, 세상을 받아들이기 위해 준비하고 있는 '구멍'이다. 입은 인간의 실존을 몸을 통해 인식시키고 입을 지닌 모든 존재에 대한 이해와 인식을 가능하게 한다. 어떤 의미에서 그것은 서로 다른 입을 지닌 개체들을 하나의 존재의 틀로 수렴할 수 있게 한다. 배고픔은 내가 철저히 육체적인 존재임을 느끼게 해준다. 동시에 그것은 그러한 삶에 대한 인식을 가능하게 함으로써, 음식은 단순한 물질을 넘어 인간 스스로 생각하는 주체가 될 수 있게 한다. 그것은 나뿐만 아니라 동일한 조건을 지닌 타자들에 대한 원초적인 차원의 이해를 가능하게 한다. 물질로서 음식이 그 자체의 영양적인 차원을 넘어 관계의 매체로 작동된다면 바로 이 이유에서이다.

이러한 보편적 조건을 기반으로, 우리는 함께 음식을 먹으며 상징을 소비하게 되는 것이다. 우리가 이 논문에서 음식을 '사이 존재'라 규정했던 이유이기도 하다. 그것은 먹는 주체를 세상과 연결시키며, 같은 입을 지닌 개체들을 서로 소통시키고 식탁을 담론의 장으로 변화시킬 수가 있다. 달리 표현하자면, 음식이라는 물질을 매체이게 하는 것은 인간의 삶이 시작되었던 오랜 과거부터 그랬던 것처럼, "우리가 어디에서, 어떻게 그리고 무엇을 먹는지는 음식이 삶을 지탱해준다는 사실을 넘어, 우리의 삶에 여전히 계속해서 의미를 부여하고 있기"(Carlin 1998: 15) 때문이다.

참고문헌

Atkinson, Paul. 1983. "Eating Virtue." In *The Sociology of Food and Eating: Essays on the Sociological Significance of Food*, ed. Anne Murcott, 9-17. Aldershot: Gower.

Barthes, Roland. 1957. "Pour une psycho-sociologie de l'alimentation contemporaine". *Annales. Économies, Sociétés, Civilisations* 5: 977-986.

Bataille, Georges. 1970. "Bouche." in *Œuvres complètes. I, Premiers écrits 1922-1940, Histoire de l'œil, L'anus solaire, Sacrifices, Articles*, 237-238 Paris: Editions Gallimard.

Boswell, James. 1833. *The life of Samuel Johnson, LL. D.: Including a Journal of a Tour to the Hebrides*. George Dearborn.

Brillat-Savarin, Jean Anthelme. 1848, *Physiologie du goût, ou Méditations de gastronomie transcendante, Gabriel de Gonet* (http://gallica.bnf.fr/ark:/12148/bpt6k1063697)

Brunschwig, Jacques, 2002, "Préface" in *Philosophes entre mots et mets*, Luciana Romeri, 7-12. Grenoble: JÉRÔME MILLON.

Carlin, Joseph M. 1998. "Reading about food and culinary history." *Topics in Clinical Nutrition* 13(3): 11-19.

Counihan, Carole M., 1999a. "Food, culture and gender." In *The anthropology of food and body. Gender, meaning and power*, ed. C. M. Counihan, 6–24. New York: Routledge.

Counihan, Carole M., 1999b. "The Social and Cultural Uses of Food." In *The Cambridge world history of food*. eds. K. F. Kiple, & K. C. Ornelas, 1513-1523. Cambridge: Cambridge University

Press.

Cruickshank, Ruth. 2012. "Humans, eating and thinking animals? Structuralism's leftovers." *Contemporary French and Francophone Studies* 16(4): 543–551.

Dietler, M. 1996. "Feasts and commensal politics in the political economy: food, power and status in Prehistoric Europe." In *Food and the Status Quest: An Interdisciplinary Perspective*. eds. P. Wiessner and W. Schiefenhövel, 87–125. Berghahn: Providence.

Dietler, M. 2006. "*Alcohol: Anthropological/Archaeological Perspectives.*" *Annual Review of Anthropology* 35(1): 229-249.

Dietler, M. 2007. "Culinary Encounters Food, Identity, and Colonialism." In *The Archaeology of Food and Identity*. ed. K. C. Twice, 218-242. Carbondale: Southern Illinois University Press.

Dietler, M. 2010. *Archaeologies of Colonialism_ Consumption, Entanglement, and Violence in Ancient Mediterranean France.* California: University of California Press.

Di Giovine, Michael A. and Ronda L. Brulotte. 2014. "Introduction: Food and foodways as cultural heritage." In *Edible identities : food as cultural heritage*. eds. Michael A. Di Giovine and Ronda L. Brulotte, 1-27. Farnham, Surrey & Burlington, Vermont: Ashgate Publishing Group.

Douglas, M. 1977. "Introduction." In The Anthropologists' Cookbook, ed. J. Kuper, 1–7. London: Routledge and Kegan Paul.

Douglas, Mary. 1982. *In the Active Voice*, London and Boston:

Routledge & Kegan Paul.

Drouard, Alain 2006, "Le point de vue historique : pour une histoire des plaisirs de la table." In *Actes du Colloque de l'IFN (Institut français pour la nutrition) Le plaisir : ami ou ennemi de notre alimentation*?, 12 décembre 2006.

Falk, Pasi. 1994. *The Consuming Body*. London: Sage.

Farb, Peter and George Armelagos. 1980. *Consuming passions: The anthropology of eating*. Boston: Houghton Mifflin.

Fischler, Claude. 1988. "Food, self and identity." *Social Science Information* 27(2): 275–293.

Fischler, Claude. 1996. "Pensée magique et utopie dans la science. De l'incorporation à la 'diète méditerranéenne'." *Cahiers de l'OCHA* 5: 1-17. Paris : OCHA.

Fischler, Claude. 2001. *L'Homnivore : le goût, la cuisine et le corps*. Paris: Éditions Odile Jacob.

Fischler, Claude. 2011. "Commensality, society and culture." *Social Science Information* 50(3–4): 528–548.

Gibson, Barry. 2008. "Mouth." In *Cultural encyclopedia of the body*. ed. Victoria Pitts-Taylor, 337-343. Westport, Connecticut London: Greenwood Press.

Goody, Jack. 1982. *Cooking, cuisine, and class: A study in comparative sociology*. Cambridge: Cambridge University Press.

Hervé, Robert. 2008. *Les régimes*. Paris: Editions Le Cavalier Bleu.

Lévi-Strauss, Claude. 1964. *Mythologiques, t. I : Le Cru et le Cuit*. Paris: Plon.

MacClancy, J. and Macbeth, H. 2004. "Introduction: How to do

Anthropologies of Food." In *Researching Food Habits. Methods and Problems*. eds. H. Macbeth, and J. MacClancy, 1-14. Oxford: Berghahn Books.

Menzies, I. P. 1970. "Psychosocial aspects of eating." *Journal* of *Psychosomatic Research* 14: 223-227.

Romeri, Luciana. 2002. Philosophes entre mots et mets : Plutarque, Lucien, Athénée autour de la table de Platon, Grenoble, Éditions Jérôme Millon.

Romeri, Luciana. 2005. "L'akolasia est en nous (Platon, Tim. 72e). Deux solutions à l'intempérance humaine : Platon et Plutarque." *Kentron* 21: 225-240.

Rozin, Paul. 1994. "La Magie Sympathique." In *Manger Magique, Aliments sorciers, croyances comestibles*. ed. Claude Fischler, 22-37. Paris: Editions Autrement.

Sánchez Romero, Margarita. 2011. "Commensality rituals: feeding identities in prehistory" In *Guess who's coming to dinner: feasting rituals in the prehistoric societies of Europe and the Near East*. eds. Gonzalo Aranda Jiménez, Sandra Montón-Subías, Margarita Sánchez Romero, 8-29. Oxbow Books.

Sceats, Sarah. 2000. *Food, Consumption and the Body in Contemporary Women's Fiction*. Cambridge: Cambridge University Press.

Inness, Sherrie A. 2000. "Introduction : thinking food/thinking gender." In *Kitchen Culture in America: Popular Representations of Food, Gender, and Race*. ed. Sherrie A. Inness, 1-12. Philadelphia: University of Pennsylvania Press.

Madsen, Stig Toft and Geoffrey Gardella. 2012. "Udupi Hotels. Entrepreneurship, reform, and revival." In *Curried cultures : globalization, food, and South Asia*. eds. Ray, Krishnendu and Tulasi Srinivas, 91-109. University of California Press.

Mintz, Sidney. 1997. *Tasting Food, Tasting Freedom. Excursions into Eating, Power, and the Past*. Beacon Press.

Srinivas, M. N. 1969. "The Caste System in India." In *Social Inequality: Selected Readings* ed. André Béteille, 265–272. Middlesex, England: Penguin Books.

Turner, Bryan S. 1994. "Preface." In *The Consuming Body*. Pasi Falk, vii-xvii. London: Sage.

Wilk, Richard. 2012. "The limits of discipline: towards interdisciplinary food studies." *Physiology & Behavior* 174(4): 1-5.

제8장

연향의 정치학

– 영조대 '숭정전갑자진연'을 중심으로

제8장 연향의 정치학
– 영조대 '숭정전갑자진연'을 중심으로

엄소연 · 서종석

1. 들머리

친목을 도모하거나 기념하고 축하할 때, 사람들은 음식을 차려 놓고 여럿이 모여 즐기는 잔치를 연다. 이처럼 잔치에는 '의례적(ritual)·비일상적(nondaily)·함께먹기(commensality)'라는 행위가 개입한다. 특정한 시간·장소에서 음식을 서로 나눠 먹는 '함께먹기'는 '사회적 관계의 상징행위'로 음식을 통해 주고받는 교환 방식이자 인간 공동체의 의례이기도 하다. 따라서 특정 음식은 '체현된 물질문화(embodied material culture)'로 의례적·종교적 영역에서 두드러지게 된다.[1]

잔치의 '함께먹기'는 동·서양의 역사 속에 보편적 행위로 자리한다. 예컨대, 부여(夫餘)의 영고(迎鼓)[2]가 음주가무(飮酒歌舞)로 부

---

1) M. Dietler 2005, 3–5.

2) 부여에서 행했던 집단적 제천의식으로 추수를 마친 12월에 온 나라의 백성이 동네마다 모여 하늘에 제사를 올린 후, 여러 날을 두고 음주가무를 즐겼다.(『삼국지(三國志)』 魏書 東夷傳 夫餘條).

족의 단합과 집단적 질서를 도모했던 것처럼, 서구의 고대사회에서 잔치(feasting)는 사회적 통합(social consolidation)과 상호적 의무(reciprocal debts)를 위한 것으로, 통치자가 국가적으로 지원해 조직한 체제 결속(solidarity)의 함양 수단이었다.[3] 이처럼 의례적 잔치는 공동체의 음식소비에 중점을 둔 의례행위의 형식으로, 고도로 응축된 상징적 재현인 동시에 사회적 관계의 적극적 조정을 위한 장(場)을 제공하는, 정치적 측면이 내재하는(inherent) 것이다.[4]

그러므로, 잔치는 '식사정치(commensal politics)'[5]의 한 형식이라 할 수 있다. 함께먹는 접대(commensal hospitality)는 초대자(host)-초대손님(guest) 사이의 상무적(reciprocal obligation) 관계를 동일하게 만드는 선물교환(gift exchange)의 구체적 호혜 방식으로 여겨진다. 하지만, 오히려 수여자(donor)-수혜자(receiver)간 사회적 지위의 차이를 재생산해 새로운 관계를 수립하는, 한정된 사회적 결속의 기제로 작동한다. 여기에 '식사정치'의 요점이 있다.[6] 다시 말해서, 특별한 음식의 의례적 접대·교환을 통한 상징적 소비행위의 이면에는, 그 '상징적 힘(symbolic power)'에 기대어 자신의 권위를 강화하고 지배질서를 공고히 하려는 권력자의 정치적 이기심이 도사리고 있다. 가령 16세기 영국의 왕들이 종교적 신성(神聖)을 차용한 의례적 만찬(feast)을 통해 왕권의 권위를 내세웠듯, "재단이 왕의 식탁이 되고 미사가 왕의 정찬이 된 것이다."[7]

잔치와 함께먹기가 정치적·사회적 통합의 중심 역할을 수행[8]하고

---

3) D. M. Master (ed) 2013, 397, 400.
4) M. Dietler and B. Hayden (eds) 2001, 65-114.
5) P. W. Wiessner and W. Schiefenhövel (eds) 1996, 87–125.
6) T. Insoll (ed) 2011, 183.
7) 로이 스트롱/강주헌 2005, 284.
8) D. M. Master (ed) 2013, 403.

왕권을 강화한다는 점에서 '조선왕실의 잔치'[9]인 궁중연향(宮中宴享, 이하 연향)도 '식사정치'의 한 유형이라 할 수 있다. 오례(五禮 : 五禮儀)[10]중의 가례(嘉禮)에 해당하는 연향은 조선시대 정치·문화의 근간이 되는 국가의례로, 군신화합(君臣和合)·만민화친(萬民和親 : 모든 백성이 친하게 지냄)·여민동락(與民同樂 : 임금이 백성과 함께 즐김)의 이상적인 유교사회의 실현을 위해 교화(敎化)하려는 국가운영 및 통치행위의 중심이다. 연향의 목적은 매우 복합적인데, 그 주인공이 왕실어른인 경우는 국왕의 즉위에 결정적 도움을 준 사람을 국왕이 극진하게 예우하거나 지위를 격상시키려는 의도가 있으며, 국왕의 특정 나이 혹은 즉위기념 연향은 당대의 정국을 주도하려는 국왕의 지위와 역할을 부각하기 위한 것이다.[11] 이러한 '연향정치'를 통해, 왕은 국왕권의 강화와 국왕중심의 정치안정을 도모하고, 관료들은 국왕을 보위하는 영광과 함께한 동료와의 동류의식을 갖게 된다.[12]

다만, 연향은 그 뜻에 담겨있듯 특수한 구조의 의례적 함께먹기이다. "연향(宴享)은 달리 연향(燕享)이기도 한데, 연(燕)은 함께 어울려 마시는 합음(合飮)을 뜻하고 향(享)은 헌(獻), 즉 바친다[奉上]는 의미다. 연으로 자혜를 나타내 보이고 향으로 공검(恭儉)의 뜻을 드러낸다. 그리하여 술, 술안주, 풍악을 준비해 대왕대비·왕·왕비께 봉상하고 군

9) 『경국대전(經國大典)』 卷1, 吏典, 正二品衙門, 「六曹」. 연향에 관해서는 국립고궁박물관 엮음(2013), 국립중앙박물관(2009), 박정혜(2000), 안태욱(2014), 안태욱(2012), Park, Jeong-hye(1997) 참조.

10) 고려말기에 유입된 5종류의 예제(禮制), 곧 길례(吉禮)·흉례(凶禮)·군례(軍禮)·빈례(賓禮)·가례(嘉禮)를 말한다. "길례로써 나라의 귀신을 제사하고, 흉례로써 나라의 우환(憂患)을 슬퍼하고, 빈례로써 다른 나라들과 친하고, 군례로써 나라들과 화합하고, 가례로써 만백성과 친하다."(『주례(周禮)』 권18, 「춘관대종백(春官大宗伯)」).

11) 국립고궁박물관 엮음 2013, 90.

12) 안태욱 2012, 233.

신 및 빈객과는 접대를 통해 합음하는 것이다."[13]이러한 선물교환은 먼저 신하 등(수혜자)이 음식 등을 마련해 공손히 '올리면[享]', 이에 대한 대접으로 왕 등(수여자)이 함께먹는 은혜를 '베푸는[宴]' 것이다. 연향의 제반 준비 및 진행은 신하들이 주관하지만, 어명(御命)에 따른 궁중체제와 궁수용(宮需用) 물자로 이뤄지므로, 실질적인 초대자(host)는 연향의 주인공인 왕이고, 초대손님(guest)은 신하들이 된다.

위와 같은 맥락에서, 우리는 연향을 왕과 신하의 정치적 관계에서 함께먹기의 방식과 특성을 고찰해 보려한다. 이와 관련해 살펴봐야 할 주요 논점은 누가 무엇을 먹는지, 누구와 함께 먹는지, 어떻게 준비되는지, 언제 어떻게 먹어야하는지 등[14] 음식에 관한 것이므로, 잔치와 음식의 관계에 중점을 둘 필요가 있다. 앞서 언급한 잔치의 '상징적 힘'은, 음식이 표현매체로 작용한다는 사실, 그리고 함께먹는 방식이 의례적 소비 맥락(context)상의 통어론(syntax)을 구성한다는데 있다. 음식은 몸이 섭취하게끔 명확하게 만들어진 "체현된 물질문화"이기 때문에, 매우 강렬한 상징 매체가 된다.[15]

따라서 이 글은, 위에서 언급한 주요 논점 및 잔치와 음식의 기호론적 관계에 유의하며, 의례적 함께먹기인 연향의 상징적 소비방식과 연결된 요소들 즉, 함께먹는 이유·시기·장소·초대자·참석자·담당인력·자리배치·상차림·재료·절차 등의 분석으로 그 특성과 의미를 논의하게 될 것이다.

사실 연향은 조선시대를 통틀어 311여회 설행됐고, 당대 정치·사회·문화의 복합적 상황을 반영해 그 종류 및 절차가 다양하고 복잡하므로, 이 글에서 모두 살펴보기엔 무리가 따른다. 연향은 주로 통치체제

13) 국립고궁박물관 엮음 2013, 277.

14) D. M. Master (ed) 2013, 404.

15) T. Insoll (ed) 2011, 179-194.

가 정비·구축된 시기에 집중돼 있는데, 연향의 한 종류인 진연(進宴)[16]은 제도의 정비가 이뤄진 성종(成宗, 재위 1469~1494)대 전후와 조선후기 영조(英祖, 재위 1724~1776)대를 합쳐 130여회 개최됐다.[17] 무엇보다 영조대의 진연은 조선후기의 사회변동상황을 반영한 성리학의 변화와, 이에 따른 예치(禮治)의 일원화를 지향한 계지술사[(繼志術事 : 繼述 : 선대(先代)의 뜻과 업적을 잘 받들어 후대에 전함)]의 전범(典範)을 구축한 시기와 맞물려 있다.[18]

특히, 이 글에서 1744년(영조 20) 경희궁(慶熙宮)에서 열린 '숭정전 갑자진연(崇政殿甲子進宴, 이하 갑자진연)'을 논의의 대상으로 삼은 것은 다음의 몇 가지 이유에서이다. 첫째, 갑자진연은 대왕대비(大王大妃) 인원왕후[(仁元王后, 1687~1757 : 숙종(肅宗)의 계비(繼妃)]의 58회 탄신일을 축하한 내연(內宴)[19], 영조의 51세 탄신[望六十]과 즉위 20주년을 위한 외연(外宴)[20], 그리고 영조의 기로소(耆老所)[21] 입소(入所)를 기념한 기로연(耆老宴)이 베풀어졌고,[22] 같은 해 편찬한 『국

---

16) 대규모의 연향인 진풍정(進豊呈)을 대체한 것으로, 규모는 축소하고 횟수는 증가했다. 왕실의 특별한 날(탄신, 쾌차 등)에 설행된 진연의 실질적인 목적은 헌수(獻壽)에 있으며, 그런 까닭에 조선시대에는 궁중 예연(禮宴)을 보통 효도의 예로 여겼다.(박정혜 2000, 163).

17) 안태욱 2014, 34-35.

18) 임진왜란과 병자호란을 겪고 난 이후 효종에서 숙종에 이르는 오랫동안의 흉년으로 재정적 고갈이 생기면서 보다 현실적이 된 숙종·영조·정조대에는 검소를 미덕으로 삼는다. 조선왕조 전기에 내연(內宴)으로 치러졌던 대규모의 풍정연(豊呈宴)은 숙종이후 영원히 사라지고 그 대신 진연·진찬연(進饌宴)·진작연(進爵宴)으로 치러졌다.(김상보 2006, 94).

19) 내진연(內進宴)의 준말이다. 왕, 왕비, 대왕대비가 주인공으로 내빈을 모아서 베푸는 진연을 의미한다.

20) 외진연(外進宴)의 준말이다. 왕이 주인공으로 외빈을 모아서 베푸는 진연을 의미한다.

21) 연로한 고위 문신들(대개 70세가 넘는 정2품 이상)의 친목 및 예우를 위해 설치한 관서이다(현 서울시 세종로 149~150번지에 위치).

22) 송방송·고방자 외 1998, 51.

조속오례의(國朝續五禮儀)』의 「진연하는 의식」과 「대왕대비께 진연하는 의식」을 기준으로 각각 외연과 내연을 치름으로써, 조선후기 이후 구한말까지의 준거가 된 연향의 프로토콜이 완성되고 가시화된 의미를 갖는다. 즉, 갑자진연을 살펴보면 영조 이후 연향을 꿰뚫을 수 있다.[23] 둘째는 영조 때 처음 공식화된 어연(御宴 : 국왕이 주관하는 잔치를 가리키며, 국왕이 신하가 올린 잔치를 받은 후에 신하에게도 잔치를 내리는 의식)[24]이 기로연의 형식으로 실행된 첫 사례이다. 따라서 갑자진연은 크게 2가지 방식의 함께먹기 즉, 삼전[三殿 : 대왕대비전(大王大妃殿), 대전(大殿 : 임금이 거처하는 궁궐 또는 임금을 높여 부르는 말), 중궁전(中宮殿)][25]이 연향의 주인공(host)인 내연·외연의 '의례적 식사'와, 기로신(耆老臣)이 주인공인 '선별적 식사'로 이뤄진 것이다. 단, 이 글에서는 의례적 함께먹기인 연향의 정치학에 초점을 두고, 왕이 주인공인 갑자진연-외연으로 한정해 논의를 집중하고자 한다. 셋째, 연향을 단일주제로 한 계병(契屛, <숭정전갑자진연도병(崇政殿甲子進宴圖屛)>)이 처음 등장하고 이후 관례화됐다는 점이다. 잔치의 시각화가 '기억만들기(memory-making)' 기능을 수행한다[26]는 측면에서, 갑자진연에 참석한 신하들끼리 제작·공유한 계병의 의미는 향후 연구에서 다뤄질 것이다. 끝으로 갑자진연에 관한 실증자료인 『영조갑자진연의궤(英祖甲子進宴儀軌)』와 <숭정전갑자진연도병>을 기본적 텍스트로 하지만, 음식의 종류 및 조리법을 내용으로 한 의궤의 제3권이 소실돼 의례적 함께먹기인 갑자진연의 상징적 소비맥락의 전

23) 국립고궁박물관 엮음 2013, 277.
24) 일반적인 연향과 달리 국왕이 주관하는 어연과 양로연(養老宴)의 시행은 영조가 추진한 탕평책, 춘궁기 백성을 위한 사미(賜米) 등 일련의 정책들과 연계되고 있다.(안태욱 2012, 217).
25) 삼궁(三宮)은 세자궁, 빈궁, 현빈궁이다.
26) D. M. Master (ed) 2013, 397.

모를 고찰할 수 없는 한계를 밝혀둔다.

2. 영조와 숭정전갑자진연

2.1. 개최 이유

지금으로부터 273년전, 경희궁에서 열린 갑자진연은 4가지의 겹경사 즉, 대왕대비 인원왕후의 58회 탄신일, 영조의 51세 탄신 및 즉위 20주년, 기로소 입소를 기념[27]해 베풀어진 연향이다. 왕의 장수는 곧 왕실의 만대장수(萬代長壽)와 번영이며 왕권강화 및 체제 안정을 위해 주요하다. 실제 영조는 83세에 붕어(崩御)해 조선의 역대 왕들 중 가장 장수했으며 재위 기간은 52년에 달했다. 무엇보다 왕의 입소는 조선왕조 500여년간 4명[28]의 국왕에 불과했을 만큼 나이(51세 이상)나 정치적 여건(신하들의 동의 등)과 같은 조건들이 충족돼야하는 쉽지 않은 일이었다. 게다가 영조는 자모(慈母 : 인원왕후)가 생존하는 가운데 입소한 최초의 왕이기도 했다. [그림 1]은 갑자진연의 1달 전쯤(1744.9.9) 기로소의 영수각(靈壽閣)에 영조가 행차해 자신의 이름을 어첩(御帖)에 친히 남겨 봉안(奉安)하는 입소 의식을 보여준다.[29]

갑자진연이 있기까지 영조는 어려운 정치적 상황을 극복해야만 했다. 비천(卑賤)한 하녀의 소생[모친 화경숙빈 최씨(1670~1718)는 숙종

27) 송방송·고방자 외 1998, 51.

28) 태조(60세), 숙종(59세), 영조(51세), 고종(51세)이 기로소에 입소했다. 조선왕조를 통틀어 70세 이상 정2품 이상의 조건을 충족해 입소한 문신 역시 700여 명에 불과했다.

29) 박정혜 2013, 70.

그림 1. 장득만·장경주·정홍래·조창희,《기사경회첩(耆社慶會帖)》
제1장면, <영수각친림도(靈壽閣親臨圖)> 1744-45,
견본채색, 43.5x67.8cm, 국립중앙박물관

의 후궁으로 무수리[30] 출신]이라는 태생의 한계-노론(老論)의 택군(擇君)에 의거한 왕세제(王世弟)[31]책봉-소론(少論)이 옹위했던 이복형 경종(景宗, 재위 1720~1724) 독살설-충역시비(忠逆是非 : 충성이냐 반역이냐 하던 시비)[32]의 와중에 왕권을 승계한 왕통(王統) 등 일련의 문제들은, 즉위 이후 붕당(朋黨)·당쟁·옥사(獄事)·반란 등을 끊임없이 초

30) 궁중의 여자종으로 청소 일과 물긷기·불때기 등 여러 가지 허드렛일을 맡았다. 무엇보다도 물긷기가 중요했으므로 수사(水賜)라고도 불렀다.

31) 노론계 인원왕후는 삼종혈맥(三宗血脈 : 효종, 현종, 숙종 3대의 혈맥)은 경종 외에는 연잉군(延礽君 : 영조의 세자명) 뿐이라는 숙종의 유훈(遺訓)논리로 노론의 손을 들어줌으로써, 연잉군이 세제로 책봉될 수 있었다.

32) 경종대 본격화된 왕통시비(王統是非)는 노·소론간 충역시비를 논지로 했다. 신임사화(辛壬士禍, 1721~1722)로 축출된 노론은 경종 즉위 뒤 1년 후 연잉군의 세제(世弟) 책봉을 주도, 대리청정을 강행하려 했다. 이에 소론은 경종에 대한 불충(不忠)으로 탄핵해 소론정권을 구성한 신축옥사(辛丑獄事)에 성공했다.

래했다. 영조는 탕평책(蕩平策)으로 이를 완화하며 자신의 입지를 강화했고, 갑자진연은 영조가 재위 20년간 정세안정을 도모한 결실 속에서 개최된 뜻 깊은 잔치였던 것이다.

1740년(영조 16)의 경신처분(庚申處分 : 庚申事)[33]으로 경종 독살설에 연루됐다는 혐의에서 벗어난 영조는, 1741년(영조 17) 경신처분을 정리한 신유대훈(辛酉大訓)을 공표해 자신의 정통성을 천명했다. 또한, 이를 고묘(告廟 : 종묘에 고함)한 영조는 신하들에게 다음과 같이 말했다.

> 사람을 등용하는 데 있어 반드시 호대(互對 : 雙擧互對 : 쌍으로 거용해 서로 대칭을 이룸)[34]로 할 필요는 없으니, 만일 등용할 만한 사람이 있다면 비록 한 편의 사람을 백 번 들어 쓴다 하더라도 무슨 방해될 것이 있겠는가? 오늘의 처분이 있은 뒤에는 등용하고 버리기를 공정하게 하고 사사롭게 하는 것이 진실로 전조(銓曹 : 이조와 병조)에 있으니, 그것을 각각 힘쓰도록 하라.[35]

위와 같이, 갑자진연 무렵의 정치적 상황은 영조가 원하던 대로 소론 탕평의 종언과 함께 노론 탕평이 전개되고 있었으니, 이날의 연향은 영조에게 있어 왕권의 위상을 가시화하고 정치적 안정을 확인하는 "식사정치"의 자리였다고 하겠다. 우리는 갑자진연에 관한 기록(『영조갑자진연의궤』[36], 이하 진연의궤) 및 그림(<숭정전갑자진연도병>, 이

---

33) 임인옥사[壬寅獄事 : 1722년(경종 2) 목호룡(睦虎龍)의 고변으로 경종 시해에 연루된 노론측이 화를 당한 옥사]의 조사 과정에서 드러난 영조(당시 왕세제)의 관련 혐의를 소론측의 무고로 판정한 처분이다.

34) 소론 탕평의 원칙으로 노·소론의 공동정권을 지향한 탕평책이다.

35) 『영조실록(英祖實錄)』 卷54, 영조 17년 10월 1일.

36) 『영조갑자진연의궤(英祖甲子進宴儀軌)』는 원래 총3책(冊)인데 제3책[의주(儀註)와 의장(儀仗)을 담당한 삼방(三房), 별공작, 내자시, 내섬시, 예빈시, 사축서 등의 관련 내용]이 결실된 2책(冊) 1질(帙)이 전한다(보물 제1901호, 서울

하 진연도병[그림 2])을 통해, 그 준비·구성·배치·절차 등을 자세히 들여다봄으로써, "식사정치"의 유형적 특성과 의미를 살펴보려한다. 단, 의례적 함께먹기의 구체적인 분석은, 예법(禮法)에 의거해 주인공(영조)-참석자(신하 등)의 관계성이 드러나 있는 갑자진연의 외연(外宴)을 중심으로 논의를 전개할 것이다.

2.2. 전담기구·시간·장소·참석자 정하기

진연의궤에 따르면, 갑자진연은 거행 당일로부터 약 1달 전(1744.9.2) 진연청(進宴廳 : 進宴都監 : 진연에 관한 일을 임시로 맡아보던 관아)의 설치로 준비가 시작됐고, 진연에 소요된 물품의 반납(1744.10.18)까지 약 1달 반 동안 실행이 이뤄졌다. 진연청은 총44명의 관료[(당상(堂上) 3명, 일방(一方) 13명, 이방(二房) 28명)]로 구성됐고, 진연의 실제적인 감독은 별공작[別工作 : 내섬시(內贍寺)[37], 예빈시(禮賓寺)[38], 사축서(司畜署)[39], 선공감(繕工監)[40]의 특별임시부서]이 담당했다.

진연청은 먼저 갑자진연의 시간과 장소를 정했는데, 인원왕후를 위

대 규장각 소장). 권(卷)1(진연청의궤)은 계사질(啓辭秩), 서계질(書啓秩), 논상질(論賞秩), 의궤질(儀軌秩), 이문질(移文秩), 내관질(來關秩), 감결질(甘結秩), 부록의 순서로 돼있다. 권(卷)2[일방(一房)의궤 및 이방(二房)의궤]는 기생과 풍물(一房), 음식과 배설(二房)에 관한 내용이다. 이 글에서는 한국음악사료연구회의 번역본(1998년)을 참조했다.

37) 여러 궁전(宮殿)에 대한 공상(供上), 2품 이상에게 주는 술과 안주, 왜인(倭人)·여진인(女眞人)에게 주는 음식물과 직포(織布) 등의 일을 맡은 관청.

38) 빈객의 연향(燕享)과 종실 및 재신(宰臣)들의 음식물 공급 등을 관장하기 위해 설치됐던 관서. 내·외선상, 미수(味數), 사권화(絲勸花), 지권화(紙勸花) 담당.

39) 왕실에서 쓰이는 가축을 키우던 관청. 연향의 대선(大膳)·소선(小膳)·대육(大肉) 담당.

40) 토목·영선(營繕)에 관한 일을 맡아본 관청.

그림 2. 숭정전갑자진연도병(6첩)
1744년, 119.7x334.8cm, 국립중앙박물관

한 내연[慈宴]은 음력 10월 4일 경희궁 광명전(光明殿)에서, 외연은 음력 10월 7일 진시(辰時 : 오전 7시~9시)부터 숭정전[41] [그림 3]에서, 기로연은 외연이 끝난 후 기로소로 옮겨 진행하게 했다. 이러한 갑자진연의 거행 날짜는 일관(日官)이 정한 길일(吉日)에 따른 것이다.[42] 처음 외연의 장소는 경현당(景賢堂)[43]이었으나 몇 차례의 논의를 거쳐 숭정전으로 확정됐다.[44]

---

41) 숭정전은 창건 당시 융정전(隆政殿)이었으나, 1625년(인조 3) 숭정전으로 이름을 바꿨다. 국왕의 정무(政務), 즉 조례(조정의 관리들이 아침에 궁궐에 모여 임금을 뵙던 일), 서계(국왕의 명을 받은 관리가 임무를 완수하고 보고하는 문서), 왕실어른에게 하례를 올리거나 반대로 국왕이 신하들에게 진하(陳賀)를 받는 곳으로, 경희궁의 가장 핵심이 되는 장소였다. 숭정전에서 행해진 의례는 왕세자 입궐, 왕세손관례, 대전에 대한 상존호례(上尊號禮), 중궁전에 대한 왕세자 하례, 진연 등이 이뤄졌다.(서울역사박물관 2015, 253, 257).

42) 『갑자진연의궤』 권1, 「내관질」, 1744년 9월 6일.

43) 비국당상 인견, 전강(殿講 : 조선시대에 경서의 강독을 장려하기 위해 실시한 시험), 왕세손 교육 등이 실시됐던 곳이다.

44) 『갑자진연의궤』 권1, 「내관질」, 1744년 9월 6일, 「계사질」 1744년 9월 8일, 「계

그림 3. 경희궁 숭정전
(직접 촬영, 2016.4.)

원래 조선은 법궁(法宮 : 경복궁)과 이궁(離宮 : 창덕궁·창경궁)의 2궁체제였다. 그러나 임난 이후 이들이 소실되자 광해군(光海君, 재위 1608~1623)은 1623년 창덕궁(昌德宮)과 창경궁(昌慶宮)을 중건하고, 별궁(別宮)으로 인경궁(仁慶宮)과 경덕궁(敬德宮)[45]을 건설했다. 이후 숙종(肅宗, 재위 1674~1720)이 궁궐경영을 정치적으로 밀접하게 이용하면서 경덕궁은 양궐체제의 한 축으로 확실하게 위상을 잡아 나갔다. 영조는 치세의 절반을 부왕(父王 : 숙종)이 머물렀던 경덕궁에 기거하면서 1760년 궁명을 경희궁(慶熙宮)으로 바꿨다. 이로써, 창덕궁·창경궁이 법궁[東闕]이 되고 경희궁이 이궁[西闕]이 되는 새로운 양궐체제가 성립됐던 것이다.[46]

사질」 1744년 9월 12일.

45) 원래는 인조(仁祖, 재위 1623~1649)의 아버지 정원군의 사저 자리로 왕기(王氣)가 서려있는 곳이다.

46) 서울역사박물관 2015, 18.

영조에게 경희궁은 각별한 의미가 있는 장소였다. 그의 부왕(父王)인 숙종은 회상전(會祥殿)에서 탄강(誕降, 1661년)해 융복전(隆福殿)에서 승하한(1720년) 유일한 왕으로, 대규모의 수리를 통해 경희궁을 왕의 안정된 생활공간으로 만들어 13년간 임어(臨御)했다. 영조의 이복형 경종 역시 경희궁에서 태어나(1688년) 숭정문(崇政門)에서 즉위(1720년)했다. 또한, 영조는 영휘전(永徽殿)에서 전안례(奠鴈禮)를 올렸고(1730년) 집경당(集慶堂)에서 승하(1776년)했다. 영조의 뒤를 이은 세손(世孫) 정조는 경현당에서 관례(冠禮)를 올렸고(1776년) 숭정문에서 즉위(1776년)했다.[47]

경희궁에 임어했던 10여명의 왕 중에서 영조는 가장 긴 19년을 머물렀다. 그 이유에 대해서는 인원왕후의 사적(事跡)이 집적되어 있는 경희궁에 머물며 왕통을 확증하기 위한 정치적 의도였다는 견해와, 생모 화경숙빈 최씨의 사당인 육상궁(毓祥宮, 현 서울시 종로구 궁정동 소재)이 지리적으로 가까웠기 때문에 자주 방문하고자 한 목적이었다는 등 다양한 해석이 있다.[48] 『한경지략(漢京識略)』에서는 경희궁이 창덕궁보다 규모는 조금 작지만 땅이 높아 시원한 것은 훨씬 뛰어나고, 영취정(暎翠亭)은 전망이 좋아 멀리 관악산이 보인다고 적고 있다. 영조는 추운 겨울에도 매일 이곳에 올라 멀리 보이는 어머니의 사당을 보며 그리워했다고 한다.[49]

영조는 숙종의 전례(前例)[50]를 계술(繼述)해 재위 후반기 동안 다양한 궁중행사로 경희궁 위상의 재확립과 의례적 성격의 부각에 힘써

47) 『궁궐지(宮闕志)』 第4卷 「慶熙宮志」.

48) 윤정 2009, 31-63., 안장리 2006, 36-68.

49) 서울역사박물관 2015, 54.

50) 숙종은 임난 이후 100년 만에 진연을 부활시켰다. 즉, 즉위 30주년을 기념해 1706년(숙종 32) 8월28일, 창덕궁 인정전에서 진연을 거행했다. 이때의 진연도첩(進宴圖牒)이 현존 최고(最古)의 것이다.

왕권의 정통성을 견고히 했다. 숙종~영조년간 경희궁에서 있었던 연례(宴禮)는 [표 1]과 같다.

표 1. 숙종~영조년간 경희궁의 연례(宴禮)

번호	시기	건명	내용	전각명
1	1691(숙종17)	신미친정(辛未親政)	숙종의 관원평가 후 선온(宣醞)의식	흥정당[51]
2	1710(숙종36)	경인진연(庚寅進宴)	숙종의 환후 회복 및 성수50년 기념	숭정전
3	1719(숙종46)	기해진연(己亥進宴)	숙종의 육순 축하 및 기로소 입사 기념	숭정전, 경현당
4	1744(영조20)	갑자진연(甲子進宴)	영조의 51세 탄신과 기로소 입사 기념	외연: 숭정전 내연: 광명전
5	1765(영조41)	을유수작(乙酉授爵)	영조 망팔(望八), 재위 41년 기념	숭정전, 경현당
6	1766(영조42)	병술진연(丙戌進宴)	영조 병술년 진연	외연: 숭정전 내연: 광명전
7	1769(영조45)	기축진연(己丑進宴)	정순왕후 입궐 10주년 기념	〃
8	1773(영조49)	계사진연(癸巳進宴)	영조 팔순 기념	숭정전
9	1775(영조51)	을미진연(乙未進宴)	영조 즉위 50년 기념	집경당

영조가 경희궁에서 처음 베푼 갑자진연-외연(外宴)의 참석자는 누구였을까. 세부적으로는 재신(宰臣 : 정2품 이상) 36명, 입참(入參)하는 인원 87명, 진찬(進饌) 할 때 입참하는 종친(宗親) 및 의빈(儀賓)[52] 51명, 진찬 때 전(殿)에는 못 올라가는 사람[不陞殿者] 61명, 그리고 추

51) 왕이 신료를 접견하거나 강연을 열었던 곳.

52) 의빈부[儀賓府 : 왕과 왕세자의 사위인 부마(駙馬)가 소속된 관청]의 정1품·종1품 관직.

가 응참인(應參人) 3명[53] 등 모두 238명[54]([그림 2]의 등장인물 수와 일치함)에 달하며 신분 및 관계(官階)에 따라 구별돼 있다. 이때 참석한 신하들[參宴諸臣]은 1743년(영조 19) 어연(御宴)에 따라 정하라는 어명이 있었으며 연향 당일까지 논의될 만큼 영조가 참석자의 선정 및 명분에 고심한 흔적을 엿볼 수 있다.

갑자진연-외연 참석자 238명 중에서 [그림 2]의 좌목(座目)(화면 왼쪽)[55]에 기록된 명단은 총72명으로 한정돼 있다. 즉, 붉은 선으로 좌목의 상·하단을 나누고 상단에 재신 36명, 하단에 종친 36명의 관직 성명을 썼다.[56] 이들은 모두 2품 이상의 고위직[57]들로 응당 참석해야할 종친을 제외하면, 상단의 36명 신하들[宰臣]이 갑자진연의 주요 참석자였음을 알 수 있다. 이들의 당시 나이와 정치적 성향 등을 파악한 것이 [표 2]이다.

[표 2]를 살펴보면, 평균연령은 64세이며 2품 이상의 문신 32명과 무신 4명이다. 문신 32명의 정치적 경향은 노론 12명, 소론 7명, 탕평파 2명, 서인(西人) 1명, 미확인 10명으로 노론 인사가 다수이다. 특히, 조현명([표 2]-5번), 김성응([표 2]-18번), 서종옥([표 2]-19번)은 1728년(영조 4) '이인좌의 난[戊申亂]'[58]을 진압한 공신(功臣)내지 공헌자였

53) 『갑자진연의궤』 권1, 「계사질」, 1744년 10월 6일, 10월 7일.

54) 『경국대전』의 동·서반 정직 녹관(祿官)은 총 2,268과(18품 29계)이므로 갑자진연에 약 0.1%가 참석했음을 알 수 있다.

55) 이 병풍은 총6폭으로 오른쪽 3폭에 진연장면이 그려져 있고, 나머지 3폭에 좌목이 있다.

56) <숭정전갑자진연도병>은 2품 이상의 참연제신과 종친이 관여한 계병이다.(박정혜 2013, 41-42).

57) 영조는 특히 70세가 넘은 2품 이상의 관원들도 모두 참여시켰다.(박정혜 2013, 39).

58) 영조의 즉위로 노론이 복권되자 정치적 지위를 위협받게 된 과격 소론측은 남인(南人)들을 포섭해 영조와 노론의 제거를 계획했다. 1728년 3월 15일 남인 이인좌(?~1728)를 중심으로 일어난 반란은 결국 관군에 의해 진압됐다. 난

표 2. <숭정전갑자진연도병> 좌목에 기록된 주요 참석자 36명

	관직명	이름(생~몰)	나이	정치적 성향
1	영중추부사	서명균(1680~1745)	65	문신-노론
2	행판중추부사	김흥경(1677~1750)	68	문신-소론(탕평책반대, 부마 월성위 김한신의 아버지)
3	영의정	김재로(1682~1759)	63	문신-노론의 영수(領袖)
4	좌의정	송인명(1689~1746)	56	문신-탕평파(붕당의 금지를 건의해 영조의 탕평책에 적극 협조)
5	우의정	조현명(1690~1752)	55	문신-탕평파/공신(功臣)
6	지중추부사	신사철(1671~1759)	74	문신-노론/기로소 입소(1745년)
7	강화부 유수	이병상(1676~1748)	69	문신-노론/기로소 입소(1742년)
8	행부사직	정석오(1690~1748)	55	문신-소론
9	〃	윤양래(1673~1751)	72	문신-노론(탕평책건의/기로소 입소)
10	좌참찬	조상경(1681-1746)	64	문신-노론의 중심인물
11	경기감사	이기진(1687~1755)	54	문신-노론
12	우참찬	조관빈(1691~1757)	54	문신-노론
13	호조판서	김약로(1694~1753)	51	문신-?(공조·호조·병조 판서)
14	예조판서	이종성(1692~1759)	53	문신-소론(탕평책 반대)
15	지중추부사	이진기(1646~1746)	92	문신-?(기로소 입소)
16	〃	정수기(1664~1752)	81	문신-소론(신임사화 주동)/기로당상(1736년)
17	공조판서	이성룡(1672~1748)	73	문신-노론/기로소 입소(1741년)
18	행부사직	김성응(1699~1764)	46	무신-공신
19	병조판서	서종옥(1688~1745)	57	문신-소론/공신
20	행부사직	구성임(1693~1757)	52	무신
21	지중추부사	이춘제(?~1748)	?	문신-?
22	형조판서	조석명(1674~1753)	71	문신-소론/기로소 입소(1744년)
23	행동지돈영부사	이세환(1721년 이전~?)	?	문신-?/연인궁의 사부(師傅)가 됨(1721년)
24	공조참판	유엄(1692~?)	53	문신-?
25	동지중추부사	홍호인(1674~?)	71	문신-노론/기로소 입소
26	행부사직	권혁(1694~1759)	51	문신-소론
27	행부호군	이승원(1661~?)	84	문신-?
28	지중추부사	이세진(1669~1749)	76	문신-?/파붕당(破朋黨) 주장/기로소 입소
29	연원군	이명희(1671~1746)	74	문신-?

	관직명	이름(생~몰)	나이	정치적 성향
30	종지중추부사	이형좌(1668~?)	77	문신-서인(西人)
31	행부호군	홍원익(1674~?)	71	무신
32	〃	김상두(1674~1751)	71	문신-?/기로소 입소(1744년)
33	부총관	원필규(?~?)	?	무신
34	평해군	신만(1703~1765)	42	문신-노론
35	병조참판	정래주(1680~1745)	65	문신-?
36	예조참판	윤득화(1688~1759)	57	문신-노론(탕평론에 반대)

다. 조현명은 1721년(경종 1) 연잉군(延礽君 : 영조의 왕세자명)이 왕세제로 책봉되자 '세제(世弟)보호론'을 주창, 소론의 핍박으로 곤경에 처해 있던 영조를 보호한 인물이며 '무신란'의 진압을 총지위한 사로도순무사(四路都巡撫使) 오명항(1673~1728)의 종사관으로 종군해 공을 세웠다. 난이 진압된 후 발급된 『양무공신교서(揚武功臣敎書)』[59] 와 『분무공신(奮武功臣)』[60]에 따라 오명항은 1등 공신에, 조현명은 3등 공신에 각각 녹훈됐다. 또한, 조현명은 효장세자(孝章世子, 1719~1728 : 영조의 맏아들)의 장인 조문명(1680~1732, 2등 공신), 송인명(1689~1746)과 함께 영조 전반기의 노소탕평(老少蕩平)을 주도했다. 김성응 역시 '무신란'이후 어영대장 장붕익(1646~1735)의 천거로 등용됐으며 서종옥은 '무신란'을 예견해 영조의 탄복과 아낌을 받았

의 평정에 소론 정권이 앞장섰으나 주모자의 대부분이 소론이었기에 이후 열세를 면하지 못했다. 반면, 영조 즉위 초부터 주창되어온 탕평책의 실시는 명분을 더욱 굳힐 수 있었으며, 이를 바탕으로 영조는 왕권 강화와 정국 안정을 도모할 수 있었다. 『영조실록』에 '무신란'의 역적으로 거론된 사람은 총642명인데, 이중 62명이 극형에 처해지고 재산 몰수와 더불어 그 일가 친족이 연좌제에 따라 처벌 받았다.

59) '이인좌의 난'을 평정한 공으로 공신도감(功臣都監)에서 1등 1명, 2등 7명, 3등 7명 등 총15명에게 공신을 책훈한 녹권.

60) '이인좌의 난'을 평정하는 데 공을 세운 사람에게 내린 훈호(勳號) 또는 그 훈호를 받은 사람.

던 신료였다.

이와 같이, 갑자진연의 개최 시기 및 장소는 영조에게 개인적·정치적으로 큰 의미가 있다. 물론 갑자진연-외연의 참석자는 문신/무신, 노론/소론, 탕평파/비탕평파, 제신/기로신(耆老臣 : 耆老堂上, 10명)을 폭넓게 아우르고 있으나, 참연제신 인원의 구성분포(238⊃72⊃36⊃10명)를 보면, 노론계의 공신(功臣)을 주축으로 한 재신(36명)들이 주요 참석자이며, 이중에서 관리로서 최고의 영광인 기로신 10명이 갑자진연의 '선별적 식사'인 기로연의 주요 '초대손님'임을 시사한다. 이에 관해서는 향후 연구에서 보다 상세히 논의하려한다.

3. 갑자진연의 준비

3.1. 인력·물자·비용 마련하기

갑자진연에 소요되는 인력은 크게 행사진행자와 행사실무자로 구분되며 97개 관아[61]에서 차출된 약 2,200명[액정서(掖庭署)[62]를 중

61) 1744년의 외진연과 내진연을 관장한 진연청이 궁중잔치를 성공적으로 거행하기 위해서는 여러 중앙관아 및 지방관아의 협조가 필수적이었다. 진연청이 감결을 보낸 중앙관아는 공조(工曹)·병조(兵曹)·예조(禮曹)·이조(吏曹)·형조(刑曹)·호조(戶曹)의 육조(六曹)를 비롯하여 관상감(觀象監)·광흥창(廣興倉)·교서관(校書館)·군기시(軍器寺)·군자감(軍資監)·금위영(禁衛營)·내섬시(內贍寺)·내자시(內資寺)·도총부(都摠府)·사간원(司諫院)·사축서(司畜署)·사헌부(司憲府)·상의원(尙衣院)·선공감(繕工監)·선전관청(宣傳官廳)·선혜청(宣惠廳)·예빈시(禮賓寺)·와서(瓦署)·의영고(義盈庫)·의정부(議政府)·의장고(儀仗庫)·장흥고(長興庫)·전설사(典設司)·제용감(濟用監)·종친부(宗親府)·중추부(中樞府)·평시서(平市署)·혜민서(惠民署)·홍문관(弘文館)·훈련도감(訓練都監) 등을 포함하여 아흔 일곱 관아였다.(송방송 2007년, 211).

62) 내시부(內侍府 : 내시들로 이루어진 관청)의 부속관아로서 왕과 왕족의 명령

심으로 한 당일 행사진행자 18명과 행사실무자 등 2,189명]이 담당했다. 먼저 당일 행사진행자 18명은 주탁차비관(酒卓差備官 : 주탁을 담당하는 관리) 6명[전의(典儀)[63], 인의(引儀)[64], 찬의(贊儀)[65], 사옹원 제조(司饔院 提調)[66], 사옹원 부제조(副提調)[67], 사옹원관(司饔院官) [68]], 사복시정(司僕寺正)[69], 좌통례(左通禮)[70] , 우통례(右通禮), 상례(相禮)[71], 상서원관(尙瑞院官)[72], 내시, 전교관(傳敎官)[73], 보덕(輔德)[74], 협률랑(協律郎)[75] 등이다. 한편, 행사실무자들은 가무(歌舞)·음식 담당자와 기타 인력 등을 포함한다. 가무를 담당한 음악 공연자들은 집사전악(執事典樂 : 음악의 총지휘 담당) 3명, 속악(俗樂)의 차비

전달, 알현 안내, 문방구 관리, 궐내 각 문의 출입통제 및 문단속, 궐내의 각종 행사준비 및 시설물관리, 청소·정돈 등의 잡무를 담당. 사알(司謁), 사약(司鑰), 부사약(副司鑰) 등의 관원이 있었다.

63) 외연(外宴)에서 행사준비 및 행사절차를 알리는 등의 진행을 담당한 관리.

64) 외연의 준비 및 참연자 인솔 담당.

65) 외연에서 전의(典儀)의 지시에 따라 창(唱)을 하는 사람.

66) 사옹원(임금의 식사와 대궐 안의 식사 공급에 관한 일을 관장하기 위해 설치됐던 관서)소속으로, 외연에서 수주정(壽酒亭 : 술그릇을 올려놓는 탁자) 설치 등의 준비와 주기(酒器)를 올리는 등을 담당.

67) 외연에서 왕세자 주탁(酒卓) 설치 등의 준비와 왕세자에게 술을 올리는 등의 보조 담당.

68) 외연에서 반수(班首 : 영의정)의 주탁(酒卓) 설치 등의 준비 담당.

69) 사복시[여마(輿馬)·구목(廐牧) 및 목장에 관한 일을 관장하기 위해 설치됐던 관서]소속으로, 외연에서 여연(輿輦 : 임금이 타는 수레와 가마), 장마(仗馬) 설치 등의 준비 담당.

70) 의례를 담당하던 통례원(通禮院)에 두었던 정3품 당하관직. 외연에서 우통례(右通禮)와 함께 임금에게 행사상황을 알리는 일을 담당.

71) 외연에서 왕세자 인솔 등을 담당한 통례원[通禮院 : 국가의 의례(儀禮)를 관장했던 관서]의 종3품 관직.

72) 외연에서 보인(寶印)을 받들어 보안(寶案)에 올리고 내림을 담당.

73) 임금의 교시를 전달하던 관리. 외연에서 승지가 담당.

74) 세자시강원(世子侍講院)에서 세자를 가르치던 종3품 관직.

75) 나라의 제향(祭享)이나 진연(進宴) 때에 풍류를 아뢰는 일을 맡은 벼슬. 휘[麾 : 아악(雅樂)에서 음악의 시작과 끝남을 알려주는 의장(儀仗)]를 들고 내림.

공인(差備工人) 106명[76], 집박전악[執拍典樂 : 박(拍)을 들고 음악 지휘 담당] 3명[77]이고, 무용 공연자들은 무동(舞童) 10명, 처용무(處容舞) 5명이다.[78] 또한, 갑자진연의 음식을 담당한 실무자들은 500여명에 이르는데 진지녹사(進止錄事 : 외연 식사담당 상급관리) 90명, 진지서리(進止書吏 : 외연 식사담당 하급관리) 60명[79], 숙수(熟手 : 잔치 때 음식 만드는 일을 업으로 한 남자조리사) 85명[80] 및 주장(注匠) 3명을 포함한다.([표 4] 참조) 이밖에 기타 인력은 시위군(侍衛軍 : 侍衛牌)[81] 82명, 군병 1,210명, 담여군[擔轝軍 : 어연(御輦)을 메는 사람] 10명, 부지군(負持軍)[82] 50명이며, 각종 기물을 제작한 제색공장(諸色工匠)은 30여개 분야의 약 60명이다.[83]

이상의 2,200여명에 왕, 왕세자, 그리고 참여제신 238명 등을 더하면, 갑자진연은 모두 2,450여명 이상의 인원이 관여한 대규모의 연향으로 많은 경비와 물자가 투입될 수 밖에 없었다. 따라서 진연청이 우

---

76) 전상공인(殿上工人) 38명, 전정공인(殿庭工人) 40명, 전후공인(殿後工人) 18명, 기타 10명.

77) 전상(殿上)의 집박전악 1명, 전정(殿庭)의 집박전악 1명, 전후(殿後)의 집박전악 1명.

78) 진연의 공연은 크게 2가지로 구분되는데, 첫째는 임금의 거동 등과 같은 의식절차에 따라 장악원(掌樂院) 소속의 악공(樂工) 또는 공인(工人)이 연주한 음악이고, 둘째는 잔치에서 반주음악에 맞춰 추는 춤인 정재(呈才)이다. 정재의 경우, 남자들이 참석하는 외연에서는 무동이 정재를 췄으나, 여자들이 참석하는 내연에서는 기생들이 정재를 췄다.(송방송·고방자 외 1998, 23, 51).

79) 처음에는 150명이었으나 장소가 협소해 60명으로 감했다.(『갑자진연의궤』 권2, 「품목질」, 1744년 9월 27일).

80) 내자시 25명, 내섬시 30명, 예빈시 25명, 사축서 5명이다.(한국정신문화연구원 편 2007, 383). 진연청의 별단(別單)에는 80명으로 돼있다.(『갑자진연의궤』 권1, 「계사질」, 1744년 10월 8일).

81) 양인이 주로 부담하는 의무 병역으로, 서울에 교대로 번상하여 궁궐에서의 숙위와 도성의 방어를 담당. 갑자진연에서는 임금시위 66명, 동궁시위 16명.

82) 역(役)의 일종으로, 얼음·쌀 등의 물건을 운반하는 일을 맡은 사람.

83) 『갑자진연의궤』 권1, 「계사질」, 1744년 10월 7일, 10월 8일 등.

선 추진한 업무는 다음과 같은 연수(宴需 : 잔치에 드는 물건과 비용)를 준비하는 일로 첫째, 쌀의 확보 둘째, 공연 물품[雜物]의 간품(看品 : 품질의 내용을 살핌) 및 보완 셋째, 잔치상용 기물[器用] 및 식재료의 조달이었다.

첫째, 쌀은 잔치상의 주된 음식인 술과 떡의 주재료로 필요할 뿐 아니라, 공연자(공인, 무동)의 연습[習儀][84] 및 당일 공연자·숙수·공장에게 각각 점심쌀과 요미(料米)[85]로 지급돼야 했다. 또한, 이들을 매일 감독하는 고직(庫直)[86], 반감(飯監)[87], 주색(酒色)[88]의 요미로 지급됐다.[89] 원래 연향에는 쌀 1,000석이 기본적으로 소요됐으나, 검소함을 중시했던 영조는 쌀을 800석(약 1,153가마니)[90]으로 감축하도록 지시했다.[91] 당시 1가마니가 현재 시가로 약 225만원이므로 쌀값으로만 약 26억이 소요된 것이다.[92]

둘째, 공연에 필요한 잡물의 점검 및 보완은 공연자의 복식, 악기, 무동의 화장용품(분, 연지) 등이 대상이었으며 제색공장이 보수·개조를

---

84) 외연은 총3번의 예행연습을 했다. 외습의(外習儀) 1차[初度]는 9월 21일에, 2차[二度]는 9월 26일에 예조에서, 또한 총연습인 내습의(內習儀)는 9월 27일 숭정전에서 거행됐다.(『갑자진연의궤』 권1, 「감결질」, 1744년 9월 15일).

85) 서리(胥吏)·잡직(雜職) 따위의 하급 벼슬아치 및 군인들에게 급료로 지급하는 쌀.

86) 서울과 지방의 여러 창고를 지키고 출납을 맡아본 관리.

87) 사옹원 소속의 잡직으로 궁궐 안의 각 전과 궁의 요리책임자. 신분은 천인이었으나 궁중의 일을 맡았으므로 품계와 직위가 있었다.

88) 연향에 쓰이는 술의 빛깔을 검사하는 사람.

89) 『갑자진연의궤』 권1, 「이문질」, 1744년 10월 모일, 『갑자진연의궤』 권2, 「품목질」, 1744년 9월 15일.

90) 당시 1가마니=약 90kg이므로 800석은 약 103,770kg에 달한다.

91) 『갑자진연의궤』 권1, 「계사질」, 1744년 9월 3일, 9월 5일.

92) 1795년(정조 19) 윤2월 9일부터 16일까지 수원 화성(華城)에서 거행된 연향을 정리한 『원행을묘정리의궤(園幸乙卯整理儀軌)』에 따르면, 당시 소요경비는 10만냥(현 시세로 70억)에 이른다.

담당했다.[93]

셋째, 잔치상용 기물 및 식재료의 조달은, 진연의 실제 거행 때 쓰이는 기본 기용(器用)과 각종 물품을 비롯해 잔치상의 특별식을 위한 각종 식재료 등에 관한 것이다.[94] 잔치상의 식재료는 어떤 것들이 어떤 방식으로 조달됐을까. 원래 궁중음식에 필요한 채소류는 국영 농원(農園)에서, 과일류는 국영 과수원에서 공급됐고,[95] 고기류는 사축서가 담당했다. 이외의 식재료는 조세제도[96]인 진상(進上)·천신(薦新)[97]을 통해 각 지방의 특산물을 나라가 구입하는 방식으로 조달됐다. 이러한 과정을 통해, 갑자진연의 참연자는 궁중음식 시스템으로 편입될 수 있었으며 백성들은 직접 참여할 수는 없었으나, 진상 등을 마련하는 과정을 통해 갑자진연의 개최가 전국적으로 고지(告知)될 수 있었을 것이다.

진연의궤의 복정(卜定)[98] 문건 등을 살펴보면, 갑자진연에 쓰인 궁중 진상품 식재료의 내용 및 규모를 가늠해 볼 수 있다.[표 3][99]

---

93) 『갑자진연의궤』 권2, 「품목질」, 1744년 9월 3일.

94) 『갑자진연의궤』 권2, 「품목질」, 1744년 9월 3일, 9월7일.

95) 한복진 2002, 23.

96) 조선시대 조세제도는 전세(田稅)·역(役: 노동을 제공하는 요역과 군역)·공납(貢納: 현물 납부)을 근간으로 한다. 공납은 조선후기 대동법(大同法) 시행 이후 대동미(大同米)와 지방특산물의 정기적 납부로 변화됐으나, 매년 책정되는 상공(常貢)과 관부 수요에 따라 수시로 부과되는 별공(別貢) 등으로 백성들을 힘들게 했다. 이에 영조는 관부 자체의 경비로 수요품을 구입하는 방식으로 별공을 개선했다.

97) 새로 농사지은 과일이나 곡식을 먼저 사직(社稷)이나 조상에게 감사하는 뜻으로 드리는 의식.

98) 조선시대 공물(貢物) 가운데 정례적인 공물 이외의 별공(別貢)이 있을 때, 상급 관아(官衙)에서 공납물의 액수를 결정하여 하급 관아에 내려 매기는 일, 또는 그 액수.

99) 『갑자진연의궤』 권2, 「감결질」, 1744년 10월 9일.

표 3. 갑자진연의 진상(進上) 식재료

진상품목	지역	할당갯수	총갯수	비고
백청(白淸)[101]	강원도	2말	2말(약36kg)	
꿀(淸蜜)	강원도	2섬	7섬 (약 1,008kg)	
	평안도	3섬		
	황해도	2섬		
생복(生卜)	경상도	200개	3,250개	이송 중 얼음에 담아 변미(變味)를 방지할 것[102]
	좌병영(左兵營)	400개		
	좌수영(左水營)	300개		
	통영(統營)	600개		
	전라병영(全羅兵營)	300개		
	좌수영(左水營)	300개		
	우수영(右水營)	300개		
	공홍수영(公洪水營)	550개		
	황해감영(黃海監營)	300개		
석류(石榴)	전라도	600개	900개	
	경상도	300개		
유자(柚子)	전라도	800개	1,200개	전라감영은 천신 이후 진상할 것[103]
	경상도	400개		
봉전복(鳳仝卜)	전라도	1첩	3첩(貼) (약300개)	
	병영(兵營)	1첩		
	통영(統營)	1첩		
대전복(大仝卜)	경상병영	6첩	37첩 (약3,700개)	
	좌병영	7첩		
	우수영	5첩		
	통영	10첩		
	전라병영	3첩		
	좌수영	3첩		
	우수영	3첩		

100) 성분이 많아 겨울에 결정된 꿀을 말한다.
101) 『갑자진연의궤』 권1, 「이문질」, 1744년 9월 13일.

보통 잔치의 상징적 음식은 떡·과일·유과류·적(炙 : 생선이나 고기 따위를 양념하여 대꼬챙이에 꿰어 불에 굽거나 지진 음식) 등이 동격으로 구성되고, 주인공의 잔치상은 고배상(高排床 : 望床 : 큰상)으로 차려진다. 특히, 떡은 각색병(各色餠)이라 하여 여러 가지 메떡과 찰떡을 고인 후에 웃기떡을 얹진 경우가 있고, 메떡인 각색경증병(各色粳甑餠)과 찰떡인 각색점증병(各色粘甑餠)으로 나눠 고이며 화전(花煎 : 꽃을 붙여 부친 부꾸미), 주악(찹쌀가루를 반죽해 소를 넣고 송편처럼 만들어 기름에 지진 고급 떡), 단자(團餈)[102] 등의 웃기떡을 따로 고여 3그릇에 담기도 했다. 떡의 고임높이는 연회 때마다 다르며 음식 중에서 가장 높이 고였고, 주가 되는 상차림에서 가장 많은 횟수를 보이는 높이는 1자5치(약 45cm)이며, 높게는 2자2치(약 66cm)를 고이기도 했다.[103] 왕을 주인공으로 한 잔치상의 경우에 고배상의 높이, 음식 쌓아 올리기, 화려한 장식 등은 왕의 권위와 의례적 상징성을 부각해준다. [그림 4]

갑자진연의 음식준비는 궁중의 조리 체제를 바탕으로 한 일종의 TF team이 맡았다. 즉, 기존 3개부서 중의 사옹원과 내자시(內資寺)[104], 예빈시, 내섬시, 사축서, 내주방(內酒房)[105], 공조(工曹)[106], 자문감(紫門監)[107] 등이 함께 상차림을 맡았고, 외부의 전문조리사인 숙수를 포

102) 찹쌀가루를 반죽해 삶아 으깬 뒤에 밤, 팥, 대추 등의 소를 넣고 둥글게 빚어 겉에 꿀을 발라 고물을 묻힌 떡.

103) 정길자 외 2012, 17.

104) 대궐에서 쓰는 각종 물자(쌀·국수·술·간장·기름·꿀·채소·과일 등)에 관한 일과 직조(織造), 내진연(內進宴)에 관한 일을 맡아보던 호조 소속의 관아. 내섬시와 함께 진상복어(進上服御) 전장(全掌), 내공(內供)의 어고(御庫)역할 담당.

105) 대비와 중전의 수라를 마련하고, 궐내의 술 빚는 곳. 향온(香醞: 왕이 마시는 술) 담당.

106) 조선시대 육조의 하나로 산택(山澤), 공장(工匠), 교통(交通), 건축(建築), 도야(陶冶) 등의 공업에 관한 일을 맡은 관청.

107) 공조(工曹)에 속하여 궁중의 영선(營繕)과 공작(工作)을 맡아보던 관아.

그림 4. 진찬상
(의궤를 바탕으로 재현한 황제진어 대탁찬안)
출처: 국립중앙박물관 "잔치풍경展" 도록, 121쪽

함한 500여명이 함께 일했다.[108] 갑자진연의 상차림 담당자의 소속 및 업무를 정리한 것이 [표 4]이다.[109]

특히, 의례적 함께먹기가 중심인 갑자진연은 "체면이 지극히 중대"한 일로 음식 준비에 만전을 기해야했기에 감독관을 배치해 엄격히 통제했다. 하지만 임시로 고용됐던 숙수들은 매일 요미(料米)와 요포(料布)를 받았음에도 불구하고,[110] 다량 내입된 귀한 진상품을 몰래 먹거나 빼돌리는 일이 잦았다. 이러한 '숙수배'에 대해 진연청은 직접 엄중히 처벌할 것임을 거듭 강조했다. 또한 "형편없고 정갈하지 못한 음식"으로 "사가(私家 : 개인집)의 잔치상 차림만도 못한" 요리수준을 지적하고, 진연상이 이럴 경우 담당 숙수와 그 감독 관원을 형조(刑

108) 가각색장(假各色匠)은 별도로 사환을 부렸다.(『갑자진연의궤』 권1, 「감결질」, 1744년 9월 8일).
109) 한국정신문화연구원 편 2007, 382-385 참조.
110) 미포상하식(米布上下式)으로 실제 사역한 기간 동안 매일 좁쌀이 섞인 쌀 3되 및 베 2자3치3푼씩을 지급했다.(『갑자진연의궤』 권1, 「이문질」, 1744년 10월 모일).

曹)로 넘겨 형벌로 다스릴 것임을 경고했다.[111] 이처럼 갑자진연의 음식준비는 엄격한 관리 및 통제 속에 준비됐던 것이다.

표 4. 갑자진연의 상차림 담당자의 소속 및 업무

부서	담당자	인원	담당업무
내자시	반감(飯監)	1	· 대전, 왕세자 찬안 · 외선상 235상 · 외선상용 예주(醴酒 : 감주) · 과상 및 찬안의 상화(床花) · 별행과상 및 미수상의 상화
	수본별감(手本別監)[112]	1	
	고직(庫直)	1	
	숙수(熟手)	25	
	화장(花匠)[113]	5	
	연죽장(鍊竹匠)[114]	2	
	조각장(彫刻匠)[115]	4	
	가각색장(假各色匠)[116]·사환	25×2	
	소계	89	
예빈시	수본고직(手本庫直)[117]	2	· 외선상의 미수 · 외선상 상화의 수파련 · 외선상 및 시위장사상 상화의 매화간화 · 지권화, 별조권화(別造勸花) 등
	숙수	25	
	화장	8	
	연죽장	5	
	다회장(多繪匠)[118]	2	
	가각색장*·사환	40×2	
	소계	122	

111) 『갑자진연의궤』 권2, 「품목질」, 1744년 9월 3일, 『갑자진연의궤』 권1, 「감결질」, 1744년 9월 20일.

112) 서류작성을 담당한 내시별감.

113) 조화(造花) 제작 장인(匠人).

114) 쇠를 단련하는 장인과 죽제품 제작 장인.

115) 기물을 조각하거나 글자를 간각(刊刻)하는 장인.

116) 임시고용 각색장.

117) 서류를 작성하고 창고를 지키며 감시하는 자.

118) 다회는 실로 짜는 끈을 말하며 다회장은 띠 치는 장인(匠人). 노리개·주머니 끈을 짜는 동(童)다회장과 허리띠를 짜는 광(廣)다회장이 있다.

<table>
<tr><th>부서</th><th>담당자</th><th>인원</th><th>담당업무</th></tr>
<tr><td rowspan="6">내섬시</td><td>반감</td><td>2</td><td rowspan="6">· 시위별선상 35상
· 지차상(之次床) 37상</td></tr>
<tr><td>수본고직</td><td>2</td></tr>
<tr><td>주색(酒色)</td><td>2</td></tr>
<tr><td>숙수</td><td>30</td></tr>
<tr><td>가각색장·사환</td><td>40×2</td></tr>
<tr><td>소계</td><td>116</td></tr>
<tr><td rowspan="5">사옹원</td><td>은기성상[119]</td><td>4</td><td rowspan="5">· 대전, 왕세자 미수·별행과</td></tr>
<tr><td>사기성상</td><td>8</td></tr>
<tr><td>파수비(波水婢)</td><td>6</td></tr>
<tr><td>가각색장·사환</td><td>50×2</td></tr>
<tr><td>소계</td><td>118</td></tr>
<tr><td rowspan="5">사축서</td><td>수본직</td><td>1</td><td rowspan="5">· 대전 소선
· 군병 등 호궤(犒饋 : 군사에게 음식을 주어 위로하는 것)</td></tr>
<tr><td>거모장(去毛匠)[120]</td><td>24</td></tr>
<tr><td>숙수</td><td>5</td></tr>
<tr><td>가각색장·사환</td><td>15×2</td></tr>
<tr><td>소계</td><td>60</td></tr>
<tr><td rowspan="3">내주방</td><td>주장(注匠)</td><td>3</td><td rowspan="3">· 대전, 왕세자 향온</td></tr>
<tr><td>-</td><td>-</td></tr>
<tr><td>소계</td><td>3</td></tr>
<tr><td rowspan="2">공조-자문감</td><td>-</td><td>-</td><td rowspan="2">· 대전, 왕세자 은화군(銀花裙 : 은꽃으로 만든 치마)
· 보계(補階 : 다수가 앉도록 만든 임시 덧마루) 배설(排設)</td></tr>
<tr><td>소계</td><td>1</td></tr>
<tr><td rowspan="2">액정서</td><td>사약(司鑰)[121]</td><td>1</td><td rowspan="2">· 보계 배설</td></tr>
<tr><td>소계</td><td>1</td></tr>
<tr><td>8개 부서</td><td>총계</td><td>510</td><td></td></tr>
</table>

119) 성상(城上)은 조선시대 각 관청이나 왕실의 귀중한 물품들을 맡아 간수하던 하인. 각 전(殿)의 은기성상(銀器城上)·수소성상(修掃城上)·부수라성상(副水剌城上)·고성상(庫城上)·별고성상(別庫城上)·외방성상(外房城上)·소방성상(小房城上)과 내시부성상(內侍府城上)·재추청성상(宰樞聽城上)·상서사성상(尙瑞司城上) 등이 있었다. 이들은 궐내출입증인 신부(信符)를 소지했다. 대전·왕비전·세자궁·빈궁의 은기성상은 사옹원 소속의 종9품 체아직이다.

120) 짐승의 털을 깎는 장인.

121) 장원서(掌苑署)와 함께 환관 전용 부서인 액정서 소속 정6품직. 궁문과 궐내의

한편, 갑자진연 잔치상의 구체적인 메뉴는 기록(『갑자진연의궤』 권3)의 부전(不傳)으로 확인할 수 없다.[122] 다만, 전하는 기록(『갑자진연의궤』 권1, 2)에는 왕의 찬안상(饌案床)[123]에 인삼정과(人蔘正果)[124], 조과[造菓 : 유밀과(油蜜菓)나 과자(菓子)], 꿀을 넣은 약과, 실과(實果 : 과일)·편어육(片魚肉)·생어육(生魚肉)·탕(湯)·적(炙)·면(緬), 삼색병(三色餠)[125] 등이 등장한다. 또한, 갑자진연의 주인공, 참석자, 진행자 등의 지위에 따라 차등 제공된 잔치상의 종류 및 개수, 그리고 각 상마다 제공된 미수(味數 : 술안주)에 관한 내용 등이 진연의궤에 전한다. 이러한 잔치음식은 엄격한 '맛의 검열'을 거쳐야했다. 예컨대, 진연청 당상(堂上)은 변질되지 않아 미리 만든 조과(造果)의 맛을 직접 확인했는데, 그는 제대로 맛이 나지 않는 조과를 만든 자에게 태벌(笞罰)을 가한 후, 모든 준비 음식이 정갈하지 못할 경우에 해당관원을 논죄하고 하급관리(下吏)와 담당조리사는 형조(刑曹)로 넘겨서 형벌로 다스려 용서하지 않을 것임을 경고했다.[126]

문단속과 자물쇠 관리를 담당.

122) 갑자진연의 상차림은 1710년(숙종 36) '숭정전진연'을 전례로 삼았으나(『갑자진연의궤』 권1, 「계사질」, 1744년 9월 5일, 9월 7일) 이 또한 전하지 않는다.

123) 1827년 『자경전찬진작정례의궤(慈慶殿饌進爵正禮儀軌)』에 찬안상이란 '발높은상[高足床]'으로 의자에 앉아서 상을 받을 수 있도록 제작한 것이다.(한국정신문화연구원 편 2007, 390-각주 241).

124) 특별히 감하라는 어명이 있었다.(『갑자진연의궤』 권1, 「계사질」, 1744년 9월 5일).

125) 찬안상에 올렸다. 재료는 찹쌀 1가마, 꿀 3말, 참기름 3말이다.(『갑자진연의궤』 권2, 「품목질」, 1744년 9월 14일).

126) 『갑자진연의궤』 권1, 「감결질」, 1744년 9월 20일.

3.2. 배치하기

갑자진연의 자리 배치는 의례적 함께먹기가 이뤄지는 공간의 배열과 소비방식을 위한 것으로, 주인공인 왕과의 관계성 및 관계(官階)를 반영한 예법을 준수하고 있다. 이러한 자리 배치는 의례적 절차를 위한 배위[拜位 : 의식(儀式)을 행할 때 규례에 따라 정한 절하는 자리]와 상차림을 위한 배설[排設 : 음식이나 기물(器物) 따위를 쭉 차려 베픎]로 구분된다. 이 글에서는 갑자진연-외연을 중심으로 살펴보도록 한다.

3.2.1. 배위(拜位)

갑자진연-외연의 배위는 당일을 기록한 [그림 5]에서 어느 정도 확인 가능하다. 우선 주인공 영조의 자리는 어디일까. 조선시대의 궁궐은 음양오행체계의 풍수관에 따라 북쪽이 '으뜸'을 뜻하며 최고 권력자의 자리를 상징한다. 왜냐하면, "왕은 반드시 북쪽에서 남쪽을 면하는 위치에서 다스려야"[127]하기 때문이다. 왕의 자리를 중심으로 권력서열에 따라 북>동>서>남의 자리 순서 및 위치가 결정[128]되므로, 정전(正殿)은 남향으로 지어지며 전정(殿庭)에 마련된 신하의 품계석(동쪽-문관, 서쪽-무관)은 정전을 바라보며 북향해 군신관계를 나타낸다. 경희궁의 정전(正殿)인 숭정전 역시 즉위나 연향을 위한 의례적·상징적 공간으로 이러한 풍수관을 반영하고 있다. 따라서 화면의 가장 위쪽 중앙이 왕의 자리[御座]이다. 화면에서는 궁중기록화의 관례

127) 『성종실록(成宗實錄)』 卷171, 1484년(성종 15) 10월 11일.
128) 『禮記』 「明堂位」 第14 : 公이 제후를 朝見했을 때 天子는 북쪽에서 남향하고 있음과, 북←동←서←남의 순서가 권력서열에서 座의 순서이며, 明堂에서의 제후의 위치는 제후의 尊卑를 분명히 해주는 것임을 나타내고 있다.(한국정신문화연구원 편 2007, 386에서 재인용).

(慣例)대로 왕을 직접 그리지 않고, 일월오악병(日月五岳屛)[129]과 오조용문석(五爪龍紋席)[130] 등이 그를 대신하고 있다.

그림 5. 숭정전갑자진연도병(부분)

아울러 갑자진연-외연의 참연자는 음양오행의 색채관을 반영해 그들의 위계를 드러낸다. 즉, 주인공인 왕의 복식과 기용(器用)의 상징색은 양색(陽色)인 적·자색인데 비해서, 참연제신·진작재신(進爵宰臣)·주

129) 하늘과 땅의 매개자로서 왕의 역할을 상징한다. 이는 『시경(詩經)』「천보(天保)」의 시(詩)에 따라 왕의 덕목을 강조한 것이다.(Yi Song-mi 1996/1997, 17-19). 어좌 주변에 그려진 구름[瑞雲]과 소나무는 왕의 권위와 왕실의 천년만대를 상징한다.(박정혜 2000, 109-151). 황제 뒤의 병풍은 그를 에워싼 '틀'이자 그 밖의 신민(臣民)들 사이의 위계관계를 확실히 한다.(Wu Hung 1996, 13).

130) 왕의 찬안상 아래에 용무늬의 양탄자[彩氈 : 채색 카페트]를 깔았다고 보는 견해(박정혜 2013, 42.)도 있으나, 『갑자진연의궤』에 이에 대한 기록이 없고 지의(地衣), 배석(拜席), 욕석(褥席)만 언급돼 있다. 오조용문석은 가장 고급한 제품으로 <철종어진(哲宗御眞)>(1861년)에도 등장한다.

탁관(酒卓官)·제집사관(諸執事官)은 흑단령(黑團領)[131]을 입었고,[132] 이들의 기용(器用) 역시 흑칠을 했다. 또한 진지서리·서원(書員) 등 행사보조자는 흑두건·흑단령·흑혜자를 착용했으며[133] 음식을 나르는 노자(奴子)와 음식을 만드는 숙수(熟手)는 청색 두건과 청색 옷을 입었다.[134] 음악을 담당한 공인(工人)은 양색인 홍색(紅色)과 간색(間色)인 녹색을 입었고,[135] 무동은 적·청·흑·녹색 옷을 착용했다.[136] 이처럼 갑자진연의 참연자는 음양오행의 오정색(五正色: 적·청·흑·백·황색) 중의 적·청·흑색과 오간색(五間色: 홍·벽·녹·유황·자색) 중의 홍·녹·자색이 반영된 신분 및 직급에 따라 차별적으로 적시된다.

이와 같은 갑자진연의 배위는 구례(舊例)인 1710년(숙종 36) '숭정전진연'에 따랐고,[137] 일종의 배치도인 반차도(班次圖)[138]를 참고해 실행했다.[139] 이것을 준거로 갑자진연 전날 액정서는 전내(殿內)에 어좌(북벽 중앙에 남향)와 보안(寶案)[140](어좌 앞 동쪽 가까이)을 먼저 설치하고, 편차(便次 : 무명으로 만든 천막 : 왕이 휴식을 취하는 곳)를 북계(北階) 위 북쪽 가까이 남쪽을 향해 설치한다. 또한 전설사(典設司)[141]에서는 어좌를 기준으로 왕세자 자리(동남쪽에 서향)를 설치한

131) 검은 빛깔의 깃을 둥글게 만든 공복(公服)이다. 당상관은 무늬가 있는 검은 사(紗)를 썼고 당하관은 무늬가 없는 검은 사를 사용했다.

132) 『갑자진연의궤』 권1, 「감결질」, 1744년 9월 28일, 『갑자진연의궤』 권1, 「내관질」, 1744년 9월 12일.

133) 『갑자진연의궤』 권1, 「감결질」, 1744년 9월 29일.

134) 한국정신문화연구원 편 2007, 390.

135) 『갑자진연의궤』 권2, 「품목질」, 1744년 9월 3일.

136) 『갑자진연의궤』 권1, 「감결질」, 1744년 9월 20일.

137) 『갑자진연의궤』 권1, 「계사질」, 1744년 9월 4일.

138) 음양오행의 풍수관에 따라 국가 의식에서 왕과 문무백관을 좌차(座次)별로 적어놓은 도식(圖式).

139) 『갑자진연의궤』 권1, 「계사질」, 1744년 9월 23일, 10월 3일.

140) 왕의 신분을 증명하는 도장인 보(寶)를 놓는 책상.

141) 식전에 쓰는 장막을 공급하는 일을 맡아보던 관청.

후, 음양오행의 풍수관에 따라 확정된 참연자 238명의 자리를 차등 배치한다.[142] 즉, 2품 이상 종신(宗臣)[143]과 도정(都正)[144] 이상 의빈(儀賓)의 자리는 왕세자의 뒷자리 조금 남쪽에(북에서 남으로), 문·음·무관(文陰武官) 2품 이상은 어좌의 서남쪽에 겹줄(북이 위가 되게)로 설치했다. 승지(承旨) 자리는 전내(殿內) 서남쪽 모퉁이에 북향으로(동이 위가 되게) 하고, 사관(史官)은 그 뒤에 앉도록 한다. 당상(堂上)3품인 종친(宗親)은 전외(殿外 : 숭정전 전각의 밖) 위의 동쪽에, 문·무관 당상 3품은 전외 위 서쪽에 마주하도록 한다. 이어서 시신(侍臣 : 임금을 가까이서 모시는 신하) 당하(堂下)3품 이하는 전정(殿庭)의 동과 서에 자리하도록 했고, '불승전자(不陞殿者)'는 전정의 남쪽의 동·서에 매등(每等)·매위(每位)가 겹줄로 서로 향하게(북쪽 앞줄이 상석) 하고, '응종지자[應從之者 : 보덕(종3품 이하)]'는 보계 남쪽의 양쪽에 별도로 자리하도록 한다.

또한, 갑자진연의 전날 장악원(掌樂院)[145]은 협률랑의 휘(麾)를 드는 자리[擧麾位]를 서쪽 계단[西階] 위 서쪽 가까이에 동쪽을 향해 진설하며, 전정악(殿庭樂)[146]을 악현(樂懸 : 악기를 배열해 놓는 법식)에 따라 북향하도록 설치한다.[147] [그림 6]을 살펴보면, 전정악의 악기배치가 주로 아악기(雅樂器)로 돼있음을 알 수 있다. 즉, 협률랑이 서있는

---

142) 『갑자진연의궤』 권1, 「계사질」, 1744년 10월 6일.

143) 나라에 큰 공을 세운 신하 또는 왕족으로서 벼슬자리에 있는 사람.

144) 종친부(宗親府)·돈녕부(敦寧府)·훈련원의 정3품 당상관 관직.

145) 궁중의 각종 제사·의례·행사의 음악연주와 음악교육, 악공·악생의 관리 및 무용에 관한 모든 일을 담당한 관청.

146) 악기의 구성은 음양의 원리에 따라 계단 위에 설치되는 등가(登歌)와 뜰에 설치되는 헌가(軒架)로 편성되는데, 숙종과 영조 연간의 『기해(己亥)진연의궤』(1719년)나 『갑자진연의궤』(1744년) 등을 보면, 이 시기에는 악대를 등가와 헌가로 구분하지 않고, 전상악(殿上樂)·전후악(殿後樂)·전정악(殿庭樂)으로 분류했다.(박정혜 2000, 164).

147) 『증보문헌비고(增補文獻備考)』 卷97, 「樂考」, 八樂懸條.

그림 6. 갑자진연-외연 : 전정악의 악현

전정의 서쪽에 삭고(朔鼓)[148], 그 오른쪽에 응고(應鼓)[149]가 있고, 이들의 뒤 중앙에 건고(建鼓)[150]가 있으며, 그 오른쪽에 집박전악이 서있다. 그 뒷줄 좌우에는 각각 편종(編鐘)[151]과 편경(編磬)[152]이 있고, 그 뒤에 어(敔)[153]와 축(柷)[154]이 있으며 이들 뒤에 악공 10명이 각자 악기를 연주하며 서있는 모습이 그려져 있다. 한편 왕과 신하가 합음하는 의례인 9작례(九爵禮)를 위한 배위인 진작위(進爵位)는 전내[155] 중앙에 왕을 향해 북향해 있다.[156]

이와 같이, 갑자진연의 배위는 음양오행의 방위관에 따른 계급적·

---

148) 전정헌가(殿庭軒架)에서 응고(應鼓)와 짝을 이루는 북의 일종.

149) 전정헌가에서 삭고(朔鼓)와 짝을 이루는 타악기.

150) 궁중 연례악(宴禮樂) 등에 사용되는 북으로, 북 중에서 가장 크고 화려하다.

151) 편경(編磬)과 짝을 이루는 타악기.

152) 돌로 만든 타악기로 편종(編鐘)과 함께 아악(雅樂)·당악(唐樂)에 쓰임.

153) 음악의 끝을 알리는 악기.

154) 음악의 시작을 알리는 악기.

155) 숭정전의 정면 5칸과 측면 4칸의 합문을 모두 열어 놓았다.

156) 행례(行禮)에 쓸 차장(遮帳)·지배(地排) 등은 진연 하루 전에 설치됐으며(『갑자진연의궤』 권2, 「품목질」, 1744년 9월 16일), 우천을 대비해 우구(雨具)와 기름먹인 차일, 유둔(油芚 : 비 올 때 쓰기 위해 이어 붙인 두꺼운 기름종이)을 준비했다.(『갑자진연의궤』 권1, 「감결질」, 1744년 9월 29일).

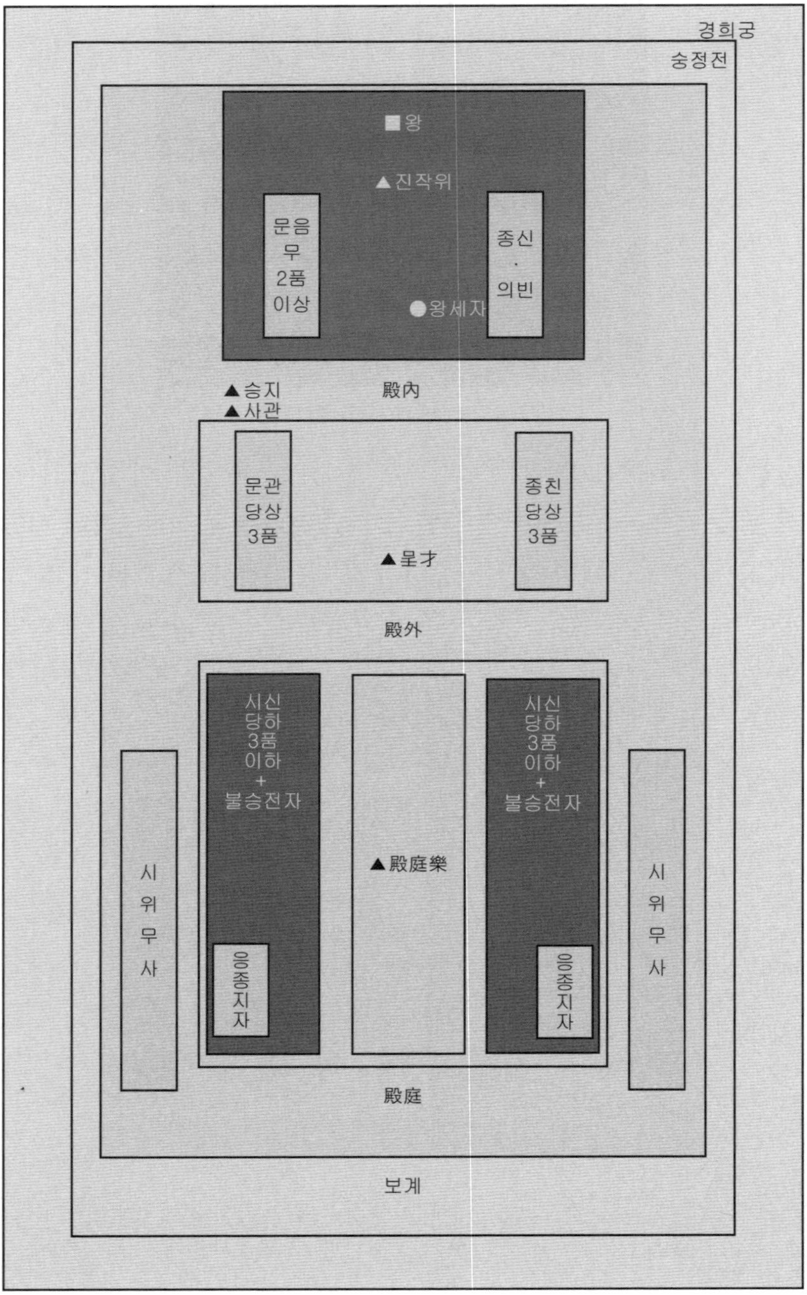

그림 7. 갑자진연-외연 : 배위(▲=북향)

공간적 서열화의 공식을 따른다. 즉, 갑자진연-외연의 '함께먹는 집단(commensal constellations)'[157]은 왕과 지근(至近) 할 수 있는 '승전자(陞殿者)'와 왕이 자리한 전각에 오를 수 없는 '불승전자(不陞殿者)'로 구분된 선별과 배제를 나타낸다. 또한, '승전자'는 동쪽에 왕실(왕세자·종신·의빈 등)이, 이와 마주한 서쪽에 고위직 신하들이 자리[158]하듯, '불승전자'끼리도 동쪽에 보다 높은 관계(官階)의 문관들이 자리하고, 동쪽의 앞줄 가장 위쪽이 상석이 된다.[그림 7]

3.2.2. 배설(排設)

갑자진연의 배설은 1710년(숙종 36) 진연의 예(例)를 근거로 한 응행절목(應行節目 : 일종의 check list)에 따라 마련됐다.[159] 그 주요 내용은 배상(排床) 담당처, 주미(酒味) 담당처, 대·소선 반찬 납품처, 장식·하사용 사화(絲花)·지화(紙花) 등의 납품처, 정재(呈才) 연습, 횃불과 촛불의 납품처(당시 일몰시간은 오후 5시반경), 의장(儀仗) 등의 차출, 참석자의 복색 지정, 9작례 행주(行酒 : 行杯 : 잔치자리에서 잔에 술을 부어 돌리는 것)를 위한 진작재신(進爵宰臣) 낙점, 진지서리 낙점 및 복색 지정, 전정악 연습, 주탁차비관 차출 등이다. 이처럼 갑자진연의 배설은 9작례의 행주 및 배상(排床)이 중심이었다.

---

157) '함께먹는 집단'의 초대자는 상석에 자리한 초청자와의 관계성에 따라 식탁에 차별적으로 배치된다.(D. M. Master (ed) 2013, 397).

158) 동쪽과 서쪽에서 서로 마주 보는 것은 손님과 주인관계를 뜻한다. 사객연의 경우, 나라와 나라 사이의 예이므로, 중국 사신을 상국(上國)의 손님으로 예우해 상석인 동쪽에 있게 하고 임금은 서쪽에 자리를 두어 서로 읍하며 술과 음식을 권했다.(국립고궁박물관 엮음 2013, 27).

159) 『갑자진연의궤』 권1, 「내관질」, 1744년 9월 12일. 이밖에 갑자진연에 필요한 찬안상(饌案床)·별행과상 덮개보[簞袱] 등과 상건(床巾 : 상을 덮는 비단보와 둘레로 늘어뜨리는 상보) 등과, 목과기(木果器)·산저(散著 : 젓가락) 등의 물품은 각각 『갑자진연의궤』 권2, 「이방의궤」, 1744년 10월 7일과 『갑자진연의궤』 권2, 「품목질」, 1744년 9월 14일을 참조했다.

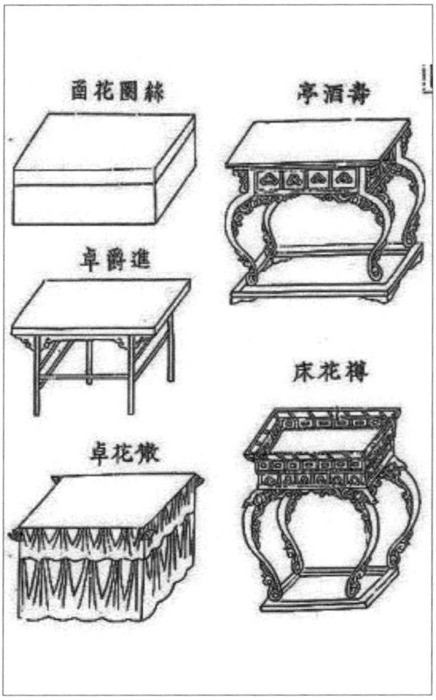

그림 8. 9작례용 주탁류(酒卓類)-『원행을묘정리의궤』 기용도(器用圖), 1795년(정조 19)

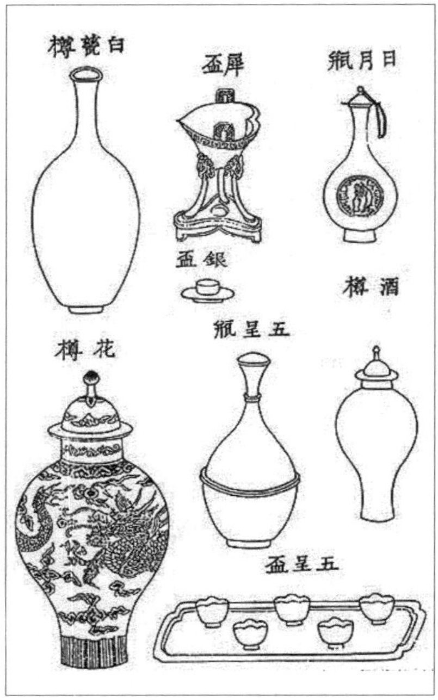

그림 9. 9작례용 주기류(酒器類)-『원행을묘정리의궤』 기용도(器用圖), 1795년(정조 19)

사옹원에서는 갑자진연-외연의 전날 9작례 행주를 위한 여러 의기(儀器)를 배설한다. 우선 사옹원 제조는 왕을 위한 수주정(壽酒亭)[160]을 전내(殿內)의 남쪽 가까이에 북향하도록 놓고, 그 위에 작(爵 : 술잔)을 점(坫 : 받침접시)에 얹어 놓는다. 사옹원 부제조는 왕세자의 주탁(酒卓 : 술상)을 전외(殿外) 동쪽 가까이에 둔다. 사옹원의 관원은 반수(班首)의 주탁을 전외 서쪽 가까이에, '승전자'의 주탁을 전외 동·서의 북쪽 가까이에, 전정(殿庭)의 '불승전자'의 주탁을 전정(殿庭)의 매 품(品)의 앞에 설치한다.[161] [그림 8]

160) 술그릇을 올려놓는 탁자로 4개의 다리가 있고 바닥에 주칠대(朱漆臺)가 있다.
161) 국립고궁박물관 엮음 2013, 285.

갑자진연에 쓰이는 술의 제조처·종류·기용은 지위·성별에 따라 달랐다. 즉, 3전(대왕대비전·대전·중궁전)·3궁(세자궁·빈궁·현비궁)의 주준(酒樽 : 술병)은 사옹원의 것을 쓰고, 향제(香醍 : 香醞)[162]는 내주방에서 담고, 은병(銀甁)과 잔은 내상(內上 : 尙方院)[163]의 것을 썼다. 참여 제신을 위한 외선상(外宣床)의 주준은 사옹원에서 납품하고, 소주는 내자시에서 만들며 잔은 상방(尙方 : 尙衣院)[164]·수라간(水剌間)[165]의 오정잔(五呈盞 : 五呈盃)[166]을 사용했다. [그림 9] 이와 달리, 내연(內宴)에 참여한 명부(命婦)[167]의 술은 내자시에서 올린 향요(香醪)[168]로, 제조처와 종류에 있어 남녀의 차이를 보였다.[169]

갑자진연-외연용으로 준비된 술의 배설은 사옹원이 주관하며 각

---

162) 사온서(司醞署 : 궁중에서 쓸 술과 감주의 공급을 맡아보는 관아)에서 양조(釀造)한 임금의 어용주(御用酒). 향온주(香醞酒)를 줄인 말이다. '향(香)'은 형용사로서 향기가 난다는 뜻이고, '온(醞)'은 사온서에서 양조한 어용주라는 의미를 나타낸다. 이를 하사함을 선온(宣醞)이라고 한다. 대개 찹쌀과 멥쌀을 쪄 내어 끓는 물에 넣고 그 밥이 물에 잠긴 뒤에 펴서 식히고 녹두와 보리를 섞어서 디딘 누룩을 넣어 담그는데 일명 내국법온(內局法醞)이라고도 한다.

163) 왕실과 각 전궁(殿宮)의 의상(衣裳) 등을 맡아보던 곳이다.

164) 국왕과 왕비의 의복을 만들어 바치고 내부의 보화·금보 등을 맡아보던 관아.

165) 궁중에서 임금의 수라(진지)를 짓는 주방(廚房). '수라(水剌)'는 원래 몽고어로 탕미(湯味)를 뜻한다.

166) 5개가 갖춰져서 1벌을 이루는 놋쇠로 만든 술잔 세트이다. 궁중잔치에서 내외빈 주탁에 설치해 여기에다 술을 가득 부어 내외빈에게 돌렸다고 한다.

167) 국가로부터 작위를 받은 여인들의 통칭이다.

168) 단맛이 많고 풍부한 향기를 뿜어내는 방향주로 '향기로운 막걸리' 또는 '향기로운 술'이란 뜻이다. 향료방의 특징은 밑술의 쌀을 3일간 침지하여 떡을 찌고, 이를 다시 끓는 물로 죽을 쑨 다음 밀가루와 누룩가루를 사용한다는 것인데, 더욱 특징적인 것은 덧술의 쌀 역시도 3일간이나 침지시켜 부식된 쌀을 고두밥 짓고, 다시 끓여 식힌 물과 누룩을 섞어 술밑을 빚는다는 것이다. 이러한 예는 『수운잡방』의 향료방이 처음인 것으로 생각되는데, 덧술용 쌀을 3일간 침지시켜 사용한 예는 감향주 등을 비롯해 몇 가지가 되지 않는다.

169) 『갑자진연의궤』 권2, 「품목질」, 1744년 9월 17일, 『갑자진연의궤』 권1, 「내관질」, 1744년 9월 12일.

사에서 봉해 올린 술항아리에 담아 놓는다. 즉, 사옹원 제조가 임금의 주정(酒亭)에 향온을 담고, 주탁차비관 6명은 동·서반의 주정에 소주를 담아 각각 위치에 놓는다. 이후 주정의 술을 참여제신의 오정잔에 따를 때 비로소 은병에 담는다.[170)]

한편, 배상(排床)을 위한 삼사숙설(三司熟設)[171)] 장소는 숭정전 근처의 내탕고(內帑庫 : 왕실창고 : 숭정전의 왼쪽으로 추정됨, 현재 미복원)[172)] 근처로 하고, 배설청(排設廳) 역시 숭정전의 전정(殿庭)에서 해야 하므로 금군청(禁軍廳)[173)] 및 충의청(忠義廳)[숭정전 동월랑(東月廊) 근처로 추정됨]을 잠시 다른 데로 옮기고, 그 자리에 배치된다.[174)] 찬품숙설소(饌品熟設所)에서 만든 찬선(饌膳)을 배설청에 옮겨두면, 각 사의 노자(奴子)가 연회장에 들여 놓는다. 대전 왕세자의 배상은

170) 한국정신문화연구원 편 2007, 395.

171) 숙설은 제사나 잔치의 음식을 마련하는 일로 궁중에서 큰 잔치 음식을 준비하기 위하여 임시로 설치하는 주방이다. 궁중에서 음식을 만드는 곳으로는 내전이나 내전에 속한 안소주방과 잔치음식을 만드는 밖소주방이 있으나, 이는 적은 양의 음식을 만드는 시설이므로 진연과 같은 큰 잔치 때에는 가가(假家)를 지어서 쓰는 것이 상례였다. 나라의 잔치 때에는 숙설청(熟設廳 : 熟設所 : 나라의 잔치 때에 음식을 만들던 곳)에서 잔치의 모든 차비를 했는데, 진연의 경우 진연도감이 일시적으로 설치되고 숙설소를 세웠다. 숙설소에는 감관이 파견되고 숙수(남자들이 임명됨)가 음식을 담당했다.

172) 원래 찬품숙설은 전설사와 빈청문(賓廳門)안팎과 사복시에서 담당했으나 (『갑자진연의궤』 권1, 「계사질」, 1744년 9월 8일), 숭정전 문밖에 모든 부서는 모두 다 협소하고 서로 거리가 멀어서 합당한 곳이 없기에 부득이 내탕고 근처에 분배했다.(『갑자진연의궤』 권1, 「계사질」, 1744년 9월 12일).

173) 궁궐의 숙위(宿衛)와 왕가(王駕)의 호종(扈從)을 맡은 군영.

174) 『갑자진연의궤』 권1, 「계사질」, 1744년 10월 2일.

내자시에서, 별행과(別行果)[175] 미수(味數)는 사옹원에서 하면,[176] 외연(外宴) 당일 이들을 위계별로 시중(serving)하게 된다. 즉, 왕의 진지는 사옹원 제조(종1~2품)가, 왕세자의 진지는 사옹원 부제조(정3품 당상)가 한다. 또한, 참연제신은 진지녹사(종6품 : 상급서리) [177]와 진지서리(종7~8품 : 하급서리)[178]가 거행하고, 승정원·춘방(春坊 : 世子侍講院)·시위(侍衛 : 임금을 곁에서 모시고 호위하는 사람)·제사(諸司 : 여러 관리)·제집사(諸執事 : 의식에서 주관자를 도와 의식을 진행시킨 관원)·주탁관(酒卓官)·'불승전자'는 각자 그 사(司 : 관아)의 서리(書吏)·서원(書員 : 아전의 하나로 서리보다 격이 낮음)이 임시로 한다.[179]

결국, 갑자진연에 소요된 술과 배상(排床)은 그 제조처·종류·기용(器用)·배설자(排設者)·시중 등이, 받는 자의 지위와 성별에 따라 차별화됐기에, 갑자진연-외연은 '남자들만의 위계적 함께먹기'라 할 수 있다.

---

175) 차와 함께 올린 과반(果盤 : 進茶行果 : 茶禮果盤)과 술안주인 미수(味數)와 함께 올렸던 중원반(中圓盤 : 四方盤兒 : 味數行果)과 소반이 합해져 18세기에 별행과로 축소됐다.(한국정신문화연구원 편 2007, 375-377).

176) 『갑자진연의궤』 권1, 「내관질」, 1744년 9월 12일.

177) 진지녹사는 90인으로 사역원·관상감·전의감·산청·혜민서에서 차출했다.(국정신문화연구원 편 2007, 396).

178) 수가 많아 복잡한 폐단을 방지하기 위해 60인으로 한정했고, 병조(35인)·호조(5인)·공조(5인)·예조(5인)·형조(5인)·한성부(5인)에서 차출했다. 반드시 젊고 영리하며 복장이 깨끗한 것이 선발기준이었다.(『갑자진연의궤』 권2, 「품목질」, 1744년 9월 27일).

179) 원래는 진지녹사가 정2품이상을, 진지서리가 종2품 이하를 담당하는 것이었으나(『갑자진연의궤』 권1, 「내관질」, 1744년 9월 12일), 전정(殿庭)의 협소로 배상(排床)을 위한 왕래가 곤란한 이유 때문에, 진지서리를 분배해 파견하게 된 것이다.(『갑자진연의궤』 권1, 「감결질」, 1744년 9월 29일).

4. 갑자진연-외연(外宴)의 함께먹기

4.1. 시작하기

갑자진연-외연은 주인공인 영조의 등장으로부터 시작한다. 참연제신·진작재신·주탁관·제집사관은 물론 진지서리·서원 등의 참석자 및 진행자들은 당일 통금해제[罷漏 : 새벽 5시경] 직후 숭정전 근처에서 대기하며 왕을 기다린다.[180] 이중에서 고위직 관리들만 따로 숭정문(崇政門 : 숭정전의 대문) 밖의 임시 대기소[그림 10]에 머문다. 마침내 오전 8시경 초엄(初嚴)[181]이 울리고, 노부의장(鹵簿儀仗)[182]과 군사들이 자정전[資政殿 : 임금의 편전(便殿), 숭정전 뒤에 위치]의 전계(殿階) 및 전정(殿庭)에 동서로 자리를 잡는다. 사복시정(司僕寺正 : 정3품)이 전정 중도(中道)의 좌우에 여(轝)[183]와 장마(仗馬)[184]를 진배(進排)한다.

이엄(二嚴)이 울리면, 왕세자와 참석자들 모두 숭정문밖으로 나가 자리한다. 중엄(中嚴)[185]에 기복(器服 : 戎服 : 무관이나 병사들이 입는 군복) 입은 호위 관원과 사금(司禁)[186]은 자정전의 합문(閤門 : 편전의

---

180) 『갑자진연의궤』 권1, 「감결질」, 1744년 9월 18일, 9월 28일, 9월 29일.

181) 나라의 큰 의식이나 행사에 임금이 거둥할 때, 궁중에서 이에 참여하는 여러 관원에게 준비를 서두르도록 알린 첫 번째 북소리.

182) 국왕이 가마를 타고 거동할 때 갖추는 일정한 의식.

183) 왕이 거둥할 때 타고 다니는 가마로, 사람의 어깨에 메고 다니는 것. 연(輦)은 밑에 수레를 달아 말이 끌게 돼있는 것이다.

184) 임금이 정전(正殿)에서 행하는 각종 국가 행사에 참여하거나 교외로 거둥할 때, 의장을 화려하고 위엄 있게 보이기 위해 늘어세우는 의장용 말. 안장을 하고 장식을 달았다.

185) 나라의 큰 의식이나 행사를 위해 임금이 거둥할 때, 임금의 신변 보호를 위한 경비태세를 갖추는 것. 이엄(二嚴) 후에 한다.

186) 임금의 어가(御駕)를 수종하면서 일반 잡인의 범접을 막던 군사.

그림 10. 갑자진연-외연 : 숭정문 밖 임시대기소

앞문, 資政門)에 대기한다. 임금이 익선관(翼善冠)·곤룡포(袞龍袍)를 갖추고 자정전에서 납시면, 근시(近侍)와 집사관(執事官)이 자정전 안에 들어와 사배(四拜)하고 나가고, 전악(典樂)이 공인(工人)을 거느리고 들어와서 자리에 나아간다.

삼엄(三嚴)이 울리면, 숭정문의 동편문(東偏門 : 정문의 오른쪽에 딸린 옆문)을 거쳐 집사관-종친-문무3품 이하-마땅히 참석해야하는 관원-왕세자 순으로 [그림 7]처럼 숭정전에 마련된 각자의 자리에 선다. 북소리가 그치면, 숭정전의 내·외문(內·外門)을 닫는다.

이렇듯 갑자진연-외연은 4중으로 폐쇄된 은밀한 공간 즉, 궁궐(경희궁), 전각[숭정전·좌우의 월랑(月廊)·숭정문], 시위무사, 그리고 영조가 임어한 숭정전 전내의 앞부터 보계(補階)[187]의 중간쯤까지 쳐진 차일(遮日) 속에서 거행된 것이다. 참석자들이 자리한 보계의 높이는 약 1.2M이며 면적은 약 20㎢으로 숭정전 전체 면적의 약 반을 차지한다.[188] 숙종대 <갑자진연도>에 처음 등장한 대규모의 가설무대인 보

187) 보판(補板)을 깔아 정전(正殿)의 대청을 이중계(二重階)가 있는 월대(月臺)까지 같은 높이로 연장시킴으로써 많은 사람이 앉을 수 있도록 만든 임시적인 덧마루이다. 원래 3품 이상의 자리다.(박정혜, 2000, 162).

188) 영조척 1자=30.99cm이며 실제 복원설계시에는 31cm로 했다.(명지대학교부설 한국건축문화연구소 1990, 35-45).

계는, 약 3.6M 높이의 숭정전과 전정(殿庭) 바닥의 차이를 줄이도록 상하월대(上下月臺) 전면에 설치한 것으로, 왕이 상석(head)인 하나의 거대한 '식탁(Table)'을 이룬다.

이윽고 고취(鼓吹 : 행사음악)가 울리는 가운데 좌·우통례(左·右通禮)의 인도로 임금이 자정전에서 여(轝)를 타고 나오면, 의장이 움직이고 <여민락만(與民樂慢)>이 연주된다. 임금이 여에서 내려 어좌에 오르니 향이 피어오르고[왕 앞의 양쪽에 향꽂이[香串]가 달린 향좌아(香座兒)가 있음], 위관(衛官 : 호위 관원, 승지, 사관, 사금)들이 입시(入侍)한다. 상서원관이 보(寶)를 받들어 책상[寶案 : 왕의 오른쪽에 위치]에 올려놓는다.

다음은 왕세자와 2품 이상 종친·문관·무관이 왕에게 절하는 절차이다. 전의(典儀)가, "사배(四拜)하라."하고, 찬의(贊儀)가 "국궁(鞠弓)·사배(四拜)·흥(興)·평신(平身)하라." 창(唱)을 하면, 왕세자 이하 모두 사배한다. 이때, 사옹원 제조가 주기(酒器)를 바치니 <여민락령(與民樂令)>(이하 동일)이 시작되고, 바치고 나면 음악이 그친다. 왕세자 이하 모두 꿇어 앉고, 사옹원 제조가 휘건함(揮巾函)[189]을 받드니 음악이 시작되고, 그가 어좌 앞에 나아가 꿇어앉고 내시(內侍 : 임금을 모시고 잔을 직접 올림)가 이것을 꿇어앉아 바치면 음악이 그친다.[190] 이어 염

189) 임금이 식사 때 두르는 수건을 넣은 함.

190) 이어 사옹원 제조가 찬안(饌案)을 바치니 음악이 시작되고, 별행과(別行果)를 바치면 음악이 그친다. 예방승지(禮房承旨)가 화반(花盤)을 받들고 어좌 앞에 나아가 꿇어앉자 음악이 시작되고, 내시가 꽃을 받아 익선관 오른쪽에 꽂으면 음악이 그친다. 국립고궁박물관 엮음 2013, 288-293. 대전과상(大殿果床) 1좌는 전교(傳敎)로 감했고, 찬안상 1좌는 내자시에서 찬물을 담당했다. 별행과상은 1좌였고, 미수(味數 : 술안주)는 7미에 매미마다 7기(器 : 반찬)를 사옹원에서 준비했다.

수(鹽水)[191]와 소선(小膳)을 올려야하나, 왕의 전교로 감했기에[192] 대신 '공안(空案)'[193]을 올린다. [그림 5]에서 공안은 전내 왼쪽에 남향으로 놓여있으며 그 뒤에는 왕을 표상하는 일월오악병이 서있다.

영조가 어좌에 자리를 잡은 후, 집사전악은 선창(先唱 : 연향의 목적과 의미를 노래로 알림)으로 외연의 시작을 장내에 알린다. 이어 술을 올리는 의식인 9작례가 진행된다. 9작례는 1710년(숙종 36년 '숭정전진연')의 예에 따라 9작·7미수·8정재[194]·17악[195]으로 설행되는데, 제1작과 제2작은 주빈인 왕에게만 올리는 절차로 각각 세자(사도세자)와 반수(班首)인 영의정(김재로 : 노론의 영수 : 기로신)으로 정해져 있다. 제3작부터 제9작까지의 진작재신(進爵宰臣)은 승정원(承政院)[196]에서 낙점했는데[197] 그 명단은 다음과 같다. 제3작 행판중추부사(行判中樞府事) 김흥경(金興慶, 1677~1750)[198], 제4작 서평군(西平君) 요

191) 『春官志』 2, 「宴享」 : 소금물에 거위를 삶은 탕이다.

192) 『갑자진연의궤』 권2, 「이방의궤」, 1744년 10월 7일.

193) 공안이 왕과 왕세자를 위한 대·소선을 올리기 위한 것으로, 소선을 올리기 바로 전 단계에 설치된다고 보는 견해도 있으나(박정혜 2013, 44), 갑자진연은 대·소선을 감했고, 진연도병의 장면이 제9작이라고 본다면, 대선을 대신한 것으로 볼 수 있다. 공안은 18세기 외연에만 등장하는데, 임난 이후 숙종이 1706년(숙종 32) 100년만에 부활시킨 창덕궁 인정전 진연에서는 찬안의 오른쪽에 공안을 놓았다.

194) 정재(呈才 : 궁중무용)는 원래 대궐 잔치 때 행했던 모든 재예(才藝)를 말한다. 그 어원은 '헌기(獻技)' 즉 춤 뿐 아니라 '모든 재예를 드린다'는 것을 뜻한다.(국립고궁박물관 엮음 2013, 314).

195) 속악(俗樂)의 악절(樂節 : 악곡의 일정한 길이의 일부분)이 연주됐다. 풍악의 종류에 대해서는 『갑자진연의궤』 권1, 「계사질」, 1744년 9월 12일 참조.

196) 임금의 명령을 전달하고 임금께 아뢰는 일을 맡던 관아.

197) 『갑자진연의궤』 권1, 「계사질」, 1744년 9월 12일.

198) 숙종때 급제했고 경종때 신임사화(1721~1722)에 관련돼 파직됐다가 1724년 영조의 즉위로 도승지가 됐다. 1727년 정미환국(정쟁의 폐단을 없애기 위해 당색이 온건한 인물로 인사를 개편한 정국)으로 쫓겨났다가 이듬해 우참찬으로 복직되었으나, 영조의 탕평책(蕩平策)에 반대하여 다시 파직됐다. 1730년에 복직해 이조판서를 거쳐 우의정·영의정에 이르러 기로소에 입소했다. <숭

(橈, ?~?)[199], 제5작 금평위(錦平尉) 박필성(朴弼成, 1652~1747)[200], 제6작 월성위(月城尉) 김한신(金漢藎, 1720~1758)[201], 제7작 금성위(錦城尉) 박명원(朴明源, 1725~1790)[202], 제8작 호조판서(戶曹判書) 김약로(金若魯, 1694~1753)[203], 제9작 영성위(永城尉) 신광수(申光綏, ?~?)[204]로, 참여제신을 대표하는 영의정과 호조판서 외에는 모두 종신(宗臣)과 도정(都正) 이상 의빈(儀賓)이다.

4.2. 9작례

외연의 9작례는 제1·2작의 헌수주(獻壽酒)로 봉상(奉上)함을 보이고, 7번의 행주(行酒 : 술을 돌림)로 신하들에게 접대하여 합음(合飮)을 통한 자혜의 뜻을 드러내는데, 이것이 곧 연향의 본뜻이다. 정재 공연도 연향의 주인공을 위한 것이 아니라, 참석자들과 함께하고자 하는 합음을 더욱 의미 있게 하려는데 그 뜻이 있다.[205]

정전갑자진연도병> 좌목에 등장하는 인물이다.

199) 왕족출신으로 거문고의 명수였다. 영조의 신임이 두터워 수시로 자문에 응했으며 영조가 추진하는 탕평책에 크게 기여한 인물로 알려져 있다.

200) 1662년(현종 3) 효종의 딸 숙녕옹주(淑寧翁主)와 결혼했다. 영조는 그의 장수(長壽)를 치하해 1738년에 시(詩)를 내리고, 1741년 오언시와 궤장(几杖)을 내렸다. 1746년 그를 우대해 영릉도위(寧陵都尉)에 봉했다. 1747년 7월, 96세의 나이로 죽자 영조는 그의 효행을 치하해 정문(旌門)을 세웠다.

201) 아버지는 영의정 김흥경이며 1732년 영조의 2녀 화순옹주(和順翁主)에게 장가들었다. 오위도총부도총관·제용감제조를 지냈다.

202) 아버지는 예조참판 박사정(朴師正)이며 1738년 영조의 3녀 화평옹주(和平翁主)에게 장가들었다. 영조의 2남 12녀 중에서 가장 깊은 사랑을 받은 옹주의 남편으로 함께 사랑받았으며 유록대부(綏祿大夫)를 지냈다.

203) 1727년(영조 3) 급제했고, 1744년 공조·호조·병조의 판서에. 1749년 우의정과 좌의정을 지냈다. <숭정전갑자진연도병> 좌목에 등장한다.

204) 영의정을 지낸 신만(申晩)의 아들로 1743년 영조의 8녀이나 미움을 받았던 화협옹주(和協翁主)와 결혼했다.

205) 국립고궁박물관 엮음 2013, 301.

먼저 왕세자가 제1작을 헌작(獻爵)하며 9작례가 시작한다. 이때 사옹원 제조는 왕의 수주정에 담긴 향제(香醍)를 작에 따라 왕세자에게 올리고, 왕세자는 이것을 받아 다시 사옹원 제조에게 줘 왕에게 올리도록 한다. 대치사관(代致詞官)[206]은 어좌 앞에 나아가 꿇어앉아 왕세자가 올리는 송덕(頌德)의 글[致詞 : "왕세자 모(某)는 삼가 천천세(千千歲)의 수(壽)를 올립니다."]을 읽고 나면, 왕이 술을 드실 때 <여민락만>이 연주되고, 사옹원 제조가 작(爵)을 점(坫)에 놓으면 음악이 그친다. 사옹원 제조는 왕에게 만두를 올린다.

제2작은 반수(班首)인 영의정 김재로의 헌작이다. 그가 잔을 바치면 대치사(代致詞)하고, 승지가 어좌 앞에 나아가 꿇어앉아 전명(傳命)을 아뢴 뒤에 전계(殿階) 쪽으로 서향해 선교[宣敎 : "공경히 경(卿)들의 잔[觴]을 들겠다."]한다. <여민락만>이 연주되는 가운데 왕이 술을 마시고 난 잔을 점(坫)에 도로 놓으면 음악이 그친다. 왕세자 이하가 삼고두(三叩頭 : 의식에서 세 차례에 걸쳐 머리가 땅에 닿도록 절함)하고 공수(拱手)해 이마에 대고 3번 산호(山呼 : 만세소리로 환호함)하기를, "천세(千歲), 천세, 천천세(千千歲)!"하면, 악공(樂工)·군교(軍校)가 큰소리로 호응한다. 왕세자 이하가 사배한 뒤에 왕세자가 어좌 동편으로 올라가 서향해 앉고, 승지·사관이 물러가 전외(殿外)에 북향해 앉고, 종친·문관·무관이 각각 동서의 반차(班次)에 나아간다. 사옹원 제조가 초미(初味)로 탕(湯)[207]을 바치면 <천년만세>가 연주된다.[208] 왕세자 이하가 자리를 떠나 부복(俯伏)하는데, 탕과 잔을 바

206) 영의정이 임금에게 올리는 치사(致詞)를 대신 읽던 임시벼슬.

207) 탕은 조선왕조 궁중음식 중에서 가장 진중하게 여겨진 음식이다. 전반적으로 수조어육류와 각종 야채류가 한 종류의 탕 속에 골고루 들어가는 것이 특징적이다. 술안주와 밥반찬의 주체로서 역할을 했다.(한국정신문화연구원 편 2007, 399, 405).

208) 국립고궁박물관 엮음 2013, 290-291 참조.

칠 때마다 하며 음악이 따른다. 사옹원 부제조가 왕세자에게 찬탁(饌卓)을 바치고, 보덕(輔德 : 꽃을 나누어 주는 역할)이 꽃을 바친다.

제2작과 제3작 사이에 참연제신들에게 진찬반화(進饌頒花), 즉 술, 음식[외선상(外宣床)[209]], 지화(紙花 : 綵花)[210] 등이 하사된다. 참연제신은 차례대로 나가 무릎을 꿇고 각 담당 집사자로부터 이 왕의 '선물'을 전달받는다. 외선상은 독상(獨床)으로 각 참여제신들에게 배상(排床)된다. 따라서 함께먹기의 거대한 '식탁'은 238개 독상의 개별 '유닛(unit)'의 합체로 구성된 것이다. 참여제신은 자리로 돌아와 관모(冠帽)에 지화를 꽂고 첫 음주를 즐기는 시간을 가진다. 이때, 진지녹사와 진지서리는 종친과 문무관에게 차례로 초미를 올린다.[211] 임금이 전교(傳敎)를 내려, "시위(侍衛)하는 제장(諸將)에게 꽃을 내리라."하고, 또 "시위하는 제장은 자리에 나아가라."한다.

제3작은 판중추(判中樞 : 종1품) 김홍경이 헌작한다.[212] 사옹원 제조가 왕의 수주정에 담긴 술을 작에 따라 김홍경에게 주면, 그는 작을 받아 다시 사옹원 제조에게 줘 왕에게 올리도록 한다. 왕이 잔을 들면 <오운개서조(五雲開瑞朝)>가 연주되고 무동(舞童)이 <초무(初舞 : 첫

---

209) 대육(大肉 : 사축서에서 기른 돼지고기) 1근과 삶은 닭을 감했다.(『갑자진연의궤』 권2, 「감결질」, 1744년 9월 24일, 『갑자진연의궤』 권2, 「이방의궤」, 1744년 10월 7일.) 대육은 돼지고기 1근(또는 3근)에 닭고기 반마리[半首]를 더한 것과 같게 취급됐다.

210) 종이로 만든 꽃으로 궁중연향에서 장식용으로 썼다. 『갑자진연의궤』에 사화봉(紗花鳳 : 비단으로 만든 각종 조화)은 가례·진연·진찬 등 각종 연향에 올리지 못하고 대신 지화를 사용하도록 했다.(국립고궁박물관 엮음 2013, 283). 사화(絲花)·봉대(鳳代)·지화(紙花)는 내자시에서 하고, 지권화(紙勸花)는 예빈시에서 하고, 화군(花裙)은 공조에서 납품했다.(『갑자진연의궤』 권1, 「내관질」, 1744년 9월 12일).

211) 국립고궁박물관 엮음 2013, 194, 291.

212) 1706년(숙종 36) 인정전진연에서는 제3작을 연잉군(延礽君: 영조)이 했다.

춤)>[213]를 춘다. 왕이 술을 마신 빈 작을 사옹원 제조를 통해 김흥경에게 준다. 사옹원 제조는 제신의 주탁에 있는 술을 작에 따라 김흥경에게 주면, 그는 작을 받아 사옹원 제조를 통해 왕에게 올린다. 왕은 작을 받아 술을 마시지 않고 사옹원 제조를 통해 다시 김흥경에게 준다. 김흥경이 진작위를 떠나 꿇어앉아 작의 술을 마시고 나면, 사옹원 부제조는 왕세자에게, 진지녹사와 진지서리는 종친과 문무관에게 차례로 술을 돌린다. <청악곡(淸樂曲)>이 연주되는 가운데 사옹원 제조가 왕에게 이미(二味)로 탕을 올리면 사옹원 부제조는 왕세자에게, 진지녹사와 진지서리는 종친과 문무관에게 이미(二味)를 차례로 올린다.

제4작부터 제9작까지의 방식은 제3작과 동일하다. 단, 진작재신과 미수(味數), 연주되는 악장과 정재가 다르다. 제4작은 <정읍만기(井邑慢機)>가 연주되는 가운데 서평군이 헌작하고, 무동이 들어와 <아박(牙拍)>을 춘다. <환환곡(桓桓曲)>이 연주되면 사옹원 제조가 왕에게 삼미(三味)로 탕을 올리고, 이하 제3작과 동일하다. 제5작은 <보허자령(步虛子令)>이 연주되며 금평위가 헌작하고, 무동이 <향발(響鈸)>을 춘다.

특히, 제5작과 제6작 사이에 휴식시간(intermission)이 있다. 영조는 숭정전 이중월대의 동쪽 북계(北階) 안쪽에 남향으로 설치된 왕을 위한 편차(便次)[그림 11]에서 휴식을 갖는다. 이때 임금이 사알(司謁)[214]을 시켜 "공인(工人)들에게 음식을 먹이라." 전교한다. 한참 뒤에 임금이 전좌(殿坐)하고, <하운봉(夏雲峰)>이 연주되는 가운데 사옹원 제조가 사미(四味)로 탕을 바친다. 이하는 위와 같다.

제6작은 <여민락만>이 연주되고 월성위가 헌작한다. 무동이 들어

---

213) 초무와 광수무(廣袖舞)는 숙종 때 처음 기록에 나타난 정재이다. 또한 숙종은 외연에 여악(女樂)이 아닌 무동(舞童)을 쓰도록 했다.(박정혜 2000, 163).

214) 액정서(掖庭署) 소속 정6품 잡직(雜職).

그림 11. 갑자진연-외연 : 편차

와 <무고(舞鼓)>를 추며 <낙양춘(洛陽春)>이 연주될 때 사옹원 제조가 왕에게 오미(五味)로 탕을 올리고, 이하 위와 같다. 제7작의 헌작은 <보허자령>이 연주되는 가운데 금성위가 하며, 무동이 들어와 <광수(廣袖)>를 춘다. <유황곡(維皇曲)>이 연주되면 사옹원 제조가 왕에게 육미(六味)로 탕을 올리고, 이하 동일하다. 제8작은 <여민락령>이 연주되며 호조판서(정2품) 김약로가 헌작한다. 무동이 <향발>을 추고, <정동방지곡(靖東方之曲)>이 연주되면, 사옹원 제조가 임금에게 칠미(七味)로 탕을 올린다. 이하는 위와 같다.[215] 마지막 제9작은 <보허자령>이 연주되는 가운데 영성위가 헌작하고, 무동이 <광수>를 춘다.

이처럼 9작례의 군신(君臣)간 '음주의식(drinking rituals)'은, 제2작에서 신하를 대표하는 반수(班首) 영의정의 헌주(獻酒)와 충성을 왕이 받아들이겠다는 선언[宣敎] 후에, 이에 대한 접대로 왕이 하사하는 진찬반화(進饌頒花 : 술, 음식, 꽃)로 신하들의 첫 음주가 이뤄진다. 또한, 군신간의 본격적인 합음방식인 행주(行酒)는 제3작부터 9작까지 7번 실행되는데, '왕의 시중이 왕의 술이 든 잔을 신하에게 줌

215) 국립고궁박물관 엮음 2013, 194, 292-293 참조.

→신하가 술을 올림→왕의 시중이 왕에게 전달→왕의 합음→빈 잔을 왕의 시중이 신하에게 전달→신하가 술을 다시 올림→왕이 마시지 않음→술잔을 왕의 시중이 신하에게 전달→신하가 술을 마심'이란 9단계를 거친다. 이러한 복잡하고 형식적인 의례절차를 통해 신하는 어렵게 왕을 대신한 '어주(御酒)'를 받아 마실 수 있으며 왕과 '합체(incorporation)'된다. 9작례의 술은 왕의 권력을 상징하는 주요 매체인 것이다. 또한, 신하들에게 제공된 고기는 군신관계를 표상하는 필수 음식이다.[216]

4.3. 끝내기

9작례가 끝나면 원래 왕에게 대선(大膳)[217]을 올려야하나, 영조의 어명으로 감했기에[218] 다만 <태평년지악(太平年之樂)>과 <여민락>이 연주되는 가운데 공안(空案)과 <처용무>를 바친다.[219] 전정악을 잠시 물리고[撤樂]나면, 이때부터 참연제신들의 본격적인 음주가 시작된다. 원래 의례적 연향[湛露][220]은 '취하기'를 전제로 하고 있다. 단, 이러

216) 『孟子』 萬章, 下: 맹자의 제자인 만장(萬章)이 "군주가 군자를 기르고자 하면 어떻게 해야 기른다고 할 수 있습니까?" 하고 묻자, 맹자가 말씀하기를 "처음에 창고지기와 푸줏간을 맡은 관리가 군주의 명령에 따라 곡식과 고기를 가져다주면 현자가 두 번 절하고 머리를 조아려 받는다. 그 다음부터는 창고를 맡은 관리는 계속해서 곡식을 대주고 푸줏간을 맡은 관리는 계속해서 고기를 대준다. 그리하여 현자로 하여금 군주의 명령에 자주 절하는 번거로움을 덜게 한다."했다.

217) 진연 때 임금이나 세자에게 술안주를 올리는 절차. 소선(小膳)보다 돼지고기와 닭고기가 1접시씩 더 많은 큰 음식상.

218) 『갑자진연의궤』 권1, 「계사질」, 1744년 9월 23일.

219) <숭정전갑자진연도병>의 보계 끝에 <처용무>가 준비되고 있는 것을 볼 때, 이 그림은 제9작을 그린 장면으로 화면에서 헌작 중인 사람은 영성위 신광수가 된다.

220) 담로는 가득하게 내린 맑은 이슬이란 뜻으로 『시경(詩經)』 소아(小雅)의 편명

한 무질서와 일탈은 의례라는 위계적 질서의 범주 내에서 용인됐으며, 왕의 예외적 허락은 왕의 절대적 권력을 현시한다. 예컨대, 영조를 시위(侍衛)한 사직[司直 : 오위(五衛)에 속했던 정5품 무관직] 권적(權樀, 1675~1755)이 취한 상태에서 시를 지어 나와 아뢨다. 이에 승지가 그를 추국하자고 청했으나, 영조는 허락하지 않았고 오히려 녹비(鹿皮)를 상으로 내렸다.[221]

그동안 기로신들은 영조에게 억외(抑畏 : 자만심을 누르고 경계하여 삼가함)하는 마음을 더욱 보존하라는 뜻으로 진계(陳戒)[222]하고, 영조는 이를 가납(嘉納)하는 시간을 갖는다. 이것은 갑자진연의 개최 이유 중, 기로소 입소가 큰 비중을 차지하기에 실행한 특별 절차로, 진연을 받은 영조가 기로신에게 걸언(乞言 : 노인에게 착한 가르침을 구함)하고 답례로 회연[回宴 : 양로연]를 베풀려는 뜻을 밝히기 위함이다.[223] 여기서 영조는 신하가 함께 도리를 지켜야하며 무엇보다 세자를 보양(輔養)하는 것이 결국 백성을 위한 것임을 강조하고 있다.

이어 사옹원 제조가 왕의 찬안을, 사옹원 부제조는 왕세자의 찬안을, 진지녹사와 진지서리는 종친과 문무관의 탁을 치운다.[224] 그러자 영조는 입직한 군사들에게 음식을 나누어 주도록 명하고, 연회에 참석한 여러 신하들에게 명하여 주량에 따라서 술을 마시게 했다. 또한, 서울과 외방의 서민(庶民)들 가운데 나이 80세 이상인 사람들에게 차

이다. 여기에 "많은 이슬이 내렸으니 햇볕이 아니면 마를 수 없네. 질탕하게 밤에 술 마시니 취하지 않으면 돌아가지 않으리라."라고 하였는바, 이는 천자(天子)가 제후(諸侯)를 연향한 시(詩)라 했다.

221) 『영조실록』 권60, 1744년(영조 20) 10월 7일 1번째 기사.

222) 신하가 임금에게 이변(異變)에 대하여 경계하고 두려워하라는 뜻으로 상소(上疏 : 임금에게 글을 올림)하는 것으로, 편안할 때에 위망[危亡 : 위태(危殆)로워 망(亡)하려 함]을 잊지 않는다는 뜻이다.

223) 『영조실록(英祖實錄)』 卷60, 1744년 10월 7일, 1번째 기사.

224) 국립고궁박물관 엮음 2013, 291.

등 있게 미곡과 고기를 내려 주도록 명하였다.[225]

아울러 '봉과(封裹 : 물건을 싸서 봉함)'라는 의식이 진행된다. 즉, 종친 이하는 과격지(裹隔紙 : 켜와 켜 사이에 끼우는 기름종이)로 남은 음식을 싸고, 다시 청색 보자기[靑袱]에 싸서 가는 노끈[小索]으로 묶어 집에 가져가는 것이다.[226] 이러한 연향의 독특한 '선물' 수여 방식은 왕이 하사한 음식을 소중히 여기고, 자신이 속한 집단과 다시 함께 먹으며 음식이 '재순환(recirculated)'·'재투여(reinvested)'됨으로써, 왕과의 체현(embodiment)이 강화·확산되도록 한다. 또한, 왕과 함께 식사한 영광을 반복하고 공유하는 효과를 가져 온다.

'봉과'가 끝나면, 찬의가 "가기(可起)"라 창(唱)하고, 상례는 왕세자를, 인의(引儀)는 종친·문무관을 나눠 인도해 다시 배위(拜位)로 간다. 왕세자가 내려가려 할 때, 전내(殿內) 및 전정(殿庭)의 보계 위에 있는 사람은 아래로부터 먼저 내려간다. 찬의의 창("궁·사배·흥·평신")에 따라 왕세자 이하가 모두 사배한다. 좌통례가 서쪽 편계(偏階)로부터 올라 전각의 서문(西門)을 통해 들어가, 어좌 앞에 당도해 부복(俯伏)했다가 꿇어앉아 "예필(禮畢 : 예를 마침)"을 아뢰고(찬의도 외침), 부복했다 일어나 내려와 자리로 돌아간다. 왕세자는 동쪽 중계(中階)로 내려와 서고, 전내(殿內)·전외(殿外)·전정(殿庭)의 참연제신은 모두 보계 아래에 동서로 나눠 선다. 협률랑이 꿇어앉았다가 부복해 휘(麾)를 들고 일어나면, <여민락령>이 연주된다. 이에 영조가 어좌에서 내려오고, 좌통례가 꿇어앉아 연(輦)에 타도록 계청(啓請)하면 연에 오른다. 시위(侍衛)는 올 때의 의식과 같이 한다. 왕이 숭전문을 나서려 할 때

225) 『영조실록(英祖實錄)』 卷60, 1744년 10월 7일, 1번째 기사.

226) 『갑자진연의궤』 권2, 「이방의궤」, 1744년 10월 7일. 과격지는 장흥고(長興庫)에서, 청보는 제용감(濟用監)에서, 소색은 선공감(繕工監)에서 납품했다. 납품은 음력 10월6일 새벽 2시경에 됐다.(『갑자진연의궤』 권2, 「감결질」, 1744년 10월 5일).

고취(鼓吹)가 연주된다. 협률랑이 꿇어앉아 휘를 숙이고 부복했다가 일어나면, 공인(工人)이 어(敔)를 긁어서 음악이 그친다. 왕이 대내(大內 : 便殿의 內殿)로 돌아가면[還內 : 還御] 고취는 그친다. 상례의 인도로 왕세자가 환내하면, 인의는 종친·문무관을 나눠 인도해 나간다. 좌통례가 꿇어앉아 "해엄(解嚴 : 군사의 경계령을 해제함)"을 아뢴다. 병조(兵曹)는 교명(敎命)을 받들어 의장(儀仗)을 해산한다[承敎放仗].

이상의 절차가 끝나고 나서야 갑자진연-외연의 진행보조자들에게 사찬(賜饌)하도록 했다. 이밖에 시위장사[侍衛壯士 : 금군장(禁軍將)[227]·수문장(守門將)[228]·무겸(武兼)[229]] 및 차비관원(差備官員)[230]은 산과상(散果床)을 받았고, 기타 군병(軍兵) 등은 '호궤(犒饋 : 군사들에게 음식을 주어 위로)의 예(禮)'로 외연의 말미에 어명을 받아 주효(酒肴 : 술과 안주)를 받을 수 있었다.[231] 단, 이들의 식사시간은 따로 정해져 있지 않았으며 시위장사와 각 차비관은 종일 계단 위와 아래에서 시립(侍立)했다가, 여가가 나는 틈을 타 잠깐 물러갔을 때 산과상을 받았다. 이때, 시위장사·차비관원·군병들은 식권[食物帖下 : 먹거리의 지급증서]을 제시해야 했다. 즉, 각 사의 하인 중 한 사람이 진연청의 이방(二房)에서 9월 25일 수령한 식권을, 갑자진연-외연 당일에 내섬시 분차산원(分差算員)에게 그 첩문(帖文 : 관아에서 발급하는 증명서·영수증 등)을 돌려줘 확인을 받은 후 상(床)을 받아나가야 했던 것이다. 또한, 군병 중에서 각각 그 두목과 금군청의 각 번 호위청(扈衛

227) 내금위(內禁衛)·겸사복(兼司僕)·우림위(羽林衛) 등 금군삼위를 지휘하던 정3품의 장수.

228) 도성 및 궁궐의 각 문을 지키던 4품 이상 관직.

229) 선전관청(宣傳官廳)에 속한 무관으로 선전관을 겸한 사람의 약칭.

230) 특별한 일을 맡기려 임시로 임명하는 벼슬.

231) 『갑자진연의궤』 권1, 「계사질」, 1744년 9월 13일.

廳)[232]·유청서원(有廳書員) 등도 식권을 미리 받아뒀다가, 갑자진연 당일에 호궤소(犒饋所)의 확인을 받았다. 이러한 절차는 술과 안주를 한꺼번에 받아서 각각 나눠줌으로써, 훔치고 분잡한 폐단이 없도록 한 엄격한 조치 때문이었다.[233]

앞서 참연제신의 외선상이 개별적인 독상(獨床)으로 제공되고, 본격적인 음주 및 식사시간을 가졌던 것과 달리, 시위장사·차비관·군병 등의 시위별선상(侍衛別宣床) 및 지차상(之次床 : 시위장사 다음 등급이 받는 상), 산과상 등은 식권의 확인을 받은 후에 여럿이 함께 먹는 형태로 제공됐던 것이다. 또한, 이들은 1743년(영조 19)의 어연에 따라 직책별로 상(床)의 내용이 달랐다.[234] 예컨대, 시위(侍衛)와 관련한 군직자(軍職者, 82명)의 경우, 시위별선상[오위장(五衛將)[235], 금군장 등] 및 지차상[의장고(儀仗庫)[236]관원, 무겸 등]은 소주(燒酒) 3잔씩을 받았고, 금군별장(禁軍別將)[237], 금군(禁軍)[238], 호위군관(扈衛軍官)[239] 등에게는 매 명마다 떡[餠] 5개·산적(散炙) 1꼬지·씻은 생선[洗鮮]·조기[石魚] 1마리·술 1그릇씩을, 의장군(儀仗軍)[240], 견마배(牽馬陪)[241] 등은 매 명에게 소고기 반꼬지·술 1그릇씩을 줬다. 그리고 군병

232) 궁중을 호위하기 위해 설치된 군영.

233) 『갑자진연의궤』 권2, 「품목질」, 1744년 9월 17일.

234) 위와 같음. 참연제신·기로제신을 제외한 응참인상(應參人床)도 이것을 따랐다. 이에 비해, 왕·왕세자의 찬안상, 대탁(大卓), 대·소선, 찬품(饌品 : 반찬을 장만하는 곳), 기수(器數 : 반찬 개수) 및 군병의 상차림은 1710년의 전례를 따른 것이다.(『갑자진연의궤』 권1, 「내관질」, 1744년 9월 12일).

235) 오위(五衛 : 조선시대 중앙군)의 으뜸 벼슬로 종2품.

236) 병조(兵曹)의 승여사(乘輿司)에 속해 위의(威儀)에 필요한 부(斧)·월(鉞)·개(蓋)·선(扇) 등을 보관·관리한다.

237) 금군청(禁軍廳) 소속 종2품 무관직.

238) 국왕의 친위군.

239) 호위청(扈衛廳) 소속 군관.

240) 임금의 위의(威儀) 장식물을 갖고 가는 군사.

241) 사복시(司僕寺)에 소속돼 임금·세자·군(君)의 말고삐를 잡고 따라 다니는 임

(軍兵, 1,210명)들을 위한 호궤(犒饋)의 경우, 1,005명에게는 각각 떡 5개·산적 5꼬치·씻은 산조기 1마리·술 1그릇씩을, 그 아래 계급 중 145명에게는 각각 쇠고기 반 꼬치·술 1그릇씩을, 무예별감(武藝別監)[242] 소속 60인에게 매 명마다 씻은 생선과 조기 2마리·작은 통돼지 2마리(돼지고기 1근씩, 60근을 대신함)·술 1그릇씩을 제공했다.[243] 이처럼 군직자(軍職者)들은 '호궤의 예'를 통해, 일상식으로 접하기 힘든 음식 특히, 고기를 차등적·제한적으로 지급받았다. 서구 봉건사회에서도 물리적 힘의 원천으로 여겨진 고기는, 전투력을 향상시키는 음식으로 제후의 권력을 상징했다.[244]

지금까지 살펴 본 갑자진연-외연의 배상(排床)은 종류에 따라 상화(床花)[245]로 장식 됐으며[246] 각 술안주의 개수에 차이를 둬 위계를 분명히 했다. [표 5]는 이를 정리한 것이다.[247]

무를 맡았던 종7품의 하례(下隷).

242) 왕을 호위하는 일을 맡아보던 무관(武官)의 관서

243) 시위별선상 및 지차상은 내섬시에서, 군병을 위한 호궤는 사축서에서 담당했다.(『갑자진연의궤』 권2, 「이방의궤」, 1744년 10월 7일).

244) 로이 스트롱/강주헌 2005, 75-76.

245) 간반(看盤 : 장식용 상)의 꽃장식. 간반을 더욱 아름답게 하여, 음식을 받는 사람에 대한 최고의 예우를 나타낸다.

246) 『갑자진연의궤』 권2, 「이방의궤」, 1744년 10월 7일.

247) 『갑자진연의궤』 권1, 「품목질」, 1744년 9월 17일, 『갑자진연의궤』 권2, 「이방의궤」, 1744년 10월 7일, 국민대한국학연구소 주관(1997.12.26), 225-226, 국립고궁박물관 엮음 2013, 301, 한국정신문화연구원 편 2007, 341-360 참조.

표 5. 갑자진연-외연의 배상(排床)

<table>
<tr><th>배상종류
(器數)</th><th>왕</th><th>왕세자</th><th>신하</th><th>시위</th><th>시위 이하</th></tr>
<tr><td>대전과상
(大殿果床)</td><td>×</td><td>-</td><td></td><td></td><td></td></tr>
<tr><td rowspan="2">찬안상
(饌案床)</td><td>○</td><td>○</td><td></td><td></td><td></td></tr>
<tr><td>1좌-19기</td><td>1좌-19기</td><td></td><td></td><td></td></tr>
<tr><td rowspan="2">별행과상
(別行果床)</td><td>○</td><td>○</td><td></td><td></td><td></td></tr>
<tr><td>1좌-13기</td><td>1좌-13기</td><td></td><td></td><td></td></tr>
<tr><td rowspan="2">염수
(鹽水)</td><td>×</td><td>×</td><td></td><td></td><td></td></tr>
<tr><td>-</td><td>-</td><td></td><td></td><td></td></tr>
<tr><td rowspan="2">만두
(饅頭)</td><td>○</td><td>○</td><td></td><td></td><td></td></tr>
<tr><td>1기</td><td>1기</td><td></td><td></td><td></td></tr>
<tr><td rowspan="2">소선
(小膳)</td><td>×</td><td>×</td><td></td><td></td><td></td></tr>
<tr><td>-</td><td>-</td><td></td><td></td><td></td></tr>
<tr><td rowspan="2">대선
(大膳)</td><td>×</td><td>×</td><td></td><td></td><td></td></tr>
<tr><td>-</td><td>-</td><td></td><td></td><td></td></tr>
<tr><td rowspan="2">미수
(味數)</td><td>7미×7기</td><td>7미×7기</td><td>7미×3기</td><td>-</td><td>-</td></tr>
<tr><td>49기</td><td>49기</td><td>21기</td><td>직급별 산과상
(散果床)</td><td>직급별 주효(酒肴)
차등지급</td></tr>
<tr><td>외선상
(外宣床)</td><td></td><td></td><td>235상</td><td></td><td></td></tr>
<tr><td>시위별선상
(侍衛別宣床)</td><td></td><td></td><td></td><td>35상</td><td></td></tr>
<tr><td>지차상
(之次床)</td><td></td><td></td><td></td><td>37상</td><td></td></tr>
<tr><td>호궤상
(犒饋床)</td><td></td><td></td><td></td><td></td><td>독상(獨床) 아님</td></tr>
</table>

5. 마무리

의례적 함께먹기인 연향은, 수혜자[客]가 수여자[主]의 자산으로 준비한 음식 등을 준비해 '올리면[享]', 이에 대한 대접으로 수여자가 수혜자와 합음하는 은덕(恩德)을 '베푸는[宴]' 독특한 방식의 상무적(相務的) 관계로 정치적·사회적 질서와 통합을 도모하고, 수여자의 권위와 위상을 강화하는 '연향정치'이자 '식사정치'이다. 이러한 상징적 힘은 음식의 매체적 특성에서 비롯한다. 즉, 음식은 대상[他者]을 자신[自我]의 '몸 안으로' 받아들이는 체현(embodiment)과 합체(incorporation)의 강력한 상징 매체이며, 특정 음식(술, 고기 등)은 '체현된 물질문화'로 상징적인 음식소비의 맥락을 형성하기 때문이다. 이러한 맥락의 반영으로 인간 공동체의 보편적인 함께먹기는 특수한 방식의 결합관계를 나타낸다.

앞서 살펴본 갑자진연-외연은 상징적인 음식소비의 방식으로 추상적 가치인 권력과 정치적 질서를 가시화하고, '함께먹는 집단(commensal constellations)'의 특정화·계층화를 통해 정치집단을 응집하는 특수한 방식의 의례적 함께먹기였다. 영조는 같은 날 같은 장소에서 같은 음식을 먹고 음주의식(drinking rituals)인 9작례의 행주(行酒)로 돌려 마시는 형식적 질서에 따라, 자신의 피와 살을 나누는 자기 재현으로 계급적 집단 자아(collective identity)의 결속을 강화했다. 즉, '자아'(영조)가 '타자'(참연제신)에 들어가 '먹힘'으로 '타자'를 통제하는 다시 말해, '먹는(eat)' 개인적 행위가 '먹히는(eaten)' 사회적 행위로 전환돼 그 공동체 속으로 일체화된 것이다. 따라서 "왕의 밥상은 통합력(consolidating power)을 위한"[248] 통제수단이라 할 수 있다.

의례적 함께먹기의 형식적·정치적 질서에 속한 신하들은, 국가의례의 중심이자 함께먹기의 주인공인 영조의 수직적·위계적 통제 아래에서 재편된다. 보이지 않는 질서와 권력이 외연(外宴)을 통해 시각화한

---

248) D. M. Master (ed) 2013, 403.

다. 영조는 함께 먹을 신하, 시간, 장소, 음식 등을 최종 결정할 권한을 가진 존재이다. 이에 따라, 함께먹기 방식의 요소들이 결합하고 상징적으로 연결되는 특성이 형성된다.

그 결과, 갑자진연-외연의 의례적 함께먹기의 방식은 다음과 같은 특성을 갖는다.

첫째, 배타성(exclusion)이다. 외연의 장소는 폐쇄적이고 은밀하게 외부와 차단되며 여성은 참여할 수 없다.

둘째, 선별성(selectivity)이다. '왕의 식탁'에 함께할 신하는 영조의 정치적 입장과 위계적 질서에 따라 포함 또는 배제되며, 등급이 높을수록 상석 가까이에서 함께 먹거나 왕과 마주할 수 있는 좌차(座次)가 발생한다. 신하들끼리는 대칭적으로 마주보지만, 보다 상위의 등급이 오른편에 앉으며 이중에서 가장 앞줄의 위쪽부터 서열화 된다.

셋째, 통제성(regulation)이다. 먹는 자의 신분·지위·품계에 따라 음식 시중을 드는 자, 종류, 가짓수, 그릇, 먹는 순서, 먹을 시간, 먹을 방법 등이 지정된다. 먹는 순서를 예로 들면, 왕세자 > 9작례를 올린 신하 > 참여제신 > 공인 > 군사 및 응종지자 > 기타보조자이며 왕과의 사회적 거리(social distance)가 먼 공인 이하는 왕이 없을 때, 왕의 허락으로 먹도록 차별화된다. 통제성은 취하기(drunkenness), 음식의 맛, 만드는 자 등에도 엄격히 적용된다.

넷째, 반복성(repetitiveness)이다. 외연에서 받은 '1차 선물'(진찬반화)의 부분인 음식을 싸가는 봉과의식은, '1차 선물'의 반복으로 계급적 집단자아를 재생산하는 '2차 선물'이다.

다섯째, 제한성(limitation)이다. 영조는 외연의 예산을 삭감하고, 특정 음식과 가짓수를 감하도록 수시로 지시한다.

특히, 자신의 '절음식(節飮食)'을 매개로 한 '검소함'의 강조는 갑자진연을 통해 얻고자 하는 영조의 고도의 정치적 행위로, 갑자진연-외연의 ‘의례적 식사’와 영조가 준비한 기로연의 ‘선별적 식사’의 관계성, 그 상징적 소비방식의 차이, 병풍제작을 통한 ‘기억만들기(memory-making)’의 의미 등을 밝혀 줄 중요한 행동 양식이라 할 수 있다. 이에 관해서는 향후 연구에서 보다 심층적으로 논의하고자 한다.

참고문헌

『경국대전(經國大典)』

『궁궐지(宮闕志)』

『맹자(孟子)』

『성종실록(成宗實錄)』

『영조실록(英祖實錄)』

『증보문헌비고(增補文獻備考)』

국립고궁박물관 엮음. 2013. 『조선궁중의 잔치, 연향』. 파주: 글항아리.

국립중앙박물관. 2009. 『조선시대 향연과 의례』. 서울: (주)시티파트너.

국민대한국학연구소 주관. 1997. 『宮中文化再現行事 考證研究叢書 2-조선시대 양로연의례와 어연의례의 연구』. 서울: 문화재관리국.

김상보. 2006. 『조선시대의 음식문화』. 안산: 가람기획.

로이 스트롱. 2005. 강주헌 옮김. 『권력자들의 만찬』. 서울: 넥서스BOOKS.

명지대학교부설 한국건축문화연구소. 1990. 『경희궁 숭정전 발굴조사보고서』. 서울특별시.

박정혜. 2013. 『영조대의 잔치그림』. 성남: 한국학중앙연구원출판부.

박정혜. 2000. 『조선시대 궁중기록화 연구』. 서울: 일지사.

서울역사박물관. 2015. 『*Gyeonghuigung* Palace still lives』. 서울: 서울역사박물관.

송방송. 2007. "영조 갑자(1744)『進宴儀軌』해제." 『한국무용기록학

회지』 제13권: 207-248.

송방송·고방자 외. 1998.『한국음악사료연구회 국역총서 1-국역영조조갑자진연의궤』. 서울: 민속원.

안장리. 2006. “영조 궁궐인식의 특징.”『정신문화연구』 제29권 제3호: 33-68.

안태욱. 2014.『궁중연향도의 탄생』. 서울: 민속원.

안태욱. 2012. “조선 궁중연향도의 특징과 성격.”『동양미술사학』 Vol.13: 201-240.

윤정. 2009. “영조의 경희궁 改號와 離御의 정치사적 의미.”『서울학연구』 34: 31-63.

정길자 외. 2012.『궁중의 떡과 과자』. 서울: 소풍.

한국정신문화연구원 편. 2007.『조선후기 궁중연향문화』 권1. 서울: 민속원.

한복진. 2002.『조선왕조궁중음식』. 서울: 화산문화.

Dietler, Michael. 2011. “Feasting and Fasting,” In *The Oxford Handbook on the Archaeology of Ritual and Religion*, ed. T. Insoll, 179-194. New York : Oxford University Press.

Dietler, Michael. 2005. “Introduction: Embodied Material Culture,” In *Archaeological Review from Cambridge*, 20(2): 3–5.

Dietler, Michael. 2001. “Theorizing the Feast: Rituals of Consumption, Commensal Politics, and Power in African Contexts,” In *Feasts: Archaeological and Ethnographic Perspectives on Food, Politics, and Power*, eds. M. Dietler and B. Hayden, 65–114. Washington DC: Smithsonian Institution Press.

Dietler, Michael. 1996. “Feasts and Commensal Politics in the

Political Economy: Food, Power, and Status in Prehistoric Europe," In *Food and the Status Quest: An Interdisciplinary Perspective*, eds. P. W. Wiessner and W. Schiefenhövel, 87-125. Providence, RI: Berghahn Books.

Insoll, Timothy. ed. 2011. *The Oxford Handbook on the Archaeology of Ritual and Religion*. New York : Oxford University Press.

Master, M. Daniel. ed. 2013. *The Oxford Encyclopedia of The Bible and Archaeology*. New York : Oxford University Press.

Park, Jeong-hye. 1997. "The Court Music and Dance in the Royal Banquet Paintings of the Choson Dynasty," In *Korea Journal*, Vol.37 No.3. Seoul: UNESCO.

Wu, Hung. 1996. *The Doble Screen: Medium and Representation in Chinese Painting*. London: Reaktion Books Ltd.

Yi, Song-mi. 1996/1997. "The Screen of the Five Peaks of the Chosōn Dynasty," In *Oriental Art* 42(4).

필자소개

필자소개

강병창

한국외국어대학교 독일어과를 졸업하고, 같은 대학교 대학원에서 통사-화용 접점(정보구조)에 대한 논문으로 박사학위를 받았다. 현재 한국외국어대학교 세미오시스 연구센터 HK교수로 재직하고 있다. 주요 논문으로는 「Metaphor and its humorousness: The case of nominal compounds in German」(*Humor*, 2016), 「내러티브 유머와 마이크로픽션의 결말구조 비교」, 「세미오시스와 인지의 관점에서 본 완곡어법」 등이 있다. 저서로는 『언어와 유머』, 『인지와 감정의 내러톨로지』(공저), 『내러티브와 매체』(공저) 등이 있고, 역서로는 『거짓말의 언어학』(공역), 『번역이론 입문』(공역) 등이 있다.

고경난

펜실베니아 대학교(University of Pennsylvania) 인류학과를 졸업하고 "기업의 사회적 책임(CSR) 담론과 브랜딩"에 대한 논문으로 박사학위를 받았다. 현재 한국외국어대학교 HK 세미오시스 연구센터의 HK조교수로 재직하고 있다. 주요 논문으로는 「Translating 'Sustainability' in Hawai'i: The Utility of Semiotic Transformation in the Transmission of Culture」(*The Asia Pacific Journal of Anthropology*, 2015), 「The Semiotic Corporation」(*Signs and Society* 부록호 논문집, 2015) 등이 있고, 역서로는 『기호인류학 특강: 문화의 화용론적 기호학』이 있다.

김형래

한국외국어대학교 독문학 학·석사 과정을 졸업하고, 독일 보쿰 대학교에서 디지털 영상 미학에 대한 논문으로 박사학위를 받았다. 현재 한국외국어대학교 독일어과에 재직하고 있다. 주요 논문으로는 「미하엘 하네케의 <제7의 대륙>에 나타난 폭력 비판 - 신화적 폭력에서 신적 폭력으로」 등이 있으며, 저서로는 『내부자들』(공저) 등이 있고, 역서로는 『파스빈더와 들뢰즈』 등이 있다.

변광배

한국외국어대학교 불어과를 졸업하고 프랑스 몽펠리에3대학교에서 사르트르에 대한 논문으로 박사학위를 받았다. 현재 한국외국어대학교 미네르바 교양대학 교수로 재직하고 있다. 주요 논문으로는 「사르트르와 매체」, 「번역의 자리: 사르트르, 바르트, 리쾨르의 사유를 중심으로」, 「'앙가주망'에서 '소수문학'으로: 사르트르, 들뢰즈 · 과타리의 문학사용법」 등이 있고, 저서로는 『자유를 향한 실존적 탐색 – 존재와 무』, 『사르트르의 『문학이란 무엇인가』 읽기』 등이 있고, 역서로는 『사르트르 평전』, 『마르셀 모스 평전』 등이 있다.

서종석

한국외국어대학교 불어과를 졸업하고 파리 4대학교에서 응용인문학 대한 논문으로 박사학위를 받았다. 현재 한국외국어대학교 세미오시스 연구센터 HK교수로 재직하고 있다. 주요 논문으로는 「선전포스터와 이미지 언어」, 「자발적 복종과 의지적 자유」 등이 있고, 저서로는 우정 『자유, 복종 그리고 카니발리즘』, 『내러티브와 자아』(공저) 등이 있다.

엄소연

이화여자대학교 철학과를 졸업하고 홍익대학교에서 한국미술의 동물상징에 대한 논문으로 박사학위를 받았다. 현재 한국외국어대학교 HK 세미오시스 연구센터의 연구교수로 재직하고 있다. 주요 논문으로는 「혜원 신윤복의 풍속화에 나타난 기녀(妓女)의 이미지텔링(image telling)」, 「'우정의 내러티브'로서의 정선(鄭敾)의 《경교명승첩(京郊名勝帖)》」 등이 있고, 저서로는 『기의분류로 본 한국의 동물상징』(민속원, 2013), 『내러티브와 자아』(공저) 등이 있다.

유봉근

연세대학교 독문과를 졸업하고 베를린 훔볼트대학교에서 에.테.아. 호프만 연구로 박사학위를 받았다. 현재 연세대학교 미디어아트연구소 전문연구원으로 재직하고 있다. 주요 논문으로는 「프리드리히 키틀러의 매체이론」, 「지식의 질서와 네트워크」, 「레만의 포스트드라마 연극론에서 수행성과 매체성의 문제」 등이 있다.

전혜현

홍익대학교 예술학과를 졸업하고 동대학원에서 디지털 아트의 상호작용성에 관한 논문으로 박사학위를 받았다. 현재 한국산업기술대학교 지식융합학부 조교수로 재직하고 있다. 주요 논문으로는 「뉴 미디어 아트에서의 매개된 몰입에 관한 연구」, 「뉴 미디어 아트에서의 이미지 공간과 주체에 관한 연구」, 「나노 아트: 과학 연구실의 예술과 윤리의 문제」 등이 있고, 역서로 『미디어 비평용어 21: 미학과 테크놀로지, 사회에 대하여』(공역)가 있다.

세미오시스의 매체성과 물질성

초판 인쇄 2017년 6월 23일
초판 발행 2017년 6월 30일

지은이 세미오시스 연구센터
발행인 김인철
총괄 · 기획 가정준 Director, University Knowledge Press
편집장 신선호 Executive Knowledge Contents Creator
도서편집 김민정 Contents Creator
재무관리 김은혜 Managing Creator
마케팅 파트장 백승이 Chief Marketing Creator
마케팅 박종원 Marketing Creator
발행처 한국외국어대학교 지식출판원
02450 서울특별시 동대문구 이문로 107
전화 02)2173-2493~7
팩스 02)2173-3363
홈페이지 http://press.hufs.ac.kr
전자우편 press@hufs.ac.kr
출판등록 제6-6호(1969. 4. 30)
디자인 · 편집 (주)이환디앤비 02)2254-4301
인쇄 · 제본 네오프린텍 02)718-3111

ISBN 979-11-5901-211-2 94080 정가 18,000원
ISBN 978-89-7464-831-2 94080 (세트)

*잘못된 책은 교환하여 드립니다.

HUINE은 한국외국어대학교 지식출판원의 어학도서, 사회과학도서, 지역학 도서 Sub Brand이다. 한국외대의 영문명인 HUFS, 현명한 국제전문가 양성(International +Intelligent)의 의미를 담고 있으며, 휴인(携引)의 뜻인 '이끌다, 끌고 나가다'라는 의미처럼 출판계를 이끄는 리더로서, 혁신의 이미지를 담고 있다.

세미오시스의
매체성과 물질성